周秦伦理文化与现代道德价值研究丛书

旅游伦理与
旅游业可持续发展

赵建昌　著

中国社会科学出版社

图书在版编目(CIP)数据

旅游伦理与旅游业可持续发展/赵建昌著.—北京:中国社会科学出版社,2016.9

ISBN 978 - 7 - 5161 - 8814 - 9

Ⅰ.①旅… Ⅱ.①赵… Ⅲ.①旅游学—伦理学—研究②旅游业发展—可持续性发展—研究—中国 Ⅳ.①F590 - 05②F592.3

中国版本图书馆 CIP 数据核字(2016)第 205146 号

出 版 人	赵剑英
责任编辑	周晓慧
责任校对	无 介
责任印制	戴 宽

出 版	中国社会科学出版社
社 址	北京鼓楼西大街甲 158 号
邮 编	100720
网 址	http://www.csspw.cn
发 行 部	010 - 84083685
门 市 部	010 - 84029450
经 销	新华书店及其他书店

印 刷	北京明恒达印务有限公司
装 订	廊坊市广阳区广增装订厂
版 次	2016 年 9 月第 1 版
印 次	2016 年 9 月第 1 次印刷

开 本	710×1000 1/16
印 张	22
插 页	2
字 数	309 千字
定 价	78.00 元

凡购买中国社会科学出版社图书,如有质量问题请与本社营销中心联系调换
电话:010 - 84083683

目　　录

前　言

　　通过数十年的发展，中国旅游业进入质量提升的关键时期。如何实现旅游业的可持续发展，是未来中国旅游业发展中的主要问题。从旅游伦理的视角探讨中国旅游业未来的发展路径，是一个新的话题。旅游业的发展过程，是不同利益相关者围绕旅游活动与旅游对象不断发生关系的过程。在这一过程中，通过实现对不同利益相关者的道德约束来达到旅游业可持续发展的目的，就是旅游伦理研究的主要方向。旅游伦理是从人的道德层面关注旅游这一特殊产业的社会文化现象。旅游业在发展过程中，无疑会出现各类道德失范的现象。不符合可持续发展理念的旅游业发展现象，其实质也是对基本道德规范的违背。因此，非常有必要从旅游伦理道德的角度审视旅游业可持续发展的深层次问题。

　　旅游伦理问题早已引起国内外相关研究者的注意。通过数十年的理论探索和实践求证，已经形成了一定的研究成果。但从总体来看，与旅游研究的其他领域相比，旅游伦理的研究尚需进一步深入。研究的参与者数量有限，研究所形成的理论成果与旅游业发展的实际结合得不紧密，该领域的综合性研究者不多，特别是从旅游业可持续发展视野对旅游伦理问题加以研究的则更少。因此，有必要就旅游伦理与旅游业可持续发展问题进行深入探讨。

　　本书共有八章内容。第一章分析了可持续旅游发展的伦理困境。由于旅游活动的特殊性，旅游可持续发展理想的实现充满着不确定性。旅游业发展的负面影响越来越突出。从根本上来看，旅游业发展中所存在的问题都有不合理的旅游伦理的根源。第二章分析了旅游与伦理的基本关系。从道德角度看待旅游，是古今中外旅游活动参与者的共同认知。正是旅游活动的伦理特殊性，使得我们对旅游伦理的研究具有特别的意义。旅游与伦理关系的探讨主要包括了旅游伦理主体及分类、旅游伦理价值、旅游伦理性质、旅游伦理建设以及旅游伦理教育等。第三章分析了旅游环境伦理。人类的环境态度经历了漫长的过程。旅游发展的过程，是旅游利益相关者不断产生对旅游环境态度的过程。适合的旅游环境态度，无疑与旅游业的可持续发展关系甚大。第四章的主要内容是生态旅游与低碳旅游。只有将生态旅游体验界定为一种高尚的伦理道德诉求，并通过低碳旅游的技术来保障，生态旅游的发展才能具有可持续性的意义，否则，生态旅游通常就会变成一种商业营销手段。第五章探讨了乡村旅游发展。与其他形式的旅游发展相比，中国乡村旅游更有可能沦为对乡村地区的不利因素。乡村旅游被很多地方视为解决三农问题的重要手段，但因为乡村在旅游发展中的弱势地位，乡村民众的利益能否得到保障一直是研究者关注的对象。所以，乡村旅游的发展更应该具备伦理道德关怀。第六章分析了旅游可持续发展问题。旅游可持续发展本质上应该是各旅游利益相关者共同追求的目标。可持续发展中的利益诉求可以归结为伦理的均衡。第七章是关于《全球旅游伦理规范》的解读。1999 年 10 月 1日，世界旅游组织第十三届大会通过的《全球旅游伦理规范》是关于旅游伦理的专门性文件，它的出台被认为是处理国际旅游伦理关系的指南。如何从中国旅游业发展的实际出发认识这一规范，从而贯彻执行之，具有重要的实践意义。第八章分析了基于旅游伦理的可持续旅游发展案例。根据作者对不同类别旅游目的地（景区）的实地调研，从旅游伦理的角度分析了这些案例的旅游可持续发展路径。案例主要包括福建土楼遗产型旅游社区、甘肃省临泽县县域旅游、山西省平遥古城镇旅游目的地、陕西省乾县乾陵帝王陵墓旅游景区、山西省祁县乔家大院及山西省晋城市泽州县大阳古镇文化型旅游目的地、陕西省周至县沙沙河水街城市旅游新区、陕西省咸阳市礼泉县袁家村乡村旅游地、以法门寺为代表的宗教旅游景区、河南省淅川县龙泉生态旅游度假村旅游规划等。

第一章 可持续旅游发展的伦理困境

一 近年来国内旅游伦理研究综述

国外关于旅游伦理的研究开始较早，而国内的研究明显要晚得多。2000 年之前，部分学者认识到旅游发展中的道德问题，如田勇（1999）指出了旅游活动中所存在的一系列非道德行为及不文明行为，分析了旅游非道德行为的危害与形成原因，并提出了旅游道德塑造的有效途径。[①] 张广瑞（2000）将世界旅游组织 1999 年颁布的《全球旅游伦理规范》在国内翻译发表后，自此对旅游伦理的研究才受到国内学术界的广泛关注。[②] 李健（2000）紧接着发表了《关于旅游伦理的思考》，使旅游伦理这一新理论走入国内的研究领域。[③]

任艳（2007）运用道德认知水平测量方法对旅游管理专业的本科生进行旅游伦理方面的道德认知水平测量。[④] 段晓雪（2009）指出，国内对旅游伦理的研究主要集中在旅游伦理的理论架构、旅游活动中的伦理问题、旅游伦理规范，旅游伦理教育几方面；并认为，我国旅游伦理研究方法单一，大多停留在定性研究阶段，缺少理论和实

---

① 田勇：《旅游非道德行为与旅游道德的塑造》，《桂林旅游高等专科学校学报》1999 年第 2 期。

② 张广瑞：《全球旅游伦理规范》，《旅游学刊》2000 年第 3 期。

③ 李健：《关于旅游伦理的思考》，《光明日报》2000 年 4 月 11 日（理论周刊）。

④ 任艳：《旅游道德认知与旅游伦理教育研究》，湖南师范大学 2007 年学位论文。

证的结合研究，对旅游发展中所存在问题的研究缺乏系统的理论指导和前瞻性，提出要利用多学科视角下的研究成果丰富旅游伦理理论。① 从生态伦理的角度，李文明、钟永德（2009）基于生态伦理的理论，构建了生态旅游环境教育的效果评价体系，对旅游者的意识和伦理观念进行了探讨，指出生态伦理意识培养的重要性。② 付金朋（2010）依照莱斯特（REST）的伦理决策模型，以多元道德量表（MES）作为伦理决策过程的衡量工具，对学生旅游者的旅游伦理决策进行研究，对影响旅游者伦理决策的相关因素进行分析，并根据研究结果对旅游者的伦理规范提供了理论参考。③

从伦理学角度，宋慧晶（2011）基于旅游伦理道德，列举了旅游利益相关者（旅游伦理主体）在道德建设方面存在的问题，包括旅游者的道德问题、旅游利益相关者的诚信问题、社会责任问题和旅游业的可持续发展问题。④

孙欢（2012）从伦理学的角度对国内旅游伦理之前的研究进行了概述，指出国内对旅游伦理的研究在方法上局限在自身的学科背景，缺少旅游研究所必需的跨学科研究方法，从而使一些关于旅游实践的观点缺乏理论高度。作者认为，应当通过旅游伦理研究的系统化、旅游伦理研究的建制化、旅游伦理的跨学科研究和旅游伦理研究的实践导向来提升研究质量。⑤

近年来，旅游伦理的研究更加广泛深入。旅游法律建设与旅游伦理的关系引起了学者的重视。石群（2014）认为，《〈旅游法〉的伦理价值取向是在权利义务对等原则下妥善处理了人和人、人和

---

① 段晓雪、冯学钢：《国外旅游伦理实践导向研究的进展及启示》，《旅游论坛》2010 年第 5 期。

② 李文明、钟永德：《生态旅游环境教育效果评价指标体系构建初探》，《中南林业科技大学学报》2009 年第 6 期。

③ 付金朋：《基于旅游伦理的旅游者决策行为研究》，大连理工大学 2010 年学位论文。

④ 宋慧晶：《旅游利益相关者道德建设研究》，山西财经大学 2011 年学位论文。

⑤ 孙欢、廖小平：《国内旅游伦理研究之回溯、论阈与展望》，《伦理学研究》2012 年第 5 期。

自然的关系。[①] 通过法律手段来协调伦理关系，是伦理建设的必要渠道。《旅游法》的出台，的确对旅游伦理的建设影响很大，但鉴于旅游伦理涉及面广，对其真正意义上的建设尚需各类相配套制度的完善。

如何对旅游伦理进行定量分析，一直是研究者努力的方向。范慧玲（2014）认为，国外采用过的对旅游道德认知研究的方法有道德决策的伦理定位模型、多维道德量表（MES）、伦理决策理论、道德水平强度模型等。[②] 就目前总体来看，国内对旅游伦理的研究主要集中于理论上的定性探讨上，数据的定量分析明显不足。随着国内旅游伦理研究的深入开展，定量分析将成为趋势。因此，研究者应在借鉴国外研究模型的基础上，创新适合中国特色的定量分析方法，以对旅游伦理进行深入分析。

从理论上探讨旅游伦理的建设路径仍然是研究者努力的方向。就目前旅游伦理研究来看，进行理论层面的深入探讨非常有必要。薛保红（2015）认为，旅游伦理的主要功能为认知功能、规范功能、调节功能以及教育功能。[③] 旅游作为社会、经济、文化中的一员，其发展程度也必然受到整个社会发展水平的影响。旅游伦理建设亦复如是。总体来看，目前社会各界对旅游伦理的重视程度不够，这也是导致各类有违旅游伦理的事件高发的原因。也正是因为如此，更需要研究者的担当。李红（2014）认为，加强旅游伦理建设，对旅游产业的可持续性发展具有重要的导向、规范和引导作用。[④] 由此可见，旅游伦理建设是一个庞大的系统性工程，需要旅游利益相关者的共同努力。

研究者认为，类似生态旅游这类旅游发展对象，应当更加重视旅

---

① 石群：《〈旅游法〉的伦理努力及实现路径》，《长春大学学报》2014 年第 7 期。

② 范慧玲、廖小平：《道德认知：旅游伦理实证研究的新视角》，《中南林业科技大学学报》（社会科学版）2014 年第 2 期。

③ 薛保红：《多维动态视域下的旅游伦理道德建设》，《社会科学家》2015 年第 6 期。

④ 李红、路璐：《转型期我国旅游伦理建设对策》，《新东方》2014 年第 6 期。

游伦理的具体落实问题。生态农业旅游因为将旅游、生态及三农问题结合在一起，可能会带来更多的伦理诉求，因此研究者倾注了一定的关注。王中雨（2013）研究了生态农业旅游的伦理问题。① 在社会各界的共同努力下，特色生态农业旅游的发展速度很快，但其发展质量却一直不尽如人意，旅游伦理的操守不严是主要原因。李严（2015）认为，应该以新时代的生态伦理意识为前提和基础，而新的生态伦理观念使得人们在大力发展生态农业旅游经济的基础上走上了一条可持续发展的道路。② 在就业、三农、环保、文化、生态、管理等背景下，乡村旅游的发展在中国具有特殊意义。政府先后出台了一系列措施来鼓励乡村旅游的发展。与一般旅游开发相比，乡村旅游发展会面临更多的伦理问题，这是因为以农业、农村和农民为背景的旅游发展会遭遇更多的伦理危机。虽然乡村旅游发展一直是研究的热点，但从旅游伦理的角度对乡村旅游进行分析的研究尚欠不足。

旅游消费作为特殊形式的消费类别，在消费新形势的背景下，一方面是遏制公款高消费的政府治理，另一方面则鼓励民众能够加大旅游消费额度以拉动经济发展，此时旅游消费的确遇到了两难境遇。如何正确认识旅游消费的意义和价值，对引导合理旅游伦理的建设至关重要。亢雄（2014）研究了旅游消费的伦理问题。③ 旅游消费成为民众重要的消费形式，特别是每年节假日期间的集中消费能力更是令人惊讶，中国已经步入了旅游消费的大国行列。在此背景下，深入分析旅游消费的伦理问题显得非常重要。旅游消费一方面是广大民众实现旅游权益的手段，另一方面，不合理的旅游消费又广泛存在。通过树立正确的旅游消费伦理，才能够引导民众形成合理的旅游消费心理。

如果将旅游发展和敏感的民族文化结合在一起，则对其旅游伦理的研究显得格外重要。葛绪锋（2015）认为，文化商品化引起的民

---

① 王中雨：《旅游伦理视域下我国生态农业旅游研究》，《农业经济》2013 年第 5 期。
② 李严：《生态农业旅游对农村生态伦理的影响研究》，《农业经济》2015 年第 10 期。
③ 亢雄：《旅游消费的伦理维度及其实现路径》，《理论导刊》2014 年第 11 期。

族文化保护和利用问题思考是民族旅游地可持续发展关注的焦点问题。① 针对民族地区的旅游研究，一直是国内旅游研究的热点。民族地区的文化开发与保护更是值得深入研究的话题。民族旅游的核心吸引物是独具特色的民族文化。民族文化在商品化过程中的确存在着许多不尽如人意的地方，很多不合理的商品化开发行为破坏了民族文化的完整性和真实性，从而影响了民族地区旅游市场的发展甚至是民族地区的社会管理。民族旅游文化商品化的过程应当是促进民族文化更加繁荣发展的过程。针对一些地区出现的民族旅游文化过度商品化问题，研究者及旅游管理者已经提出了很多解决方案。冯庆旭（2015）认为，民族旅游的基本伦理问题是利益与道德的关系问题。② 的确，面对民族旅游发展中的弱势群体，企业与政府一定要担当起自身的伦理责任。尤其是对民族旅游开发地区的政府来讲，一定要高度重视旅游发展的意义是旨在提升民族社区的幸福指数、促进民族团结和有利于民族地区的社会管理。正是因为民族地区的旅游发展有更多的社会治理的意义，所以，旅游发展应更加重视伦理的意义。冯庆旭（2015）认为，民族旅游是以民族文化为核心资源的旅游类型。③

其实，旅游伦理失范问题广泛存在着。某些不正当的旅游现象也迎合了一部分人的旅游爱好，这类旅游发展助长了旅游伦理失范的可能。王济远（2013）认为，作为一种旅游伦理失范现象，文化旅游"审丑"现象突出表现在历史负面名人的旅游炒作，红色旅游项目的过度娱乐化及文化旅游"涉黄"问题等方面。④

对于旅游伦理问题的深入分析，应当依赖于本土性历史传统文化。传统文化一方面影响了特定的旅游伦理思维，一方面又对旅游伦理的发展带来深刻影响。对根植于中国传统文化的旅游伦理的认识，

---

① 葛绪锋、邓永进：《伦理学视野下民族旅游开发中的文化商品化研究》，《资源开发与市场》2015 年第 12 期。

② 冯庆旭：《民族旅游的基本伦理问题》，《广西社会科学》2015 年第 5 期。

③ 冯庆旭：《民族旅游的伦理文化生态建构——以中华回乡文化园为例》，《回族研究》2015 年第 3 期。

④ 王济远：《文化旅游"审丑"现象伦理思考》，《商业研究》2013 年第 5 期。

必须高度重视对传统文化的研究。谢春江（2014）认为，乡土情结是中国传统文化的重要载体。①

近代以来，人类一直以傲慢和轻浮的态度对待自然世界，在对自然的掠夺式开发中，业已显露的资源枯竭、大气污染、水土流失等生态灾害，使人类重新开始思考原初意义上的由自然赋予人的神性或灵性。刘於清（2015）发现，中国古代游记，作为古人留下的重要文献遗产，蕴涵了丰厚的环境伦理思想，古人对自然审美注重人与自然的融合，讲究心物感应，追求神与物游、天人合一，倡导回归、融入自然的生态路向，更为重要的是极为关注人的精神生态，对解决当下生态问题，提供了合理性的思路。②

2014 年第 11 期和第 12 期的《旅游学刊》在其"中国旅游发展笔谈"专栏中，以"旅游伦理"主题为内容，发表了国内数位知名的旅游学专家关于旅游伦理的论点，可以视作目前对旅游伦理研究的深入总结和展望。

对旅游伦理基本理论的探讨仍然是研究的热点问题。这是因为，作为中国旅游研究的新领域，旅游伦理的研究尚处于初期阶段，对其基本理论的探讨亟须加强。首先，确定旅游伦理研究的重要性非常有必要。庄晓平（2014）认为，中国旅游研究大多基于经济学、管理学、地理学或是社会学、人类学的视角，而从伦理学的角度研究，不论从著作成果、影响力或是实际从事研究的学者数量上看，所占比例非常少。③

在明确旅游伦理研究重要性的基础上，旅游伦理研究应当重视研究逻辑的分析。旅游伦理很显然是旅游学和伦理学的融合。当新鲜而年轻的旅游学与古老而成熟的伦理学结合在一起时，伦理学的研究经验势必可以为旅游伦理研究提供借鉴。马波（2014）认为，旅游伦理有自己的独特性，体现在由旅游活动所引致的一个全新的利益相关

---

① 谢春江：《乡土情结：旅游伦理构建的一个支点》，《伦理学研究》2014 年第 6 期。

② 刘於清：《中国古代游记中的环境伦理思想特征探析》，《中南林业科技大学学报》（社会科学版）2015 年第 2 期。

③ 庄晓平：《旅游伦理研究何以重要》，《旅游学刊》2014 年第 12 期。

者系统上，这个系统有其特殊的要素、结构与功能。只有分析、把握了旅游利益相关者的互动关系（interactions），才有可能构建切实有效的旅游伦理规范并引导各主体的行为。①

　　和旅游学研究的许多领域一样，旅游伦理的研究是一个由国外到国内不断发展的过程。特别是了解英语国家对旅游伦理的研究和态度，对中国旅游伦理研究具有重要意义。肖洪根（2014）认为，旅游现象，从个体行为上看，是一种经验、学习或体验；从社区或社群角度看，是一种社会发展或社会变迁；从组织、机构或效益上看，是一种经营理念或管理思想。②

　　旅游研究的学术领域同样应该坚守伦理的原则。张世满（2014）认为，旅游伦理问题不仅表现在旅游目的地上，也体现在旅游学术界。旅游伦理研究的目的，一是出于学术的或社会实践的客观需要，二是出于自我的主观需要。③

　　旅游伦理的实质就是如何处理旅游过程中道德与利益的关系。旅游伦理的建设就是不断平衡道德与利益关系的过程。王晓华（2014）认为，道德和利益之间并非二元对立关系，市场经济本身就体现着利己和利他相互统一的伦理精神。道德与制度在规范旅游者和旅游从业人员的行为方面效果不同，制度起着约束作用，它规定了行为的的及格标准，而道德则起着引导作用，它规定了行为的优秀标准。④

　　在旅游发展过程中，旅游规划的作用非常重要。在强化规划引领的背景下，旅游规划如何秉持旅游伦理道德的规范，应当是旅游规划首先应考虑的问题。在旅游规划产品趋同化和旅游规划过程行政化的当下，通过深入分析旅游规划中的伦理问题，以期为科学的旅游规划探寻出路。冯学钢（2014）认为，旅游伦理准则是配合行政、经济

---

① 何建民：《旅游主体行为合理化的伦理机制与引导策略》，《旅游学刊》2014年第11期。
② 肖洪根：《关于"旅游与伦理"问题的若干思考》，《旅游学刊》2014年第11期。
③ 张世满：《旅游研究应坚守的学术伦理》，《旅游学刊》2014年第11期。
④ 王晓华、白凯：《旅游中的道德与利益：二元对立还是一元统一?》，《旅游学刊》2014年第11期。

和法律手段，调节旅游活动中发生的人与人之间、人与自然之间的道德和利益关系的行为规范。①

学者们愿意从传统文化的角度解读特殊的旅游消费伦理问题，这是因为旅游伦理受到了传统文化的深刻影响。孙九霞（2014）认为，中国历来作为礼仪之邦受到标榜，但其传统伦理道德有其特殊性。②

旅游真实性问题是一个老话题，但从旅游伦理的角度进行研究则比较少。如何判断旅游真实性，旅游真实性给旅游者怎样的感知，在一定程度上，这的确是一个明显的伦理问题。王宁（2014）认为，本真性（authenticity）是一个由西方学者提出，并在西方旅游研究领域中占据核心地位的概念。从20世纪70年代至今，关于旅游中的本真性问题，成为西方旅游学术界的热门研究话题之一。中西方游客对本真性的体验模式存在差异。③

乡村旅游在最近几年里得到了快速发展，同时也暴露了许多旅游伦理问题。在乡村伦理发展中的利益相关者中，乡村、乡村社区及乡村居民更容易成为弱势群体，因而，对乡村旅游的伦理问题研究就具有重要的现实意义。王德刚（2014）认为，乡村旅游产生了普通村民对乡村发展控制力的丧失、经营参与机会被剥夺、利益分配打折扣等一系列问题。因此，要构建和谐的乡村旅游伦理关系，必须在文化和经济两个领域坚持平等和均衡原则。④ 尤海涛（2014）认为，在乡村旅游大发展的表象下，汹涌着尖锐的利益矛盾，隐藏着严重的伦理危机。首先是内外力量与利益关系的失衡。由于自身的先天不足，如权力失败、产权不清、组织松散、资本弱小、信息不对称及贫苦现状等，导致在面对强势的公权力及强大的外来资本时，乡村居民往往因

---

① 冯学钢、金川：《旅游规划的道德约束和价值导向》，《旅游学刊》2014 年第 12 期。

② 孙九霞：《传统文化与现代消费导向下的旅游伦理多元化》，《旅游学刊》2014 年第 12 期。

③ 王宁：《旅游伦理与本真性体验的文化心理差异》，《旅游学刊》2014 年第 11 期。

④ 王德刚：《文化自信、利益均衡是确立乡村旅游伦理关系的基础》，《旅游学刊》2014 年第 11 期。

话语权的缺失而被边缘化，沦为弱势力量。[①]

通过如上综述发现，近年来，对于旅游伦理的研究已经成为广大学者关注的对象。随着中国旅游业的进一步发展，更多的旅游伦理问题亟须研究分析。可持续发展是人类社会发展所追求的共同目标，也是旅游业发展的最终使命。旅游可持续发展的问题，是一个技术性问题，同样也是一个伦理道德问题。如何从旅游伦理的角度寻找突破口，为旅游可持续发展提供良策，应当是研究者努力的重点。

二　旅游活动的特殊性

关于旅游伦理的研究，因旅游活动的特殊性而存在困难。比如，旅游活动中旅游者的构成存在着暂时性、多样性和复杂性。旅游伦理是关于围绕着旅游活动和行为的人的伦理，虽然旅游伦理的对象都应拥有旅游这一特征，但具体旅游过程中人们的构成则是不稳定的。

（一）暂时性

旅游者因为要参与旅游活动而放弃或离开了自己的惯常地，暂时加入旅游行列，这种行为的暂时性以及这种团队组合的暂时性，使得旅游过程中许多旅游者的行为表现出不稳定性和非真实性，这给旅游伦理的研究和测度带来了许多不确定性。宏观的旅游伦理的研究，应是对一组伦理对象稳定的社会行为或心理长期跟踪分析的结果。但因为旅游者构成的暂时性而导致旅游伦理的研究存在诸多困难。

（二）多样性

多样性是指旅游者在暂时的旅游环境中所表现出来的行为因为诉诸旅游而表现出的复杂多元化。同样，旅游目的地不同的旅游者所表现出来的主要旅游需求是不同的，因而其旅游行为是复杂多样的。面对复杂多样化的旅游行为，要整理一套切实可行的旅游伦理方案，本

---

① 尤海涛：《乡村旅游利益之殇与本源回归》，《旅游学刊》2014 年第 11 期。

身非常有难度。这就要求旅游伦理研究者具有高度的抽象概括能力和敏锐的观察思考能力。旅游需求的多样性和旅游信息的非对称性也加重了旅游伦理研究的难度。旅游伦理应当是可操作性强的应用型伦理规范。总体来看，目前国内存在着对旅游的本质性要求、形式及其内容认识不清，对旅游活动给环境和当地人的生活所带来的影响重视不够等问题。旅游是特殊的社会活动。旅游的本质、形式及内容的研究时间虽然较长，研究者人数也较可观，但在具体的研究问题上则很难取得一致，这是由于旅游活动本身的复杂性所致。旅游伦理的研究为复杂的旅游研究开辟了新的领域，通过深入研究旅游利益相关者的伦理道德问题，为拓展旅游研究范畴和深化旅游研究内容提供了平台。

（三）群体性

作为社会存在的人，旅游者因具备了伦理道德观而更具特殊性。作为参与特殊社会群体性活动的旅游者，以及其他围绕旅游而形成的特定利益相关者，成为因旅游而存在的特殊社会群体。伦理道德的发生和变化具有群体性。一定社会群体的人们因为共同利益的原因而形成相互影响的伦理道德关系群。旅游伦理所研究的旅游利益相关者是因旅游这一社会现象的存在而围绕其形成的共同利益者。如何谋求利益共同体的利益最大化，是利益相关者应思考的问题。旅游伦理的研究就是要以伦理道德规范的视角分析旅游利益相关者在维护共同利益时如何处理好义与利的关系。对利益的一味追求可能导致关系失衡，从而影响到整体利益并最终瓦解每个人的利益。只有通过道德约束机制才能使利益最大化。

三 旅游可持续发展理想实现的不确定性

旅游业可持续发展理论所弘扬的理想毫无争议，但它的实现则难以预料，甚至不太现实。《全球旅游伦理规范》所推崇的理念，以及其他关于旅游可持续发展的理论讨论，有专家认为，这只能是弘扬一种理想，真正可持续的旅游发展只能是理想主义者的理论。从表面来看，目前还没有有力的证据证明，可持续旅游发展表现出符合可持续旅游理论影响的标准。旅游可持续发展所描绘的许多特征令人颇有疑虑，大多缺少实际内容，最后都成了一种旅游营销策略和借口。因此，要真正实现旅游可持续发展的伦理目标，必须开发可持续发展的操作性概念和测量工具并付诸实践。从目前旅游开发建设的现实来看，旅游业依然我行我素，旅游业可持续发展的伦理诉求未能实质性地影响到旅游开发建设的实践。

（一）政府意愿

社会发展基础性质的旅游建设，如市政公园、河道景观等，只能一味地按照地方政府的愿望。许多开发建设成了政府的政绩形象工程，一届政府一个方案，拆了建，建了拆，拆了又建，成了政府财政支出、利益博弈、形象展示、政绩炫耀的平台。各种以旅游建设、市政基础设施改造、遗产保护、形象提升、资源整合等为借口的旅游开发遍地都是，但真正意义上能从政府的角度出发为民生谋利益的权衡者则不多见。并且因为规划决策的不科学，地方领导人的频繁更换，利益纠结的处理失败，招商引资失利等原因，失败性项目、烂尾楼项目等非常多见。对于地方政府而言，旅游开发成为社会公共资源和民生税收被随意处置的借口，可持续发展的落实很难到位。

（二）企业态度

企业性质的旅游发展，目前存在的问题主要是大型和超大型旅游项目的建设遍地开花。只有大项目才能有大影响和大收益的观念被企业认可。因此，不做则罢，要做就要做大，成为各地旅游发展的通病。王健、范清（1999）对我国旅游企业存在的不正当竞争行为进行了探讨，提出了遏制旅游企业不道德行为的策略。[①] 企业在旅游发展的运作中，通过对政府、社会各种资源的整合，为了能够达到一炮走红的宣

---

① 王健、范清：《关于我国旅游企业不正当竞争行为的伦理与法律思考》，《南开管理评论》1999 年第 1 期。

传效果，尽量将项目做大，追求规模成为旅游企业的首选。越大规模的旅游项目对环境的破坏可能越明显，也就越难达到可持续发展的要求。有创意，四两拨千斤的小型项目应该得到大力发展，但还需要更加完善的旅游市场和发达的旅游规划及策划机制。部分企业和政府对旅游业发展的风险认识不足，大都以为旅游发展是暴利行为。这主要是由于缺乏旅游发展经验和忽视旅游研究所造成的失误。对产业发展的风险认识不够，旅游业往往冒险前行，很难做到真正的可持续发展。尤其是在西部地区和边远地区，在财政、人才紧缺的环境下，旅游业的冒进行为可能潜伏着重大的风险，而这些地区抗击风险的能力则非常有限。特别是旅游业在表面繁荣的诱惑下，很容易使许多缺乏相关经验的企业进入旅游业，没有经营经验的外行企业则更容易失利。畸形的旅游业发展还表现为旅游业成为圈地运动的手段。在土地财政的背景下，谁掌握了土地，谁就掌握了主动权。旅游地产、旅游主题公园、大型风景区、旅游文化创意园区等成为企业拿到土地的借口。许多企业利用国家政策，利用旅游业发展来囤积土地，这已经成为普遍现象。

（三）炒作和借口

在上述各种情形下，旅游业的可持续发展理念只能成为时髦的概念炒作和借口。因为缺失实际可操作性的内容，旅游业可持续发展受到怀疑，只能将其作为一个旅游的营销口号。我们发现，遍地出现的旅游可持续发展的宣传基本上都是打着可持续发展的幌子在做不可持续的事情，遗憾的是这种营销策略还非常管用。但即使这样，我们对旅游可持续发展的伦理追求不可停止。面对错综复杂的旅游业发展环境以及亟待解决的各种问题，旅游可持续发展的伦理诉求被认为是未来解决问题的根本出路。只有进一步加强对旅游可持续发展方略的研究，改变以往相关研究中只重视理论探讨而忽视实践经验的总结以及过于重视对相关概念的引进和研究方法的借鉴。这些不切实际的研究理论和方法在很大程度上阻碍了旅游伦理及可持续发展真正作用的发挥。

四 旅游发展的负面性

旅游业的产生，是社会经济发展到一定阶段的产物。随着经济的发展和社会的进步，旅游活动也发生了深刻的变化，这个变化在本质上体现了旅游业与社会的关系。加拿大学者 H. F. Kariel 将这种关系归纳为：旅游业是从传统的原始农业和自然风景基础上发展起来的；旅游的发展导致农业减退和自然风景的变化；旅游业发展势态的增强，会导致历史文化与自然风景的变化；为适应旅游业继续发展的需要，人们提出了保护农业生态环境和自然景观资源，以吸引旅游者，同时还提出了提高旅游道路、旅游的动力系统和改善旅游服务水准的要求。[①] 这其中就明显体现了旅游业的负面影响。有专家认为，这种负面影响主要表现在以下几个方面：第一，有些人通过对来访旅游者行为的观察，逐渐在思想和行为上产生消极变化，继而赌博、卖淫、投机诈骗、贪污受贿、走私贩私等犯罪和不良社会现象增多，影响社会秩序的安定。第二，传统的家庭道德观念受到冲击，最终导致婚姻破裂的增多和离婚率的上升。第三，旅游的发展也使得目的地的文化习俗被不正当地商品化、庸俗化，为了接待旅游者，传统的民俗和庆典活动随时都会被搬上舞台；为了迎合旅游者的兴趣，活动的内容也往往被压缩，表演的节奏明显加快；为了满足旅游者对纪念品的需要，当地一些手工艺品开始大批量生产，很多粗制滥造的产品充斥于市场，这些产品已不再能表现传统的风格和制作技艺。[②]

《全球旅游伦理规范》所制定的一系列基本原则，其目标首先在于减轻旅游业对环境和文化遗产的负面影响。但总体来看，全世界范围内旅游业的快速发展对旅游社会环境和文化遗产的负面影响没有得到遏制，反而快速蔓延。尤其是在旅游市场快速发展而旅游管理制度构建和落实不能跟进的许多发展中国家，对环境和遗产的破坏非常严

---

① 陈茂勋：《旅游地学与旅游发展新论》，四川科学技术出版社 2006 年版。

② Cohen Erie, "Rethinking the Sociology of Tourism," *Annals of Tourism Research*, 1997 (6)：18 – 35.

重。旅游发展的负面影响一直是研究者关注的对象。20 世纪 70 年代末，最有开创性的研究是 1977 年 G. Wall 和 Wright 完成的《户外管理的环境冲击》（*The Environmental Impacts of Outdoor Management*）。其后，1982 年 A. Mathieson 和 G. Wall 出版了《旅游经济：自然的和社会的冲击》（*Tourism Economic, Physical and Social Impacts*）。这两本专著对旅游发展所带来的负面影响作了较详细的介绍。《海牙旅游宣言附录》中也提到了"旅游业是无烟工业，但是旅游仍然会对自然和文化环境带来潜在的威胁"[①]。

不合理的旅游规划建设、庞大的大众旅游群体、落后的旅游管理制度、失效的旅游协调机制等都是形成负面影响的主要因素。国际经济合作与发展组织（OECD）在旅游与环境的关系问题上认识到：环境是旅游的重要资源，旅游要进一步发展，保持好的环境是必需的。相反，环境的恶化可能导致（在某些地方已经导致）旅游发展的衰退，而在一些地方，旅游业的发展使得当地的环境得到了改善。OECD 将旅游对环境的消极影响分类为：污染（空气、水、噪音和垃圾）；自然风光，包括农业和田园风光的消失；动植物的毁灭；景观、历史遗迹、纪念碑的被破坏；旅游旺季时的拥挤和交通堵塞；当地居民和外来游客的文化冲突；竞争的压力。[②] 据专家对中国 100 个省级以上自然保护区的调查，已有 82 个保护区正式开办旅游业，但有 22% 的自然保护区由于开展旅游而造成对保护对象的破坏，11% 的旅游区出现资源退化现象，垃圾、水污染、空气污染等正在成为一些保护区令人忧虑的旅游负面影响。[③]

其次是增加旅游业的经济文化贡献，其中包括减轻贫困和增进国家、民族之间的相互理解。从表面来看，全球旅游业的快速发展，在局部地区的确能够发挥旅游扶贫的作用，部分地区确实因为发展旅游

---

① 于文兰：《国际旅游机构指南》，旅游教育出版社 1996 年版。

② J. L. Crompton, et al., "Developing and Test a Tourism Impact Scale," *Journal of Travel Research*, 1998 (37): 120 – 130.

③ 曹新向、丁圣彦、张明亮：《探析自然保护区旅游开发的景观生态调控》，《生态经济》2002 年第 12 期。

而改变了以往落后贫困的面貌，旅游业收入成为这些地区民众的主要经济来源；同时，因为不同国家民众之间的旅游往来，逐渐消除了国民之间的误解，所以国家与民族之间的相互理解得到加深。但同时，《全球旅游伦理规范》主张通过市场经济的形式来发展旅游，而市场经济的模式也的确是目前各地旅游发展的主要策略。在市场经济背景下的旅游发展是否能够达到可持续性的目标则受到部分旅游研究者的质疑，因为市场经济制度支持下的旅游发展存在着两个基本事实：旅游对环境和社会文化的负面影响和旅游的不公正性。戴尼逊·纳什（Dennison Nash）就在《旅游是一种新的帝国主义形式》一文中对旅游者和当地居民之间的不平等关系进行了强烈批评："旅游者像商人、雇主、征服者、教育者、统治者或传教士，像文化间的代理人，直接或间接地导致当地文化改变，尤其是在世界上的不发达地区。"[①]他从"帝国主义"的概念开始分析，指出今天的帝国主义与以往已有所不同，提出了旅游具有帝国主义的侵略特点。他超越了对具体的旅游过程的研究，把旅游活动看做一种文化接触和交往的方式，注重分析它对接触双方所带来的影响。"冲突是道德之母。哪里有冲突，哪里就有道德问题发生。道德的第一动因就是调节或协调各种人际、群际，以及个体与整体之间的利益关系，减弱或消解各种利益矛盾和价值冲突。"英国著名伦理学家汉普歇尔强调了道德与冲突联系的紧密性和广泛性：道德与冲突是不可分离的，包括各种不同却令人羡慕的生活方式之间的冲突、各种义务之间的冲突以及各种根本性的然而却互不相容的利益之间的冲突。[②]因为旅游利益所产生的冲突，同样也在加深。从20世纪六七十年代开始，资本主义市场经济体系中的现代旅游（或大众旅游）发展的种种弊端就已经显露无遗。科恩（Cohen，E.）就说过："当发展中国家迫切发展旅游作为重要的收入来源时，对当地社会可能引起严重破坏和导致最终的长期损害。虽然我们还不能预见全部结果，但就我们已知的大众旅游的影响，就足以

---

① Smith, *Hosts and Guests-the Anthropology of Tourism* (Philadelphix University of Pennsylvania Press, 1989).

② Stuart Hampshire, *Morality and Conflicts* (Cambridge: Harvard University Press, 1983).

预见其情形。如果发展中国家的旅游发展不加以控制和管理，不管是否这些地方仍然留有未被破坏的自然景观和传统生活方式，都将被毁坏。从这方面看，我们这个时代的随和的旅游者，能很好地完成他们先辈（征服者）和殖民者（同样是来自西方的旅行者）的事业。"①

市场经济制度下的旅游业发展，获取利润成为旅游业发展的首要目的，以对环境和社会文化的破坏为代价换取的旅游业发展成为普遍做法，因此旅游发展能够促进对环境和社会文化的保护，可能成为典型的伪命题。如何促使形成可持续发展的良性旅游发展态势，便是市场经济和政府管理之间的一种博弈。早在半个多世纪以前，利奥波德就已看到："荒野的安谧正在遭受由汽车装备起来的旅游者的冲击，他们像蚂蚁一样挤满了大陆。这是户外休闲，最新的模式。"② 可见，人类无约束的旅游会破坏土壤、动植物、水体、大气乃至地球生态系统，会给自然环境带来灾难。

旅游的不公正性，表现为发达国家凭借其资本、技术、人才等优势来掌控国际旅游市场，从而获取了巨大的旅游经济利益，而发展中国家所获利益则是相当有限的。因此，从旅游伦理所追求的机会均等来看，如何保证旅游发展过程中关注发展中国家等弱势群体的利益则尤为重要。弱势利益群体地区往往拥有丰富而特殊的旅游资源，是重要的旅游吸引区域，然而，在旅游开发的经济利益博弈中长期处于劣势地位，将导致这些地区旅游发展的畸形化更为突出：经济赤贫；旅游收入漏损严重；社会环境遭到严重破坏；文化遗产得不到保护；社区民众对旅游开发持更多不赞同意见，甚至还会引发激烈的利益冲突。若真是这样，旅游业发展则会出现两败俱伤的情景：旅游者与社区民众的利益都不能得到保护。哈雷尔·邦德（1978）在非洲冈比亚所作的研究表明：真正能从旅游业中受益的只是当地的一部分人（称之为"精英阶级"），而大部分人只能从事低收入的职业，并且还要承受物价上涨、土地被征用以及外汇漏损等压力。联合国的一份报

① ［以］科恩：《旅游社会学纵论》，巫宁等译，南开大学出版社 2007 年版。
② ［美］奥尔多·利奥波德：《沙乡年鉴》，侯文蕙译，吉林人民出版社 1997 年版。

告指出，在大多数发展中国家，小国的进口漏损几乎占其旅游总收入的40%—50%；而在较为发达并具有多样化经济类型的发展中国家，其进口漏损约占旅游总收入的10%—20%。①

又如不道德的性旅游一直是专家关注的对象。长期关注东南亚性旅游的莱恩·毕晓普和利莲·罗宾逊在其《夜市：性文化与泰国经济奇迹》一书中，将泰国经济发展与性旅游形象地联系起来进行考察，泰国农村及其周边穷国的青年女性被引诱到曼谷的妓院、按摩院、酒吧，主要是满足男性旅游者的性需要，而这些国际旅游者主要来自美国、西欧、日本、澳大利亚、海湾国家、新加坡等富裕国家。如何解释这一现象，作者认为："我们能够在全球发展战略的经济不平等中找到答案。"至于东南亚性旅游中存在的对儿童的性虐待问题，克里斯塔夫早就一针见血地指出，资本主义市场经济"不仅为他们的稻米和猪肉而且也为女童创造了市场。"② 莫弗斯和蒙特（Mowforth and Munt）在《旅游与可持续发展：第三世界新旅游》的第二、三章中就集中讨论了全球化背景下旅游发展的不平衡和不平等现实。在有关性旅游的研究中，霍尔（Hall）也曾一针见血地指出，东南亚国家性旅游的伦理问题并不是卖淫本身的道德问题，而是性别不平等和经济不平等的客观现实在旅游中的反映。③ "全世界性旅游产业每年的收益达到120亿美元，仅次于武器和毒品交易；柬埔寨近1/3的性工作者是不满18岁的未成年人……"当这类报告及数据清晰地呈现时，人们会惊讶地发现：整个世界范围内关于性旅游，特别是儿童性旅游的恶劣现象及其增长趋势，在现阶段已经是一个普遍的、不容再忽视的事实了。④ 基于此类现象，国际上各类呼声此起彼伏，而非政府组织也迅速涌现。比如，1990年5月成立的国际终止

① 王子新、王玉成：《旅游影响研究进展》，《旅游学刊》2005年第2期。

② 转引自夏赞才《全球旅游伦理规范的脆弱基础和错误主张》，《伦理学研究》2007年第6期。

③ 夏赞才：《孕育中的旅游伦理学——近年来西方国家旅游伦理研究述评》，《哲学动态》2005年第7期。

④ WTO Statement on the Prevention of Organized Sex Tourism, Adopted by the General Assembly of the World Tourism Organization at Its 11th Session, 1995.

童妓组织（The International Campaign to End Child Prostitution in Asian Tourism，简称 ECPAT），致力于保护全球儿童免于商业性剥削，工作内容包括三个方面：终止童妓、终止儿童色情、终止跨国性剥削。与此同时，旅游界也警觉到问题的严重性，1995 年 10 月，在埃及开罗举行的世界旅游组织第 11 届大会不仅抨击、谴责了针对儿童的性旅游，明确提出予以禁止，还通过了《关于禁止有组织的性旅游的宣言》；同时呼吁各旅游目的地国、客源国政府以及旅游协会共同致力于此项工作并做出自己的贡献。① 联合国反对性旅游是因为它会对性游客所在国和目的国导致健康、社会和文化一系列不良后果。②

五　旅游伦理失范行为的表现

（一）旅游过度消费

旅游过度消费现象的普遍存在，成为旅游道德失范的一个方面。马尔库塞将人的需要分为真实需要和虚假需要。真实需要是出自人的本性的自主的需要，包括基本需要和剩余需要。而虚假需要是指那些特定的社会势力强加给人的需要，是社会通过种种手段把整体利益变成个人的而非出于自己的需要，它会使消费异常化。③ 旅游消费是旅游者的正常社会需要，也存在真实与虚假两个方面。"旅游是一种全面休闲的方式，各种内容都可以融入旅游生活之中。此外，旅游是一种异地和异境的感受。就是不同地点和不同环境的变化，这种变化使人体验到一种新的生命感受，体会到一种生活质量的升华，也体察到一种对现有生命的超越。"④ 在旅游过程中，旅游者出于基本的本性化需求而进行的消费，则是正常的基本消费，这种消费理念要求旅游

① UN. Office of the Special Adviser on Gender Issues and Advancement of Women（OSAGI）Gender Mainstreaming Mandates.

② UN. Congress on Prevention of Crime and the Treatment of Offenders Press Release New Global Treaty to Combat Sex Slavery of Women and Girls.

③ ［美］赫伯特·马尔库塞：《单向度的人》，刘继译，上海译文出版社 2006 年版。

④ 魏小安：《中国休闲经济》，社会科学文献出版社 2005 年版。

者能够根据个人喜好以及本着量力而行的原则进行有限消费，消费过程中旅游者不会考虑所谓社会势力的影响。这种消费是理性的，是旅游伦理道德可控制的范围。然而，过度旅游消费则属于虚假需求的范畴。旅游是一种高级社会行为，从马斯洛需求层次理论来看，属于"自我实现"阶段的需求行为。"消费的能力是消费的条件，因而是消费的首要手段，而这种能力是一种个人才能的发展，一种生产力的发展。"① 由于这一行为的特殊性，旅游者在旅游过程中往往会发生失控的消费行为。比如在某种社会势力的影响下，旅游者可能容易出现过度消费。一般社会理念是，旅游就应该通过花费金钱去获得享受和享乐的过程，在这个过程中理所当然应该通过超额支出而获取超过一般水平的消费感受，而对这一过程中的节约或节制性消费则可能被认为是寒酸而不可理喻的。这种社会势力的影响是广泛的，具有某种特定的心理消费压力。于是，旅游过程中各种过度消费则被视为必然。购买奢侈品、住高档酒店、大量购买旅游纪念品，也包括对旅游交通、道路等基础设施的挑剔性意见、对旅游环境的肆意破坏、旅游过程中的唯我独尊等。因为自己花了钱，便觉得处处应该受到重视，不能容纳其他旅游者的意见和缺点，处处皆要满足自己的私利等现象，都是这种过度消费行为的表现。过度消费表现在消费内容的异化，即旅游者将更多的金钱、时间和精力主要置于虚假需求方面。这是因为在不正常的旅游消费风气面前，旅游者会自觉不自觉地成为社会势力的俘虏，因而会出现众多异化的消费内容。其中物质消费的过度是这种异化现象之一。虽然旅游的实质是在追求精神层面的提升和愉悦，但这一过程中势必包括众多的物质性消费。过度的物质性消费是指物质性消费超出了旅游者的一般性需求，而是在旅游这种特殊背景下形成的消费现象。"只有彻底改革个人的生活方式及国家的生产方式和消费方式才能符合道德，符合现实地解决我们的问题。"②

---

① ［美］艾伦·杜宁：《多少算够——消费社会与地球的未来》，毕聿译，吉林人民出版社1997年版。

② ［美］R.T.诺兰：《伦理学与现实生活》，姚新中译，华夏出版社1988年版。

（二）旅游经营中的媚俗性

在旅游经营过程中出现的媚俗性经营，是指通过鼓励挥霍型消遣，纵容或怂恿酗酒、色情、赌博甚至吸毒，协助虚开发票与行贿受贿等方法而获取经济效益的不正当经营方式。[①] 旅游消遣是人们特有的消遣形式，是离开惯常居住地而去陌生地方的消遣行为，这种行为当中可能会出现更多的不正当性需求。而媚俗性经营，正是不加选择地满足了这种不正当需求。在市场竞争的不断逐利行为的发展中，旅游经营者很难把握正当性经营的底线，在利益面前，只要能够获得利润，媚俗性经营便会不断地存在。媚俗性经营助长了旅游者的不正当需求，扰乱了旅游市场的秩序，使旅游形象受到伤害，对旅游目的地长期发展产生了不良影响。媚俗性经营也不利于企业员工素质的提升。媚俗性不正当经营在很大程度上破坏了优良的企业文化。旅游企业文化对旅游企业员工素质的形成和提升至关重要。企业要通过正能量元素来培养员工的归属感和成就感。而当一个企业从事不正当经营的时候，任何冠冕堂皇的文化灌输都不会产生理想效果。因此，本着维护旅游企业长远发展的大计，企业在经营过程中应避免出现媚俗性等不正当的经营，应走合法经营之路。

（三）意义消费的错位

意义消费的错位也是过度消费的表现，即旅游者通过消费某种商品或旅游服务的符号价值，来达到炫耀自身的富有、身份和地位的目的。首先，从一定意义上来说，旅游行为本身就是值得炫耀的，特别是面向世界知名旅游目的地的旅游行为，因为就目前来看，能够获得这类旅游的民众数量还是有限的。其次，则是在旅游活动过程的消费行为中，过度地关注消费对象的符号价值，而忽视

① 朱永华、王敏：《当前我国旅游经济中的伦理问题探析》，《宜宾学院学报》2010年第4期。

其真正的使用价值。如消费对象的广告形象，使用者人群社会阶层和财富状况的定位等。旅游者对消费对象符号价值的追求将会使某些消费对象的价格上升，并最终只能为一小部分人所拥有。如果将旅游消费行为视作对个人财富、身份、地位的体现，愉悦身心的旅游必然会失去其本来的价值。因此，回归旅游消费的本来价值和意义非常有必要。负责任的旅游应当是非过度消费的。只有这样，才能保证旅游发展的可持续性。

（四）旅游活动的趋从现象

旅游消费过程中表现出明显的活动趋从性，如出游率一直居高不下，旅游地点和时间选择相对集中。这种现象虽然与旅游资源分布不均、休闲时间安排集中、拥有旅游能力人数的增加等都有关系，但其中也与旅游者在旅游活动选择中盲目的趋从性有关。尤其是在中国目前非成熟旅游市场的背景下，许多旅游者在选择旅游活动、旅游时间和地点的过程中，容易形成一哄而上的局面。这就是为什么在节假日期间或者某些知名景点旅游者严重爆满的原因。绝大多数旅游者都知道这种集中式、扎堆式的旅游很难得到理想的旅游效果，但因市场成熟度不高，个性旅游行为较少，旅游者在趋从心理的驱使下还是不得已选择了集中式的时间和地点。这说明，构建成熟化的旅游市场体系，引导旅游者形成个性化的旅游需求，减轻集中性旅游活动给旅游开发和管理所带来的压力，对旅游可持续发展而言具有积极意义。

（五）享乐主义盛行

为什么会产生旅游过度消费而导致的道德失范的局面，专家认为，现代性享乐主义导致环境危机加重，旅游符号消费导致消费集中，而人类中心主义理念则导致对资源的掠夺。享乐主义成为现代社会的一个重要社会现象。旅游过程中追求奢侈浪费，盲目攀比，享乐化倾向非常严重。1899 年，美国学者凡勃仑在《有闲阶级论》（*The Theory of the Leisure Class*）一书中提出了炫耀性消费（Conspicuous Consumption）这一概念，认为这种消费观念对商品购买的目的不仅仅是获得直接的物质满足与享受，更是获得心理上的一种满足。① 为了达到心理炫耀的目的，旅游者可能会在旅游过程中失去合理消费的理智，过度消费自然会成为经常性发生的行为。总之，在旅游过程中应提倡和培养适度、文明、绿色的消费行为。随着人们对健康问题重视程度的提高，旅游开发中应将健康主题与旅游消费结合起来，为旅游者灌输适度、文明、绿色的消费行为即健康消费这样的观念，而过度消费则对健康与道德无益。

（六）社会道德退化的加剧

社会道德退化体现在旅游方面，则是旅游发展为旅游者的道德退化提供了更多的机会和环境。有研究认为，在各种因素的作用下，社会公众的道德处在退化中，特别是在中国，道德下降成为目前面临的主要社会问题。在社会转型期，民众道德退化的原因是复杂的。目前，社会建设的主要任务即是构建和落实新时期民众的道德意识，从而缓解复杂社会问题的发生。社会伦理道德的研究侧重于应用性探索，分析传统道德为何不能适应目前社会发展的需求，民众道德感快速下降的背景，新时期社会道德培育的内容与方法。只有从认识论上解决了上述问题，才能自上而下地在全社会开展社会道德提升的运动。因为社会道德建设是国家建设和社会治理的主要部分，通过国家顶层设计的形式来推行良好的伦理道德则更加容易。同时，不能忽视民众的自觉性。虽然很多民众不自觉地成了社会道德的退化者，其实也成了社会道德退化的受害者。在这种情况下，全社会早已经有了共塑道德规范的呼声。应当珍惜民众的这种需要，自下而上地开展许多道德提升的活动，也会得到理想的效果。旅游者作为社会成员的一部分，在旅游过程中所表现出来的众多社会道德失范现象让人惊愕。研究者认为，旅游快速发展为旅游者道德退化提供了更多的机会和环境这一看法也不无道理。中国旅游快速发展，在中国产生了大量的旅游者，外出旅游的频率加大，旅游的距离变远，这就为大量旅游者道德

---

① ［美］凡勃伦：《有闲阶级论》，蔡受百译，中央编译出版社 2012 年版。

退化的表现创造了条件。社会道德退化的情况和旅游过程相结合，表现在旅游这种特殊的活动中，就集中表现为旅游道德的退化。旅游的过程是追求情感享受的过程，旅游过程中的道德退化行为和表现直接歪曲了旅游发展的本质方向。因此，旅游道德的建设亟须加强。

第二章　旅游与伦理

一　旅游与伦理的基本关系

（一）旅游伦理理念

国外对旅游伦理原则的探索，始于 20 世纪 80 年代英国的 Key Travel 旅行社。该旅行社编辑了《伦理旅游原则》（*Ethical Travel Policy*），要求旅游者尊重所访问的国家和人民、尊重自然环境、关心动物、做一个环保购物者。赫兹曼（Hultsman）在 1995 年提出了"公正旅游"（just tourism）的概念，并对"just"的词义进行了说明，认为这样一个抽象的"主观性"概念，有可能发展出像医学伦理中"不伤害"之类的客观性原则。[①] 狭义的旅游伦理被界定为，"为培养人们的旅游伦理品质、发挥旅游伦理教育及利益调节作用而必须遵循的各种伦理准则和规范"[②]。而广义的旅游伦理则被定义为，"围绕一切旅游活动所产生的伦理行为和所应遵循的伦理准则规范的总和"[③]。旅游道德认知，其实就是"人们对旅游现象中的是非、善恶、美丑的道德观的认识。即旅游道德认知的主体对旅游中的道德现象的认知，认知的主体和客体都限定在旅游的范围内，主体即旅游利益相关者，客体即旅游者开展旅游活动，旅游经营商从事旅游管理、旅游业

[①]　石群：《试析旅游伦理原则的建构》，《旅游论坛》2010 年第 3 期。

[②]　韩玲：《浅议旅游伦理教育》，《道德与文明》2005 年第 4 期。

[③]　夏赞才：《孕育中的旅游伦理学——近年来西方国家旅游伦理研究述评》，《哲学动态》2005 年第 7 期。

务经营活动，景区开发和景区管理商等从事产业活动应遵循的基本的道德准则的认识"①。

　　旅游伦理道德从旅游的角度涵盖了人类道德发生的各个方面。旅游伦理是一个系统的构成，它拥有全面而深刻的内容。D. Payne 和 F. Dimanche（1996）从三个方面总结了旅游业和伦理道德之间的联系：旅游业必须认识到它所发展的基础是有限资源，环境和经济可持续发展要求进行有限制的开发；旅游业必须认识到它以社区为依托，要更多地考虑旅游开发所造成的社会文化破坏；旅游业必须认识到它是服务导向型行业，对待员工和顾客时要遵守伦理道德规范。② 伦理理念说明，伦理更多的是一种心理活动，通过一系列的思维活动来获得概括性的结果；这种活动最终会影响到人的行为。旅游利益相关者围绕旅游活动及开发所形成的心理思维活动的结果，最终以伦理道德的形式表现出来。因此，旅游伦理的研究应建立在对旅游利益相关者的心理活动和行为进行深入分析的基础上。虽然目前旅游心理和行为特征的研究尚不完善，但已经取得了一定的成果，这些成果的借鉴对旅游心理研究非常有益。伦理意识说明道德伦理的产生必须经常保证主体一系的感知过程，如通过对声音、颜色、味道、触感做出综合性心理判断，才能获得相应的伦理认识。旅游伦理构建的过程，同样应当激发伦理主体多元的意识作用，在旅游开发等活动过程中，通过多样化的活动让伦理主体能够深入参与到意识形成的过程中，而旅游伦理落实的过程也应当是对这种伦理意识积极培育的过程。伦理规范则说明旅游伦理必须突破现有的理论探讨，而将其重点放在规范性方案的制定上，这也是应用型伦理所必须强调的。无论是约定俗成的规矩，还是法规规定的范畴，都应成为旅游伦理落实的手段。伦理规范的制定与实施，就是为使旅游业发展能够达到可持续这一标准。伦理精神是指要突破一般性的心理认知，而将旅游伦理升华和演绎为一种精神信仰和感情寄托。旅游伦理旨在突破传统旅游发展的障碍，从根

---

① 　任艳：《旅游道德认知与旅游伦理教育研究》，湖南师范大学 2007 年学位论文。
② 　王寿鹏：《基于旅游者的旅游价值模型及其应用》，《旅游科学》2011 年第 6 期。

本上革除旅游发展中的陋习，要达到这种目的，就必须重视利益相关者的精神诉求。只有将旅游伦理升华为精神信仰，旅游伦理才会成为自觉的行为。伦理传统说明了变革与继承的辩证关系。许多优秀的社会传统在广大民众中有着深厚的基础，旅游伦理应积极借鉴和运用这些传统文化道德。伦理实践侧重于行为主体的自觉能动性。旅游利益相关者有能力在共同解决旅游发展矛盾的过程中形成自觉的、人性化的旅游伦理实践。

（二）西方旅游伦理认知

作为现代旅游早期发展的地区，西方国家一直是旅游快速发展的地区。西方国家一度引领着国际旅游发展的潮流。早期大量的旅游者因为发达的经济背景而在西方社会出现，旅游活动成为这些地方人们的基本权利，享受旅游成为人们的基本诉求。当许多国家还将旅游定义为人们能够参与的时髦行为的时候，西方社会人们的旅游活动已经平常化。正是发达的经济条件为人们提供了参与旅游的基础，西方社会产生的大量旅游者成为这一地区特殊的社会现象。

为满足人们旅游的需求，同时也是为了能够挖掘庞大的旅游市场利润，西方国家出台相关旅游休闲的制度和改革政策，用以引导和规范旅游活动和旅游开发，企业将满足旅游活动的开展定位为员工的基本福利，旅游协会通过为保障旅游活动的顺利开展而发挥作用。在旅游业发展的背景下，始于西方社会的旅游科学研究也得到了快速发展，西方社会对旅游科学的研究一直引领着国际旅游研究的方向和研究风格，为全球旅游研究做出了积极贡献，目前旅游研究的多数方法也沿袭着西方的方法论。

旅游业开发在西方国家快速展开，为满足庞大的旅游市场，各种形式的旅游开发得到了不断的发展。与一切社会发展一样，旅游在西方社会的发展也经历了由低到高，由初期到成熟的过程。虽然目前西方社会的旅游发展表现出了成熟的高水平，在许多方面都代表着产业发展的前沿。但纵观西方国家在旅游发展过程中出现的问题，人们深信，主要原因是对旅游伦理的忽视和缺乏。后来，当人们意识到旅游伦理价值的时候,《全球旅游伦理规范》才得以出台。时任世界旅游组织（WTO）秘书长的弗朗西斯科·弗朗吉艾黎先生在 2006 年 3 月 3 月柏林世界旅游推销会的开幕式上,展望今后 20 年世界旅游发展前景时说:"1995 年到 2020 年之间,欧洲旅游者流量将翻一番,而全世界将增长 3 倍。这样惊人的发展所带来的潜在的、正反两方面的影响是不难想象的。一方面是创造就业机会和大量活动,但另一方面带来的文化、社会和环境方面的影响也不能忽视。这一前景需要我们深思,通过旅游业的发展究竟希望为我们自己和后代建设怎样的经济和社会?我们希望建设这样一种旅游业:可持续、平衡、负责、关心环境,与此同时,有益于贸易自由化和技术创新,有利于人类交流。"① 旅游的快速发展,正在改变和全面影响着我们的生活,如何构建适应现代旅游发展的伦理机制,的确是现代旅游发展的重要问题。西方社会旅游发展经历对中国旅游发展的启示很多。中国特殊的旅游发展过程,导致旅游发展中的畸形现象突出。为了缓解国内旅游发展中的问题;使中国的旅游发展少走弯路,学习西方经验,加强对旅游伦理的构建则非常重要。

表 2-1　　部分与可持续发展相关的国际会议及文件列表②

时间	通过会议或地点	文件
1971.2.2	伊朗南部海滨小城拉姆萨尔	关于特别是作为水禽栖息地的国际重要湿地公约
1972.11.23	巴黎联合国教科文大会第十七届会议	保护世界文化和自然遗产公约
1972.6.16	瑞典斯德哥尔摩联合国人类环境会议	联合国人类环境宣言
1973.3.3	国际自然保育联盟华盛顿缔约国大会	濒危野生动植物物种国际贸易公约（华盛顿公约 CITES）

① 郭薇:《基于生态伦理的旅游资源可持续开发利用研究—兼论四川旅游业灾后重建问题》,成都理工大学 2009 年硕士学位论文。
② 根据魏小安搜狐博客（http://weixiaoan.blog.sohu.com/）有关资料整理。

续表

时间	通过会议或地点	文件
1976. 11. 8	ICOMOS 布鲁塞尔国际研讨会	关于管理具有历史纪念意义的旅游地国际文化旅游宪章
1976. 11. 26	内罗毕联合国教科文组织第 19 次全体大会通过	历史地区的保护及在当代作用的建议（内罗毕建议）
1977. 12. 12	利马国际著名城市设计人士座谈会	马丘比丘宪章
1979. 8. 19	澳大利亚 ICOMOS 南澳旧矿镇巴拉会议	保护具有文化意义地方的宪章（巴拉宪章）
1980. 9. 27	菲律宾马尼拉世界旅游会议	马尼拉世界旅游宣言
1982. 8. 21	墨西哥阿卡普尔科城世界旅游会议	阿卡普尔科文件
1982. 10. 22	第三届国家公园世界大会	巴厘宣言
1982. 12. 15	国际古迹遗址理事会	佛罗伦萨宪章
1982. 10. 28	联合国大会	世界自然宪章
1985. 9. 17	保加利亚索菲亚世界旅游组织会议	旅游权利法案和旅游者守则
1987. 10. 1	华盛顿 ICOMOS 全体委员会	保护历史城镇与城区宪章（华盛顿宪章）
1989. 4. 14	荷兰海牙各国议会旅游大会	海牙旅游宣言
1990. 10. 1	ICOMOS 瑞士洛桑会议	关于保护和管理考古遗址的 ICOMOS 宪章（洛桑宪章）
1992. 6. 14	巴西里约热内卢联合国环境与发展大会	关于森林问题的原则声明
1992. 6. 14	巴西里约热内卢联合国环境与发展大会	里约热内卢环境与发展宣言
1992. 6. 14	巴西里约热内卢联合国环境与发展大会	生物多样性公约
1993. 9. 4	美国芝加哥世界宗教会议	走向全球伦理普世宣言
1994. 12. 12	联合国教科文组织、世界文化及自然遗址保护大会世界遗址委员会	奈良真实性宣言

续表

时间	通过会议或地点	文件
1994.10.5	乌兹别克撒马尔罕大丝绸之路国际会议	丝绸之路旅游的撒马尔罕宣言
1995.10.17	埃及开罗世界旅游组织大会	关于禁止有组织的性旅游的宣言
1995.4.28	西班牙加那利群岛可持续旅游发展世界会议	可持续旅游发展宪章
1995.4.28	西班牙加那利群岛可持续旅游发展世界会议	可持续旅游发展行动计划
1996.9.24	印度尼西亚巴厘召开的会议	巴厘旅游宣言
1996.10.9	国际古遗址委员会索菲亚会议	关于水下文化遗址保护与管理的 ICOMOS 宪章
1997.3.8	柏林"关于生物多样性与可持续旅游"的部长级会议	柏林宣言
1997.6.14	联合国大会第九次特别会议	关于旅游业的 21 世纪议程——实现与环境相适应的可持续发展
1997.5.22	菲律宾马尼拉关于旅游业社会影响的世界旅游领导人会议	关于旅游业社会影响的马尼拉宣言
1997.2.16	马尔代夫马累亚太旅游部长旅游与环境会议	马累宣言
1998.4.9	苏州中国—欧洲历史城市市长会议	保护和发展历史城市国际合作苏州宣言
1998.10.25	西班牙兰萨罗特会议	发展中小岛国（sids）与其他岛屿可持续旅游国际会议总结报告
1998.10.18	桂林亚太议员环发会议第 6 届年会	桂林宣言
1998.4.16	安道尔滑雪与冬季运动旅游的世界大会	滑雪与冬季运动旅游的安道尔宣言
1998.7.30	联合国经济及社会理事会第 46 次全体会议	联合国关于将 2002 年确定为国际生态旅游年的 1998/40 号决议
1999.6.27	北京国际建协第 21 届代表大会	北京宪章
1999.4.21	乌兹别克希瓦"旅游与文化"论坛	关于旅游和文化遗产保护的希瓦宣言

续表

时间	通过会议或地点	文件
1999.10.1	智利圣地亚哥世界旅游组织第十三届大会	全球旅游伦理规范
1999.5.1	世界自然基金会国际秘书处	世界自然基金会关于旅游政策主张的声明
2000.7.7	韩国汉城 APEC 会议	APEC 旅游宪章：汉城宣言
2000.5.17	意大利卡普里岛 "地中海岛屿可持续旅游与竞争力国际会议" 国际会议	地中海岛屿可持续旅游与竞争力国际会议结论与建议
2000.12.8	中国海南 "亚太地区岛屿可持续旅游" 国际会议	海南宣言
2001.10.15	联合国教科文组织巴黎第 31 次会议	保护水下文化遗产公约
2001.10.1	日本大阪第 14 届世界旅游组织大会旅游领导人千年盛会	大阪世纪宣言
2001.6.13	济州市 "旅游与岛屿经济" 国际会议	济州岛宣言
2001.9.29	世界旅游组织汉城全体大会	世界旅游组织大会通过谴责恐怖主义决议
2002.11.19	桂林博鳌亚洲论坛会议	博鳌亚洲旅游论坛（中国桂林）宣言
2002.5.19	世界生态旅游峰会	魁北克生态旅游宣言
2002.7.3	亚太经合组织第二届旅游部长会议	蒙赞尼罗宣言
2002.10.24	ICOMS 上海会议	上海宪章
2002.11.20	联合国教科文组织丝绸之路国际研讨会	西安宣言

（三）旅游伦理道德的深化

有学者认为，"旅游" 一词从词源上分析就与伦理联系在一起，并且在不同的时代体现出不同的伦理特征。例如在中国古代，对旅游概念的定义就体现出重等级和崇道德的伦理特征，如游幸、游宦、游学、观光等。相对于中国旅游注重内心道德修养的伦理特征，西方旅游概念的演化则体现了对自然展示道德能力的伦理特征。从 tourism 由原文 travail（阵痛、艰苦、困难和危险）到 travel（长途旅行，依次经过）的转化，再到现在的 trip（短途旅行），voyage（远航），journey（有目的的旅行）等演化来看，无不体现出西方旅游者在古代旅游中对自然的恐惧、无奈到现代旅游中对自然的征服和主宰的伦理特征。①

中国的"观光"一词最早应该是来源于《易经》"观"卦中的"观光之国"。② 国王对王国的治理不应只限于在王宫批阅奏折，而应当不辞辛劳地去各地看看，了解各地的风土人情和百姓疾苦，这样才能够治理好王国，这样才能是一位合格的国王。"观光之国"的统治者体察民情，把"观光"从普通的游山玩水上升到王国的治理，这肯定提升了旅游的伦理道德诉求，需要通过"观光之国"而达到对王国的实践性治理，以求王国的长治久安。安定的社会局面自然是民众的福祉。伦理诉求中的"观光"同样放大了道德力量。中国传统社会重视通过对道德的渲染来达到教化民众和国家治理的目的。将旅游这样的人生经历同样提到道德修养的层面，即是符合中国人利用道德化育社会及民众的目的的。游幸、游学、游宦的共同点就是在苛守社会等级秩序的基础上，有着明确的道德指向。特别是对于文人士大夫阶层的民众来讲，离开家庭，外出旅游无非就是为了追求学问和千里做官。通过学习来获得官禄，从而实现治国平天下的人生抱负。这种人生情怀本质上就是一种道德伦理的追求。无有道德，安能治理天下，因此，旅游过程就被视为提升人格和道德的经历。

即使在人生的低潮迷茫阶段，旅游者也未敢忘却这种道德追求。"枯藤 老树 昏鸦，小桥 流水 人家，古道 西风 瘦马，夕阳西下，断肠人在天涯"的羁旅之苦，旅游者更多的是透过伦理和道德的眼光去对待一路上的风景。只有将旅途提升到道德的层面，旅游者才能够

---

① 曹国新：《关于旅游起源的研究》，《广西社会科学》2004 年第 9 期。

② 《易经》，人民文学出版社 2002 年版。

与路上的风景进行心灵对话，西风、古道、瘦马、老树、夕阳、昏鸦等就成了情感的代言，成为道德的表现。重守旧，崇道德的旅游伦理特征，同样也是传统中国守旧社会进行道德治理的过程再现，这种社会模式影响了社会的各个层面和各种活动，同样也包括了旅游这种特殊的社会行为。在"父母在，不远游"的伦理指导下，外出旅游就承担着重要的道德义务。在重土崇祖的教化理念下，传统中国人的外出旅游需要假以借口，各种理由的列举本身就是一种伦理道德的斟酌。可见，古代旅游活动中渗透着深刻的伦理诉求的道德义务，旅游成为与伦理道德相伴而生的社会现象。与对人内省的伦理道德相比，西方旅游概念中更多的则体现出人与自然之间的道德能力。

旅游，是人们在自然环境空间中异地之间的来往。随着人类社会的发展以及人们对自然征服能力的提升，人们的旅游活动越来越频繁，旅游的距离也越来越远。旅游发展的过程，也就是处理人与自然之间关系的过程。人的道德指向为自然环境时，在自然环境中的旅游行为就表现为人们展示对自然环境的外在道德态度。初期旅游者的感知是阵痛、艰苦、困难和危险的（travail），特别地，因某种原因而不得不参与的长途旅行（travel）则更是如此。在旅游条件和手段低下的时代，虽然旅游者能够享受旅途的风景与心情，但更多的则是沿途对自然的恐惧和无奈。这种恐惧与无奈也正是西方社会对自然环境积极探索与征服的缘由。旅游者很难将外出旅游与个人自身伦理道德相提并论，但基于对自然的认识和探索，旅游者则将更多的道德情感倾注于对自然环境的认知上，这种伦理道德的表现是外向的。随着旅游条件和能力的提升，许多旅游认知不断地发生着改变，自然环境最终在人们不断的征服与主宰下变成唾手可得的旅游对象，旅游成为身心愉悦的人生经历，不论是短途旅行、远航，还是有针对性地旅游行为，各种旅游概念都表达出人们在身心愉悦的旅行中的自信情怀。这种情感的张扬，道德伦理是外露的，对旅游与自然环境的关系感知也是理性的。

由上述分析可以看出，古代中国和西方国家在旅游伦理的态度和发展上的分野是显而易见的。自我反省式的道德诉求让中国旅游者更加内敛，谦逊而理性，将道德修身、社会治理与旅游活动联系在一起，这反映了通过旅游活动行为来塑造理想人格的本能。旅游活动作为特殊的社会心理现象，如果能够通过道德伦理的内在反省作用，去激励行为主体的道德养成，则能够发挥旅游行为的教化作用，同时对自然环境本身的忽视也潜藏于旅游者无视环境功能和环境承受能力的可能，这也为后来正确处理旅游与环境的关系隐藏了障碍。

过度的内省则有利于人们对旅游活动的理性需求，也使旅游活动及旅游开发行为渐趋理智。现代意义上的旅游活动肇始于西方社会，有其经济原因，但这种旅游伦理态度所形成的社会环境的影响是不能忽视的。正是西方社会张扬外向的旅游伦理观念，使人们将旅游活动与对自然的不断探索结合起来，在没有太多自我道德伦理的压力下，西方社会的旅游活动表现为单纯的自然情感。可能因为这种情感的激励，人们才能够走得更远，最后以至于发现新大陆，探索未知世界，以及后来对旅游环境的保护，西方社会走向人类发展的前沿。在对以上旅游伦理态度的不同分析中，西方社会所表现出来的不同的旅游行为、观念和经过是一个新的话题，需要继续深入研究。

（四）旅游行为的伦理特殊性

1. 旅游行为的非惯常性

旅游者个体或群体的旅游行为作为人们在特殊环境下所表现出来的不同寻常的行为，正是因为旅游活动是在离开旅游者惯常生活环境的特殊环境下所形成的失控现象。于是，旅游活动中各种不正常行为便可能会集中发生。诸如参与赌博、色情等失范行为，或者破坏旅游环境，很难与人相处，过分重视自我利益等现象也会发生。这是因为人们在惯常生活的社会环境里是一种熟人圈子型社会，熟人社会会自然形成一种生活道德压力来规范生活行为，因此，在惯常生活环境下，人们会自觉遵守日常行为的游戏规则。然而，旅游者所经历的大多数旅游生活环境是陌生的，与熟人社会相比，陌生社会的道德约束力会小很多，于是在道德规范弱化的背景下，旅游者便会成为不自觉的行为失范者。以上说明旅游者行为需要特殊的伦理道德规范来约束，从而保证这一行为的正当性。因此，旅游伦理就是研究人们应该用什么样的道德标准以及如何运用这些道德标准来指导和规范旅游者个体和群体的旅游行为。

首先应当构建旅游伦理的具体道德标准。旅游活动是多样的，旅游行为也是复杂的。应根据旅游活动的具体特征来构建有针对性的、可操作性强的道德标准。比如，同样是旅游活动，城市旅游、遗产地旅游、生态旅游、探险旅游所需要规范的旅游行为差别很大。这对旅游管理机构、旅游研究者或者旅游开发者而言，应当开展相关内容的专门性研究，按照不同旅游行为的特征，研究旅游伦理的具体内容。我们发现，虽然各个旅游开发地都有对旅游者行为规范的条例，个别旅游地也在尽量修改规范内容以使得伦理约束与相应景区旅游者的行为相一致，但千篇一律，缺乏操作性和引导性的规范到处都是。如开放性公园、遗产地、生态旅游地等所列举的"游客须知"的内容并无本质的区别。旅游伦理道德标准的建立和相应具体内容的制定是旅游伦理建设的基础，只有制定了有针对性的、可操作性强的、切实可行的标准和内容，才能够为旅游伦理的构建奠定良好的基础。

其次是探讨如何用这些道德标准去指导、规范旅游者的行为，亦即旅游伦理的贯彻落实和实施。如何让道德约束机制真正发挥对旅游行为的规范，利用旅游伦理的落实渠道和方法则至关重要。通过教化、宣扬、惩处、诱导、学习等方式，让旅游者在旅游活动的前、中、后各个行为当中，能够将旅游伦理作为行动的指南，发挥旅游伦理的行为规范作用。伦理规范的落实应采用灵活多样的旅游者喜闻乐见的方式，尽量多使用正面方式，对于惩处等反面方式则应慎重使用，因为旅游行为的本质是一种娱乐休闲型的行为表现。通常见到的诸如以张贴宣传标语，树立警告牌示，高音喇叭讲解等方式落实旅游伦理，其结果是不理想的。而应将旅游伦理教育融入学校的各级教学内容里，发挥导游、酒店员工、汽车司机等旅游活动一线员工的示范效应和说教功能，来构建全方位的旅游伦理落实机制，真正实现伦理对旅游者的规范作用。

2. 旅游行为与仪式伦理

特纳的仪式伦理认为，人们的生活是由两种状态组成的：一种是日常状态，在这种状态下，人们的生活工作等保持着相对固定或稳定的结构模式，即为结构；另一种是不同于日常生活及社会关系的仪式状态，即为反结构。[①] 这一伦理理论能够较好地解释旅游活动及旅游者行为，特别对旅游的伦理道德问题可做深度解读。人们按照生活所设计的实践和空间安排来组织活动，其行为大多数是可预知的，同时也是反复发生的。重复性的日常活动会成为某种结构模式来规范人们的日常生活，因此，在日常生活空间和时间中，会有相应的伦理道德来约束日常行为，即某种生活的结构。人们不自觉地生活在这种结构当中，随着结构的不同，便有了丰富多彩的生活情景。与结构模式相反，反结构模式的发生场景之一就是人们离开日常的工作和生活的环境，暂时性地到新的环境中生活的状态。因为与日常生活环境截然不同，以往的社会结构性规范则荡然无存，人们在新的环境中的活动行为便具有了仪式性。旅游活动正是这种仪式性行为的集中表现。仪式性行为是暂时的，且具有不真实性，因此旅游者所表现出来的许多行为是其日常生活状态下没有或者很少发生的。

研究旅游活动中旅游者行为的仪式性，有助于我们深层次地了解旅游行为的发生机理以及如何制定约束这种行为的伦理规范。在旅游的前、中、后各阶段，旅游者都处于仪式性的生活状态中，这种行为的特殊性在于非日常结构性，也正是这种仪式性环境带给人们不同寻常的身心体验，才使得人们对旅游活动趋之若鹜。因此，旅游伦理内容的制定和落实方案的构建均应该充分考虑到这种行为的特殊性。不能用日常生活的眼光对待旅游者的行为。

但是在现实生活中，我们发现很多针对旅游者行为的看法，都没有充分考虑到仪式性环境的特征，仍多以日常生活行为标准来审视旅游行为。这样一来，人们便不会对旅游行为形成正确认识，不能形成

---

① ［英］维克多·特纳：《仪式过程：结构与反结构》，黄剑波、柳博赟译，中国人民大学出版社 2006 年版。

宽容理智的对待态度，从而也导致旅游伦理的研究和构建有失偏颇。因此，利用旅游人类学中的仪式理论是能够对旅游行为的认识提供指导的。旅游伦理的研究，也应当充分考虑到旅游行为的仪式性，并积极借鉴仪式理论的研究方法模式和成果来努力促使旅游伦理研究的深入开展。仪式理论是人类学成熟的研究方法和理论，对旅游行为的研究能够产生重要影响。

3. 旅游行为的平等性

在日常生活中，人们之间因为经济、工作、学历等因素，相互之间的差异是明显的。虽然一定的社会圈子或群体之间的共性也是显然的，但个体之间的差异则是肯定存在的。由于日常生活结构的长期性，人们则会形成对差异熟视无睹的生活现象。除非人们之间有着巨大的差异，一般性的差异是不会为人们所过分关注的。而作为仪式性活动的旅游，人们相互之间的差异会弱化，对一般社会中广泛存在的诸如阶级、地位、身份等显著性差异，人们在旅游过程中会自觉不自觉地淡化。比如，面对同一处生态条件良好的旅游景区，人们在享用旅游感觉过程中大多秉持了一种相互平等的心理感受。自己花了金钱和时间来参与旅游，在仪式化的环境中，不同阶层的人们会不自觉地淡化对差异的认知，旅游者之间容易产生亲密无间的感觉，彼此平等和毫无芥蒂的社会关系。从这个角度来看，谢彦君所认为的旅游根本驱动力是缺乏补偿，这是非常有道理的。[①] 日常社会工作和生活中充满了各种差异，人们便会在内心形成对于平等、亲密等情感的需要。

正是因为旅游活动很好地弥补了人们的这种心理诉求，实现了一种特殊形式的缺乏补偿，所以人们才会不遗余力地从一个陌生的地方到另一个陌生的地方去旅游。这种满足补偿对调节人们的心理和社会环境具有重要意义，这也就是广泛开展旅游活动的积极社会意义。缺乏补偿是人们基本的社会需求，在仪式化、非日常性的旅游活动中，人们的确获得了足够的缺乏补偿。虽然在获取这种补偿过程中有许多不当行为，但就整体而言，这种缺乏补偿的获得对整个社会是具有积

---

① 谢彦君：《基础旅游学》，中国旅游出版社 2004 年版。

极意义的。旅游伦理旨在引导和规范缺乏补偿获取过程中的行为。

　　4. 旅游者消费偏好与旅游伦理

　　旅游者的消费偏好是旅游资源开发的导向和指南，对旅游伦理的发展起着直接的影响作用。旅游者的旅游消费是区域旅游发展的重要指标，因为旅游开发的直接目的是满足各类旅游者的旅游需要，因此旅游者的旅游偏好和旅游消费的动向将从根本上影响旅游开发中的伦理选择。如果旅游的过程充满了奢侈之风，则旅游开发就会充分满足这种需要。大众型旅游队伍，节假日旅游高峰的现象将使旅游开发无暇顾及对环境的保护和深层次旅游发展的需要。随着旅游者素质的提升和旅游经历的更加丰富，对旅游产品的各方面要求就会偏高，这也为旅游开发质量的提升带来了新的机遇。旅游者是旅游利益相关者链条上的主要环节，是旅游伦理主体和对象所关注的主要方面。旅游者的伦理态度会对旅游开发和经营产生明显影响。首先，加强旅游消费的伦理引导和教育是比较理想的策略。随着旅游参与者人数的增加，庞大的旅游者人群成为社会人群中特殊的群体，其伦理状况对整个社会的伦理实现有着重要影响。旅游消费活动已经成为人们平常化的消费现象。针对这个事实，我们认为，有必要对旅游消费的偏好及旅游伦理进行针对性引导和教育。在旅游活动前，应有专门机构对旅游者进行培训，就旅游活动中如何处理与旅游环境之间的关系进行解说，旅游活动中设有针对旅游消费行为的规范，对旅游中出现的各种非伦理现象进行及时规劝，让旅游活动成为对环境负责任的过程，旅游活动后有针对性的总结，对旅游者的旅游伦理进行评价与反思。这样一来，就能将旅游可持续发展的伦理观渗透在旅游消费活动的全过程当中。旅游者的消费偏好是可以被引导的。旅游消费经常是一种跟风式的时尚行为，容易受到别人的影响。鉴于此，旅游开发者及管理者就可能通过各种刺激、激励、限制、引导、解说等策略来达到影响和引导旅游消费的目的。这对旅游开发管理和经营提出了新的要求。英国威尔斯大学教授 Ken Peattic 认为，绿色营销是一种辨识、预期及符合消费的社会需求，并且可带来利润及永续经营的管理过程。其理论核心是以实现可持续发展为最终目标，追求人与自然的和谐，强调既满足社会消费需求，又保护生态环境，并获得合理的利润，实现企业自身利益、消费者利益、社会利益和生态环境利益的统一。① 旅游开发者不能只为了利益而不顾及旅游环境的承受力。而要考虑旅游环境的承受力，就必须主动引导旅游者的消费偏好。由此可见，良好的旅游消费态度和倾向对旅游企业的可持续发展也有影响。随着旅游业向纵深发展，旅游者消费市场结构也趋于复杂，不同类别的旅游者，其旅游消费特色区别明显，类别之间的消费偏好形成了明显的区别，高端消费市场的潮流变化规则性强，而一般性旅游消费市场的偏好态度变化则较为模糊，中间型消费市场的实力在增加。分析这些旅游消费市场的特征对旅游消费偏好的把握和引导会有帮助。

如在城市旅游开发中，存在着诸多的旅游伦理问题。城市既是重要的旅游客源地，也是主要的旅游目的地。与其他类型的旅游开发相比，城市环境更为人性化，城市社区更为复杂化。同时，城市也是文化资源非常集中的地区。在城市旅游发展过程中，对自然生态环境的破坏更加突出，造成了人与自然相互对立的态势。城市空间有限，生态复杂，利益诉求涉及面广，在旅游开发过程中，开发者只有通过不断向自然环境的索取来获得利益或者均衡利益关系。城市是旅游开发活动集中开展的地区。开发者、管理者依据自身的喜好会在有限的地理空间内开展高密度的旅游开发活动，往往会忽视自然环境本身的规律而形成对环境的破坏。因为城市里的空间有限，一旦环境遭到破坏，往往很难恢复。在中国城市化、城镇化快速推进的今天，许多城市将城市旅游业的发展作为重要的产业支柱。在此环境下，我们应当审视在城市旅游发展中人与自然环境的状态。人与自然关系的问题，是旅游伦理关注的重要内容，和谐理想的人地关系是城市旅游发展中应当追求的目标。城市旅游发展中旅游伦理的另一个表现则是旅游者与城市社区居民之间的对立。与传统乡村社区相比，城市社区拥挤不堪，居民背景各异，相互关系冷漠。特别是处于快节奏和高强度工作

① 罗金华：《基于生态伦理的森林旅游产品开发模式》，《长春师范学院学报》（自然科学版）2008 年第 4 期。

压力下的社区居民，其心理是相当脆弱的。旅游者大量进入，使社区居民的生活空间和环境受到影响，尤其是在社区居民与城市旅游发展没有直接利益关系的时候，社区居民对旅游者的反感情绪会陡增，双方很容易形成彼此对立的状态。如何改善这种关系？引导社区居民直接参与城市旅游发展过程被认为是较好的办法。旅游伦理就是处理旅游过程中利益与道德关系的策略。通过适当的利益释放以获得理想道德的实现，则是旅游伦理的主要目的。使更多的社区居民直接或间接参与城市旅游活动，特别是那些以旅游业为主的城市更应该认识到社区居民参与旅游发展的重要性。通过政策引导机制，鼓励社区居民通过多种形式来参与城市旅游发展，从而使社区居民改变对旅游者的态度。良好的态度、和谐的关系又会转化成为新的城市旅游吸引力，从而促使城市旅游的良性发展。通过强化城市旅游发展的理念，鼓励社区居民经营与旅游相关的业务，并在税收、资金等政策上予以优惠，通过将旅游收入更多地应用于改变社区环境等公共性设施的发展等手段，来真正促使社区居民参与城市旅游发展。在城市旅游发展中，应倍加珍惜数量和面积有限的自然资源，在旅游开发中，应按照保护自然风貌和对自然干涉最小的原则，适当对自然环境进行干预，甚至可以在条件允许的城市区形成荒野空间，成为旅游者和社区民众主要的生态旅游区域。只有推动城市环境的自然化，才能使城市更加富有吸引力和适宜居住及旅游。城市旅游环境朝着精致化发展，但离自然化却越来越远。我们有钱将旅游环境打扮成盛装或者雅致的美女，却不能保持其"天然去雕饰"的自然环境的本来。

5. 旅游活动是基本人权

旅游权利主张出现在联合国世界贸易组织的重要文献中，可以追溯到 20 世纪 80 年代。国际社会旅游（social tourism）局（BITS）成立于 1963 年，长期致力于社会弱势群体的旅游促进和研究，并开展了大量的促进青年人和老年人旅游的工作。1980 年的《马尼拉世界旅游宣言》就采用了社会旅游这一概念：社会旅游是社会必须努力实现的为那些最没有机会行使其休息权利的公民设立的目标（第 10 条），由于青年人和其他旅行者或度假者相比，没有足够的收入，青年旅游最需要受到积极主动的关注。应该尽最大的可能鼓励青年人旅行并为他们提供便利。老年人及残疾人旅游也应予以同样的重视（第 15 条）。1982 年世界旅游会议通过《阿卡普尔科文件》，其中第 9 条对人人有权休息、休闲、带薪休假进行了详细的阐述。1985 年，《旅游权利法案和旅游者守则》第 1 条就明确主张：人人享有休息和休闲、对工作时间的合理限制、周期性带薪休假和在法律范围内无限制地自由往来的权利。此后，旅游权利概念经常出现在联合国世界贸易组织的官方文献中。《旅游权利法案和旅游者守则》认为，正如人们有工作的权利一样，每个人的基本权利自然也包括在居住国和海外享有休息、娱乐和带薪假期的权利，利用他们度假的权利，自由地进行教育和娱乐旅行的权利，以及享受旅游所带来的好处的权利。《全球旅游伦理规范》明确主张，应当在政府当局的支持下发展社会旅游。

旅游活动是人类的一种权利。联合国在 1972 年《人类环境宣言》中庄严宣告："人类有权在能够过尊严的和福利的生活环境中，享有自由、平等和充足的生活条件的基本权利。"旅游能够给予旅游者各种现实和潜在的利益，是一种较为理想的生活状态，通过人们各种形式的努力，在条件具备的基础上所产生的旅游活动，是人们对这种权利的表达。然而，这种权利的特殊性在于其衍生性，因为它不是一般性、基础性的权利要求。与最低工资、工作条件、均等的工作机会等相比，旅游、休闲、度假这种权利很显然是高层次的，它的实现需要具备更高的条件。也正是因为这样，旅游权利在很多情况下难以被保障。《全球旅游伦理规范》所主张的将旅游权利作为人类基本权利的看法本身虽然没有错误，但因为忽视了这种权利实现的基础，因此很难保障旅游权利的真正落实。旅游活动是人们在满足基本生活条件的前提下，所从事的较高层面的活动形式。通过旅游来达到缓解惯常工作环境的压力、释放内心的不良情绪、增长见识、学习文化知识等，以达到娱乐精神和增强身体健康的目的。随着社会的全方位发展、各种制度的不断健全、人们旅游意识的增强等因素的出现，社会就可能会保障更大多数人的旅游权利，从而使旅游成为人们的基本权利。这在许多经济发达国家已经实现。

二　旅游伦理的主体与分类

（一）旅游伦理的主体

以伦理主体的不同来看，旅游伦理主体主要包括企业伦理、旅游者消费伦理、生产伦理、政府管理伦理和生态伦理五个方面。随着旅游伦理主体的不同，旅游伦理行为具体的内容会有不同的侧重点，但所有伦理最终的共同指向，都是为旅游可持续发展提供方略。

1. 旅游企业伦理

对旅游企业而言，除了应遵循一般的企业伦理之外，还应当重视旅游企业的特性，这是因为旅游活动是典型的围绕服务开展的人们高层次的社会文化活动。旅游企业主要包括直接与旅游开发和旅游活动发生经济关联的企业，如围绕旅游者的行、食、娱、游、购、玩、健等方面而产生的旅游交通、旅行社、旅游景区、酒店、宾馆、餐饮、博彩、夜总会、商店、医院、度假村、山庄、高尔夫等企业，由于这些企业与旅游活动的关系密切，直接影响着旅游开发与活动的质量，与旅游伦理的关系更为接近，因此，旅游企业的伦理建设非常重要。合法经营、人性化服务乃至个性化服务是对旅游企业伦理的最基本要求。旅游企业在经营过程中，各种不符合伦理的现象集中发生，成为当下中国旅游业发展的共性。旅游淡旺季明显，虽然中国旅游市场正处于发展上升的阶段，但旅游开发的速度快，因此旅游企业所面临的竞争压力不断加大。在这种市场竞争面前，以及对旅游市场的监管不到位，旅游企业的违规操作现象比比皆是。旅游者外出旅游对旅游企业的认可度普遍不高。加强旅游企业伦理建设，进一步规范企业行为是加快中国旅游业质量提升之路的重要举措。企业发展是中国旅游业发展的关键，只有依托健全的企业发展体系的构建，才能够壮大中国旅游业的力量。旅游企业的不正当竞争，企业生存环境不利，企业发展后劲不足等现象，在中国旅游业中普遍存在。除了制度规范以外，加强对旅游企业的伦理引导则非常有必要。旅游企业经营同样应当遵循道德底线，敬畏伦理规则，否则，制度引导规范的效果就非常有限。

旅游企业行为是旅游市场中的关键。在旅游利益相关者当中，旅游企业的发展事关整个旅游业的成败。在旅游市场化发展的当下，只有依托发达的旅游企业以及健全的旅游企业机制才能促使旅游业更加健康、快速的发展。培育、扶持、引进旅游企业成为各地区旅游开发的主要活动。美国企业伦理学家阿奇·B. 卡罗尔（Archie B. Carroll）认为，"环境也是企业的利益相关者"，"人们一般只关注处理企业与国家、社会、公众以及企业内部人际之间的关系，即企业伦理主要侧重于处理人与人之间的关系"。"一种伦理，如果不能进入企业就形同虚设。"① 旅游经济发展较快的地区，都是旅游企业数量较多、企业实力较强的地区。旅游企业的行为伦理就成为旅游研究的重要内容。旅游企业在市场经营过程中，能否按照市场规划以及管理要求来进行符合企业伦理的市场经营，对规范旅游市场发展的方向、提升旅游业发展质量、为旅游者提供适合的旅游产品都非常重要。因此，旅游发展中重要的环节之一就是对旅游企业行为的规范。

然而，因为市场发展不成熟的原因，目前旅游企业在市场经营过程中存在诸多的伦理问题。恶性削价扰乱旅游市场的价格体系，混淆旅游者视听，无法保证旅游质量，形成对旅游者欺骗的不良局面。例如，曾经一度出现的"零团费"和"负团费"就严重扰乱了旅游市场本来的价格体系。过多的依赖旅游者旅游购物消费而导致旅行社、导游与旅游者之间关系恶化，恶性削价使旅游经营处于严重的薄利状态，旅游淡旺季价格差距过大，超过了许多旅游者的承受范围。有时还会发生以贿赂手段拉拢顾客的情形。在旅游者成为稀缺资源的买方市场指导下，如何争取到更多的顾客，关系到旅游企业的存亡。尤其是对规模较大的团体型旅游者，都必须经过许多市场公关行为才能获得，其中就包括许多不正当的竞争方式。旅游企业不顾事实，为旅游

---

① ［美］阿奇·B. 卡罗尔等：《企业与社会：伦理与利益相关者管理》，黄煜平等译，机械工业出版社 2004 年版。

者提供虚假的旅游服务信息，也是一种有违旅游企业伦理的表现。在旅游信息不对称的背景下，特别是旅游产品的消费必须要求旅游者亲自到旅游目的地去实地体验，这些都强调旅游信息的重要性。盲目夸大旅游宣传，使用概念模糊而又有吸引力的词句来为旅游者传递非客观的旅游信息，有些信息中包含许多无法实现的承诺等。各种虚假旅游信息对旅游者及旅游市场产生了严重的误导。因为旅游信息在旅游营销中的重要作用，所以必须重视对旅游信息真实性的管理，有必要引导旅游企业形成良好的旅游信息伦理观念。有时候，为得到市场，旅游企业就会制造和散布有损于其他企业形象和商业信誉的虚假信息，这种不正当竞争对旅游市场所带来的恶劣影响相当严重。同时，冒用其他旅游企业的名称或品牌的现象也时有发生。在市场经济体制下，出现旅游企业的失范行为是正常的。利用各种市场管理制度来构建科学合理、有效的旅游市场化机制，通过制度和机制来保证企业伦理的实现，使旅游企业得到良好发展。世界旅行旅游理事会（WTTC）是一个全球百强旅游企业的领袖论坛。论坛的成员作为旅游业者的代表，共同绘制了一幅"新旅游"蓝图。WTTC 的新旅游蓝图提出了一个确保未来旅游业服务于每一个人的新战略框架，认为旅游应建立在公共部门和私人部门密切合作的基础上，为地方政府、投资者和当地人带来多赢的、积极的成果，既使旅游者满意，又让利益相关者受惠。旅游业发展必须基于政府对旅游业的重视，经营者妥善处理经济收益与保护文化和自然环境、促进人类发展之间的平衡关系，参与旅游业的各方齐心协力、追求长期的增长和繁荣。在另一份《企业社会领袖报告》中，WTTC 号召其成员企业在社会事务中担当领袖作用，为环境保护和社会发展承担责任，为员工的成长提供机会，同时更好地评估和应对旅游市场变化所带来的机遇和威胁，确保平稳发展，企业应将社会责任融入核心价值观并贯彻在日常行动当中，这将有助于树立积极的品牌形象，吸引富有社会和环境意识的游客和投资者，并得到政府的嘉许。[1] 旅游企业也应尽力做好其社会责任。"'经

---

[1]　http：//fl. yangtzeu. edu. cn/old/news/gjly/09610DGDCBGA311C68H760. html。

济—伦理'意义上的企业社会责任否认纯粹的企业经济责任和纯粹的企业伦理责任，认为两者始终是交融互生的。由此，企业社会责任的担当也体现为履行经济责任与伦理责任内在统一的'经济—伦理'责任。"①

2. 旅游者消费伦理

旅游企业负责生产，而生产的对象就是旅游消费。齐格蒙特·鲍曼把现代社会分为"生产社会"和"消费社会"，他认为："在现代社会的这两个阶段，如果没有其成员制造产品用来消费，那是万万不行的——两个社会的成员理所当然也都是消费者。两个现代阶段之间的差异仅仅在于其侧重点的不同——然而侧重点的改变都几乎对社会、文化和个人生活的方方面面带来了巨大的差异。"② 旅游者消费伦理就主要是以旅游过程中旅游消费者为核心要素所进行的伦理构建。作为日常的旅游消费者，有权利获得好的旅游效果，也有权利支配自己的旅游消费。在旅游者获取旅游感受的过程中，是否应当对自己的行为有所节制？是否应当遵守伦理道德法制？是否应当进行有限消费？我们认为答案是肯定的。虽然旅游消费是旅游活动各个环节中最重要的一环，旅游消费动向和市场决定着旅游业发展的未来，也影响着旅游发展的风尚和伦理道德的诉求。如果任由旅游消费者不加顾忌地进行旅游消费，则可能会因为消费者判断能力的有限和市场开发诱导的原因而使旅游消费误入歧途。有些旅游消费行为的纠正应当是缓慢的，因为一方面，行为的纠正过程本来就需要假以时日，另一方面这些不适宜的消费行为不会在短时期内对旅游造成太大的负面影响。比如一般性的旅游公共环境态度，诸如随地吐痰、乱扔垃圾、不爱护生态环境等这些不道德行为。有些旅游消费行为有着深刻的社会背景，比如当下出现的所谓奢华的旅游消费风气。"消费主义侵入到旅游消费行业中，形成了旅游消费主义。旅游消费主义是消费异化的

① 王露璐：《经济伦理视野中的企业社会责任及其担当与评价次序》，《伦理学研究》2011年第3期。

② ［英］齐格蒙特·鲍曼：《全球化：人类的后果》，郭国良、徐建华译，商务印书馆2001年版，第77页。

一种表现，本质上也是人的异化。"① 社会大众畸形的消费心理和社会财富高度集中以及不合法谋取财富现象的广泛出现，过于奢侈的旅游消费成为当下的热点。虽然这种旅游消费行为与旅游伦理诉求相悖，但因其只集中在部分旅游消费者当中，对旅游业的影响有限，故对这种行为的伦理引导也应假以时日。在凡勃伦看来，"在不生产的情况下消耗时间"是由于：（1）人们认为生产工作是不值得去做的，对它抱轻视态度；（2）借此证明个人的金钱力量可以使他安闲度日，坐食无忧。② 而有一些具有明显过失的旅游消费行为则急需旅游伦理的纠正。如有些地方出现的以赌博为吸引物的旅游消费，不符合中国法律和伦理规范性的旅游广泛存在，将旅游活动转化为公款消费的腐败政治行为，旅游过程中的行为危害到濒危或稀有遗产或资源、生物的安全等，都需要立即进行伦理规范的引导。人们的欲望是无穷尽的。旅游消费过程中所出现的不合伦理的行为，有时是人们不理性、不自觉消费欲望的表现，对这种旅游消费者个人的错误意识行为，就需要通过旅游伦理的手段来主动对其进行干预。所建立的旅游伦理应倡导旅游者参与积极的、正当的消费过程，对于不符合伦理的消费要进行抵制。旅游消费者的伦理态度是旅游伦理中的关键。"旅游就表现为以个人消费为基础，以直接体验为特征，追求的是物质文明与精神文明双重享受。"③

3. 旅游生产者伦理

旅游生产者与旅游企业经营者有许多重合之处，但旅游生产者则更多的是从对旅游资源开发和旅游产品生产的旅游景区管理角度来分析产业发展的。从旅游伦理的角度看，旅游生产者直接决定着旅游产品的供给状况，直接决定着旅游者的旅游感知状况，是旅游伦理的重要影响者。旅游生产者主要包括旅游产品的创意、策划和规划者，旅游投资管理者，旅游景区的经营者，旅游纪念品的设计生产者，导游

---

① 张鹏：《桂林旅游发展的消费伦理转向与旅游文化竞争力的提升》，《重庆社会科学》2008 年第 4 期。

② ［美］凡勃伦：《有闲阶级论》，蔡受百译，商务印书馆 1964 年版，第 36 页。

③ 王柯平：《美之旅》，南京出版社 2006 年版，第 18 页。

解说人员，其他旅游服务业的从业人员等。为旅游市场提供怎样的产品，一方面决定于旅游市场行情与旅游者的需求，另一方面决定于旅游生产者的理念和产品研发水平。因此，不同地区的旅游发展便显现出和当地旅游人才、旅游理念和旅游技术水平的相关性。虽然在信息时代的今天，旅游生产者之间的水平差距在很大程度上缩小了，但是在旅游生产的许多关键部位的差距还是明显的。这是因为旅游生产者的水平与旅游开发的相关性原因。旅游生产者应持怎样的旅游伦理，关系到对旅游资源开发、旅游产品生产的根本性态度。负责任的旅游生产者应该一开始就考虑到如何能够让旅游业向着可持续发展的方向迈进，如何能够为旅游者提供特色旅游产品，在旅游资源的开发中如何能够遵循生态环境的规律。对这些问题的深入思考，关系到旅游开发生产的具体活动。旅游生产者按照特定的旅游伦理态势，会将各种伦理理念运用到旅游生产的工作当中去。旅游生产者处于旅游业环节链条的特殊地位，一方面它要竭尽全力地根据旅游市场的需求进行产品生产以获得利益，同时为其他旅游企业的发展提供平台；另一方面要应对政府、协会的监管，接受来自管理者的指导和检查。在这种特殊的背景下，旅游企业唯有依据旅游伦理的要求才能扮演好自己的角色。秉承伦理道德的底线才能够对所开发的旅游资源的生态环境负责，能够成为旅游可持续发展的积极倡导和实践者，因为实现了旅游的可持续发展，才能真正保护旅游开发者的利益。

4. 政府伦理

在整个旅游业发展过程中政府扮演着重要角色。政府包括各级与旅游发展有联系的政府机构和部门。政府能够对旅游发展产生重要影响，它们通过提供公共基础性建设、税收的杠杆调节、政策制度影响、人事安排组织、结构构建、宣传营销活动等能够直接对旅游发展产生作用。如中央文明办公室与国家旅游局于 2006 年 10 月公布了《中国公民出境旅游文明行为指南》和《中国公民国内旅游文明行为公约》，以加强引导旅游者行为合理化的伦理机制建设。许多组织积极响应，如浙江省瑞安市风景旅游管理局发布了"文明出行、文明旅游"倡议书。中国于 2013 年 10 月 1 日开始实施《中华人民共和国旅游法》，引入法律机制，以弥补伦理机制的不足。2013 年 10 月 23 日，国家旅游局又推出旅游行业核心价值观"游客为本、服务至诚"，以强化伦理机制建设。① 特别是许多国有型旅游经营单位，则直接就是政府有关部门的经营对象。在许多旅游欠发达的地区虽然拥有较好的旅游资源，但因为旅游开发市场的能力有限，地方政府就成为旅游发展的直接参与者。许多地方在旅游发展中，提出了"政府主导，企业参与，专家论证，市场运作"这样的发展思路，即表明在旅游发展中政府起着主导的角色。还有经验表明，在旅游发展的新兴地区，政府主导和参与的作用更为重要。与其他较为单一的产业发展相比，旅游业发展属于典型的综合性产业，产业涉及面非常广，产业关系错综复杂。在中国企业和市场自身很难有能力处理好这些关系，只有通过政府的积极干预，发挥政府平台的权力优势，才能够整合资源，为旅游业发展提供条件。因此，在中国的社会现实下，旅游业发展离不开政府的支持。"但不论其角色和参与深度如何，由于政府所拥有的力量和资源是社区旅游发展中其他利益相关者都无法比拟的。这种主导作用不仅仅表现在政策法规的制定、政府对旅游的参与，更重要的是政府在社区整个旅游发展过程中起到的协调作用，也只有通过政府的协调才能使社区与其他力量之间达成某种平衡，从而维护社区的权益。"②

理想的政府权力运作应当是能够坚持政府性公共伦理道德的标准，以便发挥政府对旅游发展的服务作用。然而，在现实的各种利益面前，旅游发展中的政府很容易成为利益寻租的机构，许多政府功能缺位和越位的错误现象突出地存在着。近几年来，全国发生的重大旅游发展错误决策的事件，政府都要承担责任。甚至许多旅游错误发展的行为就是在政府的直接参与下造成的。许多旅游发展中的不合理现象也是政府不合理制度的结果。在政府越来越偏离理想的旅游发展角

---

① 何建民：《旅游主体行为合理化的伦理机制与引导策略》，《旅游学刊》2014 年第 11 期。

② 孙九霞：《传承与变迁——旅游中的族群与文化》，商务印书馆 2012 年版，第 262 页。

色的过程中，对政府的管理进行伦理的考量和约束显得非常重要。因此，在旅游伦理构建过程中，对政府伦理应更加重视，用伦理道德将权力关进笼子里，政府才能够对旅游发挥正面积极的作用，否则就可能成为破坏或阻碍旅游发展的工具。

5. 生态伦理

前四个旅游伦理的层面，有着明确的旅游伦理主体所指，而生态伦理道德则有着更加广泛的旅游主体，几乎所有的行为主体都应当贯彻生态伦理道德的观念。生态旅游作为一种特殊的旅游现象，是以自然生态环境以及这一环境背景下的社会为开发对象的旅游活动。生态旅游是对生态环境的体悟、观察、学习和了解。特别是在生态系统复杂和典型的地区，生物多样性更加明显，地区所拥有的特殊物种数量多，规模大，对旅游者具有很大吸引力。在人类社会发展到今天的背景下，绝大多数的生态旅游目的地地处人迹罕至、经济落后的自然生态保护区。因此，国际上一直将生态旅游的发展与如何提高目的地社区居民的生活水平联系在一起。因为打着所谓生态旅游旗号开发的旅游开发，往往会使这些社区的居民成为利益博弈中的弱势群体，所以不顾及旅游社区居民利益的生态旅游是非生态旅游。由此可见，首先，生态旅游的发展应具备强烈的生态伦理道德，敬畏自然、感恩社区应成为这类旅游开发基本的伦理观念。可是，我们遗憾地发现，生态旅游在真正的旅游开发过程中大都偏离了伦理道德的要求，使生态旅游这一术语成为获得投资、招徕游客的工具，成为一句广告词，而在真正的发展过程中却是非生态性的。因此，越是这样就越需要生态旅游伦理。除了生态旅游发展应坚持生态伦理道德之外，还应将生态伦理的观念渗透到旅游发展的社会过程中，使之成为旅游发展的指导性方针。生态环境是所有旅游发展的基础，旅游发展中的利益诉求应建立在遵守生态伦理道德的基础上。否则，如果旅游发展破坏了生态环境，则不符合旅游业本身的发展诉求。生态伦理道德的需求，以成熟的生态科学为背景，以追求可持续发展为目标，应纠正不良的旅游发展思路。生态旅游的伦理还需要进一步研究具体的措施，以期发现更有针对性的旅游生态伦理指标。

6. 旅游制度伦理

制度伦理是指对社会规范和制度运行规范的伦理反思和要求，以及伦理的制度化、规范化的思考与建构，以及存在于社会基本结构和基本制度中的伦理要求和实现伦理道德的一系列制度化安排。旅游伦理的构建，需要将其上升到社会制度伦理的局面，才能保证旅游伦理的落实。对基于社会规范和制度运行的旅游相关的原则进行伦理反思，以期发现旅游制度伦理中所存在的各种问题。旅游制度伦理能够为旅游利益相关者形成影响力。传统的基于旅游的社会规范和制度中存在的不足，是影响旅游业发展和旅游伦理贯彻落实的主要障碍。利用制度伦理的理论方法，就可以对这些不合时宜的社会规范和制度运行规则进行反思，并制定出新的伦理规范。旅游伦理的建设只有达到制度化和规范化，才能有效发挥其作用。制度化是指要将旅游伦理的规范落实融会到与旅游相关的各个社会制度平台中，与社会制度融为一体，并及时对其进行修订以便适应社会环境的变化。规范化则是指必须按照旅游这一特殊社会现象发生的规律等制定切实可行的伦理内容。旅游伦理的研究目前大多处在理论探讨过程中，对具体的、有针对性的伦理规范内容的研究则比较少。规范化则要求旅游伦理的构建必须制定出切实可行的、具有可操作性的旅游伦理规范。因此，未来对旅游伦理的深入研究应该是基于旅游者行为特征、旅游资源类型、旅游者感知规律、旅游企业特性等形成的旅游伦理规范的具体内容。比如，旅游伦理落实中如何处理伦理要求与旅游者行为与感知之间的矛盾。因为一味追求旅游伦理而不顾及旅游者真实感知和情感反应的旅游伦理落实一定不是理想的。只有在对旅游者行为与感知有深度了解的基础上，在遵循旅游活动规律的基础上才能制定出科学的旅游伦理规范，否则旅游伦理就会发展成为空洞的情感说教和难以落实的理论，甚至成为影响旅游发展的障碍。制度化和规范化是纠正旅游伦理简单情感化的主要途径。情感化的旅游伦理过程可能会因为个人的喜好或者领导者、管理者的不同而有明显不同，这不利于旅游伦理的构建。旅游制度伦理构建的目的就是要使旅游伦理成为社会活动中的基本要素，成为社会中的基本结构和基本制度。旅游活动的日常化，更多的人旅游活动的产生都使旅游伦理构建成为社会的基本概念。当旅游制度伦理成了存在于社会中的基本结构和基本制度的时候，对其伦理要求和实现伦理道德的制度化安排要进行深入分析。人类社会制度的本质则是对利益道德之间关系的协调，从这个意义上讲，社会制度在本质上就存在着伦理道德的诉求。将旅游伦理与社会制度伦理一体化，就要反思旅游伦理要求和实现旅游伦理道德的制度化安排问题。要发挥社会制度的力量构建旅游伦理平台和增加旅游伦理的影响力。一般认为，旅游伦理只是对旅游开发和旅游活动中利益相关者利益和道德的协调，与此之外的人的关系不大。但随着人类旅游活动的广泛化，旅游伦理构建有望得到全社会的重视，这使旅游伦理成为社会的基本结构和基本制度。在对制度伦理进行反思和构建的过程中，我们进一步发现了制度伦理对旅游业发展和旅游伦理构建所产生的显著影响。中国旅游业的每一次重要发展历程，其背后都有相关制度的影响，各级政府所规定的涉及旅游的制度形成了旅游发展中影响力最大的部分，也就是说，中国旅游业发展的成就，关键的影响点在于各种制度的安排。因此，要深刻反省中国旅游制度伦理的正当性及其与旅游发展的真正关系。理想的制度安排才能成为旅游伦理构建和旅游业可持续发展的推手。

7. 旅游社区伦理

旅游者关爱社会发展，才能在旅游过程中真正对社会景观感兴趣，才能真正用心去体察社会，这样的旅游者才是有深度的旅游者，也才是负责任的旅游者。同样以旅游社区为例，旅游社区作为旅游社会现象中的特殊空间，也是旅游者必须到访和经历的空间。旅游社区承载着旅游发展的诸多因素，是对旅游发展起直接作用的。可持续旅游发展理论高度重视旅游社区利益的保护，因为许多不正当旅游开发严重侵害了旅游社区的利益，旅游社区成为旅游利益相关者群体中的弱势成分。"旅游社区居民自愿保护自己的文化和所在地的环境，在思想上意识到保护的必要性，要比强制性地实行保护条例更重要，也更有效果。"① 旅游伦理将是否保障旅游社区利益的落实看作旅游可持续发展的关键。而引导旅游者及其他旅游利益相关者对旅游社区的关注被认为是落实社区利益的有力保障。旅游者在旅游过程中能够养成关爱社区的习惯，就一定会深入旅游社区中去了解社区的真正面貌，并会传递相关信息，最终为社区利益的落实提供动力。旅游社区虽然能够被旅游者光顾，但在旅游开发的影响下，在旅游者眼中则是伪社区。只有关爱社会发展的旅游者才能够主动了解真实的旅游社区，才能够关注社区民众的生活状况。旅游伦理培养旅游者关爱社会的道德诉求，将旅游的过程变成向社会学习和对社会负责任的过程，完善自我，培养高尚人格。

我们应该提倡和培养关爱他人、利益他人的道德伦理，只有这样才能够化解旅游过程中因为频繁与陌生人接触而产生的矛盾与冲突。比如，在旅游者与社区民众之间可能会产生激烈的冲突，"如社区与社区居民如何参与到旅游发展中，旅游带来的利益应该如何分配，旅游带来的负面影响如何公平分担，旅游管理中存在的这些有关社会责任、社会公平等伦理问题，与利益相关者理论所强调的企业社会责任和管理伦理是一致的"②。大量旅游者的进入，严重扰乱了旅游地社区居民的生活，为社区居民带来诸多不便；或因旅游利益分配不均衡问题而导致社区居民对旅游者怀恨在心；或因旅游发展未能真正改变原来社区的生活面貌，而致使社区居民对旅游发展的信心不足；或因双方文化不同而导致冲突过大；或因旅游社区管理不到位而致使抢劫、盗窃、性骚扰等违法案件多发等。除了加强管理及利益均衡机制的建立外，强化双方的信任与关爱则显得非常重要。化解信任危机的手段则主要依靠信任与关心。人是旅游过程中美好的风景。通过关爱情怀的建立，让旅游中的人们建立信任，对旅游可持续发展至关重要。因此旅游伦理应着力研究培养人与人之间相互信任和关爱的策略。

---

① 曹诗图：《旅游哲学引论》，南开大学出版社 2008 年版。
② 黎耀奇、傅慧：《旅游企业社会责任：研究述评与展望》，《旅游学刊》2014 年第 6 期。

8. 普世伦理

《世界宗教议会走向全球伦理宣言》认为，普世伦理（The Universal Ethics）"并不是指一种全球的意识形态，也不是指超越一切现存宗教的一种单一的、统一的宗教，更不是指用一种宗教来支配所有别的宗教。我们所说的全球伦理，指的是对一些有约束性的价值观、一些不可取消的标准和人格态度的基本共识。没有这样一种在伦理上的基本共识，社会或迟或早都会受到混乱或独裁的威胁，而个人或迟或早也会感到绝望。"① 普世伦理是建立在平等、尊重和认可基础上的人类道德共识，它从根本上保护了人类传统伦理的多样性。普世伦理是化解人类冲突的根本出路。如何培养人类的道德共识，成为人类社会发展到目前的关键问题。经济、社会及科技的发展，使人类在地球上的生活掌握了更多的主动权，人类朝着实现自由的目标不断努力。但是，人类的关系不能仅凭经济与科技的手段来达到和谐。并且，随着经济及科技的发展，人类关系可能还潜藏着发生更大悲剧的可能。于是，谋求人类共同的出路便是伦理研究的重要内容。人类能否达到平等、尊重与认可的理想伦理水平？能否最终实现人类冲突的化解？普世价值及普世伦理正是朝着这个方向努力的。作为全球性的旅游现象，需要对普世伦理的利用和借鉴。

人类的社会活动具有共性，同时具有特色鲜明的个性。在没有普世道德的约束和指引下，人类通常会放大个性，从而使人类群体相互之间的差异更加明显。虽然共性与个性都是客观存在的，但是人类因为囿于有限的认识水平而很难形成道德共识。普世伦理就是在承认个性化差异的基础上，放大人类道德中的平等、尊重与认可这些共性的情感符号，从而找到切实可行的道德共识。旅游活动的频繁发生，不同人类群体相互交流的增加，为寻求建立共有的普世伦理提供了良机。因此，研究旅游伦理，分析在跨地区、跨种群的旅游过程中，依据旅游接触过程平台，来加强人类的普世伦理的输导，对普世伦理的

① ［德］孔汉思、库舍尔：《全球伦理——世界宗教议会宣言》，何光沪译，四川人民出版社 1997 年版。

形成会产生非常重要的作用。旅游不能仅成为游憩、休闲、娱乐的简单过程，更应该成为人类互相观察和学习平等、尊重和认可等共有伦理的机会。旅游伦理应着重研究具体的伦理落实的主要措施。因为只有因地制宜、因时制宜的伦理教化才能更有针对性。让不同群体的旅游者通过各种形式的接触和学习来达到对普世价值的认同和践行。旅游的过程应成为对快乐体验的过程，让旅游者能够在相互接触当中体验人生的各种美好与快乐。对美好人生、快乐心情的追求是人类共同的目标。人类共有的对普世价值理想的追求，就是建立在多种人生快乐基础之上的。对一切人类美好生活的向往成为人们的共识。

　　旅游是在对基本生活条件满足的基础之上专门为快乐而设置的人类活动。旅游的过程就是对美好快乐体验的过程。旅游者欣赏自然山川之美，接触人文习俗之异常，在各种不同的旅游环境中体验丰富多彩的快乐生活。与相对固定化和模式化的惯常生活相比，旅游活动是动态化的享受过程。因此，旅游活动的安排应该能给予旅游者多种对美好、快乐、自由、平等等理念进行体验的机会，让旅游者能够充分获得对快乐的认可和体验。普世价值理论是人类共有的情感，这种伦理态度需要各种活动来加强，而激发旅游过程中旅游者共有的情感则是非常理想的途径。同样，旅游的过程也是对其他方面进行了解和增长见识的过程。人类普世价值的形成所依赖的彼此平等、尊重和认可的情感基础，应当建立在人们经常性的互相接触以至于相互了解和理解的基础之上。旅游活动为很多人提供了相互理解的机会。旅游者在不同的地域、国家间往来，亲身体验、了解了相互之间的生活与习俗，特别是能够亲眼见到其他地方的民生疾苦、落后与苦难等，这会对旅游者形成强烈的情感冲击。

　　由此可见，旅游所表现的旅游者在不同地域的彼此往来是加深人类相互认识的重要手段。旅游伦理从道德情感出发，分析旅游利益相关者的道德状况，同样也应关注这种为形成人类共有平等、尊重和认可理念建立的基础。旅游活动的开展为人类相互之间加深理解提供了平台，也为普世伦理的建立提供了机会。

（二）旅游伦理所协调的四种关系

旅游伦理是对各种旅游利益相关者在旅游活动中应当遵循的道德规范的综合。旅游活动是人类社会中特有的现象，是基于旅游者行为空间移动而形成的特殊社会活动综合体，在这一错综复杂的活动过程中，会因为利益而产生诸多矛盾。利益相关者围绕共同的旅游活动，一方面在追求各自利益过程中会因利益对抗而形成各种矛盾，另一方面，因为共同利益最大化的原因，通过适当途径来协调利益相关者之间的利益关系也成为共同的需求。因此，旅游伦理从这个角度来看，是不同利益相关者为了达到共同目的而应当共同遵守的游戏规则。

一般认为，旅游伦理主要用于协调以下四种基本关系。

第一，通过尊重和爱护自然，达到人与自然的和谐。旅游开发和旅游活动是人与自然环境的特殊关系的表现形式。如何在这些过程中实现人与自然的和谐而不是导致对抗，是旅游伦理要解决的问题。自然环境是旅游开发和活动的基础，特别旅游活动的开展对自然环境质量有着更高的要求。虽然人们自古以来就形成了诸如"天人合一"等良好的自然观，在处理人与自然的关系中通常能够秉持中道的原则，但旅游开发及旅游活动中违背这些原则的事实却是到处存在的。理想的旅游开发及旅游活动，应该敬畏自然，遵循自然规律，做到旅游与自然的和谐相处。

第二，应当保护文物古迹，以实现人与历史的和谐。对大多数旅游者而言，旅游过程中对历史文化的认识主要是通过以文物古迹为主的历史遗产的欣赏而获得的。各地富有特色的历史遗存成为重要的旅游吸引对象。文物古迹是脆弱的，尤其在大规模旅游发展的背景下，一方面，真正的文物古迹可能遭到破坏，另一方面，人为制造的假古董则遍地都是。所以，在旅游开发过程中或旅游活动开展中，参与者应该有历史敬畏感。旅游伦理的责任之一，就是通过历史文化的教育让民众自觉成为历史文化的知情者、传承者和保护者，以实现人与历史的和谐。

第三，调整人们之间的相互关系，以实现人际关系的和谐。旅游活动过程中必将产生不同群体的人们相互频繁接触的事实。在群体性接触过程中，人们相互之间产生矛盾和冲突是经常性的，特别是不同文化背景，包括语言、习俗、宗教等民众之间所产生的冲突则更为频繁。纵观这些不和谐现象发生的原因，主要是对旅游利益的争夺。不同民众在彼此眼中，既是旅游的对象，因为人才是旅游过程中最动人的风景；同时又因为各种矛盾的发生，不恰当的人际关系的处理方式则会造成不愉快的旅游结果。作为调整人们之间利益与道德关系的工具，旅游伦理的运用，则可以缓解旅游活动相关人群之间的紧张关系，以形成互相尊重、彼此欣赏、相互包容的理想人际关系。这种人际关系的和谐，也包括旅游地旅游开发过程中各种利益相关者之间的关系和谐。如旅游管理者如何通过和谐关系与旅游开发公司形成良好的合作关系；旅游地社区居民如何与旅游者、旅游开发者形成和谐关系。因为人们活动的逐利性，不良人际关系将会导致旅游开发和旅游活动寸步难行，或者在这一过程中会存在诸多潜在危机，通过旅游伦理的约束和调节，化解危机，以形成良好的旅游环境。

第四，认真对待自我，实现自身身心的和谐。旅游伦理的道德约束机制应该是对自我身心的规范和调整。民众在旅游活动中，如何才能保持自己内心的和谐状态，关系到对旅游活动的深度认知。旅游从表面上看，是人们在不同地理空间的物质性移动。而实际上，旅游的真正价值则是在这种移动性基础上所形成的对人的身心的全方位影响。旅游的过程实际上是人们心理状态发生变化的过程。良好的身心状态能够增加旅游过程中的愉悦感，能够对旅游形成更为客观的认识。因此，加强旅游伦理的引导，从深层次教化旅游者，从而实现旅游者身心和谐则显得非常重要。

在旅游伦理所调解的关系中，人与自然、人与历史、人际关系和人的自我身心的关系四个方面是其主要内容。旅游开发及活动是基于自然环境的特殊的社会行为，绝大多数的旅游行为需要借助于自然对象，很多旅游则是直接以自然环境为行为对象的。一方面，在旅游行为的发生过程中，人与自然环境的接触高度密集化。另一方面，旅游的乐趣要从自然环境中获取，只有保证了自然环境的可持续发展，旅游才会有可持续性的未来。因此，旅游的发展必须高度重视如何处理人与自然环境的关系。

对历史的正确理解，对历史经验的正确利用和把握，才是正确的历史观。旅游过程就是不断开发利用历史资源，接触学习历史知识，了解、领悟历史教训的过程。在旅游开发及旅游活动过程中，应该有科学而严谨的历史态度。当下，在很多旅游发展中对历史资源娱乐性的过度化开发到处都是，不对历史资源的历史价值本身负责，而是随意性地戏说，从长远来看，娱乐化的历史资源开发态度是对历史的不负责。轻浮的旅游行为导致对历史资源的误解和错误对待，这种人与历史的关系是不正确的。尤其是对具有重大历史意义性质题材的旅游资源开发，必须秉持实事求是的科学态度，要广泛征求历史专家的意见，从旅游者科学认知的角度为其提供准确的历史信息，以达到人与历史的和谐。

基本旅游伦理道德，应该得到旅游者的共识。对社会伦理的研究，是在观察和分析众多有关案例的基础上，提炼具有通识性的伦理态度。旅游的过程，是旅游者与自然环境发生关系的过程。因此，我们需要培养敬重自然、保护旅游环境的伦理态度。因为这是旅游发展的基本层面。自然环境是旅游资源得以开发和形成的基础。如果因为旅游活动和旅游开发行为破坏了自然环境，那么旅游就失去了能够依赖的基本条件，可持续旅游发展就无从谈起。因此，对自然环境的敬重应成为旅游利益相关者的共识。

再比如应尊重历史，理解文化的差异。旅游的过程既是与自然环境的接触，也是不同文化群体密集交流的过程，是人类社会特有的现象。不同群体拥有特色鲜明的文化特征，群体之间的文化差异也是明显的。人类社会的发展，也是对异质文化不断的认识、接纳和包容的过程。社会群体往往会认为自己的文化具有优势，或者认为异质文化是低等的异端，或者会在异质文化氛围中感到不适。文化的这种压力和束缚使很多旅游者在异地、异国旅游过程中会产生复杂的心理现象，一方面因为好奇心而促使旅游者能够乐于体验异质文化，另一方面因为文化偏见或文化陌生而形成文化不适。文化不适或文化压力不利于旅游的发展。因此，旅游的过程应该是对异质文化的学习和理解以及包容的过程。

文化的形成和产生有一定的历史基础，即在特定的历史空间中所形成的文化具备个性。因此，要想获得对旅游的认同，就必须尊重文化发生地的历史背景。由此可见，旅游者在进行跨文化区域旅游的过程中，应对目的地的历史文化有一个学习的过程。旅游活动初期，可以通过讲解和培训的方式来让旅游者集中学习目的地的历史文化知识。但是从根本上讲，尊重别人的历史文化是一种伦理道德行为。只有尊重别人的历史文化，自己的历史文化才会被欣赏。历史文化没有高低贵贱之分，只有不一样而已。只有养成类似的伦理道德，才能真正成为一个理智的人，成为一个合格的旅游者，才会关爱他人，关心社会的发展。旅游的过程，是不同人群高密度接触的过程，是旅游群体的人群接触，是不同旅游者群体之间、旅游者与旅游开发管理者之间，以及旅游者与旅游社区民众之间的接触。在多元化的接触过程中，每一个旅游者都面临着如何处理与他人之间关系的问题。与其他的活动相比，旅游活动中人与人之间的接触大多是在陌生人之间发生的，而其他的活动中则大多表现为一种"熟人社会"的状态。与"熟人社会"中人与人相处的法则相比，陌生人之间更容易产生紧张、不信任和冲突。鉴于此，旅游伦理需要协调不同人之间的关系，而关爱他人则是对这种关系的总体要求。

三　旅游伦理的价值和意义

旅游伦理的研究和应用，对中国旅游业的科学发展具有重要价值。当前困扰中国旅游持续发展的根本问题，不是日常管理、技术与体制之间的问题，而是如何认识和对待旅游伦理观的问题。旅游的可持续发展，是中国社会可持续发展的一部分，可持续发展的理念研究深入人心，大家一致认为，只有社会的可持续发展才是良性的社会发展模式。但如何解决中国旅游可持续发展的问题，专家们认为，核心任务是人们对于如何执行旅游伦理的态度，即如何能够构建全社会旅游伦理落实的体系。而一般认为的旅游可持续发展中需要解决的日常管理及技术支撑等问题现在已能够解决。传统的观念认为，旅游可持续发展的关键问题是解决技术性问题，因为我们的技术性问题没有解决，所以在中国实现可持续发展的可能性不大，旅游可持续发展只有依靠经济、技术发达的国家和地区才能实现。在一定的历史时期，技术问题的确成为可持续发展的障碍，但时至今日，这种观点已经成为旅游非可持续发展的借口，因为随着我们的经济、技术的发展，许多旅游技术性障碍已经不复存在了。但是，对旅游伦理的态度却成了可持续发展的核心要素。因此，旅游伦理的研究和应用亟须加强。进一步提高研究质量，完善可持续性、有针对性的旅游伦理体系显得非常有必要。

（一）旅游伦理态度决定旅游可持续发展的状况

旅游伦理从道德和价值的层面支配着行为主体的思维方式和行为模式，从根本上影响甚至决定着旅游可持续发展的状况和命运。旅游伦理解决的是旅游发展中利与义的关系，通过对道德和价值两个方面的分析和运用来达到影响旅游利益相关者的思维和行为。旅游利益相关者对道德和价值的选择就是基于个人生活经验和社会影响所做出的理性判断。追求价值的最大化是人的基本需求和欲望，但秉持道德也同样是人的基本义务。因此，在道德与价值之间反复权衡的结果就会最终影响旅游利益相关者的行为。放大道德规范的意义，强化道德对旅游利益相关者的影响，通过道德理念来约束和引导人们对价值的追求，就是旅游伦理的主要意义。行为主体的思维方式和行为模式受到其思想观念的深刻影响。在观念中如何认识道德与价值的关系，则直接决定着思维方式与行为模式的表达。旅游利益相关者的思维方式和行为模式对旅游可持续发展的水平会产生决定性的影响。因此，从根本上讲，旅游伦理是关系到旅游可持续发展的关键。它的作用路径即是旅游伦理中关于道德和价值的理念支配了行为主体的思维模式和行为方式，从而决定了旅游可持续发展的趋向。在中国旅游可持续发展的关键时期，加强旅游伦理研究有重要的现实意义。

旅游伦理的形成能够推动行为主体更新观念，进而形成有利于旅游可持续发展的思维模式。行为主体的思想观念会影响主体行为的产生。而要追求旅游业的可持续发展，关键要落实在各行为主体的行为之中。因此，可持续发展的模式是一种行为选择的结果。而要从根本上影响行为主体的行为，则需要从影响和更新其观念入手。人的思想观念具有可塑性，通过模仿、学习，都能从很大程度上改变其原有的思想观念。特别是随着主体生活和环境的变化，受某种风尚潮流的影响，某些思想的灌输和冲击，都能从根本上改变主体的思想观念。旅游伦理的建立以及旅游可持续发展观念的形成，相对于一般意义上的旅游发展模式和思想而言，更能够挑战和冲击行为主体的惯常认识，以致使行为主体的心灵和情感产生震撼。因此，不难发现，旅游伦理的构建，对旅游行为主体思想观念的更新将会产生非常重要的影响。旅游伦理与旅游可持续发展的观念，彻底地颠覆了传统的旅游发展观念，它将行为主体置于道德高地，追求负责任、讲义务、有道德的旅游过程，同时宣扬旅游本身就是提升行为主体道德情操水平的过程，它追求善良的、有节制性的消费过程，要求将呵护生态环境的安全作为旅游的基本底线，反过来，正是这种追求道德的旅游行为和过程给予了旅游者更加高尚的道德感知。

随着时间的推移，由旅游伦理所支配的思维定势和行为习惯会进一步被固化为人们的传统和习俗，从而构成推动旅游可持续发展的持久性动力。旅游伦理属于社会伦理的一部分。社会伦理是社会道德改革和改良的工具，它不能在较短时间内完成，道德素质的提升需要一个相对较长的过程。旅游伦理也是同样。某种类型的旅游消费观念和旅游风尚一旦形成，就会产生一种行为和观念的惯性而得以在一定时间内持续。比如，当下奢侈的旅游风气和对生态环境不爱惜的旅游态度，都会因旅游利益相关者的观念和认识而延续。旅游伦理的道德教化和行为规范约束力的发生，就需要一个相对较长的时间段。随着旅游伦理观念逐渐为行为主体所了解、接受，它会被逐渐内化为行为主体的行为。比如，生态旅游伦理观就要求旅游利益相关者对生态环境科学有所了解，因为生态规律是典型的自然科学规律，只有了解了自然规律，才能真正使自己的行为符合自然规律。而对生态环境科学的学习和了解，很显然是一个较长期的过程。特别是虽然中国高等教育发展得很快，但因为庞大的人口基数，仍然有大量民众无法得到较高程度的科学文化教育。不难想象，对一群文化层次较低的行为者而言，要求其遵守生态伦理规则的难度是很大的。

（二）旅游伦理均衡旅游利益

旅游伦理具有化解旅游发展中各种矛盾冲突的天然禀赋和促成旅游生态保护长效机制建立的特殊作用。旅游发展的过程是各种矛盾集中出现的过程，虽然矛盾的具体表现非常复杂，但形成矛盾的根本原因则是行为主体的思想认识和价值取向的问题。尤其是在当下中国社会各种矛盾的多发时期，旅游发展中的矛盾表现就具备了特别的社会背景，这种不良的社会环境加剧了旅游发展中矛盾出现的频率和严重程度。矛盾的表现是复杂的，人与人之间、人与环境之间的矛盾贯穿于旅游发展的全过程。因此，能否有效化解矛盾，将成为旅游发展的主要工作。从表面来看，各种矛盾的化解过程是运用政策、利益、金钱、策略等手段对不同利益相关者关系的协调和重构过程，而本质上则是一种道德机制的建立过程。

旅游伦理全面把握了旅游业发展中利益相关者义与利的关系，从义与利两个方面把握了旅游发展的未来，具有更加全面、更加宏观的战略优势，特别是其根本目的是解决利益相关者的思想道德问题。只有建立旅游生态保护的长效机制，才能实现旅游可持续发展。利益关系是肤浅的、脆弱的和暂时的，只有道德约束的关系才能够具有长效性。保持旅游的可持续发展是解决未来漫长时间内旅游发展问题的关键，要建立关系协调的长效机制，只有旅游伦理才能够达到这个要求。

旅游伦理作为人们内心的道德信念和行为选择的价值依据，具有化解旅游发展中各种矛盾冲突的天然禀赋。快速化旅游发展的过程，也是围绕旅游而形成的各种矛盾的高发期和集中期。不同利益相关者对旅游发展寄予了厚望，通过旅游发展来获得相应利益成为不同利益相关者的共同诉求。但是在利益诉求实现的过程中，各种矛盾的频繁发生成为阻碍旅游发展的主要问题。拆迁、移民、投资、融资、利益分成、招商引资、环境保护、人事任命、项目策划、管理水平、政府形象、债务分解、投诉维权等各方面的矛盾成为纠结旅游发展问题的表现。中国旅游发展就是在不断解决各种矛盾的过程中前行的。尤其是在目前，随着利益主体构成的多元化，社会发展的信息化，政府管理与市场运营之间冲突化的情况下，各种矛盾有向纵深发展的倾向。

有些地方虽然拥有不错的旅游资源，相对较好的区位空间和市场条件，但是旅游发展没有根本性的起色，主要原因就是利益相关者之间的利益均衡问题没有解决好。这也就是为什么有些地方只有通过强势权力组织的协调才能发展好旅游的原因。所谓倾全市之力发展旅游，倾全县之力发展旅游，即是通过这种模式构建才能从根本上解决旅游发展中的矛盾冲突，因为在当前的中国，通过政府行政是解决旅游发展过程中所形成的错综复杂问题的有效办法。虽然包括政府管理在内的各种技术手段在解决旅游发展过程中所存在的问题能起到一定的作用，但这些技术手段都是暂时性的，不能从根本上解决长远问题。要从根本上解决这些矛盾，就需要纠正利益主体的思想态度问题，即旅游伦理所秉持的通过旅游利益相关者之间的伦理道德相互协商的观念。旅游也是典型的综合性产业，多行业联动的实质决定了利益相关者之间矛盾的复杂性。思想态度的问题关系到旅游利益相关者对矛盾的根本看法。旅游伦理是从道德层面对利益的协调，因此它能从根本上对各种矛盾进行调解。

在旅游利益相关者各种行为选择的背后，有着深刻的道德信念依据。人的道德伦理从根本上改变和影响着人的行为和意识。也就是说，旅游利益相关者所表现出来的伦理行为，必须有相关的伦理道德依据。这就如同我们所见到的一些素食主义者，他们在吃素之前所了解的关于食肉、素食、宗教等的知识与其之后的观念有很大的区别。正是在许多因素之下，素食者才会形成某种新的道德伦理，这种伦理彻底颠覆了以往的道德秉持，才能够由伦理道德内化成为坚定的素食主义者。从上述道理可以明白，要从根本上改变旅游利益相关者的行为,以达到旅游可持续发展的目的,必须依靠改变旅游主体伦理道德的办法,培植正确的旅游观念,才能产生可持续性的行为。

用旅游伦理化解矛盾冲突有利于促进主体间的和谐。虽然通过各种利益关系的均衡,有的矛盾能够得到暂时性的解决,但是由于利益均衡解决矛盾的有限性、肤浅性和暂时性,各种矛盾无法从根本上得到化解,特别是不能达到利益主体间的和谐。比如,旅游开发与社会民众之间的矛盾是中国旅游发展中最普遍,也是最难处理的关系之一。旅游社区的民众经常以弱势群体的面貌出现,因为在快速化的旅游发展背景下,社区民众的利益很难得到保证,而有些虽然暂时满足了民众的需求,但不能够达到长期的和谐。如为了发展旅游,对旅游社区的拆迁和将社区民众移民到旅游发展区以外,虽然暂时性的经济补偿是可实现的,但因为没有考虑到民众的情感寄托和未来收入问题,在旅游快速发展的环境下又潜藏了诸多的社会问题,所以这样的发展就是非可持续发展。对于这一问题的根本解决,就需要旅游伦理对双方的约束和协调。旅游开发及管理者要用道德的视角去看待社区民众的利益,可持续旅游发展要求旅游发展给予社区的是福祉而不是灾难,对社区民众旅游利益的分享是实现可持续发展的必然。而社区民众对旅游发展有客观的认识,能够理解和认识到旅游发展对改变社区所在地的产业结构,对拉动区域经济发展的重要意义,就能够以实际行动投入和配合社区的旅游发展。通过一系列的规章制度来规范双方的行为,找到矛盾的解决办法和出路。通过旅游伦理道德规范的协调,才能够使双方达成根本性的利益一致。让旅游开发者和管理者成为伦理道德的操持者,让社区民众也成为旅游伦理道德的实践者,双方在道德平台上的公平交易,才能产生和谐一致的结果,从而达成旅游可持续发展的目标。只有旅游道德规范的运用,才能让矛盾体之间达成和谐的理想状态。旅游发展中所出现的许多问题因为主体间伦理观念的失落而未能在矛盾产生的初期将其解决好,未能将矛盾冲突消除于萌芽状态而使事态恶化,因而导致不良后果。许多的社会恶性事件,就是因为一开始没有能够将矛盾处理好,以致事态不断演变,从而一发不可收拾。尤其是在当下各类社会问题的多发期,更应该注意将事态消除在萌芽之际。旅游伦理重视利用道德的力量，使利益主体能坚守道德底线。如果真能够将旅游伦理落实在发展过程中，那么各利益相关者则必然会正视旅游矛盾、冲突的产生和发展，特别是在矛盾的一开始就会重视和纠正它，因为这是旅游伦理义务的必然结果。操持伦理，敬畏道德，遵守原则的旅游发展必然会使各种不和谐现象最小化。

　　旅游伦理的基本问题是旅游利益和社会道德关系的问题。旅游道德是政治法律之外重要的旅游利益调控方式。旅游道德的缺失，将使旅游利益调控更为艰难。伦理是处理利益与道德关系的法则。在人类社会里，最基本的关系就是利益与道德关系。人们追求利益的天性让获得利益的多少成为人们自我判断成功与否的主要标志。获得利益的欲望是无穷的。然而，人类社会是一个集体社会。在一个人获得利益的同时，可能会影响别人的利益诉求。"为欲望所累所苦的人，对真善美等一切美好事物的感受力下降，甚至消失，结果是人性中本应该有的美与善、情与爱、精神与灵魂、超越与创造等等优秀品质都没有了位置。"① 因此，如何能够均衡社会中人们的利益关系，一直是人类社会发展中的重要问题。人们通过国家政治、军事、法律等手段维护各自利益关系的同时，通过道德发生的力量对利益者的约束也是人们一直以来的努力。伦理学者研究人类社会当中利益与道德的关系。利益诉求不可能消失，道德也不可能离开利益而单独存在。利与义的相互关系是彼此联系而又相互制约的运动关系。伦理关系是通过对道德与利益的分析来构建人们之间理想的社会关系。旅游伦理旨在围绕旅游与旅游开发来协调利益相关者之间的利益与道德的问题。围绕旅游所发生的大量的利益与道德的冲突，亟须通过旅游伦理的方式来协调。政治与法律同样是旅游利益与旅游道德关系调控的重要手段，但研究表明，政治与法律的手段不是万能的，面对复杂多样的旅游利益与道德冲突，求之于旅游伦理的协调和化解可能在许多环境下会更有成果。事实表明，旅游伦理道德的缺失，必将致使旅游利益的调控更

---

　　① 　高德胜：《节俭·人性·教育》，《高等教育研究》2010 年第 1 期。

为艰难。旅游伦理的研究将更加深入地探讨有针对性的具体旅游利益冲突解决的方案。旅游业的可持续发展关系到未来旅游质量的提升，能更好地满足未来旅游者的旅游需求。旅游伦理构建中对利益与道德关系的调控目的就是达到可持续发展。

（三）旅游伦理培植道德

我们已经明白，旅游行为的根本在于道德的培植。旅游发展中出现的诸多问题，是目前中国社会发展中的问题。同样地，面对社会问题的多发期，很多专家呼吁，只有伦理道德的构建才能够从根本上缓解各种社会问题。通过伦理道德的力量来改变行为是各界的共识。因此，面对旅游发展中的问题，积极寻求通过道德的策略来达到解决问题的方法则为根本出路。旅游业是形象产业，是人们的生活条件和工作条件达到一定高度之后所激发出的对生活的更高要求，是人们理想生活的体现，也是美好生活的关键，旅游的经历会呼唤人们内心深处的良知，会让人们更加珍惜当下的生活。"随着精神追求的不断强化，休闲活动的主旨将不再是消费，而是更多地支持一种肯定的态度——肯定生活是美好的。"① 因此与其他产业相比，旅游业是更加感情化的产业，是更加接近于道德的产业，这或许是旅游业最为特殊的地方之一。由此可以看到，在旅游业发展过程中，如果能够认清旅游业的规律，借助于旅游伦理道德的建设，不仅可以保证旅游业可持续发展的方向，还能够将这种道德的力量放大，旅游伦理就转化成了净化整个社会环境的良药，如能这样做，则是真正体现了旅游业的核心价值。对社会理念和行为的改良，应当是全体社会共同努力的目标。正是因为旅游情感化和道德化的特征，旅游业中的道德提升则比较容易成为改良社会问题的手段。从这个意义上讲，旅游伦理道德的构建对整个社会文明程度的提升有重要意义。

旅游伦理构建和落实的过程，是一个行为主体思想道德的内化

---

① ［美］杰弗瑞戈比：《世纪的休闲与休闲服务》，张春波译，云南人民出版社 2000年版。

过程。旅游伦理所要达到的目的是通过道德的形式来对旅游利益相关者的思想和行为进行协调与约束。人们对道德理念的认知是一个内化的过程。人的道德水平是一种内心认知状态，人们面对某种现象所表现出的行为决定于这种内化的道德判断。旅游伦理的内化过程是行为主体在多种因素的共同作用下对旅游伦理的认知、认可和执行。因为旅游伦理的道德性，旅游伦理的内化过程应该考虑通过教育和模仿的柔性方式来达到。在各级各类教育中，要重视对旅游伦理内容的增加，让旅游伦理教育能够占领学校这一平台，借助学校良好的育人氛围来实现伦理的内化。旅行社在对招徕的旅游者进行培训和合同签订过程中，也能够体现旅游伦理的内容，借助旅游者旅游活动初期的特殊心理以达到教育和灌输的理想效果。旅游开发过程中应主动引导旅游者对于遵守旅游伦理行为的彼此之间的模仿。除柔性策略外，旅游伦理的内化也可以利用法律、法规、规章制度、条约等强制性的对策来实现。要对具体的旅游伦理行为做出明确规定，根据不同类型的旅游地和旅游特征，进行相应的伦理行为约束和倡导；加大对违反旅游伦理规范的惩处力度，要让不遵守旅游伦理者进行价值偿还；对符合旅游伦理规范的行为要及时宣传，以褒奖适当的旅游行为。强制性的旅游伦理内化过程是积极发挥行为主体外部影响因素的力量，通过引导功能来达到行为主体对旅游伦理规范有关规定的深刻认识。经过内化之后的旅游伦理观念，会在认知图式的不断同化作用下得到加强。内化的过程就是行为主体对新的观念的不断认同过程。在观念认同的情况下，这种观念就会对人的行为起指导作用。随着符合旅游伦理主体行为内容的出现，这种行为又促进了伦理观念的坚固。

近几十年来，从表面上看，中国的经济在快速发展，但社会财富的过度集中和不公平的分配机制，社会中很大部分的民众经济状况依然堪忧。也就是说，必须正视旅游伦理观念的培养与社会经济发展之间的关系。研究发现，人们对环境、生态、道德、义务重视的前提之一就是相对较好的经济条件。从这个角度理解旅游伦理培养过程的艰巨性就会发现，我们不能苛求一个经济窘迫，一年只有一、两次旅游过程的行为者去遵守旅游伦理，让他们用道德的眼光去看待来之不易的旅游过程，这的确是不大可能的。受教育程度的提升和经济状况的改善都需要一个相对较长的过程。虽然我们发现，改变教育落后和经济发展不公平等现象一直是很多国家的共同努力，但鉴于中国的国情，我们应该知道其艰巨性。目前，大的社会道德环境也不利于旅游伦理的落实。专家的主流看法是，当下的中国是一个价值观崩溃的时代，传统的社会道德的约束力量已经失去，人们在快速发展变化的社会面前迷失了道德的方向，传统社会道德约束力下降，而新的道德制约机制尚未形成，这个时期成了道德迷茫期。于是，各种不良的社会现象集中爆发，过分崇拜金钱与权力，利己主义成为潮流，功利主义变成王道，社会环境的公德心丧失，传统文化观念的约束力下降，中国优秀文化缺失市场和平台，人心浮躁等现象流行。造成当下这个局面的原因是多样的。社会各界都重视对当下社会道德环境的改良，各种形式的和内容的积极努力都在进行，但目前整体来看，效果不明显。这充分说明了社会道德改良的实践性和艰巨性。

旅游伦理道德规范的实际效应在这种大的社会环境的前提下发挥得并不理想。正是由于这样，对旅游伦理的研究更应当积极探索适合社会现实的应用良策，以对与旅游相关的不良行为及时进行规范。旅游伦理的建设，也是对伦理道德改良的积极探索和有力贡献。应依据各行业的特点，对行业应用伦理进行深入探讨，因为旅游伦理道德规范与整体性的社会伦理相比更具有可操作性，更容易为行为主体所接受和认可。因此，它对相应人群的道德影响更加明显。旅游伦理以旅游活动为核心，以旅游利益相关者为对象，以伦理道德为手段，对行为主体的伦理道德进行主动干预，以期达到规范行为主体而促使旅游业可持续发展的目标。

旅游伦理发展到今天，已经成为内涵丰富、要素多元的科学理论，面对日益复杂的社会环境，对旅游伦理的研究应更加深入和广泛，否则很难适应旅游发展的需要。旅游过程的本质是追求旅游者个人身心愉悦而获得心理快感，以达到休闲娱乐以及精神自由的境界。"各种统计表明了旅游业在世界范围内的迅速发展"，"付出大量时间和金钱用于旅游的庞大人口数字进一步说明，我们乐于旅游"①。"或许一个人旅游的最大愿望就是使自己得到愉悦感"，旅游的独特性在于，"它可以使一个人的愿望达到登峰造极的程度"②。早在20世纪80年代，UNWTO就提出通过旅游促进人的自我完善，倡导以人为本的发展。在《旅游权力法案和旅游规范》中，UNWTO把旅游为人们提供教育、交流和发展机会作为一项重要功能看待，还提出以无障碍旅行推动、促进以人为本的社会发展，呼吁发达国家协助发展通往不发达地区的航空设施，消除人们自由旅行的政策障碍，进一步发挥旅游消除贫困、创造就业和推动社会和谐的功能。近十年来，UNWTO致力推动的主要工程如旅游与消除贫困、保护儿童免受性旅游剥削等，充分体现了世界旅游发展的伦理关怀。《中国旅游业改革开放30年发展报告》指出："旅游业是综合性事业，除了经济功能、社会功能外，还具有促进精神文明，建设生态文明，保护传统文化，追求真、善、美，实现社会全面和谐、人民幸福、人的全面发展的深层次功能。"该报告还认为："旅游业发展的目的是满足人民群众日益增长的旅游消费需求，促进人的全面进步与发展。"

旅游伦理的研究同样应呵护和重视旅游者这种情感的认知。Gilbert等人认为，就目前研究思路来看，针对旅游、度假的重要性多从动机、体验和满意度方面研究，然而，度假、旅游是否会让人产生幸福感，对这一心理问题尚未进行透彻分析。③满足人的情感需要和精神的自由是人类永恒的追求。在物质的枷锁逐渐被打开之后，追求精神的自由就应该成为人们的共识。旅游给予人们这种机会和可能，这也是旅游这种特殊活动的可贵之处。旅游者离开惯常居住和生活之处，在异地不断行走，其追求的就是个人身心的愉悦。固定化的工作

---

① 费雷德·波塞尔曼等：《弯路的代价——世界旅游业回眸》，陈烨等译，中国社会科学出版社2003年版。

② 麦金托什、格波特：《旅游学：要素、实践、基本原理》，薄红译，上海文化出版社1985年版。

③ Gilbert, D., Abdullah, J., "Holiday Taking and the Sense of Well-being," *Annals of Tourism Research*, 2004, (31): 103 – 121.

模式，流水线般的工作程序，稳定的人际关系，静止的社群团体，凝固的社会交流，这一切看似正常的惯常工作和生活环境，对居住者、工作者、生活者其实都能产生一种极强的心理压力，不断求新求异的情感冲动在静止般的环境中能产生许多不舒适之感，这就是人们愿意离开惯常生活地，去旅游的根本原因。生活的压抑、情感的束缚、身体的不适，都会让人们产生一种"逃离"的愿望，在旅游过程中获得身心愉悦的快感。

　　旅游的实质就是追求精神的自由，虽然这种自由可能是肤浅的和表层的，很难形成长期的或固定的精神世界。旅游可以满足人们的高层次需求，国内巨大的现实和潜在需求决定了国内游的基础和重点地位。① 自 2008 年以来，部分省区提出实施国民休闲（旅游）计划，这不仅是拉动内需的手段，而且是将旅游和休闲作为一种非经济福利的尝试，更是把旅游作为关涉民生的切入点的有益尝试。即使是短暂旅途中的精神自由过程，也能够让旅游者为之努力了。由于精神世界自由的可贵性，旅游活动便被赋予了许多美好的定义。旅游伦理应积极引领旅游者对精神世界之自由的追求，通过发挥旅游伦理学关于道德的精神研究优势，积极探索旅游活动过程中特殊的情感、道德、伦理、精神运动规律。1999 年，UNWTO 制定了《全球旅游伦理规范》，成为旅游发展以及旅游不同利益相关者的行为指南。《全球旅游伦理规范》高屋建瓴，提出旅游业应致力于促进人民和国家间的相互尊重和了解，应尊重平等、促进人权；倡导旅游发展中的利益相关者共同承担义务，促进可持续发展和文化遗产的利用与保护，促进当地人参与旅游业并平等地分享收益。总之，旅游组织的提倡、旅游产业中新旅游的出现、旅游伦理规范的制定，反映了世界旅游发展的伦理关怀，这些都是旅游伦理的实践基础。

（四）旅游伦理对人格的塑造

　　旅游伦理能够引导人们进行价值评价和价值选择。旅游行为主体

---

① 亢雄、马耀峰：《国民休闲计划的实践意义》，《光明日报》2009 年 3 月 24 日第 10 版。

选择何种旅游价值观，是旅游发展中的核心问题。旅游价值观从根本上决定着人们的旅游理念和行为。旅游伦理所标榜和灌输的道德精神，是一种对理想的高尚追求，是维系旅游良性发展的基础，它能够在很大程度上引导人们进行价值评价和价值选择。对于旅游行为中的是非、美丑、曲直等现象，人们会自觉地选择价值评价标准。因此，如何让人们形成客观的旅游行为评价标准是旅游发展中的关键。利用旅游伦理的道德诉求来影响人们的价值评价，以便追求目标一致的可持续发展目的。旅游伦理给予人们正确的价值判断的标准，通过柔性化的道德影响来达到引导旅游主体思想和行为的目的。对旅游行为主体的价值评价和价值选择的有针对性影响，是指通过各种行为主体乐意接受的方式，将旅游伦理所主张的行为规范和价值诉求由浅入深、由外到内地深化为旅游行为主体的价值观过程，这需要旅游利益相关者全体的共同努力。学习和借鉴经验不妨是一种较好的办法。在许多旅游发达地区和国家，在旅游伦理构建和旅游可持续发展过程中所积累的先进经验都值得大力推广和借鉴学习。比如，联合国教科文组织所制定的《全球旅游伦理规范》文件以及落实方法就可以加以推广。

伦理道德的发展，旨在通过道德的手段来形成相对高尚的人格，从而达到自我完善的目的。人格的培养、精神道德的自我完善，需要借助于一定的平台。只有在活动和过程当中不断发现人格中的缺陷和自我道德中的不足，才能有针对性地进行改正。改正的过程就是培养和完善的过程。从理论上讲，没有天生的完美者，只有经过后天的不断努力，人格才能得到完善。旅游的过程，为人们创造了自我完善和人格提升的机会。旅游伦理是对有关旅游方面理想道德的追求。在旅游过程中，通过一系列伦理道德的塑造，以达到通过旅游活动来影响人格的目的。理想中的旅游过程，就是一个道德宣传的过程。旅游者接触自然，深入了解自然生态知识、物种进化及灭绝等，形成对自然界的敬畏之情。旅游者接触历史文化，特别是在重大历史事件的发生地去追忆历史的瞬间，在典型文化环境中领略文化美丽，能够产生对历史的敬重和对文化的仰慕之情，让旅途中的一草一木能够感染和影响旅游者的情感。

通过旅游制度的设立、旅游服务的改进、旅游环境质量影响力的提升、和谐旅游氛围的建立等过程，来达到对旅游者人格的影响。旅游者应当成为自我完善和人格提升的自觉者。在旅游过程中，旅游者能够处处成为道德楷模和纪律的遵守者，能够自觉成为生态旅游者，呵护自然生态，能够包容不同的文化诉求，与不同文化背景里的旅游者和睦相处，能够严格按照旅游目的地的要求，尊重目的地文化传统和禁忌，能够适度约束自己的旅游行为，不将个人的旅游快乐建立在对别人的干扰之上；能够约束自己的行为，遵守道德底线；能够严格遵守旅游目的地的法律和制度等。要能够让旅游者主动完成以上行为，需要通过旅游伦理的引导和教育功能扭转旅游者不适合的道德行为，从而能够通过自我完善来培养高尚人格。旅游的过程就成了人格提升的过程。

（五）促进社会关系的和谐

结合旅游过程的实际，来发展建立伦理道德的途径。尤其是在人际社会关系异常紧张，社会信任感缺失的当下，研究解决信任危机的方法则格外重要。关爱社会的发展，也应成为旅游活动参与者共有的伦理追求。丰富多彩的社会资源是旅游过程中的重要景观，也是旅游者的人生课堂。人类所生存和依赖的社会景观同样是变化多端的。旅游者跨越空间的行走为他们领略社会景观创造了条件。社会的发展因为各自条件的不同而表现出明显的空间差异性。理想的社会发展追求应当是获得不同地区社会的共同发展。但因众多原因会有发达、发展和落后地区的区别。人类社会的非同步性发展是必然的。同时，社会发展过程也表现出了区域性特色鲜明的个性。旅游的过程可以使一个人的社会阅历不断加深，是一个不断成熟的过程，而这个过程的关键则是对社会发展的关爱。一个内心冷漠，对社会发展、人间冷暖漠不关心的人，注定是不成熟的人。因此通过旅游活动及旅游伦理构建来培养对社会正确的道德与态度同样非常关键。

旅游业是社会窗口性产业，它更多的是对精神文明的展示，对伦理道德的展现。因此，与其他一般性行业相比，加强旅游伦理的建设，更容易形成精神文明的形象带动作用。从这个方面讲，加快旅游伦理的建设会对整个社会道德水平的提升起到积极的促进作用。大众旅游的时代特征也是旅游伦理建设长期性的重要原因。中国是人口大国，当然也是旅游大国。庞大的人口基数使中国一直拥有庞大的旅游人群。虽然中国的旅游业建设已经是遍地开花，各种类型的旅游资源都得到了不同程度的开发，无论是数量上还是质量上都上了很大的台阶。但即便这样，旅游者爆满和扎堆的现象非常普遍。与其他产品一样，旅游产品中的佼佼者永远都是有限的。这些有限的高吸引力资源，成为大众旅游者向往的核心地区。高等级的旅游资源在数量上的有限性使得人满为患的旅游现象频繁发生。如何解决休假问题同样事关大众旅游时期的旅游伦理问题。作为大国的这一现实，实行同一天休假制度很显然不是理智的决策，但节假日背后深刻的文化性决定了放假时间的不自由性。比如，全国性的端午节放假只能在每年五月初五这一天。但这样一来，就只能加重旅游灾难性现象的发生。随着经济社会的发展，民众必然会享受越来越多的假期。正是这些假期从根本上刺激了中国旅游业的快速发展。但是如何才能将假日经济的作用发挥到最大则是考验中国社会管理者的难题。比如，适当缩减全国性统一假日，将放假的权限下放到地方单位和企业，尽量采用自由开放式的休假时间制度，国家层面只负责把握民众休息假期的总体数量及对放假时间的监管落实，而将具体的休假时间下放到基层。这样既能保证民众休假权利的落实，又不会让放假休息成为全国性的旅游灾难。集中统一的全国一盘棋式的放假时间，让全国旅游景区在假日期间承受着巨大的经营压力，也让人山人海的旅游者无法真正享受到旅游的快乐。在粗浅的大众旅游模式下，旅游利益相关者还有谁能真正成为旅游伦理的操持者呢？在旅游者洪流面前，旅游伦理的道德约束能力早已土崩瓦解了。因此，积极探索改革符合中国实际情况的休假制度，是旅游伦理构建的前提条件。

（六）旅游伦理深化旅游研究路径

旅游伦理的批判和辩护功能推动着重塑观念并形成了新的认识。旅游伦理是对与旅游有关的人的道德规范和约束，一方面，它明确指出了何种行为是符合伦理道德规范的，哪种行为的发生应该得到纠正。同时旅游伦理理论必须为各种行为发生背后的道德支撑寻找到相应的理论依据，对有关理论依据的深入探讨是旅游伦理学一直努力的方向。由此可见，旅游伦理主要靠批判和辩护这两种功能对行为主体发生作用。与旅游相关的各行为主体正是在这两种功能的影响下改变以往观念的，并进而形成了适合旅游伦理和旅游业可持续发展的观念。旅游伦理的批判和辩护功能，具有重要的功能价值，能对行为主体的思想和行动产生根本性的影响。旅游伦理是伦理学研究与旅游科学发展相结合的产物。成熟的伦理学研究方法和理论是旅游伦理学的支撑，旅游伦理学利用和借鉴伦理学研究的方法和理论，通过与旅游这一特殊现象相结合，来分析围绕旅游而产生的行为主体的伦理道德问题。旅游伦理学的出现为伦理学的丰富和发展开辟了新的途径和领域。旅游发展中所出现的众多的问题能够借助伦理学的研究方法而得到解决。旅游学是一门年轻的学科，其研究历史较短，旅游中的许多现象目前还未得到深入研究，其自身的理论尚未得到丰富和完善。也正是这一原因，对具有跨学科性质的旅游伦理学的研究则更加紧迫，也更加具有现实意义。其研究一方面是社会实践发展的需要，另一方面也是其理论和方法深入完善的需要。对于旅游伦理学的研究也是为了达到旅游可持续发展的目的。尤其是依据旅游产业的特征，在旅游伦理中进行旅游道德的研究显得尤为重要。旅游伦理是关于旅游是非批判和辩护的理论，这些功能的发生对于主体的行为起着重要的约束和引导功能，从而对旅游形成新的认识。

四　旅游伦理的性质

（一）普遍性

现代旅游的伦理特性主要是普遍性、审美性和经济性。以追求个人身心愉悦而获得快感、休闲愉悦和精神自由为目的，现代旅游伦理的普遍性主要是由于旅游活动和旅游开发及旅游现象的普遍性而决定的。旅游再也不是少数个别人所享受的社会活动，越来越多的社会民众成为旅游活动中的一员。旅游开发和建设的地点与时间都在变化，空间上更加集中，时间上更加频繁，旅游开发成为常见的社会发展行为。旅游行为管理、旅游利益协调、旅游人才培养、旅游科学研究等在社会中更为多见，旅游已经成为非常普遍的社会现象，这种现象的出现有着深厚的社会背景。社会快速发展的背后，经济上、时间上的保障，尤其是观念上对旅游的重新认识，将旅游界定为基本人权，通过增加旅游来实现对这种权利的保障，同时可以肯定的是，随着中国社会的进一步发展，旅游活动与旅游开发将会更加普遍，普遍存在的旅游现象正在更改着中国人的思想、观念和意识形态，旅游伦理正在朝着新的方向发展，越来越多的人认同旅游伦理所倡导的道德规范。随着旅游经验的更加丰富，越来越多的民众能够成为旅游伦理规范的践行者。旅游伦理的普遍性呼吁加快旅游伦理规范的构建，因为只有旅游伦理本身的构建才能够更加适应旅游发展的现实。旅游已经成为中国人接触和认识世界的手段，成为其生活的一部分。

随着旅游业向纵深发展，旅游活动更加丰富多彩，旅游者的足迹遍布地球各处，旅游活动成为越来越趋向于日常化的行为。这样一来，对旅游伦理的思考就不能仅与旅游者或旅游开发活动相关，而成了一个全社会应当普遍关注的问题。有违旅游伦理事件的频繁出现，各种旅游危机事件的多次发生，各界都对旅游发展抱有怨言，专家学者对旅游伦理的研究增多。以上众多现象说明，旅游伦理课题应当得到普遍重视。这就要求社会各界形成对旅游伦理普遍重视的态势。尤其是在大众旅游时代，必须承认旅游伦理的普遍性。

（二）审美性

旅游伦理的审美性是指旅游的过程是一个审美的过程，这也是旅游活动的特殊性。人们具有发现美、观察美、体验美、享受美的审美天性。旅游者在异地间来往，其行为就是审美的过程，这就要求旅游伦理的视野中应该包含对艺术景观美的感知与塑造，具体如建筑、音乐、诗歌、绘画、书法、园林、风景、故事、传说、民俗、语言等，以及审美的内涵，由此可见，与一般的社会现象相比，旅游过程具备复杂多元的审美要素，审美的能力因人而异，不同旅游者因为个人素质、天性、爱好等原因，其审美能力、表现与结果则相差很大。这也是旅游伦理构建中的困难。面对旅游者各种不同的审美倾向和参差不齐的旅游审美能力与感知，旅游过程如何能够真正让大多数旅游者获得满足，或者说，旅游伦理的主张如何为更多的旅游者所接受的问题，则需要认真对待。美是客观存在的，但能否审美却是因人而异的。旅游伦理中的审美元素，需要将旅游伦理扩展到美学伦理的范畴，才能对旅游伦理和旅游审美有更加深入的认识。

（三）经济性

旅游伦理的经济性是指旅游活动过程中的经济关系。旅游开发及旅游活动的过程，是社会经济现象。旅游策划、创意与规划、旅游融资与投资、旅游开发建设、旅游营销宣传、旅游管理以及旅游者通过经济支付的手段而获得旅游过程，这一切都是客观的经济现象。旅游伦理正视旅游的经济性，通过协调义与利的关系来发挥旅游伦理规范的调节功能。旅游伦理承认旅游的经济性，主张通过旅游开发和旅游活动的组织来获得正当的经济效益。旅游的社会功能之一就是发挥社会经济功能。在复杂的社会经济运行中，旅游经济作为特色鲜明的经济现象而存在，其运行必须符合社会经济现象的一般规律。在社会经济运行中谋求应得的经济利益是旅游发展的根本动力。因此，旅游伦理的经济性也是其最重要的属性。伦理道德认可对利益的追求。旅游经济的发展，应当适应一般的市场经济规律。市场规律的力量能够让旅游经济沿着既有的道路发展，但市场的力量不是无限的。作为双刃剑的市场，很难达到对旅游经济的完全正确引领。这就需要包括旅游伦理在内的其他力量能够发挥经济发展规范的作用。旅游伦理主张义利兼收，其所规定的一系列道义追求，从表面来看，可能暂时约束了旅游经济的发展，但从长期来看，正是这种约束才保证了旅游经济的可持续发展。如旅游伦理强调旅游经济发展过程中对生态环境和社区民众利益的保护。由上述分析可见，普遍性、审美性和经济性是现代旅游伦理的主要特征。

五 旅游伦理的特征

（一）规范意义

旅游伦理是教给伦理对象什么为是，什么为非的一门学科，必须要求旅游伦理能够提供具体的、规范性的方案。因此，理论上的旅游伦理研究可能是宏观的，非具体化的，但现实中用于指导旅游实践的旅游伦理，应当具有可操作性，是对旅游活动和旅游行为具体化的规范。旅游伦理的规范性说明在旅游伦理的具体制定过程中，应充分考虑到伦理道德的实践性和可行性问题，否则，盲目地不顾事实基础的旅游伦理是不可能得到好的执行力的。总的来看，中国旅游发展速度很快，但旅游质量还有待提升，特别是没有旅游伦理的旅游开发和旅游行为到处存在，这与当前旅游业发展的社会环境和旅游者的素质有重要关系。我们应当充分考虑这样的现实条件，从而能够制定出切实可行的旅游伦理方案。考虑到中国的国情，在参考其他国家成果的基础上，确立切实可行的旅游伦理，才能保证其规范性。

（二）文化意义

旅游伦理也具有文化性。旅游伦理是关于道德规范和约束的，具有典型的文化性。文化性是人类社会的特性，具有典型的区域性。文化是生活在一定区域内的人们共同的心理景观，自然而然成为人们生活的一部分。旅游伦理是对社会旅游文化的体现，因此，它具备典型的文化特征。旅游伦理一方面应体现旅游文化，另一方面也应积极引导旅游文化的产生和发展。

（三）发展阶段

旅游伦理是旅游经济发展到一定阶段的必然产物。在旅游经济发展的初期，因为参与的人数较少，涉及区域较小。旅游伦理现象的发生不明显。中国旅游经济发展的初期阶段，主要形成的是卖方市场。在卖方市场下，由于缺乏充分的市场竞争，旅游企业经营营利相对比较容易，国家的相关政策制定也不健全，此时，社会及市场对旅游伦理的需求性不明显。随着旅游发展的深入，旅游业面对的伦理问题越来越突出，不良的旅游伦理态度对旅游业发展带来了严重的负面影响。随着旅游的开发，人们越来越发现合理的旅游伦理的构建成为有利的旅游吸引物。众多旅游利益相关者在旅游开发过程中产生了诸多矛盾，而这些矛盾中的很大一部分，属于旅游伦理的范畴。因此，随着旅游竞争的完全市场化，利益相关者之间的利益冲突，必须通过旅游伦理的协调和均衡才能解决。

由此可见，旅游伦理的研究是随着旅游经济的发展而发展的。这也正是中国旅游伦理研究时间短，高质量成果少的原因。因为中国旅游业本身发展的历史就很短。近几年来，旅游业快速发展，全国出现了旅游业大发展的热潮，中国旅游业发展大有后来居上的态势。尤其是随着中国旅游国际化时代的到来，旅游业处在全面质量提升的关键阶段，对旅游伦理建设提出了新的要求。越来越多的国外旅游者来到中国，同时越来越多的中国人走出国门，享受国际旅游的乐趣，在此情况下，中国旅游业发展必须遵守新的游戏规则，即应将旅游伦理与国际接轨，按照国际旅游惯例来展开国内外旅游。未来中国旅游将走向何处，除需要社会、文化、经济的发展基础之外，依托旅游伦理构建来保证未来中国旅游业的继续发展显得非常有必要。

（四）反作用力

旅游伦理的构建对旅游经济的发展有着明显的反作用力。旅游经济的持久和谐发展对社会来讲是非常重要的。通过旅游伦理全方位、深层次的构建与落实，保证旅游业良好的发展态势，为旅游业经济的平稳运行保驾护航。鉴于旅游经济强大的产业带动效应，中国政府对旅游业的重视程度正不断提升。如何克服旅游发展过程中的各种问题，确保中国各地旅游业发展的稳定性，是各级政府都要思考的问题。我们认为，通过积极加强旅游伦理的研究和构建，以强硬手段来保证旅游伦理的贯彻执行，构建旅游伦理落实的全方位保障体系，才能更好地发挥旅游伦理对旅游经济发展的反作用力。由上可知，旅游伦理既是旅游经济发展的产物，同时对旅游经济的反作用力也非常大。

（五）影响层面

随着社会生活条件的提高，如汽车拥有量的增多，交通条件的改善，旅游交通障碍进一步缩小，旅游者出游的频率越来越高，出游的距离越来越远，旅游活动更趋于日常化。旅游伦理规范的影响范围越来越大。随着更多的人参与旅游活动，旅游伦理成为影响和引导人们行为的重要内容。通过较长时间的旅游伦理的构建和内化，旅游伦理的观念和思维将成为影响旅游者主要的态度模式。这种观念升华的结果就是旅游者会通过旅游伦理来支配其思维定势和行为习惯。旅游伦理影响的理想结果就是纠正和影响旅游者的思维定势与行为习惯。定势思维和行为习惯对行为结果有着明显的长期影响性。一般性的道德规范的影响是暂时的，但是思维定势与行为习惯的养成则能从根本上让行为主体的行为表现为连续性。思维定势和行为习惯的发展结果就是形成行为主体的根本性自觉，让旅游伦理规范化为行为主体的行动指南，并最终成为生活传统和习俗。我们不难发现，旅游伦理培养的困难也在于形成内化的行为主体符合伦理规范的传统与习俗的艰巨性。临时性的旅游伦理行为易于养成，但要内化为主体的自觉行动，则需要长期不懈的努力，这是因为传统与习俗的养成需要长期的过程。同时我们发现，人们之间、种族之间、国家之间由于传统和习俗的不同而在伦理道德上存在的差距，在理解和落实旅游伦理上的态度、过程与方法也不一样。因此，对可持续发展要求下的旅游伦理的构建是一个长期的过程，只有将旅游伦理的观念固化为行为主体的传统和习惯，才能从根本上解决旅游可持续发展的后顾之忧。

（六）接受阶段

旅游伦理能够通过强化行为主体的道德信念而促成其行为上的自律。高尚的道德是一种强烈的心理正能量的暗示，它能够让行为主体感觉到因责任、义务、自律、担当而产生强烈的自豪感和情感归属。

试想，在一个大多数人都忽视旅游伦理的环境下，对旅游伦理道德规范的操持者会在心理上产生与众不同的满足感。世人皆醉而我独醒的冷静心理同样产生于这种境遇。因此，旅游伦理的培养要为行为主体创造这种形成道德信念的良好环境。将旅游伦理奉为道德指南，并使这种道德信念能够在行为上和思想上得到强化，这样就可以达到旅游利益相关者道德自律的目的。按照旅游伦理规范的道德要求，旅游行为主体对个人行为的自律是伦理道德教化的结果。行为主体对旅游伦理的接受分为三个过程。

首先是感知和认同的阶段。大众旅游时代的到来，越来越多的利益相关者有接触和感知旅游伦理的机会。作为旅游开发和旅游活动道德与利益问题解决的根本性策略，旅游伦理规范所涉及的内容无处不在，与每一位旅游利益相关者都发生着关系。在旅游伦理构建中，应动用各种手段，使行为主体能够感知到旅游伦理的存在及这种道德规范的重要性。对旅游利益相关者，对其道德要求的放任自流很明显是错误的。如不以道德来规范的旅游开发和旅游活动，其结果必然是各种乱象的普遍发生，而这种乱象的最终结果肯定会使旅游发展的前景丧失。只有让行为主体感知到旅游伦理内容的重要性，才能够达到对其认同的可能。旅游伦理观念的贯彻，表面上是对行为主体固有旅游相关行为的矫正，深层次上则是对固有道德理念的改良。这种结果将使行为主体的一般性利益受到影响，在接受旅游伦理的初期会给行为主体造成很多不便和不习惯。面对这种干预，部分行为主体会产生抵制旅游伦理的想法和行动，旅游伦理的教化将产生初期的一般性结果。但随着旅游伦理宣传活动的加深以及主体对其认识的深化，行为主体会逐渐认同旅游伦理观念。从感知到认同，需要对旅游伦理观念的不断强化和落实。行为主体虽然不能全部按照旅游伦理所提倡的观念对待旅游道德，但思想上对旅游伦理的逐渐认同则为旅游伦理观念的进一步培养奠定了基础。

其次是内化阶段，在行为主体对旅游伦理的感知和认同的基础上，随着旅游者旅游经历的增加，对旅游活动认识的深化，特别是旅游者对生态旅游的体验以及对旅游发展先进地区和国家旅游体验的增加，旅游活动由一般性的感性过程上升为对更加理性的生活品质的追求。随着旅游伦理建设的加强，旅游者会对旅游伦理由浅层次的心理认同上升为心理的内化。旅游者会真正理解旅游伦理的重要性，对旅游本身的价值认同得到升华，并且能够自觉地成为旅游伦理的践行者，并能够积极地通过自身的努力去影响他人，将旅游伦理的影响力扩大。旅游伦理的内化也是一个逐渐发展的过程，行为主体在了解旅游伦理知识的同时能够在旅游行为过程中遵守旅游伦理规范的要求。

最后是升华阶段。与旅游伦理内化相比，升华阶段则是旅游伦理观念转化成行为主体的自觉行为。行为主体对旅游可持续发展深表认同，并且确信能够通过旅游伦理观念的宣扬和落实来达到旅游可持续发展的目标，个人对践行旅游伦理充满自信，并能在旅游过程中践行且主动劝告他人，能运用旅游伦理规范这一武器来为旅游可持续发展做出贡献，能够运用旅游伦理的观点来审视和评价旅游开发和旅游管理服务。旅游伦理构建的目标就是通过道德规范升华为行为主体自觉的行动，让每一位旅游行为主体成为旅游伦理践行的模范。从感知认同到情感内化，再到行动的升华过程是旅游伦理落实的一般程序。

六 旅游伦理建设途径

（一）加强旅游环境伦理建设

旅游者如何看待和处理在旅游过程中人与环境的关系，以及旅游开发者如何在旅游发展中实现开发与自然环境的和谐，这些都是旅游环境伦理建设的具体内容。诸多事实表明，旅游开发及旅游活动过程中人与环境关系失衡的现象是大量存在的。环境既是旅游的基础，也是旅游的对象。如果没有良好的环境，旅游发展会成为摧残环境的凶手。与其他产业相比，旅游产业发展更加依赖于环境质量，因此可持续的旅游开发必须是对自然环境的可持续利用，也应包括旅游者在旅游过程中对环境的呵护和尊重。在不良消费需求、不科学消费理念的诱导下，以及在旅游规划未能得到有效执行的情况下，许多地方发生的对旅游环境的破坏，是不负责任的旅游开发行为。

　　对旅游伦理和旅游可持续发展而言，首先，应研究具体的针对性强的环境伦理观念落实的方法。应加强环境伦理的教育，树立旅游资源与旅游环境保护的道德观念。应高度重视教育的作用，因为旅游伦理主要是通过道德规范来约束旅游者行为，从而实现可持续发展的目标的。对于道德质量的提升，积极的正面教育能起到更加理想的效果。旅游环境伦理教育是一场全社会性质的道德培育过程，因为旅游行为所涉及的人群越来越广。当然，旅游环境伦理教育所主要针对的对象应当是各类旅游利益相关者。旅游利益相关者是旅游活动直接参与者，是旅游利益的分享者，也应是旅游伦理的实践者。在旅游开发和旅游活动的全过程中，都应当贯穿对旅游环境伦理的教育，通过形式丰富多彩、切实可行的旅游伦理教育，让所有的旅游利益相关者都能够认识到旅游环境伦理的危机、重要意义和落实方法，将旅游资源和旅游环境的保护内化为旅游利益相关者强烈的道德观念。

　　其次，应优化旅游环境目标，健全旅游道德规范。旅游开发和旅游活动的过程行为类型多样，行为结构复杂，伦理表现不一。因此，应针对具体的旅游过程，制定相应的道德目标和规范。对于不同的旅游利益相关者，应判断其处于旅游活动过程中的位置特点，按照其行为活动的规律特征来制定切实可行的目标和规范。旅游伦理的落实，很容易变成空洞的理论说教和抽象的概念解说。旅游伦理道德应转化成为具体的行动，成为约束旅游行为的具体规范。旅游伦理的目标可能是多元的。太多的伦理目标则会成为束缚旅游发展的障碍，因而其中很大部分则会因为缺乏执行的条件和基础而不能得到贯彻落实。与其成为摆设，不如优化旅游目标和规范，以保证伦理的可操作性和可落实性。对于不同性质的旅游对象，其所涉及的旅游伦理范围也不同，如乡村旅游地、山岳型旅游区、消遣型旅游地、城市旅游区、海洋旅游、民俗旅游等，因其旅游资源环境的背景不同，旅游开发方式不同，旅游者行为不同，旅游活动对环境的破坏程度不同，对旅游伦理的基本要求也不同，因此，旅游伦理所要达到的具体规范应该有所区别。根据不同旅游对象的实际特征，在广泛征求专家意见和参考其他地区成功经验的基础上，制定出符合实际，便于落实的旅游伦理规范，则是科学的伦理态度。

再次，完善旅游环境保护的法规制度，加强旅游环境的道德控制。在很多时候，非强制性的旅游伦理说教很难达到改变民众旅游行为的目的，而通过法规、政策、制度、条例等规范性强制手段的运用，旅游伦理才能得到较好的落实。虽然《旅游法》已经颁布执行，但总体看来，与旅游环境伦理相关的法规显然不够，执行力度也相对有限。因此，加强旅游伦理有关法规的制定，是国家管理层面应对旅游危机以促使旅游业可持续发展的关键。旅游业越来越成为国民经济发展中的重要组成部分，已经成为部分地方支柱性的经济成分，旅游业的良性发展，成为当地社会经济发展的重大举措。中国旅游业市场化发展时间只有短短三十多年，整体来看，还处在数量型的初级发展阶段。如何应对因旅游发展失误而造成的问题，国家层面谋求旅游业可持续发展应成为重要的战略选择。旅游伦理的构建，需要国家以法律法规的强制性方式才能够得到根本落实。市场的逐利性使得旅游开发经营者很难真正将可持续发展作为主要目标。而国家层面的管理则应当有保护旅游业安全运行及可持续发展的责任与义务。为加强对旅游伦理道德的控制，出台国家层面的法规势在必然。加大对旅游环境及资源的保护力度，对于违法乱纪者应给予必要惩处，旅游行政部门应积极投入旅游环境伦理控制行动当中，通过对法律法规的执行和落实来促使中国旅游业的可持续发展。

最后，开发绿色旅游产品，大力发展生态旅游。让旅游变成环境友好型的社会行为，改变以往各种旅游活动中的不良现象，对旅游可持续发展来说非常有必要。大力发展以生态旅游为主要内容的绿色旅游产品，真正将可持续发展理念体现在旅游开发中。生态旅游开发需要生态旅游消费理念的跟进。中国大量的生态环境良好的区域都可以考虑通过发展生态旅游来改变产业结构，达到人与环境的和谐，实现可持续旅游的发展。大力发展生态旅游，积极倡导绿色消费被认为是有效的旅游伦理建设途径。生态旅游是基于生态环境的旅游活动，在旅游活动的开展过程中，旅游者完全能够按照当地生态环境的现状，开展有限度的旅游活动。生态旅游开发同样是针对生态旅游资源的有限度利用活动。通过有限度的开发和旅游，来实现对生态环境的最小干预。特别是生态旅游过程中所坚持的对生态环境和当地社区居民利益的补偿政策，被视为旅游开发的人道主义行为。可见，真正意义上的生态旅游是践行旅游伦理道德的模范。旅游消费行为，是一种特殊的社会现象，是人们在满足一般性日常消费愿望的基础上使消费行为得到延续的过程。在这种特殊消费行为中，旅游者应当秉持何种消费道德，则是关乎旅游伦理建立的重要问题。绿色消费的提出，是针对旅游消费行为的有效约束和良性引导。要将旅游消费视为一种精神境界的提升而非到处炫耀的奢侈品，通过全方位教育引导旅游者自觉地约束自己的消费行为，让旅游者通过绿色旅游消费而产生自豪感，要让绿色消费成为旅游风尚。绿色消费观念可能会从根本上改变旅游者的消费行为，良好的旅游消费行为和风尚又可能会影响旅游开发的具体项目建设。

（二）强化及培育旅游主体的道德意识

旅游伦理应是通过道德教化和培育来规范旅游主体的行为，尤其是旅游者应以何种道德素养来看待旅游过程，从而做出相应的行为。旅游者的旅游伦理选择，对旅游开发会产生重要的影响。比如，旅游者在旅游过程中追求穷奢极欲，旅游开发自然会导致豪华奢侈；如果旅游者追求生态、简朴、自然的旅游产品，旅游开发会沿着如何为旅游者提供相应产品的方向发展。旅游发展到今天，已经成为一种风尚性活动，旅游发展到底会沿着何种风尚思路发展，旅游伦理道德的引导和规范则至关重要。例如，通过旅游伦理教育，使旅游伦理主体真正意识到目前人类与自然环境的紧密关系以及保持优美舒适环境的不易，旅游主体会在很大程度上主动形成关爱环境、追求绿色生态的新旅游风尚。

（三）加强旅游文化伦理建设

一方面应是旅游主体本身的文化教育程度的提升。可以想见，一群文盲旅游者和一群有着较高文化教育水平旅游者的旅游伦理会截然不同。理想的社会文化教育是对人们整体素质的提升，其中保证了旅游伦理的形成和落实。我们欣喜地看到，随着整个国民教育的快速发展，中国已经基本上进入了较高文化教育水平的时代，这为旅游伦理的贯彻实行奠定了良好的社会基础。但同时我们也发现，因为学校教育中一些内容的缺乏和环节方法的不当，较高文化教育水平并不与人们的社会素质发展呈现出正比例关系。这也启示我们应当清醒地认识到未来旅游伦理建设的艰巨性。

另一方面则是旅游主体应如何对待跨文化现象。旅游的过程是一个跨文化现象高度集中的过程，因此，理想的旅游活动应是能够通过对旅游伦理的利用来获得良好的旅游跨文化认知的过程。跨文化现象既是旅游的动力，也可能会成为旅游的障碍。旅游者一方面向往异文化带给自己的感觉，因为满足了好奇心而倍感成功；另一方面却因无法深入理解异文化的内涵而茫然，或因无法容忍异文化中的某些现象而烦恼。文化现象具有典型的地域性、民族性，文化类旅游资源是主要的旅游开发对象，旅游者进行文化体验，仍然是主要的旅游活动。

因此，加强旅游文化伦理建设能够保证旅游者获得深度旅游体验，能够获得旅游者与当地社区民众之间的文化和谐，对于确保旅游开发和旅游活动质量有积极意义。

（四）强化社会公德意识，提高公民道德素质

旅游伦理道德的落实，虽然是围绕旅游活动而开展的道德行为的教化过程，但旅游伦理是属于社会广义伦理范畴的。培养和提升全社会的伦理道德水平，是旅游伦理建设的基础。如中国国家旅游局根据旅游行业物质文明和精神文明建设的发展需要，于1996年12月颁布了《关于加强旅游行业精神文明建设的意见》，并提出了旅游行业一线工作人员的职业道德规范，具体可概括为"爱国爱企、自尊自强、遵纪守法、敬业爱岗、公私分明、诚实善良、克勤克俭、宾客至上、热情大度、清洁端庄、一视同仁、不卑不亢、耐心细致、文明礼貌、

团结服从、大局不忘、优质服务、好学向上"这 72 字箴言。① 在旅游发展的现实实践中我们也发现，社会一般意义上伦理水平的高低与旅游者道德行为的表现具有明显的相关性。来自社会伦理道德水平较高国家的旅游者更容易成为旅游伦理的遵守者，反之则容易表现出违背伦理道德的行为。旅游活动过程中的许多伦理道德要求，都是有关社会公德的基本要求。比如，不要在旅游景区乱扔垃圾这样的要求就属于典型的社会公德。

所谓社会公德，是指任何人在任何环境下，任何时候都必须坚守的道德准则。一个社会的公德意识水平，是在长期教化下，通过一定的制度保障来实施的。比如，在公共场所吸烟的问题就是一个典型的社会公德问题。吸烟者可以选择在自己的私人场所吸烟，但在公共场所因为侵犯了不吸烟者的权益，因而是社会公德所不允许的。或者禁止在公共场所吸烟以维持民众的权益，或者在公共场所设置吸烟区，以方便吸烟者的使用。人们对烟草的认识经过了一个较长的时期，当人们形成吸烟对健康不利的共识时，反对在公共场所吸烟就成了大多数人公德意识的要求。国家通过制度约束，采用罚款、教育等措施来确保公共场所不能吸烟制度的落实。

然而社会公德的贯彻结果却受到诸多因素的影响。在一个缺乏社会公德意识的环境下，制度的力量是非常有限的。如在中国，对于公共场合吸烟问题，就遇到对政策制度执行不力的尴尬。在公共场所不吸烟的禁令被执行一段时间之后，这种要求便流于形式。酒店公然为客人提供烟灰缸，人们对公共场所吸烟行为也视而不见。因此，公民道德素质的提高，社会公德意识的培养需要一个长期坚持的过程。只有拥有了良好的社会公德环境，才能够为旅游伦理的落实提供基础。

（五）建立和完善旅游监督管理机制

从 20 世纪 80 年代开始，相关旅游组织、旅游行业协会和旅游企业纷纷制定旅游伦理规范。到了 90 年代，"旅游业运用行为规范正

---

① 杜炜：《导游业务》，高等教育出版社 2002 年版。

在形成为一股潮流，对行为规范的制定、推广、内容、关系、理解、效力和监控的关注已经成为旅游产业发展的一个特色"[①]。1998 年，马洛伊（Mauoy）和芬内尔（Fennell）对 40 份由非政府组织旅游行业协会和旅游企业制定的"伦理规范""行为规范""道德指南"进行了文本研究，通过对 414 条陈述分析发现，这些"伦理规范"的内容大同小异，其中多数条款（44.9%）是针对旅游者行为的；其他的，针对产业的有 35.3%，针对东道主的有 13.8%，针对政府的有 6%。[②] 旅游伦理道德的形成，是一个复杂的系统过程。积极发挥旅游监督管理机制的外部约束力，能够加快实现旅游伦理的落实。目前，旅游监督管理机制建立的主要内容是面向旅游外在因素的管理。比如价格、质量、安全、制度建立、人事安排等方面，而对于属于内在诉求的道德层面的管理与引导则比较欠缺。这一方面是因为监督管理机制的建设水平本身不高，另一方面是因为我们经常认为的外在的管理监督要比内在的来得快，所谓效果也更加明显。所以我们经常忽视了通过旅游监督管理机制的引导来达到影响旅游伦理道德的作用。因此，当务之急就是要积极发挥旅游监督管理机制的他律作用来促使行为主体道德的形成。旅游监督管理机制具有明确的指向性，即应当专门就旅游伦理落实来制定具体的监督管理机制，例如成立旅游道德监督的专门性机构，配备专业执行人员，制定工作制度和日常管理行为规范，针对旅游活动对象的不同特征来制定有针对性的旅游伦理道德引导方案。

　　旅游监督管理机制的运行应切忌空洞无物的机制摆设，而应当具有精准的工作对象和活动范畴，否则就会流于形式，不利于工作的落实。对旅游道德的监督，是属于对旅游内化行为的影响，与外在的行为过程相比，内在行为的表现则更加微妙。因此应该加强对执行旅游监督管理人员的专业性培养，因为只有专业的、恰当的监督管理才能起到理想的内在性道德干预。在旅游者旅游过程中，不恰当的干预方

---

　　①　夏赞才：《论旅游道德建设》，《道德与文明》2005 年第 5 期。
　　②　屈颖、赵秉珉：《试论旅游市场中利益相关者的旅游伦理建设》，《陕西青年职业学院学报》2007 年第 1 期。

式可能会被其认为是对旅游权益和过程的侵犯，这对以服务和形象为基本内容的旅游业来讲，会产生非常不利的影响。因此，在监督管理过程中应如何把握好度的问题也很重要。对于旅游伦理道德的落实，我们呼吁建立完善的监督管理机制，因为只有这样，才能够保证对旅游伦理的建设成为旅游管理的日常行为。

（六）加强旅游道德教育

随着旅游活动的常态化，越来越多的人参与到了旅游的过程当中。只有不断加强对旅游道德的教育，才能够培养人们的旅游道德意识。比如，国内旅游教育中就缺失对旅游道德教育的重视。以美国为例，在许多教学过程中，都能够加入与旅游伦理相关的内容，特别是在高等教育阶段，会更加重视对学生有关旅游伦理道德的教化。我们的学科教育中，虽然也有类似的伦理教育，但因为内容泛化，讲解不生动，与实践结合得不紧密，针对性不强等原因，学生选择与伦理相关的课程只是为获得毕业的学分，真正的伦理教育并不理想。如果能够为学生开设旅游伦理的专门性课程，能够让懂伦理，有旅游经验的专业教师为学生授课，则能起到比较好的效果。旅游伦理教育属于应用性伦理教育的范畴。对于应用性伦理的落实，单靠简单机械的课堂说教是无法达到要求的。课堂教育中通过利用现代科技手段等实现旅游伦理的零距离接触，特别是通过鼓励学生深入旅游发展和旅游伦理的实践当中，在教师指导之下亲身体会旅游伦理问题，这样的教育过程更容易使学生养成旅游伦理道德的意识。许多国家组织学生进行的"游学"活动，是学生与旅游接触的直接平台，可以将课堂知识延续到旅游活动现场，这对培养学生的旅游道德非常重要。在我们的学科教育中，经常因为安全方面的考虑而不提倡让学生参与"游学"这类旅游活动，这在很大程度上制约了学生旅游的积极性，不能发挥学科教育的作用。同时，旅游道德教育应该辐射到更广泛的社会层面，所有有可能和旅游相关的人员，都应该受到旅游道德教育。这就要求发挥单位、社团、协会、媒体、家庭等不同平台的作用，构建全面的旅游伦理教育社会体系。

在 20 世纪 90 年代中期以后，在与旅游相关的领域中关于旅游伦理的讨论广泛开展，《旅游业从业人员职业道德规范》等旅游相关法规的出台，为旅游者、旅游经营者和旅游从业人员提供了一个伦理规范。1995 年，世界野生动物基金会（WWF）启动了一个北极旅游项目，旨在协助开展一种"负责的旅游"，并最终出版了《北极地区旅游与保护之间的关系》，为旅游者和旅游利益相关者制定了具体的操作指南和行为守则。根据泰纳姆和约翰斯顿（Twynam & Johnston）在 1998 年对该项目的深入调查，有超过 50% 的旅游经营商在经营中应用了这些原则。[1] 2000 年，《社区旅游指南》出版，其最后一章详细说明了"负责任的旅游"的行为规范。[2]

要加强环境伦理观念的教育，树立人与自然平等的环境道德观念，使旅游者养成爱护旅游生态自然环境的意识。在伦理道德的形成途径中，通过教育来促使旅游者形成牢固而合理的旅游伦理道德至关重要。伦理道德涉及的是人的精神层面的因素，对于精神的影响主要应通过柔性的教育，而硬性的惩处则很难收到理想效果。通过潜移默化的示范影响作用，利用各种场合和途径的教育，可以培养旅游者的伦理道德意识。环境伦理教育的主要目的是要为旅游者灌输人与自然平等的环境道德观，在旅游过程中，旅游者不能凌驾于自然之上，而是应形成平等观念，正是因为这种平等观念的存在，旅游者才能够真正树立尊重生态环境的观念和形成呵护生态环境的行为。

要树立旅游业可持续发展的环境伦理道德观。旅游业的发展是在政府主导或参与，主要由企业经营的旅游开发活动。在旅游业发展过程中，如何对待产业发展与环境的关系，即如何形成旅游环境伦理观，从而使旅游开发能够沿着可持续发展的方向运行，对于旅游伦理的形成非常重要。旅游资源开发是旅游业发展的关键。旅游开发的过程，是与自然环境直接接触的过程。大多数旅游资源是直接以自然环

---

[1]　Twynam, D., Johnston, M. E., "The Use if Sustainable Tourism Practices," *Annals of Tourism Research*, 2002, 29 (4): 1165 – 1168.

[2]　Cushnahan, G. J., "The Community Tourism Guide: Exciting Holidays for Responsible Travelers," *Annals of Tourism Research*, 2001, 28 (4): 1069 – 1070.

境为基础的，旅游开发的过程就必须处理如何对待环境开发与环境保护的问题。遵循自然是美国哲学家罗尔斯顿（H. Rolston）提出的环境伦理思想和基本原则，他指出了自然过程和自然规律的丰富性，以及人类利用自然的能动性和可选择性。在旅游过程中，人们同样要遵循这一重要的原则。康芒纳（Borry Commoner）曾说，"大自然最有智慧"是生态学的第三条定律，与其他两条定律同样重要，所有的事物都是相互联系的；除了再循环，无物消亡。[1]

纵观目前国内各种旅游开发现状，对资源的过度开发所导致的对环境的大范围破坏现象到处都是。这就涉及了旅游业发展过程中旅游项目策划、产业规划、开发建设、政府管理、旅游经营、项目运营、广告营销、宣传形象等全方位的产业开发，在这些过程的各个环节中应将树立保护旅游环境以促使旅游业可持续发展的伦理信条作为底线。这就要求在旅游开发过程中，应该考虑当地的生态环境容量，应在对环境做出深入科学评估的基础上再进行旅游项目的设计，特别是作为旅游发展的重要环节，政府管理部门应制定严格的旅游开发环境保护标准，并责成企业能够贯彻落实。在旅游开发的现实实践中，因为对整个环节把关不到位，对某个环节的疏忽而出现的环境损害问题是常见的。由此可见，旅游业可持续发展的环境伦理道德观在树立的过程中，需要得到旅游开发各个相关部门和机构的共同协作和努力，只有这样，才能避免因为某一方面的失误而导致对环境造成破坏。

（七）加强旅游道德建设

社会文明建设一直是国家高度重视的问题。既抓经济建设，同时强化精神文明和社会文化建设的"两手都要硬""两手都要抓"的社会治理模式非常有必要。旅游作为社会现象中特殊的成分，是典型的社会化现象，在社会化和精神文明建设中具有特别重要的作

---

[1] ［美］巴里·康芒纳：《封闭的循环自然、人与技术》，侯文蕙译，吉林人民出版社2000年版。

用。和谐社会建设同样也是社会治理过程中的重要举措。无论是社会精神文明建设、社会化建设，还是和谐社会建设，其根本点则是社会道德建设。中国有着优秀的社会道德传统，许多传统道德思想都是经过数千年反复证明的人类正确的道德诉求。然而在目前多元化的社会背景下，复杂的社会问题使中国人很难禀持这些优秀的传统道德习俗，中国社会化与道德的治理之路究竟在何方成为许多人共同的疑问。在国家制度设计层面，我们一直没有放弃建设理想社会文化与道德的努力。其中，构建社会精神文明和社会道德，共建和谐社会成为全社会的共识。在此情形下，如果能够发挥旅游对社会化精神道德建设的作用，则能够加快理想社会目标实现的步伐。这是因为旅游社会化活动本身就是社会化现象。文化性是旅游的根本属性。在中国社会所进行的社会化建设中，特别是在有中国特色的文化建设中，旅游能够起到推进社会化建设的重要作用。旅游的开发，就是对区域特色文化的整理、挖掘与利用，许多濒临失传和灭绝的文化元素只有在旅游发展的带动下才能够焕发出新的生机。旅游活动的过程，就是不断对各种社会化经历学习、认可和鉴别的过程。只有对多元化的了解和经历，人们才能成为文化的接纳者，才能成为更具有包容力的人。文化的自私与保守，与人们对各种文化见识的缺少不无关系。因此，旅游活动的过程就是进行社会化教育、精神文明传统塑造以及和谐社会感知树立的重要过程。旅游者、旅游业从业人员都可以成为民间文化使节，因为在他们身上所表现出来的社会化同样可以感染别的群体，通过发挥这些文化能量，以达到社会共同文明建设的目标。因此，和谐文明的旅游过程，对社会文化建设和社会精神文明的培育意义重大。

（八）积极构建行业伦理

旅游伦理是社会伦理构建的一部分，是属于特征明显的行业伦理。旅游伦理直接针对旅游中的道德问题来进行伦理研究，其目的就是要建立理性的旅游道德环境。但是对可持续旅游发展产生根本影响的还是旅游利益相关者之间的伦理道德构建，在处理好义和利之间关系的基础上，才能谋求旅游业的可持续发展。因此，社会伦理的构建是抓住了旅游可持续发展的关键问题。提升旅游者道德感，是解决各种旅游危机和冲突的关键。提升旅游者道德感，就是为提升社会民众道德服务的。随着成规模旅游者的出现，旅游伦理道德的构建更具有了社会性。社会道德质量的提升，有两种途径：一是从总的社会层面设计构建社会道德建设的策略；二是将社会划分为不同的行业，按行业来进行伦理道德的建设。当然理想型的道德构建模式应当是将上述两方面结合起来。但因为社会资源的有限性，所以同时开展的可能性不大。与整个社会道德感提升相比，分行业的伦理构建更加具备针对性，因而会产生更明显的结果。行业伦理的研究根据行业者的特点及行业运行规律来设计行之有效的伦理方案，并根据行业规律来加强落实。以往社会伦理道德建设效果不明显的原因之一就是长期以来我们只将道德建设看成空洞的口号宣传和简单的活动刺激，这样的社会伦理教化在社会快速发展的背景下显得苍白无力。社会发展的结果之一就是围绕旅游这一特别社会现象中的问题，挖掘这种现象的规律，并按规律做到对旅游伦理的构建和完善以及对与旅游相关的社会道德感的提升。

（九）完善旅游环境保护法规

通过立法层面来加强旅游伦理建设是非常必要的。面对目前各地旅游发展过程中所出现的对旅游环境严重破坏的局面，以及许多旅游者在旅游过程中出现的对旅游环境破坏的事实，国家层面的旅游法规管理显得非常有必要。对于国家政府部门而言，维护旅游的可持续发展是其工作职责。比如，加大对旅游可持续发展的研究，成立专门的旅游伦理研究机构，加大旅游科研成果的转化力度，为国家可持续发展以及伦理道德的构建提供科学依据。虽然近年来，关于旅游伦理的研究成果数量较多，但因缺乏资金扶持和政策引导，有质量的研究成果有限，特别是研究成果的转化遇到了瓶颈。在参考众多科学研究成果的基础上，国家层面应构建适当的制度平台，利用法规、政策等手段来实现旅游伦理道德的落实。各类相关的旅游法规，如《旅游业从业人员职业道德规范》等，也从政策和法律的角度对旅游者、旅游经营者和旅游从业人员的行为进行了约束。① 比如，国家应制定旅游环境保护法规，从旅游项目的创意、规划、审批、建设、运营等全过程开展对环境保护的落实。加强对旅游伦理的强制性落实工作，将旅游伦理构建的落实与相关部门的业绩考核联系起来，充分发挥民众的监督职责，全方位促成对环境保护目标的实现。由上所述，旅游环境伦理道德的构建，需要全方位的实施措施。

七　旅游伦理教育

（一）国内外对旅游伦理教育的研究

　20 世纪 80 年代以后，由于旅游伦理问题的日益凸显，西方旅游发达国家就已经开始重视旅游伦理教育和研究。一方面，许多高校的旅游专业都开设了相关的伦理学课程，如美国的康奈尔大学就专门编写了旅游伦理案例作为教材供学生学习使用；另一方面，还出现了致力于促进旅游业道德规范发展的专门机构，如国际伦理与旅游服务质量研究所（International Institute for Quality and Service in Ethics and Tourism，简称 IIQUEST）和马里恩埃斯贝尔接待业伦理援助中心（Marion Isbell Endowment for Hospitality Ethics Center）。IIQUEST 的本部建在瑞士的哥来恩管理中心，它的工作是实施定期的调查来测量旅游业的道德水平是否有所提高，组织全球接待业和旅游业院校的学生参与讨论旅游业伦理问题的征文竞赛等活动。马里恩埃斯贝尔接待业伦理援助中心成立于 1988 年，它的主要使命是研究接待业的伦理问题以及提升行业的道德规范。② 1999 年，世界旅游组织第 13 届大会决议通过了《全球旅游伦理规范》，该决议是指导旅游发展和旅游部门的不同利益相关者所应该参照的基本原则，明确提出，对旅游从业人员的教育和培训有助于热情周到的接待，也应当鼓励把旅游者交流

---

① 郭赤婴：《从旅游职业道德的角度推进建设旅游伦理学》，《北京第二外国语学院学报》2002 年第 4 期。

② Gary Vallen and Matt Casado，"Ethical Principles for the Hospitality Curriculum," *Cornell Hotel and Restaurant Administration Quarterly*, 2000 (4)：44 – 51.

的价值以及这种交流所产生的经济的、社会的和文化的利益与风险引入教育课程。

早在 20 世纪 70 年代中期，美国林业局的荒野管理者就已经开始发展教育项目。最初主要是在荒野入口处的工作人员和旅游者之间的个人交流，荒野信息专家用友好的方法向旅游者提供旅行和露营提示等信息。美国对公众户外运动的道德和技术的教育始于 20 世纪 60 年代，至今已经有 50 多年的历史，其中影响最大、最成功的教育项目是 LNT（Leave No Trace），即不留痕迹项目（LNT），是在美国林业局、美国联邦土地管理局、非营利教育组织以及户外娱乐产业之间形成的一种伙伴关系。其主要工作是通过教育、研究和参与促进以鼓励负责任的户外娱乐，依靠人文主义方法强调培养新的荒野伦理和不留痕迹的旅行及露营技术。1987 年，由美国林业局（USFS）、国家公园机构（National Park System，NPS）和土地管理局（Bureau of Land Management，BLM）合作开发和发布了名为《不留痕迹的土地伦理》小册子。[1]

从 20 世纪 80 年代开始，相关旅游组织、行业协会和旅游企业纷纷制定旅游伦理规范，到了 90 年代，"旅游业运用行为规范正在成为一股潮流，对行为规范的制定、推广、内容、关系、理解、效力和监控的关注已经成为旅游产业发展的一个特色"[2]，而且，这些伦理规范大部分是针对旅游者制定的。据 1998 年马洛伊和芬内尔（Malloy & Fennell）对 40 多份不同"伦理规范"的研究，发现其中多数条款（44.9%）是针对旅游者行为的。[3]

韩玲在《浅议旅游伦理教育》一文中阐述了旅游伦理教育的对象和内容。[4] 彭志敏在《论旅游生态伦理价值观教育》中，从旅游学

---

① 蔡君：《对美国 LNT（Leave No Trace）游客教育项目的探讨》，《旅游学刊》2003 年第 10 期。

② Mowforth, M. & Munt, *Tourism and Sustainability*：*New Toursm in the Third World* (London and New York：Routledge, 1998).

③ Malloy & Fennell, "Ecotourism and Ethics：Moral Development and Organizational Cultures," *Journal of Travel Research*, 1998, 36：47 – 57.

④ 韩玲：《浅议旅游伦理教育》，《道德与文明》2005 年第 4 期。

校为何需要旅游生态伦理价值观教育，需要何种生态伦理价值观教育，如何建构旅游学校生态伦理价值观三个层面探视旅游生态伦理问题。[①] 蔡君的《对美国 LNT（Leave No Trace）游客教育项目的探讨》一文介绍了美国不留痕迹项目（LNT）的发展，对中国的旅游者伦理教育有一定的借鉴作用。[②]

（二）一般学校教育

Butler 认为，对所有与旅游有关的人，即旅游业、公共部门、东道居民和旅游者的教育仍是发展可持续旅游的最好钥匙，用长久眼光来看，它可能是唯一成功的解决方法。对于旅游伦理及旅游可持续发展观念的落实，必须重视学校教育这一平台。虽然中国在各个级别的教育过程中，都或多或少地渗透着环境伦理的观念，如在幼儿园、小学、初中、高中等各个阶段的教学内容中都增加了环境伦理及如何促使社会可持续发展的内容，并且由易到难已经形成了体系，但是一方面因为长期应试教育的弊端，另一方面因为学生年纪小，对环境伦理问题缺乏深入思考而导致教育的效果并不理想。应试教育的唯一目标就是获得成绩，而这一成绩的获得是不是道德的这一问题，则不被重视。对于旅游伦理这样的道德问题，在应试教育的背景下不被重视和贯彻则是普遍存在的。因此，我们认为，中学以及之前阶段的环境伦理教育效果并不理想。而在大学阶段，学生没有应试教育的负担，大学生更直接地与社会实践接触，良好的社会责任心促使大学生去关注社会环境伦理问题，随着知识和经验的增加，关注社会伦理问题成为大学生强烈的愿望。因此，能否利用大学生这一平台，对中国旅游伦理构建来讲是至关重要的。少一些空洞的说教，将理论与社会实践结合起来，利用生动的案例来教育大学生形成正确的环境伦理观念，对学生教育和社会可持续发展来讲都非常有必要。

---

① 彭志敏：《论旅游生态伦理价值观教育》，《社会科学家》2005 年第 5 期。
② 蔡君：《对美国 LNT（Leave No Trace）游客教育项目的探讨》，《旅游学刊》2003 年第 6 期。

（三）旅游管理专业教育

旅游管理专业学生的教育过程，应更加重视旅游伦理观念的养成。未来的旅游管理专业学生，将是中国社会旅游发展的直接参与者，毕业生将带着专业知识和专业理念投身于旅游发展的社会实践中。他们的旅游伦理观念将直接影响到未来旅游可持续发展的方向。因此，有必要在旅游管理专业教学中，增加和强化旅游伦理的内容。但以目前的专业教育实际来看，学校在课程设置中对旅游伦理相关课程的设置内容不足。比如《旅游学》《旅游规划与开发》《旅行社管理》《旅游地理学》《导游业务》《旅游市场营销学》六本教材提到一些相关的内容。如《旅游地理学》第五章关于旅游生命周期的内容；《旅游规划与开发》第九章有关生态环境保障体系的规划内容；《旅游学》第四章对旅游资源保护的阐述等都体现了旅游伦理教育中人与自然和谐相处的思想。旅游伦理相关课程的设置应当努力培养学生的经济伦理、职业伦理、生态伦理和社会道德伦理等素质。

旅游开发活动本质上是一种经济行为，应在旅游经济发展中处理好义与利的关系，通过旅游伦理规范引导旅游经济的可持续发展。在学校教育中，应当让大学生明白旅游经济发展与旅游伦理诉求之间的关系。旅游工作作为一种职业，其良好的职业操守需要旅游伦理来规范。旅游职业是典型的服务型工作，工作中最为重要的是处理好人与人之间的关系。对职业伦理的学习，对旅游管理专业的学生来讲能够起到正确处理服务型工作的引导作用。作为中国旅游发展的薄弱环节，旅游服务亟待从根本上加以提升。重视学校职业伦理的教育，是提升中国旅游服务质量的重要途径。生态伦理应成为所有人的共识，特别是应得到旅游管理学生的认同。生态环境的脆弱，生态环境的破坏，生态旅游的快速发展等都成为目前生态问题的各种表现。加强学校的生态伦理教育，特别是在旅游管理专业引领下的具体的生态伦理教育，会让学生易于接受并能够在社会实践中加以执行落实。旅游活动过程和旅游发展过程是一项复杂的社会活动和现象，涉及的人员复杂，地域范围广，相互关系敏感。对于这种特殊社会现象，只有坚持利用良好的社会公德来引导，才能使其和谐发展。旅游管理专业教育过程中应高度重视对学生社会公德伦理意识的灌输。如 1985 年新加坡的儒家伦理课程教材正式出版，供全国各中学采用，学校通过儒家伦理课系统地向学生进行儒家伦理及其道德价值观的教育。此外，新加坡还出版了一大批以儒家伦理为内容的道德文明教育的通俗读物。新加坡政府选择以儒家伦理作为对国民实行道德教育的主要内容，以儒家提出的"亲亲而仁民，仁民而爱物"的思想和"修己安人""己欲立而立人，己欲达而达人""己所不予，勿施于人"等思想作为对国民行为的规范。① 旅游伦理的教育，应运用好高校课堂这一平台。对于旅游伦理的重视，是学生认知的需要，是社会环境发展的需要，也是学科发展的需要。对于学生的认知而言，有必要重视学生知识结构的构建，重视学生学习内容的平衡，应重视旅游伦理与环境伦理道德的教化。社会环境发展到今天，迫切需要通过社会伦理的引导来树立道德基础，以便解决社会环境发展过程中的诸多问题。旅游管理学科的发展和完善是专业发展的使命，在专业发展中根据旅游学科的发展实际来凸显旅游伦理的相关内容非常有必要。

（四）旅游伦理专业课程的设置

旅游伦理专业课程的开设，是中国当前旅游业教育发展的出发点和落脚点。旅游业的发展，以旅游资源开发为对象，以适应旅游市场为目的，旨在满足广大民众的精神娱乐需求。旅游业发展的根本目的是提升民众的精神素养，从而培植良好的社会道德风气。但在具体的旅游业发展过程中，因诸多因素而出现了不符合精神道德诉求的现象。只有通过加强旅游伦理等相关伦理道德的培养，才能让众多的旅游利益相关者了解和学习与旅游伦理相关的内容，从而促使旅游业可持续业发展。旅游专业伦理课程的开设也是为了达到促进旅游专业人才成长的目的。旅游人才教育质量的提升，是整个

① 李永生：《新加坡公民教育中的儒家伦理道德教育及其启示》，《当代经理人》2006 年第 3 期。

旅游业发展的关键。中国旅游教育发展到今天，已经突破了数量上的发展限制，所培养的人才从数量上看可能已满足了旅游业的发展。但是人才质量问题依然很严峻。低水平、重复型的人才培养，无法提高旅游人才的质量。高质量的旅游人才应当是旅游伦理应用的典范。以往专业课程设置中旅游伦理内容的缺失，导致学生知识结构中旅游伦理相关知识的空白状况。我们应当吸取人才培养过程中的教训，应重视人才道德质量的提升。因此，加强高校旅游专业伦理课程的设置和教学非常关键。合格的高素质旅游专业人才必须是旅游伦理的践行者。从高校旅游管理专业课程的设置来看，这是一个不断完善的过程。以往专业课程的设置主要因为师资和理念的问题，很少有将旅游伦理设为专业必修课程的。学生对伦理知识的获得更多的是通过全校通识性课程的学习来达到的。这样的课程一方面部分学生不会选取，另一方面课程内容过于宏观，与旅游专业发展的具体现状不紧密，致使学生的学习效果欠佳。只有在专业课程的设置中加入专业旅游伦理课程才能够完善专业课程的教学体系，并培养学生形成旅游伦理的专业知识。中国旅游管理专业教育的发展经历，也决定了我们对旅游伦理课程的认识只能是一个由浅入深的过程。早期中国旅游管理专业的设置，主要是依托于相关的院系，如地理、中文、历史、经济管理等，虽然同为旅游管理专业，因为其设置的单位背景不一样而导致具体的专业课教学差别很大。很多教学单位因为专业教师缺乏，开设课程的条件有限等原因，许多旅游管理专业的课程未能开设，或者开设了大量非专业的必开课。旅游伦理相关课程正是在这种背景下一度长期被边缘化，很少有学校专门开设该课程。旅游管理教育发展到今天，我们迎来了教育质量提升的关键时期。决定旅游管理专业学生精神道德问题的旅游伦理相关课程，应该得到进一步的重视。

第三章　旅游环境伦理

一　环境伦理学及旅游环境伦理

1972 年 6 月 5—16 日，联合国在斯德哥尔摩召开了人类有史以来第一次人类与环境会议，讨论通过了《人类环境宣言》，揭开了人类共同保护环境的序幕，进一步强调保护和改善人类环境的重要性，即人类与自然界和谐发展，共同繁荣，走可持续发展的道路，并确定 6 月 5 日为世界环境日。环境伦理学产生于 20 世纪六七十年代，是生态学、环境科学与哲学、伦理学相互交融的产物，其价值观的哲学基础是以生态中心主义平等为最高原则的生态整体主义世界观，把道德对象从人类扩展到整个自然物，把价值坐标从人与人之间的功利关系转移到生态圈内部的功利关系上，把伦理关系从人与人之间的关系延伸到人与自然之间的关系上。20 世纪 40 年代，英国环境学家 A. 莱奥伯在《大地伦理学》一书中首次提出要重新确定人在自然环境中的位置这一思想，并强调人类应该自觉地把自己当作大自然中的平等成员。环境伦理学应运而生。它的主要创立者阿尔伯特·史怀泽、奥尔多·利奥波德和瑞切尔·卡尔森分别在《敬畏生命》《沙乡年鉴》和《寂静的春天》三部书中阐释了环境伦理的基本理念。

环境伦理学是关于如何认识人与自然环境关系的科学。作为自然环境中的成员，人类到底应如何看待自身与周围环境的关系，是一个长期存在于人类社会的问题。作为大自然的精灵，自然环境中的"高等动物"，人类活动对自然环境的影响越来越大。特别是在目前，随着人类数量的激增和人用于征服和改变自然环境能力的增强，人类自身对自然环境的影响更加强烈。人类有能力影响自然环境的未来，人类也有能力思考该用何种态度去对待人与自然环境的关系，在自然环境面前，人类应当持有何种道德伦理，这事关人类对自然环境的根本态度，也决定着未来人类可持续发展的程度。作为自然之子的人类，在不断向自然环境索取各种利益的背景下，如何能够有约束性地对待自然环境，在利益和义务均衡当中，如何能够发挥人类的理智，并进而追求人与自然环境的和谐相处。环境伦理学所研究的人类对待自然环境的根本伦理态度，是对人与自然环境关系的理性思考。

著名环境伦理学家霍尔姆斯·罗尔斯顿也在《环境伦理学：大自然的价值以及人对大自然的义务》一书中提出了"在人与动物、花草及所有造物的关系中，存在着一种完整而伟大的伦理"[①]。霍尔姆斯·罗尔斯顿提出，环境伦理是将人与人之间的传统伦理拓展到人与自然的关系之中，以实现人与自然关系的和谐，其环境伦理思想引领了环境价值观念更新的热潮。霍尔姆斯·罗尔斯顿认为，生态系统是价值存在的一个具有包容力的重要的生存单元，共同体比个体更重要，因为共同体相对来说存在的时间较为持久，共同体的完整、稳定和美丽体现着有机个体的价值。他还把环境伦理看作是一个人道德境界的新的试金石，一个人如果只捍卫其同类的利益，那么他的境界并未超出其他存在物。人应当是完美的道德监督者，不应只把道德用作维护人这一种生命形式生存的工具，应把它用来维护所有的生命形式，尤其是在与大自然打交道时，人应当担负起看护地球的责任。人与非人类存在物的一个真正具有意义的区别是，动物和植物只关心自己的生命、后代及其同类，而人却能以更为宽广的胸怀关注所有的生命和非人类存在物。人能够培养出真正的利他主义精神：不仅认肯他人的权利，还认肯他者——动物、植物、物种、生态系统、大地的权益。[②]

---

① ［美］霍尔姆斯·罗尔斯顿：《环境伦理学：大自然的价值以及人对大自然的义务》，杨通进译，中国社会科学出版社 2000 年版。

② 余谋昌、王耀先：《环境伦理学》，高等教育出版社 2004 年版。

（一）人类中心主义

人类中心主义者（anthropocentrism）认为，人只对人自身（包括其后代）负有道德义务，人对人之外的其他自然存在物的义务，只是对人的一种间接义务。环境伦理学中的人类中心主义，其道德义务的树立，是以人类本身为核心的，道德伦理的关怀仅限于人类自身，对于人类自身以外的自然环境，则不属于伦理道德思考的范围。在人类社会快速化发展的进程中，人类如何谋求自身利益并能够保证这种进程的延续性，是人类长期思考的问题。在严酷的自然环境下生存和发展，在许多时段和许多环境下，人类必须最大限度地谋求自身的利益。在人类将同类划定于一个共同的伦理范围的时候，人类之外的对象只能是非道德义务的范围，即使偶尔会出现，也只是对人类自身义务的一种间接反映。西方学者 Holden 尝试在环境伦理背景下借助利益相关者理论研究旅游社会群体，他认为，当前多数旅游社群的环境伦理仍处于人类中心主义阶段，他们普遍将环境作为利益实现的工具，环境中心主义的伦理尚未得到真正确立。[①]

（二）动物解放/权利论

动物解放/权利论（animal liberation /right theory）认为，人不仅对自己负有义务，对动物也负有直接责任。一般认为作为高等动物的人类，也是大自然动物界的组成部分。对除人类自身以外的其他动物的伦理关怀，是扩大了作为动物的人类的伦理范畴，将整个动物作为道德伦理思考的对象。动物解放/权利论将人与其他动物平等化，提倡像保护人的权益一样保护和尊重其他动物的权益，其他动物享有和人类一致的伦理道德待遇。国内外许多动物权益保护组织，都在通过多种途径来实现对动物权益的保护。"没有买卖，就没有杀戮"，这样的慈善广告到处都是；划定特别动物的保护范围；落实动物保护的

---

① 周永博等：《乡村旅游发展中的社会分化与整合——环境伦理视野下的西部农村实证研究》，《商业经济与管理》2010 年第 2 期。

专门性政策、资金、人员、机构等；个别组织成员还直接参与到对部分动物的挽救行动中，甚至不惜与动物消费者发生激烈的冲突。因为其他动物在许多方面具有了人类一致性的特征，对其他动物实现伦理道德关怀，更能激发人类对自身以及自身所处的自然环境的理性思考，因为当人们去审视其他动物所处的困境时，很容易产生对自己前途的担忧，而这种忧患意识正是环境伦理所需要的。

（三）生物中心论

生物中心论（biocentric ethics）认为，人的道德义务的范围并不只限于人和动物，人对所有的生命都负有直接的道德义务，所有的生命具备成为道德关顾的资格。由此可见，在生物中心论的伦理视角中，包含了包括动物和植物在内的所有生物。一草一木，一花一叶，都应该成为人类环境伦理所关注的对象。在社会发展中，应对植物环境进行有限利用，要重视和保护濒危植物，尊重植物自身的系统规律和对相应环境的要求。生物中心论将植物的伦理提升到了与人类同等重要的地位，从而使人类更加珍惜动植物共同生活的环境。1992 年联合国环境发展大会通过了《联合国生物多样性公约》，号召各国以有效的行动保护生物物种和生态系统的多样性。这里说的生物多样性，是指所有来源的形形色色的生物体（动物、植物、微生物）和所构成的生态综合体。①

（四）生态中心主义

生态中心论（生态中心主义）（ecocentrism）则进一步把道德义务的范围扩展到了整个生态系统。地球是人类共有的家园，生机蓬勃的地球环境形成了特有的生态系统。罗尔斯顿认为："从终级意义上说，生态伦理学既不是关于资源使用的伦理学，也不是关于利益和代价以及它们的公正分配的伦理学，只有当人们不只是提出对自然的审

---

① 万以诚等：《新文明的路标——人类绿色运动史上的经典文献》，吉林人民出版社2000 年版。

慎利用，而是提出对它的恰当的尊重和义务问题时，人们才会接近自然主义意义上的原发型生态伦理学。"① 人类只是这个生态系统上的一环。生态系统的运动是牵一发而动全身的，因此，当人类认识到生态系统的全面性和相互关联性后，我们发现，只有尊重整个生态系统的运动规律，人类才能得到真正可持续发展的资本。在社会化快速发展的今天，人类对生态系统的干预和破坏已经到了足以形成大的生态灾难的边缘，是继续对生态系统进行肆无忌惮的掠夺和破坏，还是知错就改，迅速加入促使生态恢复的行列中，人类陷入了两难的境地。一方面在社会化、商业化、市场化发展下所形成的发展模式成为一个类似欲望体膨胀的状况，膨胀的现状一发不可收拾；另一方面人类早已经深刻意识到了生态系统崩溃的巨大危害并已经采取了诸多方式来弥补过失。因此，在环境伦理学研究中，应当摒弃采用狭隘的环境观念来探讨在当下社会、经济、政治、文化发展的指导下，人类如何在尊重生态系统规律的前提下寻找到共同的发展出路。

虽然以上列举的四种环境伦理观念都有其思想提出和理论发展的背景，都从一定方面回答了人与自然的相处之道。但从生态中心论的角度审视环境伦理应当成为共识。大地伦理学的代表人物奥尔多·利奥波德被认为是生态中心主义环境伦理学最具影响力的大师，他的大地伦理学把生物共同体的完整、稳定和美丽视为最高的善，并认为共同体本身的利益才是确定其构成部分的相对价值的标准，它是裁定各个部分相互冲突的要求的尺度。因此，在大地伦理学看来，由于多样性有助于共同体的稳定，因而属于珍稀和濒危物种的生物个体理应优先加以关怀。大地伦理学的任务就是扩展道德共同体的界限，使之包括土壤、水、植物和动物，或由它们组成的整体——大地，并把人的角色从大地共同体的征服者改变成为大地共同体的普通成员，这意味着人不仅要尊重共同体中的其他伙伴，而且要尊重共同体本身。②

彭忠信在 1999 年发表了《旅游可持续发展与生态伦理要求》一

文，文中他首次将环境伦理中的人与自然平等观、人类平等观、生态系统观引入旅游可持续发展中；2001 年，黄震方发表了《关于旅游业可持续发展的环境伦理学思考》，他指出，人类的旅游活动应与自然界维持一个动态的平衡，并认为旅游可持续发展的环境伦理观念的核心是公平与和谐，此外，他还提出加强旅游环境伦理建设的基本对策，"旅游环境伦理"一词在国内首次出现。同年，黄震方、朱晓华又发表了《构建生态体系，促进旅游业可持续发展》，该文在论述了生态道德是人类道德思想的必然觉醒与可持续旅游业发展的必然选择之后，进而阐明了构建生态道德是旅游业可持续发展的强大道德保障，同时道出了人应该从道德角度考虑问题，不容忽视旅游资源与旅游环境的权利。[①] 旅游环境伦理研究逐渐被国内所重视。

二　新时期旅游发展对可持续发展的需求

中国旅游业发展处在质量提升的关键时期，通过旅游业可持续发展来达到旅游质量的提升，必须依靠旅游伦理理念的引导。特别是环境伦理能够指导旅游发展中正确处理旅游开发与环境保护之间的关系。旅游业的可持续发展目标的实现，应体现在旅游的规划、开发、保护和管理的全过程中，尤其是应积极落实环境伦理的理念，加强环境道德建设。旅游可持续发展是旅游业转型升级的战略性举措，是提升中国旅游发展的关键因素。粗放型的旅游开发只能够满足初级旅游市场发展之需。随着国内旅游者旅游经验的增加，旅游者素质的提升，广大旅游者会逐渐抛弃粗放型的旅游产品，转而寻求集约型的旅游对象。环境友好型是集约型的表现，粗制滥造的旅游开发，对自然环境的肆意破坏，不顾及旅游者行为特征的开发等，已经成为旅游开发中的主要问题。同时旅游者旅游消费中的不良现象也需要通过环境伦理的理念来引导。因此，基于环境伦理的旅游可持续发展成为扭转

---

① 孙欢、廖小平：《国内旅游伦理研究之回溯——论阈与展望》，《伦理学研究》2012 年第 5 期。

国内旅游发展弊端的重要战略决策。因为诸多因素，很多民众在旅游过程中缺乏必要的环境伦理意识、环境道德良心和环境道德责任，许多违背旅游伦理道德的事件时有发生，旅游开发过程中违背环境伦理的开发行为也到处可见。造成这些现象的主要原因是民众对环境伦理道德知识的普遍缺乏。从主体性视野和内因论角度看，是人的环境意识支配其环境行为从而产生必然的环境结果。群体性环境伦理意识和责任的缺失，会导致严重的环境恶果。我们曾经将旅游活动视为少数人能够拥有的奢侈行为，将旅游开发当做"无烟工业"一样的对环境影响较小的产业开发行为，认为旅游管理和服务都是属于没有太多技术含量的产业发展过程，因此很少有人认识到环境伦理这些旅游道德问题与旅游可持续发展的密切关系。

时至今日，当旅游成为大众化日常娱乐行为，旅游者的队伍日渐庞大，数以千万计的旅游者加入了旅游行列，旅游开发活动铺天盖地地出现，能被开发的旅游资源几近开发完毕，旅游管理与旅游活动经常化。所有这些都对旅游开发中旅游环境伦理提出了新的要求。因旅游发展而产生的各种矛盾集中化爆发，旅游发展与环境保护之间的矛盾越来越普遍，因缺乏基本的环境伦理而导致的旅游危机普遍存在。因此，全社会范围的环境伦理建设亟须加强。从人类中心主义论、动物解放/权利论、生物平等主义论和生态整体主义论等环境伦理学的发展来看，人类逐渐融入了整个地球的生态系统中，应该以负责的态度对待自身与自然环境之间的关系。旅游开发及旅游活动中对环境伦理运用的目的就是促使旅游业的良性发展。

三　环境伦理意识的旅游意义

环境伦理是关于人与环境之间的道德原则、道德标准和行为规范。人作为自然之子，如何处理人与自然环境之间的关系，一直是人们思考的问题。生态环境伦理思想主要构建人与生态环境之间的道德关系体系。人不仅是自然之子，更是道德之子。因为人拥有道德因素，所以依据和借助道德之力来规范和引导人们的行为便成为处理复杂关系的主要手段。既然人与环境之间是一种道德关系，则人们在处理与环境的关系中应坚持一定的道德原则、标准和规范。而旅游环境伦理正是在这一特殊社会现象的背景下探讨人与旅游环境之间的道德问题的。道德规范能够形成一种自律，即旅游伦理使旅游利益相关者能够自觉地规范自身的行为，比如，在面对旅游开发与旅游环境保护的问题上，相关人会选择用旅游环境伦理的态度去看待保护和开发的问题。除了自律以外，如果能够形成广泛的旅游环境民众基础，强烈的社会舆论会成为旅游环境保护的道德他律。如果一个社会民众具备普遍的旅游环境伦理意识，能够了解环境保护的重大意义，特别是能够以实际行动去支持旅游环境的保护，民众对旅游环境问题高度敏感，则面对旅游环境的破坏，很容易就会形成普遍的社会舆论。这种社会舆论压力能够让环境问题的制造者自觉地规范其行为，这种道德他律的力量是强大的。纵观目前普遍存在的旅游环境破坏等旅游伦理问题，与广大民众缺乏一般的环境伦理理念有着很大的关系。随着社会民众环境伦理素质的提升，伦理道德他律的力量才能被释放出来。

首先，旅游伦理通过明确义务和责任的手段去鞭策行为主体。义务和责任是旅游过程中行为主体应当明确和执行的活动常识。旅游过程中利益相关者必须在拥有权力的基础上成为完成相关义务和责任的执行者。旅游伦理要明确不同利益相关者具体的义务和责任以形成便于执行和认定的标准。对于义务和责任的不履行行为，应该受到必要的惩处。

其次，通过心理暗示作用，使行为主体接受和践行旅游伦理的相关规范。道德法律的作用具有强烈的心理暗示作用，通过制度、规范、行为等方式营造良好的伦理氛围，则能对行为主体产生心理暗示，从而形成引导的心理压力，以促进其能够主动接受和践行旅游伦理的相关要求。与强制性执行相比，心理暗示的作用能够让行动主体成为旅游伦理规范自觉的践行者，并且发挥其示范带动效应，促使良好的旅游伦理氛围的形成。在旅游开发、管理、运营过程中，可通过多种技术手段，使旅游者形成明显的旅游伦理心理认知，强烈的心理暗示效应才能够充分发挥作用。这样的技术手段是多样的。

再次，通过模仿习惯的养成来使主体接受和践行旅游规范。模仿是行为主体在某种力量的驱使下所形成的主动学习别人行为的过程。旅游者的旅游行为和过程是特殊的社会现象，这种现象因为发生在行为主体的非日常活动空间，行为的异地性使旅游者保持着某种警惕之心，在这种环境下，旅游者会容易形成彼此模仿和学习的氛围。比如，在生态旅游过程中，一些旅游者对待生态环境的态度和方法，会明显地影响其他旅游者，其中大部分旅游者会选择模仿别人的行为来感受生态环境。明白这个道理，对旅游经营者和管理者非常有帮助。在旅游开发过程中，我们应当发现和弘扬旅游者好的行为，扩大旅游伦理的影响范围，这样就能给其他旅游者更大的学习和模仿的空间。对不良的旅游行为应及时纠正，提醒旅游者要端正自己的行为，以免不良的行为被其他旅游者模仿。将"你的好行为将会被其他旅游者模仿"这样的理念灌输给每一位旅游者，让对好的旅游行为的模仿成为普遍现象。比如，有些旅游景区发起的让旅游者捡拾垃圾的活动就能起到明显的心理暗示作用，虽然不能够保证其他旅游者也可能捡拾垃圾，但至少能够减少乱扔垃圾的次数和数量。旅游者之间更容易产生行为上的彼此模仿。这一理论为旅游伦理的构建和旅游业的可持续发展提供了新的研究空间。我们应当给予旅游者彼此模仿的各种条件，让好的旅游行为能够在潜移默化中得到扩大，从而保证旅游者行为的可持续性。如果运用得当，还能够在很大程度上降低管理成本，使旅游环境管理变得更加人性化。利用旅游者行为来影响旅游者行为，就如利用旅游者来管理旅游者一样，会起到非常好的作用。

最后，通过主动性情感相互影响的方式为行为主体灌输环境伦理和旅游规范。在旅游的过程中我们应当利用人们所共有的情感因素来推行旅游伦理和规范。旅游伦理、旅游业可持续发展、旅游环境保护、追求天人合一的旅游过程等理念本身都符合人们的基本社会情感要求，因为它符合旅游利益相关者根本的利益诉求，这种旅游伦理因为保证了旅游利益相关者的根本利益，因此得到其情感因素的认同则是必然的。但是，为什么在旅游的过程中还是充满了许多不可持续的行为呢？这有其复杂的社会、旅游、经济背景。有情感认知并不一定就会有理性行为。而旅游伦理建设的过程就是不断将情感因素激活的过程，让旅游伦理的情感产生出理性行动，就是成功的做法。我们在旅游伦理培养和旅游可持续发展理念落实的过程中，应积极利用旅游者这种珍贵的情感因素来培养其坚固的环境伦理理念。纵观许多地方失败的教训，也不难发现，无视旅游者情感认知的简单信息传递，与旅游者情感认知相违背的规定和宣传，生硬的手法，没有心理学研究支撑的许多做法，都因不能引起旅游者的情感共鸣而难以得到贯彻执行。Hamil 在前西德地区所作的研究显示，72% 的旅游者认为，"高质量的自然环境"是他们享受快乐假期的首要条件。许多国家的旅游就是依赖其丰富而优美的环境吸引旅游者，才成为举世闻名的旅游胜地的，如澳大利亚、瑞士、新西兰等地。例如，对于森林生态旅游，旅游开发应将森林当作课堂，让各类旅游者能够探求森林的奥秘，旅游的过程则成为学习提高的过程；旅游开发应将森林当作旅游者情感寄托之地，让旅游成为情感升华和涤荡之旅；旅游开发应将森林当作保健医生，让旅游成为身体健康的良师益友；旅游开发应将森林当作哲学家，当作诗人，当作美丽的舞者，当作娴熟的钢琴师，当作梦幻升起的地方。如果真能做到这样，我们相信，简单的森林旅游就会变成激起旅游者情感共鸣的地方，如能这样，何愁旅游者不能成为旅游环境发展的呵护者。

由上可知，利用旅游者共有情感而产生的旅游伦理力量值得重视。同时我们发现，这种情感的激发和利用，对旅游开发与管理本身提出了新的要求。我们应当努力提高旅游规划、创意、开发、建设、管理、营销等水平，真正将人性化的旅游产品提供给旅游者。对旅游者情感的呵护，则是真正的旅游可持续发展行为。要能够引起旅游者情感的共鸣，我们应依靠科学的旅游规划与决策，精细化的管理，人性化的服务，国际化的旅游潮流和视角。只有这样，才能够真正发挥旅游者的情感之力。让旅游者成为旅游伦理的自觉操持者和旅游可持续发展的自觉践行者，就应依靠对旅游情感激发这种内化的方式，这也是最有效、最人性化、最根本的方法。长期以来的旅游发展只是将旅游者当成简单的商品，将旅游业当成一般性的产业发展，将旅游开发当成一般性的生意，而没有认识到旅游者情感因素的重要性。在大众化的旅游时代，大多数旅游者没有享受到精致化的旅游待遇，对旅游者情感的呵护在粗放的市场发展中成为不可能。旅游者成为被贬卖的商品，各处旅游经营者紧盯的只是旅游者的钱包，旅游者往往成为缺乏主见、四处乱窜的动物，浮光掠影式的导游解说，高密度的行程安排使旅行成为疲惫不堪的回忆。白天看庙，晚上睡觉的单调行程，使旅游者往往处在被欺负的弱势群体的尴尬境地，自做精明的各种商贩对旅游者吆三喝四，被侵权后的旅游者维权艰辛。所有这一切都使旅游的过程往往成为对旅游者情感伤害的过程。各种不良现象的存在只能说明我们的旅游发展仍处于初级阶段。

四　旅游环境容量

对可持续旅游发展和旅游伦理构建的研究，离不开环境容量研究的支持。1994 年，崔凤军提出环境承载力的概念，并将其理解为：在某一旅游地环境的现存状态和结构组合不发生对当代人及未来人有害变化的前提下，在一定时期内旅游地所能承受的旅游者人数，由环境生态承受量、资源空间承受量、心理承受量、经济承受量四项组成，具有客观性、可量性、变易性、可控性，存在最适值与最大值等特征是可持续发展旅游的重要判据之一。[①] 环境容量虽然概念诱人，但如果将其简单地理解为数学问题，在旅游实践中则往往会失败。有些因素，特别是和社会文化相关因素的测量很困难。只有符合环境容量的旅游发展，才是可持续发展。环境作为旅游开发的对象和旅游活动进行的场所，其容量是有限的。根据中国人与生物圈国家委员会的调查，在已开展旅游活动的自然遗产保护区中，有 44% 的保护区存

---

① 许涛：《我国旅游可持续发展研究概述》，《干旱区资源与环境》2004 年第 6 期。

在垃圾公害，12%出现水污染，11%有噪声污染，3%有空气污染。[①]对环境容量的测算，经历了比较长的时间，研究者已经对许多特殊环境的容量有了深刻的认识，许多研究已经数据化，即研究者能够对某些环境的容量进行数据化控制。经过反复研究发现，在某一环境容量值以内，环境内的发展能够达到理想的和谐状态，但如果突破了这一数值，发展就会给环境带来巨大的破坏，不良的环境条件也会成为阻碍发展的因素。旅游可持续发展理论的完善，苦于缺乏便于操作和控制的旅游元素，人们在如何才是具体的旅游可持续发展问题上的看法不一，而只有理论依据却无法实现可操作性的发展观念很难为行为主体接受和执行。如意大利威尼斯作为典型的文化遗产型城市，每天都接待着来自全世界不同国家的不计其数的游客。当地政府和专家根据社会经济承载力精确地计算出了城市的日最大接待量，以减轻旅游发展对威尼斯的环境、城市功能及社会经济所产生的负面影响。依据这一数据，威尼斯的日最大承载力大约为22500名游客，其中10700名应为短程游客，但具有讽刺意味的是，这种人数上的限制，仅在1987年一年中，就有165天被突破了。此后，尽管政府又制定了一系列规章制度来缓解游客增加所带来的各种压力，但总的来说，每年的游客人数还是不见减少的趋势。[②]作为世界自然遗产的九寨沟，2001年也开始采用游客限量进入的办法，以避免游客过多而对景区环境造成破坏，但具体执行却不到位。

旅游环境研究为旅游可持续发展提供了许多借鉴。研究单位空间中环境容量问题的旅游容量理论和方法，因为抓住了旅游可持续发展中旅游发展与环境容量这一关键问题，因而有望成为解决旅游可持续发展问题的抓手。但是遗憾的是，我们发现，因为在有些环境下，对容量的测量存在困难，所以不能简单地将环境容量问题理解成数学问题，过于简单化、程式化的环境容量观念会对旅游可持续发展产生不

① 刘长生、简玉峰：《环境保护与旅游经济协调发展研究——基于中国四大世界自然与文化遗产旅游目的地的面板数据分析》，《旅游学刊》2010年第10期。

② Canestrelli, Costa, "Tourist Carrying Capacity: A Fuzzy Approach," *Annals of Tourism Research*, 1991 (18), 295 –311.

利作用。利奥波德的大地伦理现已为人们所熟知，半个多世纪以前，他就已注意到：荒野的安谧正在遭受由汽车装备起来的旅游者的冲击，他们像蚂蚁一样挤满了大地。这就是户外休闲，最新的模式。[①]《海牙旅游宣言》在其附录中曾提到：旅游业是无烟工业……但是旅游仍然会对自然和文化环境带来潜在的威胁。美国旅行代理商协会（ASTA）提出了生态旅游十戒律。其中第一条是敬重脆弱的地球，我们要认识到我们的后代可能再也无法享受这些独特的、美丽的旅游目的地，除非所有人都乐于保护它。第二条是只留下脚印，只带走照片。不要乱刻乱画，不要乱扔垃圾，不要从历史名胜地和自然地带走纪念品。《马尼拉世界旅游宣言》强调，保护历史、文化和宗教圣地，在任何时候都应该成为每个国家的一项基本责任。比如，环境容量测量在单位森林旅游区的停车数量、餐馆开设、旅游者人数等方面，会有令人信服的数据，但作为旅游可持续发展中关键部分的社会文化类信息，则很难通过环境容量的方法得到科学数据。环境容量测量的技术和方法还需要进一步发展。

五　旅游环境保护

旅游环境保护是指在旅游发展过程中采用科学的理念和方法对旅游环境的主动性人工化保护行为。旅游规划、开发、经营的过程中必须客观地对待环境保护的问题。旅游可持续发展的实质就是如何进行旅游的环境保护。特别是目前，随着旅游业朝着集约型、质量型的发展，一方面应考虑如何补偿以往因粗放式、数量型发展而造成的环境破坏的遗留问题；另一方面应思考如何能够在旅游发展中体现和利用旅游环境保护的价值，因为旅游者越来越关注旅游环境质量问题。旅游环境保护是技术含量很强的工作，它要求必须按照一定的科学原则和方法在旅游开发过程中对环境进行干预。应当利用系统论和生态学原理与方法对旅游环境的平衡与协调发展予以保护。在旅游环境保护

---

① ［美］奥尔多·利奥波德：《沙乡年鉴》，彭俊译，四川文艺出版社 2013 年版。

过程中，环境系统理论和生态学原理与方法应成为基本的指导工作。只有彼此之间平衡和协调的环境才是可持续发展的旅游环境。旅游开发活动非常容易造成旅游环境元素之间的彼此失衡，因此，平衡和协调旅游环境非常有必要。系统论视旅游环境为有机系统，牵一发而动全身；生态学关注旅游环境中的生态状况。良性的旅游环境应当是符合环境系统观和生态学理论的。2009 年 12 月 7—18 日，在丹麦首都哥本哈根召开了世界气候大会。这次大会的主要内容是规定工业化国家的温室气体减排额，主要发展中国家应如何控制温室气体的排放，以及如何资助发展中国家减少温室气体排放，适应气候变化所带来的影响等，其核心就是要降低二氧化碳的排放量。低碳旅游的概念是在2009 年 5 月世界经济论坛"走向低碳的旅行及旅游业"的报告中正式提出的。低碳旅游，顾名思义就是要在旅游活动中尽量减少二氧化碳的排放量，通过运用低碳技术、推行碳汇机制和倡导低碳旅游消费方式，来获得更高的旅游体验质量和更大的旅游经济、社会、环境效益的一种可持续旅游发展新方式。低碳旅游是符合旅游环境保护理念的。

因此，借鉴系统论和生态学，在相关专家的帮助下，科学地对旅游环境进行保护，才能克服环境保护中的盲目行为。同时，也应对旅游环境诸方面要素的文化内涵和特色进行保护。文化内涵与环境特色是重要的旅游和吸引对象，具有典型的旅游开发价值，旅游开发的过程，就是对环境文化内涵和特色进行挖掘、营销和保护的过程。但令人遗憾的是，在旅游发展的过程中，因为决策的失误和方法的不得当而使典型的环境文化内涵不能得到张扬，环境特色也不能得到有效保护，旅游地逐渐失去了吸引力。或者，在旅游开发当中，不顾及当地旅游环境的真实情况，盲目引进外来旅游文化元素，导致旅游开发产品与当地环境背景不相符合，旅游开发给旅游者造成粗制滥造或胡编乱造的感觉，如各地出现的有违本地特色的风情园、度假区都属于这类。文化内涵与环境特色的保护，因为是旅游吸引物的关键因素，因而也是旅游可持续发展的关键。旅游环境文化内涵的特色，是从旅游开发的角度对环境的重新认识，是对环境态度的提炼和升华，而非一般性的环境保护。保护旅游环境的文化内涵和特色，则是保护了旅游发展的根本。有些内涵和特色的利用可能目前存在困难，但随着旅游市场和旅游风尚的变迁，随着投资和开发力的提升，这些旅游环境的内涵和特色则可能会成为未来旅游发展的无价之宝，旅游可持续发展即是要强调未来对资源的重复利用程度。因此，环境文化内涵和特色的保护是对可持续发展的有力支持。

（一）旅游环境保护与美学

利用美学原理与方法对旅游环境诸方面及要素进行美学价值的保护。旅游是发现和体验美的审美过程，是旅游者与自然环境艺术化的交流。自然环境以美的形态展现在旅游者面前。审美式的旅游过程即是人与自然交流，提升自我情操的人的自我完善过程。虽然大自然是美的，但旅游过程中的审美却有着具体的所指，旅游者会在旅游开发的引导下倾向于那些能够表现特别美感的旅游环境。美是大自然的作品，特别是那些不同寻常的自然环境中美的杰作，则成为永久性的旅游热点地方。对于旅游资源的开发和旅游环境的保护来讲，应成为保护和体现旅游环境美学价值的过程。美是一种复杂的集感性和理性于一体的表现形式，美学的规律表现为对美研究的具体原理及方法。这些原理及方法成为认识和塑造美的手段。旅游环境开发和保护过程，就是不断地体现和强化环境美感的过程，也即是不断地创造美的过程。因此，对旅游环境的保护，要利用美学的原理和方法来仔细研究旅游环境中所表现出的美学价值。这是旅游规划开发中的关键环节。旅游规划即是发现美的过程，旅游环境保护则是文化环境之美得以延续的科学行为。不难看出，对旅游环境美学价值的保护是旅游可持续发展的具体做法。

（二）旅游资源价值判断

目前，在中国自然旅游资源的开发利用过程中，许多地方都承认自然环境的工具价值，把环境开发无条件地纳入人类的功利行为当中，奉行的是绝对的"人类中心论"伦理。环境伦理中的人类中心论者认为，自然环境的一切都是能够以人类为中心并加以利用的工具而已，一切自然资源的判断以当下是否有用为准则。很明显，这种观点下的发展行为是非可持续性的。《海牙旅游宣言》中突出提到旅游会对自然和环境带来潜在的威胁。对自然旅游资源的过度开发、利用是目前普遍存在的现象：不计环境容量，盲目扩大旅游区的范围；过多的建设，导致自然环境破坏严重；盲目引进外来物种，破坏当地自然生态的和谐；人工化现象到处都是，人与自然环境的冲突严重；突破规划控制，旅游开发向缓冲区和自然生态核心保护区蔓延；无视珍稀物种的保护，旅游开发不计后果；遍地开花似的大规模实景演出成为自然生态的灾难；不加控制的游客数量导致生态严重退化；旅游业发展与其他产业发展冲突严重，等等。这些功利性的旅游开发对自然旅游资源造成了相当严重的破坏。中国旅游业处在快速发展和质量提升的关键时期，随着旅游市场的进一步壮大，旅游投融资体制的进一步规范，国家相关政策体系的进一步完善，旅游人才队伍的进一步质量提升，将会有更多自然旅游资源得到开发，特别是西部欠发达地区以前因各种条件不成熟而暂时未开发的旅游资源将会得到大面积开发。在此理论指导下，如何处理好自然资源的旅游开发利用和保护之间的关系，对于中国旅游业可持续发展来讲具有重要意义。在自然旅游资源的开发利用中可能选择何种环境伦理观，受到诸多主客观因素的影响。旅游开发是在市场的指挥下对旅游资源主动开发利用的市场行为，这种行为的发生是现实当中综合开发因素导致的结果。

因此，选择何种环境伦理观念指导旅游资源的开发利用，也会受到综合因素的影响，而不可能是理论研究中环境理论的一种理想状态。经济发展水平直接决定了伦理观层次的高低。从"人类中心说"到"生态整体论"，环境伦理观是一个不断发展、由低到高完善的过程。低层次的伦理观便于为人们所理解，同时便于对自然环境的基本利用；而高层次的伦理观对伦理主体的素质要求较高，对自然资源利用和开发的约束性较强。不同伦理观适应不同的资源开发利用行为。同时，选取何种资源开发利用的行为，则肯定会受到经济发展水平的制约。经济的高度发展，使资源利用必须转向集约型的质量型利用模式，比如，西方经济发达国家对自然资源的苛刻保护。而经济落后的地区则不得不谋求经济粗放型的、数量型发展，比如，许多发展中国家对自然环境保护的不力做法。旅游发展是一种经济行为，它与市场水平、资源状况、人才能力等密切相关。"如果我们不能持久地和节俭地使用地球上的资源，我们将毁灭人类的未来。我们必须尊重自然的限度，并采用在该限度内行得通的生活方式和发展道路。"① 如何在自然资源开发中获得旅游发展的利益，是一个从经济效应方面对是否保护环境和应当操持何种环境伦理观的反复博弈的过程。经济发达地区经历了旅游环境盲目破坏所带来的恶果，随着市场的成熟和旅游业向纵深发展，选择可持续发展伦理观的可能性较大。反之，经济不发达地区因为没有充足的条件来保证旅游环境的可持续性，因此，只能暂时选择对旅游环境不友好的伦理观念。经济发展水平决定了社会发展的整体状况。旅游发展选择何种环境伦理观是社会经济发展水平决定的结果。"在使用地球上不能再生的资源时，必须防范将来把它们耗尽的危险并且必须确保整个人类能够分享这样的使用中获得的好处。"②

这里需要指出的是，有时和经济发展水平相比，环境伦理的选择具有滞后性，即经济发达地区也可能会选择较低层次的环境伦理观，这可能会在一定的时间和空间中存在。鉴于这种情况，旅游环境伦理在旅游发达地区应得到强制性贯彻落实，或者国家制定的环境标准应该按照不同经济发展水平的地区有不同的执行标准。产业制度决定了环境道德伦理趋向。制度设计的目的是规范和影响伦理道德。旅游业的发展经历了一个从初级到高级的产业发展过程，这一过程也是旅游产业制度不断完善的过程。对旅游产业是"环境友好型"和"无烟工业"的看法，是典型的产业发展初级阶段的产业态度。由于在产业发展初期，人们对旅游发展所带来的环境伦理问题缺乏较为深入的认识，旅游产业发展中针对旅游伦理的内容并不多。

---

① 世界自然保护同盟等编：《保护地球——可持续生存战略》，中国环境科学出版社1992 年版。

② 联合国人类环境会议：《人类环境宣言》，21 世纪议程。

（三）旅游与自然环境的和谐

罗尔斯顿的自然价值论从传统的价值论伦理学出发，认为自然生态系统拥有内在的价值，这种内在价值是客观的，不能够还原为人的主观偏好，因而维护和促进具有内在价值的生态系统的完整和稳定是人所负有的一种客观义务。旅游伦理所强调的旅游应与环境形成和谐稳定关系的理念，就是这种环境伦理的体现。大规模的旅游发展密集地改变着旅游所依赖的环境，旅游开发成为人对自然环境的肆意干预，成为仅凭人们自身的臆想而制造自己喜欢的景观的过程，很少有真正尊重自然生态系统的内在价值的旅游发展。

旅游开发中过度的人工化、豪华化，使得本来非常稀缺的自然环境资源遭到破坏。按照罗尔斯顿的自然价值观念，人们应当积极成为生态系统的维护者和促进者。根据"天人合一"的观念，维护自然生态的利益，也就是维护了人类自身的根本利益。中国处于大众旅游时期，因为人口基数大，参与旅游的人数众多，节假日休息时间集中，分散型带薪休假制度落实不够，旅游地点选择盲目扎堆等现象，导致中国旅游各种伦理性问题多发，旅游活动中出现的旅游与自然生态环境的矛盾非常突出，旅游的真正意义正在被改变。以泰山为例，泰山为五岳之首，不仅拥有壮丽的自然风光，更有丰富而珍贵的文化遗产，每年9月还会举行泰山国际登山节，吸引五湖四海的游客前来体验。由于泰山旅游的季节性很强，有明显的淡旺季。旺季时，由于游客众多，游人摩肩接踵，各种设施紧张，供需的时空矛盾特别突出，服务与游览质量难以保证，导致游客怨声载道，游客游览感受降低。内蒙古鄂尔多斯沙地是世界上最大的遗鸥繁殖群栖息地，但由于各种名目的科学考察屡禁不止，围观游客络绎不绝，游人直逼湖岸，使得遗鸥这种中国一级保护动物危在旦夕。[①] 中国以喀斯特风光著称的自然保护区，是数千种珍稀动植物的最后栖息地，而部分地方部门

---

① 赵全科、张亚利：《旅游资源开发对环境的破坏及治理对策》，《忻州师范学院学报》2004 年第 12 期。

为了当前的经济利益而进行旅游开发，对整个生态环境产生了影响，从长远来看会导致物种灭绝速度加快。自然保护区中旅游设施、交通噪音、游客活动对野生动物的迁移及日常活动也会产生不良影响。调查结果显示，中国22%的自然保护区由于开展旅游而造成了保护对象的被损害，11%的旅游资源出现退化。[1]

传统意义上认为，与其他产业发展相比，旅游产业的发展更容易实现人与自然关系的和谐，旅游业发展还能够促进环境保护以实现可持续发展。但实际上，因为不合理的旅游开发规划，不健康的旅游消费倾向，不完整的旅游管理体系等因素的广泛存在，旅游发展已经成为环境破坏的主要因素。因此，改变旅游发展的错误环境伦理观念，树立正确的旅游自然生态环境伦理观念非常有必要。在旅游过程中，应树立人与自然环境平等的环境道德观念，爱护旅游自然生态环境。旅游的过程应成为体现人与自然环境平等一致观念的过程，通过对这种环境道德状态的体验来激发旅游者强烈的道德自豪感，让对自然环境的尊重成为旅游者时尚的旅游体验，通过各种引导和强化性的活动来使旅游者自觉地加入维护自然生态环境利益的行列中来，从而实现人与自然生态环境的良性关系。

旅游发展中应建立可持续发展的自然环境道德观。在旅游开发建设过程中，旅游规划专家应牢固树立生态环境保护的观念，在规划旅游项目中应渗入环境保护的理念。开发建设者应具备长远的发展战略眼光，应敬畏自然环境，深入把握旅游发展的潮流和时尚，将生态环境的保护体现在旅游开发的全过程中。受联合国环境规划署委托，国际自然保护同盟于1980年3月公布了《世界自然保护大纲》，这是一项保护世界自然的纲领性文件，目的在于使公众认识到人类在谋求经济发展和享受自然财富的过程中，自然资源和生态系统的支持能力是有限的，必须考虑到子孙后代的需要。它将保护自然与发展结合起来，强调在"经济"发展的同时，一定要保护"生物圈"，要合理利

---

① 李雄华：《可持续旅游资源与环境保护体系建设的研究》，中南林学院2003年硕士学位论文。

用自然。①

对旅游活动的参与者应加强环境伦理的教育。树立人与环境及自然生态环境相一致的观念。无论是人文环境还是自然环境，只要具备旅游价值，都能够成为人们旅游的对象。旅游伦理观念的关注视角，不应该仅集中于自然环境而应强调自然环境伦理，还应当关注人文旅游环境。与自然环境类的旅游现象相比，人文环境类旅游现象容易被旅游环境伦理所忽视。人文环境类旅游现象主要是在自然环境的基础上集中体现历史发展和文化表现。独具特色的人文环境成为旅游者向往的旅游对象，其旅游发展也应遵循旅游伦理的一般规则。人文旅游发展的主要目的是为旅游者提供文化享受。如何在旅游开发中体现文化特色，体现正面的、有积极影响力的文化元素，排斥伪文化表现，通过旅游者喜闻乐见的方式来传递真实的人文精神等，都应成为人文环境类旅游开发坚持的原则。在旅游发展中，发挥人文旅游环境和自然旅游环境的潜质，共生共荣，而不是相互成为障碍。

六 利益相关者与旅游环境保护

应当正确处理旅游资源保护和旅游利益相关者之间的关系。旅游资源保护的暂时性结果就是在一定程度上影响了旅游开发。例如，许多地方目前旅游开发的趋势就是盲目扩大规模，建筑体量过大，摊子铺得过大。而旅游资源保护则要求对旅游资源进行有限制性的开发。这样一来，势必会影响到旅游利益相关者的利益诉求。面对旅游环境保护，不同利益相关者的诉求是不完全一致的。

（一）旅游管理者与环境保护

旅游开发的管理者需要执行国家相关标准和制度，按照国家有关要求来对旅游资源的开发和保护进行评估，评估结果不理想的资源开

---

① 《世界自然保护同盟（IUCN）》《联合国环境署（UNEP）》《世界野生生物基金会（WWF）》《保护地球——可持续生存战略》，国家环境保护局外事办公室译，中国环境科学出版社 1992 年版。

发地将受到惩处。目前，在旅游资源保护相关规定不健全的背景下，旅游管理者的环境保护态度和执行政策法规的水平将影响到对旅游环境评估的结果。再加之在旅游企业的游说和公关之下，旅游管理部门的环境保护态度经常是暧昧的。同时，过于严苛的旅游资源环境保护的管理可能会影响到地方经济的发展，从而影响政绩。这也是旅游管理部门在环境保护中处于左右为难境地的原因。特别是在少数情况下，如果旅游管理者在环境保护中不能独立，如果其利益与旅游企业勾结在一起，这时，旅游管理职责可能会失误，旅游管理部门就会成为环境破坏的帮凶。

　　旅游资源的开发利用者对环境依赖性的认识程度直接影响其对环境伦理选择的偏好。旅游环境伦理的落实，虽然是不正当旅游环境开发所形成的环境危机的一种逼迫，但具体的操作更多地表现为旅游开发者的环境伦理认识，特别是旅游开发领导者的伦理态度。旅游开发是一个环境科学过程，如何在旅游发展过程中均衡发展与环境保护之间的关系，是一种环境科学的选择过程。旅游环境问题的表现更多的是一个缓慢发生或发展的现象，有时还不可能是一种理论性的推测。环境问题从短时期来看并不能成为旅游发展的根本性障碍，再加之如果旅游市场只处在浅层次的观光大众型旅游状态，市场对旅游环境的要求本身就不高，当然还包括对旅游环境的管理中环保执行力不足。在此状态下，旅游资源开发利用者对旅游环境的认识态度直接决定了旅游伦理的命运。如果旅游开发的领导者具有旅游环境的相关知识，对旅游地未来长远的发展潜力和旅游开发与旅游环境依赖的关系认识清楚，能够处理好如旅游环境伦理落实中的各种利益关系，这样的旅游资源开发者自然就会成为旅游伦理的坚决支持者。反之，因为旅游资源开发者对环境保护的肤浅认识，则不能够成为合格的旅游伦理的支持者。因此，选择合适的旅游资源的开发管理者和领导者对旅游伦理的落实至关重要。

（二）旅游开发者与环境保护

　　旅游开发者也不完全是旅游环境的破坏者。市场的规模及旅游开发投资的有限性，旅游者行为偏好，如果都能考虑到旅游开发的方向和规模，就几乎不存在对环境无限破坏的旅游开发行为。如果旅游企业具有长远的发展眼光，则会主动成为旅游环境的保护者，因为长远的旅游发展眼光就是可持续发展的环境态度。在当下旅游企业经营竞争活跃，市场开发不足的情况下，旅游企业很容易对旅游资源的较多地区进行高密度开发。为了获得市场效益，旅游企业将一味为满足旅游者需求而对环境进行有害性开发。再加之如果对环境开发的监督不力，旅游企业很容易对环境造成影响。由此可见，旅游企业的环境保护态度不稳定，受到诸多因素的影响。加强对旅游企业的资源保护管理，培养旅游企业的可持续发展理念尤为重要。在中国目前的环境下，旅游企业对旅游资源的经营权限往往体现在经营时间的长短上，30 年，或者 50 年。如何在经营期限内充分盈利，是旅游企业最为关心的事情，往往只能通过对旅游环境最大化的开发和索取才能满足企业对利益的追求。这样一来，有限时间的经营权在一定程度上加速了旅游企业对旅游资源的破坏。从产业制度、政策引导、管理规范的角度引导企业实行对环境负责的旅游开发是有必要的。

（三）旅游者与环境保护

从根本上讲，旅游环境保护维护了旅游者的长远利益，旅游者的行为和需求应该能够与旅游环境保护的立场相一致。但在现实的旅游活动中，旅游者的动机和行为是复杂的，其对旅游环境保护的态度也是模糊的。一方面，旅游者追求良好的旅游环境；另一方面，因为个人的能力和经验的不足，以及受到旅游市场的不良暗示和影响，旅游者很难对旅游环境质量和旅游环境保护做出科学理智的判断。我们知道，旅游者的消费行为态度和爱好在很大程度上影响着旅游市场的产品开发。如果旅游者都能够形成良好的旅游环境保护理念和态度，则对旅游环境的保护会形成关键性的影响。中国广大旅游者正在走向成熟化，随着旅游者素质的提升和经验的丰富，对旅游环境质量需求标准的提升则势在必行。再加之国家层面在积极改革全民休假制度，多种带薪休假的方案逐渐得到落实，大规模的节假日出游现象有望得到缓解。以往大规模人群的观光旅游因为旅游者太多，要求旅游者能够坚持对旅游环境质量的良好态度则不大可能，因为一个景区的超饱和性经营是对旅游环境的危害。随着小规模团队，个人出游，自驾游的增多，旅游者将对旅游环境提出更高的要求。由此可见，旅游环境保护从根本上保护了旅游者的利益，有利于旅游业的可持续发展。

（四）旅游中介机构与环境保护

对旅游协会等中介机构而言，旅游资源的保护问题也应成为其日常性的工作。在中国旅游界，以旅游协会为主的中介性组织数量较多。各地都成立了旅游协会，协会构建呈现出纵向和横向一起发展的趋势。横向上的数量一直在发展，纵向上也已经出现上下级统一管理和运营的态势。旅游协会应当成为联系旅游界的桥梁，是旅游不同利益相关者交流的平台，对错综复杂的旅游业关系进行协调的手段，是政府旅游管理延伸的实现，也是旅游业发展的助手，同时是旅游权益保障和旅游引导教育的依靠。但在当下，中国旅游协会的实际能力却发挥得相当有限。这一方面是因为中国旅游管理机制的影响，另一方面与国内旅游发展历史与目前的发展水平有关。旅游协会在许多方面成了一个虚空的摆设。因此，旅游协会对中国旅游开发中的环境保护的影响是相当有限的。如果在未来旅游发展的新背景下，中国各级旅游协会的能力能够得到加强，相信旅游协会能够成为旅游资源保护的重要力量。

（五）旅游研究机构与环境保护

各类旅游研究机构和学术团体，一直没有停止对中国旅游业发展的研究和探讨，旅游环境保护和可持续发展问题一直是旅游研究的热点。各类研究项目的立项，每年出版的学术专著，大量的学术论文等，有很多都围绕着旅游可持续发展问题做出不懈努力的深入探讨。目前，我们的学术研究对旅游环境保护问题的影响是很有限的。一方面，许多研究者因为研究能力有限，特别是长期以来所形成的旅游研究与旅游实践发展相脱节的现象普遍存在，有质量的研究成果并不多见。另一方面，旅游界对旅游学术研究的结果重视程度不够，研究成果的实践转化能力较弱，这也是阻止中国旅游可持续发展和旅游研究深入开展的重要因素。旅游学术成果转化难的问题是中国复杂问题的表现之一，其原因与旅游业的发展不成熟有关。普遍认为，对旅游发展不需要太多的研究，不需要多少智力研究的支撑，对专家的意见和观点不能够主动采纳。而旅游发展的主要因素是旅游资源开发过程中政府政策的支持和强有力的领导，除专门的旅游资源开发之外，大多数旅游开发依附地产业、矿业、零售业、制造业、运输业等业态，开发者往往会以以往产业发展的观点和理念来经营旅游业，一方面因为本身对旅游业不熟悉，另一方面因为自认为经营旅游是简单易操作的产业，不需要专业研究。以上现象都与中国旅游业市场发展的不成熟有关。随着市场竞争的加剧，市场成熟水平进一步提升，旅游业深度发展时代的到来，旅游业就需要产业研究的指导，产业研究就可以与产业发展实践实现有机结合。旅游环境保护是旅游开发中最具有技术难度的领域之一。旅游环境保护是科学的环境干预行为，必须是在分析和研究旅游开发过程中对旅游环境影响的基础上，对环境保护所做的科学决策和保护行为。不科学的环境保护反而会成为环境破坏的原因。理性的旅游环境保护必须建立在缜密、严谨的科学分析基础上。已经成立且发生的环境、地理、生物等科学知识的运用都能为旅游环境保护起到良好的指导作用。因此，旅游环境保护的需要，向旅游研究者提出了新的课题，也拓宽了研究领域。

（六）旅游规划机构与环境保护

旅游规划机构是旅游利益相关者中的特殊成员。它的性质虽然为企业，但与具体的旅游企业行为都不一致。旅游规划企业利用自己的专业知识，在国家法规范围内，对旅游区的发展提出不同层次的规划方案。旅游环境保护的现状与未来，直接与旅游规划机构所做的旅游规划中对旅游环境的态度和方案有着直接关系。虽然在旅游开发的具体过程中，旅游规划能够落实到什么程度，规划机构没有最终的决定权，但规划机构绝对可以利用规划技术对旅游环境保护起到积极作用。由此可见，旅游规划机构的环境保护态度很重要，它必须利用规划技术来平衡旅游开发机构的要求与旅游环境保护的科学规范之间的关系。这就向旅游规划机构的环保技术提出了新要求。一般认为，旅游规划机构的主要任务是为规划对象完成旅游产品的设计。而旅游开发机构对旅游规划成果的评价主要依据的是，对旅游产品设计是否满意。因此，旅游规划机构会将主要的工作放在旅游产品设计中。我们能理解，旅游规划过程中所做的市场调研、资源勘查、条件背景分析、纵横向对比等就是要对旅游产品设计的质量负责，因为只有适销对路的旅游产品才会给旅游开发者带来营利的机会。于是，对于旅游规划机构而言，对环境保护的重视也会降低。加之旅游环境保护规划需要专业型人才，因此，旅游规划能否真正体现对旅游环境的尊重还是应持谨慎态度。特别是许多质量一般的旅游规划机构，规划的过程主要是一个有限借鉴和复制的过程，从项目创意、建设设计到产品开发，规划成果之间的抄袭现象非常普遍。旅游环境保护是针对具体的环境现实而做出的科学行动，环境都是唯一性的，没有完全相同的两处环境。因此，不负责任的环境保护规划所做的简单抄袭的环境保护方案，其可操作性和可执行性都可能会大打折扣。旅游环境保护的需要要求旅游规划机构必须有旅游环境方面的专门性人才，必须有针对性的保护方案，立足科学，追求可持续的发展模式。

第四章　生态旅游与低碳旅游

一　生态旅游概念的发展

1983 年，世界自然保护联盟（IUNC）特别顾问、墨西哥生态学家谢贝洛斯·拉斯喀瑞（Cebalols Lasucruin）首次提出生态旅游（ecotourism）一词，原意是指类似于青年旅馆运动的、出于某种教育目的、到较少受到人类干扰和污染的地区进行的自然旅游。它的含义不仅是指观赏对象为自然景物的旅行，而且强调被观赏的景物不应受到破坏。在 1986 年召开的国际环境会议上，生态旅游被定义为一种常规的旅游形式，游客在观赏和游览古今文化的同时，置身于相对古朴、原始的自然区域，尽情考究和享受自然风光和野生动植物。有些学者认为，生态旅游市场完全不同于大众旅游市场，它只应定位于精英旅游者。与之相反，很多学者则认为，生态旅游能够成为一种大众化的旅游方式，参与生态旅游的旅游者不应该只局限于少数专业人士或环境论者之中。1987 年，拉阿曼（Laarman）和德斯特（Durst）融合了上述两种观点，比较完整地概括了生态旅游者的范畴，这一概念作为一个基本体系在生态旅游学术界得到了广泛的支持。[①]

1987 年，谢贝洛斯·拉斯喀瑞进一步给出生态旅游的定义，他认为，生态旅游作为常规旅游的一种特殊形式，旅游者在欣赏和游览

[①]　周笑源：《生态旅游市场营销内涵及其产品策略》，《旅游学刊》2004 年第 1 期。

古今文化遗产的同时，置身于相对古朴、原始的自然区域，尽情研究野生动植物和享受旖旎的风光。此后，不同的旅游机构和旅游学者对生态旅游的定义都提出了各自的观点。①

生态旅游协会（TES，1993）将生态旅游定义为，为了解当地生态、文化与自然历史知识，有目的地到自然区域的旅游。这种旅游活动的开展在尽量不改变生态系统完整性的同时，创造经济发展机会。自然资源的保护能够使当地居民受益。② Wight（1993）认为，生态旅游在为生态系统保护做出贡献的同时，应尊重当地社会的完整性，是具有启迪意义的自然旅游体验。③

澳大利亚国家生态旅游战略机构（The Australian National Eco-tourism Strategy，1994）认为，生态旅游就是涉及对自然环境的解释和教育的自然旅游，该旅游按照生态可持续的方式经营。国际自然与自然资源保护联合会（IUCN，1996）认为，生态旅游是到相对未受干扰的自然区域进行对环境负责的旅游和游览，目的是享受和欣赏自然（以及其他附带的文化因素——过去的和现在的），促进环境保护。旅游者的负面影响小，为当地居民提供了社会经济利益。Ercan Sirakaya，Vinod Sasidharan 和 Sevil Sonmez（1999）在对以往有关生态旅游定义回顾与评论的基础上，通过对美国 282 个生态旅游经营者的调查，从供给视角对生态旅游进行了定义，认为生态旅游是一种非消耗性、教育性、探险性的新型旅游，其目的地是那些自然风景异常优美、文化和历史意义突出且几乎未受人类干扰破坏的地区，旨在欣赏当地的自然、社会、文化与历史。④ 菲律宾在《国家生态旅游法》中规定，生态旅游是在指定的自然环境内开展的低环境影响、维护环境良好和群体参与的旅游活动，可以促进参与者了解环境和接受环境教

---

① Ceballos，L. H.，"The Future of Ecotourism," *Mexico Journal*，1987，（1）：13 – 14.

② 江民锦：《生态伦理观及生态旅游资源的开发取向》，《安徽农业科学》2010 年第24 期。

③ Wight，P. A.，"North American Eco-tourists Market：Motivations，Reference and Desti-nations," *Journal of Travel Research*，35（1），Summer 1996：3 – 10.

④ Ercan Sirakaya，Sasidharan，V.，Sonmez，S.，"Redefining Ecotourism：The Need for A Supply-side View," *Journal of Travel Research*，1999，（11）：168 – 180.

育，对从事生态旅游的利益各方产生一定的经济效益。

William F. Theobald 认为，生态旅游最重要的作用是促进旅游产业的绿色化。对旅游业实行绿色开发，要求在旅游总体规划和具体旅游项目设计中，能够进一步强化生态保护意识，防止建设性破坏；推广绿色经营，开展创建绿色饭店、推广绿色消费的活动；提倡低能源、无污染的交通方式等，以保障旅游业的可持续性。① Malloy 和 Fennel 运用 Kohlberg 关于道德行为发展的三个阶段——前保护、保护与后保护，将生态旅游发展分为生态旅游营销文化、生态旅游社会文化和普遍意义的道德三个层次。

Fennell（2001）用内容分析法对 85 个生态旅游定义进行了分析，通过统计 20 个变量在这些定义中的提及程度，发现最多被提及的变量包括生态旅游发生的场所（如自然区域）、保护、文化、当地利益和教育。从时间发展上来说，保护、教育、伦理、可持续性、影响力和当地利益这些方面，在越后期的定义中得到了越多的关注，显示出生态旅游关注重点的变化。② Blamey 从数百种关于生态旅游的定义中提炼出了有关生态旅游的三个核心标准，即生态旅游吸引物应该以自然环境为基础；游客与旅游吸引物的交互作用应该集中于学习或教育；游客体验或生态旅游产品管理应该遵循与生态、社会文化或经济可持续性的原则与实践。

近年来，自然保护区生态旅游市场的增长速度很快，全球生态旅游接待量的年均增长率为 20%—25%，是旅游市场中增长最快的部分，但就其规模而言，在全球旅游市场中所占的份额约为 3%。③ WTO 分别在 2000 年、2001 年和 2003 年出版的 3 卷本《生态旅游可持续发展成功实践案例汇编》，汇集了世界各地 168 个案例，是与旅

---

① ［美］威廉·瑟厄波德：《全球旅游新论》，张广瑞等译，中国旅游出版社 2001 年版。

② Fennell, D. A., "A Content Analysis of Ecotourism Definitions," *Current Issues in Tourism*, 2001, 4 (5)：403 – 421.

③ 王玉霞：《大青沟自然保护区生态旅游评价及其可持续发展》，内蒙古农业大学 2010 年博士学位论文。

游伦理联系最紧密的生态旅游和社区旅游研究的重要成果。①

　　在中国有关生态旅游的研究中，曾有学者认为，生态旅游是可持续旅游的基石。② 张延毅等人认为："生态旅游是指对环境和旅游景区文化有较小影响，有助于创造就业机会，同时保护野生动植物的多样性，对生态和文化有着特别感受的带有责任感的旅游活动。"③

　　王家骏（2002）对国外44个生态旅游定义中的关键词用聚类方法分为6大类11组，构建了理解生态旅游的概念模型。该研究认为，这些定义具有相当大的共性。其中，93.2%的定义有明确的指导方针，其焦点集中在环境的责任性和社区经济、社会发展可持续性两方面；88.6%的定义则明确指出了开展生态旅游的场所，这些地点的特征包括生态系统的完整性、自然环境的原始性、地域的边缘性、较差的可进入性、文化的独特性及社区的传统性；84.1%的定义认为，生态旅游最主要的预期结果是自然生态得到保护。④ 卢小丽等（2006）选择了40个有影响力的生态旅游定义，用内容分析法将其中最频繁出现的代表内涵进行提炼，总结出6个标准：以自然为基础、对保护的贡献、当地社区受益、环境教育、道德规范与责任、可持续性，这些标准在所研究的定义中频率均超过了50%。另外有47.5%的定义提及旅游享受体验，42.5%的提及文化熏陶。而很多认知都将生态旅游限制在精英旅游方面，如监测和评估环境影响、小规模、冒险这些概念，则均未超过10%。⑤

　　吴楚材（2009）等从240余种中外概念中选出182种进行归类分析，并作了更详细的总结评价。根据研究，生态旅游的定义可分为5类：一是保护中心论，认为"生态旅游 = 观光旅游 + 保护"，主张生

　　① WTO, *Sustainable Development of Tourism*（Madrid：World Tourism Organization, 2000）.
　　② 郭来喜：《中国生态旅游——可持续旅游的基石》，《地理科学进展》1997年第4期。
　　③ 张延毅、董观志：《生态旅游及其可持续发展对策》，《经济地理》1997年第2期。
　　④ 王家骏：《"生态旅游"概念探微》，《江南大学学报》（人文社会科学版）2002年第1期。
　　⑤ 卢小丽、武春友等：《基于内容分析法的生态旅游内涵辨析》，《生态学报》2006年第4期。

态旅游要强调保护，要求旅游者在旅游过程中注重保护，包括了 61 种定义，但这类定义既没有考虑旅游者的真实动机，也偏离实际，不具备实践意义。二是居民利益论，认为"生态旅游 = 观光旅游 + 保护 + 提高社区居民收入"，主张生态旅游应在保护的基础上展开，而且旅游组织者和旅游者有义务为增加当地居民的收入做出贡献，包括了 33 种定义，但这类定义与大众旅游不能形成实质性的区别，在理论上难以成立。三是回归自然论，认为"生态旅游 = 大自然旅游"，只要旅游者走进大自然就属于生态旅游的范畴，包括了 49 种定义，这类定义在一定程度上涉及了生态旅游的本质问题，但过于扩大了生态旅游的范围，造成实践中的"泛化"危害。四是"负责任论"，认为"生态旅游 = 负责任旅游"，核心内容是旅游者应对环境和资源承担维护责任，但这类定义既不具备可操作性，又与生态旅游特殊本质的关联性不大。五是原始荒野论，认为"生态旅游 = 原始荒野旅游"，核心内容就是生态旅游开展区域是在人迹罕至的原始荒野，但因为这类区域很多并无法开展旅游，这类定义缺乏普遍性。该研究主张其所提出的定义较为科学，即"环境资源论"，认为生态旅游是以自然旅游资源为主要依托，旅游者进行旅游的目的是到良好的生态环境中去，其核心内容是"以人类最佳的生存环境因子作为主要旅游资源"①。

1995 年，中国生态旅游研讨会认为，生态旅游是在生态学的观点、理论指导下，享受、认识和保护自然和文化遗产，带有生态科教和科普色彩的一种专项旅游活动。因此，生态旅游在被称为自然旅游、绿色旅游和回归自然旅游的同时，还被称为保护性旅游、责任感旅游、可持续旅游的概念也由此产生。《国家生态旅游示范区管理暂行办法》（2010）将生态旅游定义为："以吸收自然和文化知识为取向，尽量减少对生态环境的不利影响，确保旅游资源的可持续利用，将生态环境保护与公众教育同促进地方经济社会发展有机结合的旅游

---

① 吴楚材、吴章文、郑群明等：《生态旅游定义辨析》，《中南林业科技大学学报》2009 年第 5 期。

活动。"①

表 4 - 1　　　　　　　　　　部分国家生态旅游发展措施

国家	措施
美国	实行经营权与管理权的分离。对公园环境实行严格的监测。通过立法加强对生态旅游环境的保护
德国	重视居民的环境教育和公德教育，把国民的遵纪守法和遵守社会公德作为一种普及性的教育。对乡村生态旅游进行有效的管理和扶持。珍惜和重视历史文化遗存并进行妥善的保护
澳大利亚	站在国家战略的高度制定与实施国家生态旅游战略。树立生态旅游可持续发展理念。加强旅游区环境的建设与保护。重视旅游地居民利益的保护。发挥非政府、非营利性环保组织在生态环境保护中的作用
日本	对保护生态旅游环境进行严格立法和有效执法。进行宏观管理和微观经营的有效结合。让当地居民参与管理并在经营中受益
肯尼亚	政府的授权与大力支持。政府积极倡导当地社区居民参与到生态旅游产业的发展中，并给予当地居民帮助与支持
泰国	政府通过立法以及制定有关政策措施来发展生态旅游。建立生态旅游示范地区，实行点面结合。采用行政和经济手段对旅游景点进行定量开发，控制开发速度

资料来源：陶表红：《生态旅游产业可持续发展研究——以江西为例》，武汉理工大学 2012 年博士学位论文。

二　旅游发展与生态环境的关系

旅游业对生态环境形成的影响是明显的。与旅游者对生态环境造成的影响相比，旅游业主导下的旅游开发过程和行为对生态环境构成了根本性的影响。旅游业不可避免地"面临着一个严峻的抉择：是立即采取行动保证旅游业的可持续未来，还是坐等观望，任环境和经济的衰退毁灭其赖以生存的资源"②。近年来，旅游活动给自然所带

---

① 国家旅游局、环境保护部：《国家生态旅游示范区管理暂行办法》，2012 年。
② WTO, WTTC, Earth Council：《关于旅游业的 21 世纪议程（四）：实现与环境相适应的可持续发展》，张广瑞译，《旅游学刊》1995 年第 5 期。

来的负面影响引起了高度关注。比如，在新西兰，由于当局在开发生态旅游时忽视了当地土著毛利人的环境价值观，从而引起了很多毛利族居民对发展旅游的抵触；在澳大利亚北部地区的古丁人因不喜欢自己像动物表演般地在旅游者面前展示自己的生活方式而反对发展旅游（Jarviluoma，1992；Jones，1992；Cater，1994）；在中国四川省乐山，由于在旅游开发过程中有人违法开山凿石复制巴米扬大佛，致使同乐山大佛一道被列为世界自然与文化遗产的麻浩崖墓遭到严重破坏。对此，世界文化遗产保护专家曾致书中国国家文物局和四川省文物局，严肃指出，正在建设中的复制巴米扬佛像工程是对乐山大佛及其周围环境的严重侵扰，并可能导致其巨大的形状会降低乐山大佛作为历史文物遗址的深远含义，破坏乐山大佛的文化价值和重要性以及破坏周围环境，影响乐山大佛（旅游景点）的收入；驰名世界的黄山、庐山垃圾随处可见，甚至连世界屋脊喜马拉雅山，游客也留下了各种饮料袋、包装袋等垃圾，致使当地不得不花费巨资去清除；中国人与生物圈国家委员会指出，开发旅游的自然保护区环境污染问题也日趋严重，据统计，目前已有44%存在垃圾公害，12%出现水污染，11%有噪音污染，3%有空气污染，22%的自然保护区由于开展旅游而损害了被保护对象，11%的地方出现旅游资源退化，61%存在建筑和景观环境不协调的现象，真正达到生态旅游要求的自然保护区寥寥无几。① 大范围的河流受到严重污染，使本来生命形态富集的河流地区成为生命的空白之地。大肆的污染行为成为杀戮生命的恶劣过程。因此，当下需要培养人们尊重生命的基本伦理观。生态齐一是指生态环境的统一性和和谐性。生态是一个完整的系统，相互之间制约与支撑，形成彼此一致的统一体。我们对生态环境的破坏，打破了生态的有机和谐，对生态环境的发展造成了恶劣的影响。

　　旅游企业的生态环境观念直接决定着旅游开发中对待生态环境的态度，并直接决定着旅游开发的结果。如果旅游企业能够认识到生态环境的价值，特别是能够将旅游开发定位于生态旅游，能够对旅游生

---

① http：//news. ifeng. com/opinion/detail_ 2006_ 10/11/1376099_ 0. shtml。

态环境进行谨慎开发，在对生态环境加以利用的同时，能够切实执行对生态环境的保护规定，这样的企业发展和旅游开发则是能够与生态环境和谐一致的。旅游开发活动会对生态环境造成根本性的破坏，因此，旅游企业主导下的旅游开发对待生态环境的态度则是最重要的。从旅游企业的旅游产品设计阶段到旅游资源的开发阶段，在这些前期阶段中，就应当树立生态环境保护的观念，将旅游可持续发展观作为旅游企业进行旅游开发的根本性指导策略。产品设计中要顺应旅游市场消费者观念变革的需要，通过生态环境的保护来达到满足和引导旅游消费市场的目的。要使旅游企业对生态伦理知行合一，就必须使旅游企业运作过程中的生态问题能够市场化，如对生态产品、生态技术、绿色管理、生态理论、生态研究等不同的领域，要依靠市场细分下的专业化市场来解决。旅游企业发展中出现的各种生态问题，旅游生态环境开发与利用的问题是典型的技术性难题，它的实现既需要旅游企业有相关理念，更需要对具体技术问题的解决。在旅游产品市场化阶段，旅游企业要借助市场的力量，对生态环境相关理论的技术性问题能够借助专业化市场的力量来解决。旅游企业是旅游利益相关者中核心的部分，是旅游业发展的中坚力量，是旅游开发成败的关键。旅游企业所操守的旅游伦理态度和理念对可持续发展有直接影响。因此，旅游可持续发展目标的实现应成为所有旅游企业共同的努力。

三　生态旅游体验

（一）自然旅游的精神体验

自然界是旅游资源和旅游开发的基础，自然类旅游资源依然是旅游开发和旅游活动开展的主要对象。社会化过程中的人们为何会持有对自然环境永远的依恋？基于自然环境的旅游行为到底给予人们怎样的情感体验和心灵关怀？人既是社会的人，同时也永远是自然的人，自然之子的基因融汇于人们的血液当中，只有人与自然和谐的旅游过程才能真正实现自然对人们身心的慰藉。人们仿佛是一个远离家乡的游子，因为生活所迫、身不由己而四处奔波，但是心灵深处的情感寄托永远属于当初自己的家，这就如同自然环境，人们对自然环境的依恋是永远的。自然环境的旅游，实则是透过各种物质性的自然资源对象来使旅游者获得深层次的情感和道德体验，从而提升自身的精神境界。如透过阳光（Sun）、大海（Sea）和沙滩（Sand）的"3S"旅游，旅游者则获得了"3N"的精神境界：基于自然环境的旅游者深入大自然（Nature）中，特别是在自然生态环境良好的地方，旅游者彻底告别日常生活社会化的环境，在自然中缅怀人类曾经与自然相处的怀旧（Nostalgia）情节。怀旧情节是人类共有的情感状态，尤其是对于经历人生沧桑的人来说，能够重温怀旧的感觉是相当珍贵的情感体验，自然怀旧则更是人类深层次的情感诉求，通过追求人与自然的和谐相处，在弥补社会化进程中人与自然逐渐隔离的缺憾，从而让人们追忆情感深处的自然情结。当人们完全融入自然环境，在怀旧情结的引导下，会逐渐进入"天堂"（Nirvana）的最高精神境界。人们对于幸福的追求，莫过于对天国的向往。自然环境旅游带给旅游者天堂般的感受，是指一种可以体验的心理状态。真正的天堂存在于精神世界，因此真正的天堂般的生态旅游感受也同样是一种精神状态。对于精神感受的需求，要求旅游者是在经历了一般性浅层次观光旅游之后才逐渐培养形成旅游动机。旅游伦理通过发挥其规范和引导作用，让旅游者能够真正领悟自然旅游的真谛，从认识自然到敬畏自然，再到与自然融为一体是一个不断提升的过程，是自然类旅游质量不断提升的过程，也是旅游境界不断得到升华的表现。

（二）遵循自然规律

旅游开发应当尊重自然规律。旅游开发活动，是对自然界的强烈干扰，只有尊重自然规律，才能使旅游开发活动限制在自然界可以接受的范围内，也才能形成可持续发展的开发格局。在漫长的自然进程中，大自然形成了自身的发展规律，一旦规律遭受破坏，大自然会在形成新的平衡过程中出现许多异常化的现象，这就是经常见到的自然对人类的报复。旅游开发也一样，只有顺应自然规律，旅游开发活动才是良性发展的。各地出现的旅游灾害，大多是因为开发过程中对自然规律的违背。

旅游开发应以保护环境为原则。因为良好的自然生态环境，能够成为重要的旅游吸引物。从一定意义上讲，旅游开发的确具备了"无烟工业"的特征，应该能和自然环境融为一体。但现实中却是因为不正确的旅游消费和旅游开发行为而导致对自然环境的破坏。自然环境是旅游发展的基底，旅游发展的潜力蕴藏在自然环境当中。因此，保护自然环境应当成为旅游开发坚持的原则。在旅游开发过程中，应当强化环境伦理意识。既然自然环境对旅游而言是至关重要的，那么，旅游环境伦理的意识应得到贯彻。敬畏自然，呵护环境，不能说就不可以对自然环境加以干涉。人类社会发展到今天，我们的生存和发展必须依赖于自然界提供的物质环境，旅游开发也必然要与自然环境发生联系。但是，对自然环境的影响不应该是没有限制的，因为自然界有着自己的容纳范围。因此，旅游开发中应强化环境伦理道德意识。在旅游过程中，应提倡低碳式的绿色消费。所有的旅游开发都是为旅游消费提供条件的，因此旅游消费的导向明显会影响旅游开发的方向。因此，引导旅游者形成低碳式的绿色消费观念对旅游伦理构建来讲是非常有必要的。要让低碳式绿色消费成为旅游者追求的时尚，旅游吸引物的开发和旅游基础设施的构建完善，也应坚持低碳化的思路。在旅游产品开发的过程中，要主动迎合低碳旅游的市场趋势，而不是有意助长浪费之风。近年来，许多地方旅游建设的配套设施出现了趋于豪华的倾向，许多地方的建筑超标，这也是不符合旅游伦理倾向的现象。

（三）旅游活动及人与自然的关系

人与自然的关系是人类面临和需要伦理调解的众多关系之一。旅游开发和旅游活动的过程亦是处理人与自然关系的过程。在自然环境不断恶化的今天，人类需要重新界定和认识人与自然的关系。人类所拥有的科技水平在突飞猛进，我们已经走向了遥远的太空，我们对微观世界的了解也有巨大的成功；人类所拥有的武器可以轻易将地球毁灭，同时我们也在诸如医学等事关人类福祉的领域内积极探索。总之，巨大的成就伴随着包含巨大危机的人类前行过程是客观的。当人类回首往事和注重当下的时候，会突然发现，我们对人类赖以生存的自然环境的关怀实在是不够的，因此，重新定义和认识人与自然的关系成为我们必须深思的问题。当我们将旅游业的发展置于人类与自然关系的大背景下审视的时候，在旅游发展中重视人与自然的关系则成为必然。旅游业天然地与自然环境发生着关系。自然环境是旅游业发展的对象和基础，理性的旅游业发展应当成为科学对待人与自然关系的典型。环境伦理学中关于人与自然关系的观念应该得到执行。在处理人与自然关系的过程中，人类已经积累了丰富的经验，这些经验可以为旅游发展提供借鉴。旅游可持续发展是处理人与自然关系的良药，依托旅游伦理建设来谋求旅游发展中人与自然关系的和谐，解决旅游发展中的深层次道德问题，是理想的旅游发展模式。

（四）生态旅游对美的体悟

旅游是一种对美的体验过程。要引导人们在旅游中去认识和体验生态之美，对生态美的体验是旅游环境伦理得以成立的感情基础。L. K. 奥斯丁说："美的感受不是一种奢侈，而是人类特有的才能。"旅游者暂时性地离开自己的惯常居住地所进行的生态体验旅游，应该是对生态之美认识、体验、深化的过程。在旅游的过程中，旅游者充满了对美的希望和挖掘。从这个角度来看，形成旅游者共同的旅游诉求便有了基础，即生态旅游的过程即是旅游者共同发展和体验生态之美的过程。旅游者有了共同的旅游愿望，则建立共同遵守的旅游伦理便有了感情基础。如哥斯达黎加、尼泊尔、不丹等生态旅游开展较成功的国家，对旅游者的行为都作了一定的规范，如尼泊尔、不丹对生态旅游者提出了九条请求。伯朗基和尼尔森在1993年收集、归纳了近60篇不同团体所拟的生态旅游者准则。郭岱宜在其《生态旅游：21世纪旅游新主张》一书中对生态旅游者提出了四大要求30条具体行为规范。① 郑堡垒在《构成生态旅游的条件》一文中也对生态旅游者提出五点要求，即要有引导游

---

① 郭岱宜：《生态旅游21世纪旅游新主张》，（台北）扬智文化事业股份有限公司1999年版。

客保护自然的意识；要选择具备生态旅游条件的目的地，避开脆弱、敏感的生态地域，回避那些只利用、不重视保护或接待体制不完备的地域；在旅行策划各阶段，要充分听取地域生态研究人员和自然保护团体的意见；旅行团队人数要控制在适当的范围内，小团体旅游便于领队实行有效管理；对游客进行事先教育。[①] 只有大家共同按照旅游伦理的要求去对待旅游，才能够最大限度地保护生态之美，保护大家共同的利益。美国旅行社协会（ASTA）提出生态旅游者的 10 条道德标准（Mcintosh，1995）：（1）尊重地理的脆弱性。意识到如果不保护环境，后代可能不会再看到独特而美丽的目的地。（2）只留下脚印，只带走照片；不乱涂乱写，乱扔垃圾；不从历史遗迹和自然景观上取走纪念品。（3）了解目的地的地理、习惯、风俗和文化，使旅程更有意义。倾听当地人的谈话，鼓励当地居民参加环保活动。（4）尊重别人的隐私和尊严。在征求对方意见后拍照。（5）不买濒危动植物制成品，如象牙、龟壳、动物毛皮等。（6）走设计路线，不打扰动物及其栖息地，不破坏植物。（7）了解并支持环保计划和组织。（8）尽量徒步或使用对环境无害的交通工具，鼓励司机停车时关闭发动机。（9）支持节约能源、环保企业（饭店、航空公司、度假区、游船、旅行社）及其行为，包括改善水和空气质量，废物利用，安全管理有毒材料，消除噪音，鼓励社区参与，雇佣致力于环保和经验丰富的员工。（10）询问旅行社协会会员，获得赞同旅行社协会旅游环境指南的组织，建议他们用自己的环境规范，约束游客在特殊景点和生态系统的行为。[②]

旅游过程中对美的体验是一种高尚的旅游行为，也是一种自觉的行为。自然生态之美可以为人体验和认可，通过对生态美的感悟可以提升旅游者自身的情操，甚至可能会改变其人生观、价值观和世界观。从这个角度来看，生态审美式旅游是良好的教化工具，是促进人

---

① 孙猛、陈丽军：《生态伦理对旅游者行为规范的实现》，《哈尔滨商业大学学报》（社会科学版）2007 年第 4 期。

② 邹统钎：《旅游景区开发与管理》，清华大学出版社 2004 年版。

们更加完美的可行性行动。法国哲学家施韦泽说，善能保持生命和促进生命，使可发展的生命实现其最高的价值。恶则是毁灭生命，伤害生命、压制生命的发展。① 泰勒关于尊重生命的伦理学，提出了更具操作性的一组基本原则，即不作恶原则、不干涉原则、忠诚原则和补偿正义原则，而其中最重要的基本原则就是不作恶原则。② 与史怀泽和泰勒不同的是，大地伦理学把生态系统的整体性和健康运行看成是生态伦理最根本的道德原则，通俗表达就是，一个事物，当它有助于保护生物共同体的和谐、稳定和美丽的时候，它就是正确的；反之，就是错误的。对美的感悟，是人类特有的才能。这种特有的才能能够帮助人们与自然发生伦理关系，即人必须用道德的眼光去看待人与自然生态之间的关系。生态之美表现为一种生命的活力之美。通过生命之间的相互支持、互惠共生以及与环境融为一体展示出一种和谐之美。生态旅游的过程就是对这种美的亲身感悟过程。

四　生态旅游发展理念

（一）旅游企业的生态价值导向

在旅游发展对生态伦理的践行中，企业价值导向的定位应该是可持续的旅游发展观。旅游企业要有长远眼光，要为旅游企业未来留足发展空间。特别是与一般性的企业相比，旅游企业的性质决定了其必须秉持可持续发展的旅游生态伦理观。因为旅游企业为旅游者所提供的旅游经历，本质上是对一种异环境的体验。所以良好的生态环境就足以成为持续影响和吸引旅游者的优质资源。旅游企业应将可持续发展的价值观体现在企业管理和发展的全方位上，在领导决策、员工理念培育、产品开发、市场运营、宣传营销、规划策划等具体的企业运营过程中，都应该贯彻落实这一理念。只有旅游企业将可持续发展观

---

① ［法］阿尔贝特·施韦泽：《对生命的敬畏：阿尔贝特·施韦泽自述》，陈泽环译，上海人民出版社 2006 年版。

② ［美］保罗·沃伦·泰勒：《尊重自然：一种环境伦理学理论》，雷毅译，首都师范大学出版社 2010 年版。

渗透在全方位的发展过程中，旅游企业才能真正体现出服务性企业的价值，才能真正培育形成企业的核心竞争力。旅游企业生态伦理落实的具体对策就是大力发展生态旅游。虽然生态旅游的具体性操作不可能应用到所有的旅游企业中，但生态旅游的理念则能成为所有旅游企业发展的指南。几乎在所有的旅游发展中，都有处理旅游发展与环境保护的问题，而生态旅游发展理念就是专门性针对旅游发展和环境保护问题而形成的对策。如云南已形成五大生态旅游区，即滇西北香格里拉生态旅游区、滇西南热带雨林生态旅游区、滇东南岩溶地貌生态旅游区、滇东北红土高原生态旅游区和滇中高原湖泊生态旅游区，同时开发推出了八条生态旅游线路产品，即滇西北香格里拉生态旅游线、西双版纳热带雨林生态旅游线、滇西地热火山生态旅游线、滇东南田园风光生态旅游线、红河哈尼梯田生态旅游线、滇东北红土高原草甸瀑布生态旅游线、滇中红河谷—哀牢山生态旅游线和高原湖泊生态旅游线等。① 对生态旅游理念的运用，能够使旅游企业正确处理环境问题。而对于符合严格意义上的生态旅游发展条件的企业来讲，深入开展生态旅游是贯彻生态伦理观念以谋求旅游深度发展的必然选择。国内外生态旅游发展的成功案例说明，严格意义上的生态旅游是一种高端旅游开发，适应旅游者市场也是旅游者当中有素质、有教养、有文化者。生态旅游的参与者一般具有较高的文化素养，对生态学知识具有浓厚的兴趣，具有较强的环保意识，并能够以环保观念约束自己的行为。如在德国，许多热爱大自然的潜水者，会利用潜水时顺便清理珊瑚礁的垃圾。有时生态旅游者还会成为前哨观察员，一旦发现某些珍贵资源正遭受破坏冲击，他们会设法通知相关的保护团体或政府机构，或者发起相应的保护运动。如卢旺达、肯尼亚、哥斯达黎加等国，就是通过开展生态旅游，使政府改变了认识，看到了荒野生态系统及一些保护区的经济价值，不断投入资金，加速生态恢复和建设，从而拯救了多处一度濒于荒废的保护地和重要的荒野区。② 生

---

① http://www.ynta.gov.cn/。

② 张建萍:《旅游环境保护学》，旅游教育出版社 2003 年版。

态旅游发展能够取得环境保护与社区民众利益共荣的理想效果，特别是通过生态环境教育的方式来达到生态保护的目的。在中国目前阶段，生态旅游开发的范围有限，生态旅游执行的标准比较低，许多生态旅游地不能严格达标，生态旅游者人数有限，对生态旅游的认识存在很大误区。所以中国生态旅游的发展还有较大的潜力。如何规划庞大的市场，完善相关设施，科学开发以及使生态旅游理念得以落实成为中国生态旅游发展的关键。

旅游开发的过程，就是贯彻伦理中生命观态度和生态保护的必需过程。旅游地的可持续发展应当坚持种际平等，生命尊重和生态齐一的基本原则。对旅游地的开发要遵循当地自然环境的特点和规律，进行有限制性的开发，尽量避免高密度的人工化建筑的形成，大力发展生态旅游这种旨在追求旅游活动与生态保护相一致的理性发展思路。对任何旅游地开发建设都应当认真进行科学规划，特别是必须坚持严肃的环境评估态度，对旅游发展可能造成不可挽回损失的行为进行提前预防。对待物种、生命和生态的基本伦理理念应当成为旅游发展的基本原则，将旅游发展成为对生态感悟和体验之地，让旅游发展走向精细化和生态化的路子。

（二）生态旅游发展市场

生态旅游市场的开发是生态旅游发展的关键。谁会参与生态旅游是企业要首先考虑的问题。如何激励更多的旅游者认识到生态旅游的重要性，需要对旅游市场进行细分。生态旅游是教育性质明显的旅游行为，它是生态知识传递的有效手段。因此，生态旅游开发可将各级各类学校的学生作为市场开发的对象，旅游企业通过与旅行社和学校、教育局等机构的合作，让学生能够参与到生态旅游过程中，拓展书本知识，增强实践能力。参考国外一些地方生态旅游市场开发的经验，结合中国市场特色来达到开拓旅游市场的目标。生态旅游市场的发展过程是旅游者与生态环境交流和对话的过程。良好而富有特色的生态环境给予旅游者特殊的旅游感知。要达到这些效果，生态旅游开发必须坚持科学开发和完善设施。比如，生态旅游的解说系统构建，要达到在没有导游人员解说的情况下使旅游者知晓生态旅游，这就对解说牌、道路导引系统、自动点播解说系统、GPS 定位系统的完善提出了更高的要求。

（三）科学的生态精神

生态环境是科学的逻辑与过程，生态旅游的科学开发是指要将生态科学准确地传达给旅游者而不是对生态环境的画蛇添足。国内很多景区惯用的编故事的方法要在生态旅游的过程中谨慎使用。可以用轻松愉快的方式、幽默诙谐的语言、喜闻乐见的过程来将严肃的生态科学传递给旅游者，但是不负责任地胡编乱造的神话故事则应该避免。由此可见，生态旅游本质上是严谨而客观的旅游过程，因此它对旅游者的知识背景也提出了新的要求。生态旅游者更多地集中在学历较高的旅游人群当中。用生态旅游理念来吸引和影响旅游者，是生态旅游开发的职责。生态旅游理念是旅游伦理规范中的重要内容，是旅游可持续发展的表现。这种理念通过旅游活动的参加，能够为旅游者所认可和接受，更能从根本上改变旅游者的本质，对营造中国良好的旅游氛围也至关重要。生态旅游的过程就是生态旅游理念落实和渗透的过程。

五　生态旅游发展的利益协调

国外有多项实证研究表明，在生态旅游活动发展的不同时期，当地社区居民所获取的利益是不同的。生态旅游与其他类型的旅游一样，其发展一般要经历不同的时期。通常我们将这一时期分为开发初期、发展成熟期和发展衰退期三个部分。生态旅游的特殊性在于其必然地与社区居民的利益联系在一起。在国际上对生态旅游特征的认定标准中，重要的一点即是分析社区居民是否在生态旅游开发中获取利益，生态旅游开发是否将社区居民的利益问题重点纳入旅游规划和管理当中。违背社区居民利益的生态旅游被认定为是不道德的。20 世纪 70 年代对肯尼亚的研究表明，野生动植物的旅游经济效益远远超过捕猎（这项活动已于 1977 年在肯尼亚被禁止）。20 世纪 80 年代初期，热带雨林和珊瑚礁成为生物多样性（Biodiversity）研究的热点和自然风光记录片的主题，生物学家对生物多样性的浓厚兴趣促使了一个广泛多样的地方性经济发展方式的兴起，即专门作为科学家和电影制作者在偏远地区的向导。当这种经济发展方式在一些国家迅速走向繁荣的时候，如哥斯达黎加和厄瓜多尔，一种更正式的符合小旅游团体需求的产业迅速发展起来，这些小旅游团体是由观鸟者和热爱自然的自然主义者组成的，他们的旅游活动正是生态旅游的开端。① 赞比亚在卢安瓜峡谷公园内建立了一个野生生物保护区，专门保护大象、黑犀牛等重要的珍稀野生动物，同时为游客提供观看野生动物的场所。为了禁止当地社区居民非法猎杀野生动物，还成立了一个野生动物管理机构，由当地的最高行政官员担任主席，这个机构每年将旅游收入的 35% 拨给当地社区兴建学校、诊所、饮水工程和村民们组织的防止非法捕猎巡逻队。这些收入对改善当地社区居民的生活状况发挥了积极作用，使居民自觉地加入了保护野生动物的行列，动物保护区因为有了当地居民的有效监督而使环境变得更美好，吸引了更多的游客，带来了更多的经济效益，居民的生活更富裕，实现了良性互动。②

但是，在国内的实证研究中，我们遗憾地发现，当地居民大都经历了从开发初期的受益到旅游发展成熟后被排除出受益群体这一变化过程。在生态旅游开发的初期，社区居民对于这种新型的产业发展模式充满着好奇和信心，因为与传统的生态旅游开发地经济发展相比，旅游业发展是以创新的模式进入该地区的，在前期规划、大量宣传、政府政策倾斜等诱导因素的作用下，社区居民会积极投入生态旅游的各种开发过程中，并能够在旅游发展中获得利益。对于旅游企业而言，一开始的生态旅游发展必须得到社区居民的支持和参与，这样就可能很快获得政府的好感和树立良好的社会形象，同时社区居民作为

---

① 江民锦：《生态伦理观及生态旅游资源的开发取向》，《安徽农业科学》2010 年第 24 期。

② 李维长：《国际生态旅游发展概况》，《世界林业研究》2002 年第 4 期。

廉价的劳动力也能为旅游开发企业带来经济上的便利。与社区居民搞好关系，能够保证初期生态旅游开发的顺利进行，而搞好关系的主要途径就是允许社区居民获得利益。对于政府而言，为了达到社区治理和维护良好社会环境的目的，有义务促成社区居民在旅游开发过程中获得利益，特别是生态旅游开发的初期，也是各种社区矛盾容易激化的时期。政府利用产业获利的手段就可以达到化解初期矛盾而保证旅游发展顺利进行的目的。因此，在生态旅游的发生地，初期阶段会表现出社区居民相对容易获利的理想状态。随着生态旅游的深入发展，旅游地迎来了发展成熟期。这一时期，旅游开发建设基本完成，旅游经营主要表现在日常性管理上。旅游者数量趋于稳定，类型也逐渐明确。旅游发展进入成熟期后，各种因素导致社区居民获利能力下降，居民越来越被排斥在受益群体之外。政府作为利益冲突的主要协调者，随着时间的推移，政府对生态旅游地的监管约束和引导将会减弱，因为资源有限的政府力量将会投入更多新开发的旅游区域，对成熟期的旅游地，政府会更多地让旅游企业在市场力量的作用下自发经营。政府的逐步退出是出现居民获利能力降低的主要原因。作为旅游企业，在告别旅游发展的初期阶段之后，在成熟期的市场经营过程中，企业因为市场竞争的加强，在很大程度上会忽视或阻碍社区居民的利益诉求。随着市场经营的成熟化，社区居民的意见和态度越来越不能影响企业的经营。随着获利能力和空间的缩小，企业会设法盘剥社区居民的利益，而作为弱势群体的社区居民对此则毫无办法。成熟期旅游企业的经营更加完善科学，经验趋于丰富，知道如何对付社区居民的利益诉求，因此，社区居民获利的缩小则是必然的。对居民自身而言，与旅游发展的初期相比，一开始的那种居民团结一致维护自身利益的局面已经不复存在，在旅游获利进程中有些居民获得较多，而有些居民则被淘汰，更多的居民则只能享有基本的辛苦劳动所得。由此可见，社区居民的群体力量被利益分化，从而不能构成与企业和政府平等对话的力量。这种力量的丧失最终导致社区居民失去了获利的筹码。再加之大多数社区居民满足于些许利益，对自身的培训和提高重视不够，从而丧失了参与市场竞争的能力。美国生态旅游学会考斯特斯（Costes）曾在其《生态旅游及其在可持续发展中的地位》的研究论文中阐述了对当地居民教育的重要性。他提醒人们千万不要忽视了当地人在旅游环境保护中的作用，不要以为当地人没有做出什么贡献。他强调基层教育和培训的重要性，要利用非政府机构组织帮助和教育当地居民，以便使当地居民做出有意义的贡献。①

在以上背景下，只有发挥伦理的调剂作用，才能够从根本上维护生态旅游开发和社区居民的利益。结合当代人类生态实践所面临的艰巨任务和复杂的环境问题，借鉴现代西方生态伦理学理论，同时继承中国生态伦理传统中的合理因素，人们就应该明白，人类必须学会尊重自然、保护自然、把自己当作自然中的一员，与自然和谐相处。这就要求人们必须彻底更新传统的以自己为敌的价值观念，转变人类自我中心主义的思想方式，从而形成科学的旅游生态伦理。

六 低碳旅游

低碳旅游是旅游伦理创新发展的新思路。低碳旅游是指在旅游发展过程中，通过运用低碳技术，推行低碳机制和倡导低碳旅游消费方式，以获得更高的旅游体验质量和更大的旅游经济、社会、环境效益的一种可持续旅游发展新方式。② 旅游伦理及旅游可持续发展作为旅游发展的观念，需要具体的落实手段，特别是需要有针对性和可操作性强的落实方法。

最近几年流行的低碳旅游的做法有望达到解决旅游可持续发展问题的标准。低碳旅游理论是在全社会提倡能源节约和社会环境友好发展的背景下产生的。依据碳的消耗和排放等关键控制节点，通过一系列技术手段，应对发展对象的能源消耗和排放控制达到精准检测，从而实现技术测量和技术控制的实现。低碳社会的建设是将科技发展的

---

① 梁慧、张立明：《国外生态旅游实践对发展我国生态旅游的启示》，《北京第二外国语学院学报》2004 年第 1 期。

② 刘莹、王文军：《我国低碳旅游发展的动力机制与路径选择》，《城市经济》2012 年第 12 期。

成果与新型社会发展理念相融合的产物，因为这一过程抓住了可以量化对比分析的碳的排放与消耗，具有一定的可操作性，因此其现实意义非常明显。低碳社会建设是对主流社会发展理念的挑战与纠正，是人们在客观地对待当前社会经济和环境发展中所存在问题的基础上积极进行社会发展改良的结果，属于社会可持续发展的范畴。作为社会现象之一的旅游活动，低碳旅游的提出和执行同样为旅游可持续发展提供了可操作性的方案。旅游开发与旅游活动的过程，同样是一个可以通过对碳排放和消耗过程的监控来实现对比分析的过程。低碳旅游中对碳技术的利用，能够有效控制对环境的过度影响，引导企业和旅游者按照碳排放的科学数据和模式来对待各种旅游行为。

（一）低碳旅游吸引物

开发低碳旅游吸引物。旅游吸引物开发发展到今天已经呈现出多元化和深度化的特征，越来越多的旅游吸引物得到开发，极大地满足了各类旅游者的旅游需求。旅游吸引物的开发方向直接决定着低碳旅游建设质量。比如，目前大量的主题公园类和实景演出类旅游吸引物的开发就不适应低碳旅游发展的要求，因为这些高密度的旅游开发过程与低碳旅游发展路径是相悖的。如果能够适度发展生态旅游等对环境破坏小、旅游投入密度低的旅游吸引物，则能在很大程度上保证低碳旅游建设目标的实现。低碳类旅游吸引物的建设抓住了低碳旅游发展的根本，这是因为旅游吸引物开发是旅游发展的关键，也是控制旅游碳排放的关键。尤其是在当下旅游吸引物开发趋于对环境干扰程度放大的背景下，低碳旅游吸引物开发的观念能够及时纠正旅游吸引物开发中的方向性问题，以保证旅游可持续发展的良性方面。

（二）低碳旅游基础设施

配备低碳旅游的基础设施。旅游基础设施是保证旅游活动能够正常开展的基础性条件，它虽然是旅游活动得以进行的必要条件，但是对其设计和建设的具体标准与要求却悬殊很大。有的旅游开发盲目地提高对基础设施建设的要求，比如土质的林荫小道就可以满足景区旅游交通的需要，而在实际建设中却运用水泥、石条、木板等来提高道路标准的现象到处可见。旅游基础设施作为旅游开发的必备条件，以够用为标准，以安全为底线，否则，超标准的建设只能是喧宾夺主。在建设低碳型社会宣传的背景下，广大旅游者对低碳经济、低碳社会和低碳环境的理念非常熟悉，低碳建设已经深入人心，这种可持续的社会发展理念已经成为一种良性的形象感知，成为一种营销宣传的工具。因此，旅游开发如果采用了低碳式的基础设施，并将这些做法和理念传递给旅游者，就可以加深旅游者对旅游开发的认同与好感，这种低碳旅游发展理念能为旅游开发赢来口碑效应。虽然就旅游开发而言，旅游基础设施也是吸引物中的一部分，但吸引物的取胜不应以无节制的资源浪费和环境破坏为代价，而应以安全实用和创意为发展方向。

（三）低碳旅游服务项目

提供低碳旅游服务。旅游业是服务型产业，服务是旅游发展的关键。如何才能为旅游者提供合适的服务，同样也关系到旅游可持续发展的问题。低碳旅游的发展理念要求，应对旅游者提供低碳旅游的服务方式。中国旅游服务呈现出高和低两种相反的倾向。一方面，对于大众旅游者，我们未能提供达标的基本服务。旅游服务一直是中国旅游发展中的软肋，提高基本服务水平和质量一直是旅游管理和旅游企业所努力的方向。比如酒店业，虽然中国酒店业的硬件在国际上都能叫得响，但是酒店软件服务却一直无法达到理想水平。因为这个原因，我们只能用超标准的硬件建设来弥补软件服务不足的缺憾。专家认为，存在这个现状的原因是中国一直缺乏一般公共服务的传统，将为别人提供服务视为下贱的工作。在这样的传统背景下，我们很难让酒店的员工自觉地将每一次的服务做到位。虽然随着旅游业的深入发展，在旅游管理、旅游企业、旅游教育培训的共同努力下，中国的旅游服务水平已经有了很大改善，但与理想状态仍有差距。另一方面，我们却能够对特殊人物的旅游服务做到最好。比如，对于上司，对于政府官员，对于有钱有地位者，我们总能挖空心思地为其提供超级服务。正是在这种势利的服务理念背景下，中国旅游服务需要得到纠正。我们认为，对一般旅游者服务的不足和对特殊旅游者服务的过度都不是低碳旅游所要求的。低碳旅游服务要求在为旅游者提供必需的旅游基本服务的同时，应该纠正在旅游服务中不必要的浪费，那种以享乐、刺激、表现地位、奢侈为目的的旅游服务应该加以拒绝。旅游服务是直接与旅游者接触的过程，能够对旅游者行为起到直接性的指导和示范作用。如果旅游服务的奢靡之风不改，就会对旅游服务产生许多负面影响。低碳旅游服务绝对不是不合格服务，也不是廉价服务，而是在服务过程中通过对旅游的科学监控结果的计算而获得的理想服务模式和行为。

（四）低碳旅游宣传教育

要加强对低碳旅游的宣传。宣传的力量是巨大的。通过深入持久的宣传，宣传对象能够对某一现象和问题形成稳定的认识，同时会影响其行为的发生。低碳旅游宣传是进行低碳社会宣传的一部分。在当下建设低碳社会已成为共识的环境下，应当抓住这一机遇，深入开展低碳旅游的宣传，从而为牢固树立旅游可持续发展理念奠定基础。进行低碳旅游宣传的主体主要包括旅游行政部门、旅游业协会、旅游社会中介机构、旅游开发公司、旅游媒体平台、旅游景点景区、旅游教育机构、旅游者社区等。这些宣传主体依靠与旅游者广泛接触的机会，既通过对低碳旅游宣传引导旅游者的行为和观念，又能够通过对低碳旅游理念的运用来建设本单位企业文化，提升本机构的低碳意识。低碳旅游的宣传媒体可利用目前的各种媒体平台，从报纸、电视、广播到微博、微信，再到平面广告、大屏幕等，通过多元化、立体化的媒体宣传，来达到全社会对低碳旅游知晓和实践的目的。低碳旅游宣传对旅游行业的形象也有重要的作用。旅游活动中的低碳行为，是对人们旅游活动的理性约束和引导，是对自身、社会、文化、经济负责任的可持续行为，是建设理想社会的努力，是一种高尚的道德操守。对于低碳旅游的大力宣传，能够加大低碳旅游的社会影响力和道德感染力，使全社会都能关注到旅游行业对建设低碳社会的积极努力，也会使旅游者增加和培植践行低碳旅游的自觉性和神圣感，因为对道德行为的追求很容易使人们产生难得的神圣感。低碳旅游宣传加大了低碳旅游对社会的效应，使旅游业的发展成为对社会负责的行为，从而树立旅游发展良好的社会形象。同时，使旅游业的发展真正对社会风气和社会可持续发展做出积极的贡献。旅游伦理的构建需要全社会的努力，也只有全社会共同参与的旅游伦理建设，才能加大伦理道德对社会积极作用的价值。

第五章　乡村旅游发展

1865 年，意大利成立的农业旅游全国协会，专门介绍城市居民到乡村进行休闲旅游，开创了乡村旅游的先河。[①] 20 世纪 90 年代，乡村旅游才在中国蓬勃发展。深圳首先开办了荔枝节。1998 年，国家旅游局以华夏城乡游作为主题旅游年，提出了吃农家饭、住农家屋、做农家活、看农家景的宣传口号。2004 年和 2005 年连续评定出 359 家全国农业旅游示范点，带动了乡村旅游的发展。随着建设社会主义新农村口号的提出，2006 年，国家旅游局把全国的旅游主题确定为中国乡村游，宣传口号为新农村、新旅游、新体验、新风尚，再次掀起了发展乡村旅游的高潮。

魏小安认为，中国乡村旅游已形成五种旅游活动模式：一是大城市近郊的农家乐；二是高科技农业观光园；三是农业新村，特点是经济发达、乡村城镇化，在发展中有意识地使乡村成为有特色的目的地；四是古村落的开发；五是农业的绝景和胜景，如桂林的龙胜梯田和云南的元阳梯田等。[②] 何景明等认为，乡村旅游的内涵包括两个方面：一是发生在乡村地区；二是以乡村性为吸引物，二者缺一不可。乡村性作为一种界定尺度，具有三个特征：一是地域广阔，人口密度小，居民点人口少；二是土地利用类型以耕地或林地为主，建筑物规模小，保留乡村自然景观；具有传统而保守的社会

[①]　周晋：《我国乡村旅游可持续发展的环境伦理思考》，《辽宁行政学院学报》2009 年第 6 期。

[②]　魏小安：《中国三农旅游的发展》，《贵州乡村旅游国际论坛》2004 年第 10 期。

文化特点。①

蒙睿等曾列举了国内外学者有关乡村旅游概念界定的 35 种提法，其中很多是关于农业旅游的，他们总结了乡村旅游的六个本质特征：（1）乡村旅游是一个由观光、体验、休闲等旅游产品组成的旅游产品体系。（2）乡村性（大农业生产方式和农牧文化等）是乡村旅游的根本属性。（3）乡村环境氛围，即乡村意象是乡村旅游的核心吸引力。（4）城市居民是乡村旅游的主要客源。（5）乡村旅游是一个变化的时空概念。资源禀赋特别好的乡村地域会走上遗产地型风景名胜区发展道路，而区位条件比较好的乡村旅游地可能会走上城镇化的发展道路。（6）乡村旅游强调社区参与。旅游活动应为乡村家庭和个人提供就业机会和增收渠道。②

一 乡村旅游的发展趋势

在众多的旅游类型中，乡村旅游的特征是明显的。中国是传统的农业国家，数千年连续不断的农业发展为乡村地区形成了大量的遗产资源。因此，发展乡村旅游在中国拥有比较好的资源条件。中国乡村地域辽阔，特色各异，为各地进行跨地区乡村旅游创造了条件。随着城市化进程的加快，越来越多的乡村居民到城市工作、生活，在土地种植面积下降的背景下，乡村旅游的发展能够使乡村地区恢复持续的发展态势。随着家庭拥有轿车的普及，为解决乡村旅游的交通问题提供了基础。与一般的大型景区旅游开发相比，乡村旅游更多的是小型化、分散式的旅游开发模式，这种旅游发展的交通要求更加自由化，而不是以单位或旅行社所组织的大规模交通模式。私家汽车的普及从根本上解决了乡村旅游的交通问题。

虽然与欧美等发达国家相比，中国的城市化历史非常短，城市居民大都刚刚离开农村土地，但因为中国城市就业等问题非常突出，城

---

① 何景明、李立华：《关于乡村旅游概念的探讨》，《西南师范大学学报》2002 年第 5 期。

② 蒙睿、周鸿：《乡村生态旅游理论与实践》，中国环境科学出版社 2007 年版。

市环境污染严重，人际关系淡漠等原因，加之中国人传统的"采菊东篱下，悠然见南山"的乡土情怀，使得中国城市民众已经产生了对乡村生活的浓厚兴趣和深切向往之情。这样一来，乡村旅游者的数量则是非常可观的。最近几年来，国家政策不断向乡村地区倾斜，一系列鼓励优惠措施不断出台，乡村地区的生活环境和社会基础正发生着明显的变化。乡村地区积极实施种植结构和产业结构的调整，发展乡村旅游则正当其时。研究者认为，类似生态旅游这类旅游发展对象，应当更加重视旅游伦理的具体落实问题。生态农业旅游因为将旅游、生态及三农问题结合在一起，可能会带来更多的伦理诉求，因此研究者倾注了一定的关注。王中雨（2013）研究了生态农业旅游的伦理问题。生态农业旅游作为现代旅游发展的一个分支，在拥有旅游宏观价值共性的同时还体现着农业发展和社会发展的个性伦理特征。生态农业旅游的伦理意蕴主要表现在其经济伦理意蕴、生态伦理意蕴和社会伦理意蕴三个层面。经济伦理属性是生态农业旅游伦理意蕴的主要特性。生态伦理属性是生态农业旅游伦理意蕴的内在特征。社会伦理属性是生态农业旅游伦理意蕴的集中表现。中国生态农业旅游的伦理问题首先是生态农业旅游市场不够规范，其市场主体的道德约束性不强。其次，生态农业旅游开发的技术性不强，形式单一，文化科技含量低。最后，自然生态环境破坏是生态农业旅游发展最直接的伦理问题。在中国生态农业旅游的伦理建设方面，政府要高度重视生态农业旅游的价值和作用，积极引导生态农业旅游市场健康、有序发展。生态农业旅游企业要敢于承担社会责任，坚持诚信经营的基本原则，利用道德资本来发展。同时要加强道德教育和道德实践，提高旅游者消费理念和增强旅游者旅游行为的自律性。[①] 在社会各界的共同努力下，特色生态农业旅游的发展速度很快，但其发展质量却一直不尽如人意，旅游伦理操守不严是主要原因。李严（2015）认为，应以新时代的生态伦理意识为前提和基础，而新的生态伦理观念使得人们在大力发展生态农业旅游经济的基础上走上了一条可持续发展的道

---

① 王中雨：《旅游伦理视域下我国生态农业旅游研究》，《农业经济》2013 年第 5 期。

路。由此看来，加强农村生态伦理的建设是非常重要的，具有一定的现实意义和价值，深入研究生态农业旅游发展对农村生态伦理的影响是为了更好地优化生态农业旅游的经济发展系统，为了进一步使农村生态伦理、生态旅游的发展及生态环境的保护三者之间能够达成相互统一、相互协调的关系，生态农业旅游的发展对农村生态伦理的建设具有积极的影响作用，但也存在着一些值得深入分析并需要警惕的问题。生态农业旅游的发展在很大程度上能够促进农村生态伦理的建设。生态农业旅游经济对不同村民群体生态意识影响的程度不同。生态农业旅游的发展所带来的旅游收入的提高对于农村居民生态价值意识、地区生态意识以及公共生态意识的影响程度和方式存在着差异。① 在就业、三农、环保、文化、生态、管理等背景下，乡村旅游的发展在中国具有特殊意义。政府先后出台了一系列措施来鼓励乡村旅游的发展。与一般旅游开发相比，乡村旅游发展会面临更多的伦理问题，这是因为以农业、农村和农民为背景的旅游发展会遭遇更多的伦理危机。

乡村旅游在最近几年里得到了快速发展，同时也暴露了许多旅游伦理问题。在乡村伦理发展的利益相关者中，乡村、乡村社区及乡村居民更容易成为弱势群体，因而，对乡村旅游的伦理问题研究就具有重要的现实意义。王德刚（2014）认为，乡村旅游产生了普通村民对乡村发展控制力的丧失、经营参与机会被剥夺、利益分配打折扣等一系列问题。因此，要构建和谐的乡村旅游伦理关系，就必须在文化和经济两个领域坚持、坚守平等和均衡原则。首先，有了文化自信，才能获得平等。文化自信并不只局限于主客关系，也包含对传统的乡村文化、生活习俗、生产方式、宗教信仰和经济发展模式等的价值认同。乡村所承载的一切，都值得我们尊重。而作为乡村旅游开发主体的农民，必须树立文化自信心，以自信和平等的心态进行主客文化的交流，传播优秀的乡村文化。有了自信，才能够获得尊重；有了交

---

① 李严：《生态农业旅游对农村生态伦理的影响研究》，《农业经济》2015 年第 10 期。

流，才能够带来平等，对乡村文化的传承、发展才能够是积极和自觉的。其次，只有利益均衡，才会导致和谐。农民在乡村旅游开发中完全失去了对社区发展的控制权，在利益分配关系中也处于绝对弱势。利益分配实际上是重构乡村旅游伦理关系的基础。最后，以农民为主体是前提。这种"主体地位"既包含旅游开发的参与权和旅游经营的优先权，也包含对乡村发展的控制力及对未来的"增权"能力。①尤海涛（2014）认为，在乡村旅游大发展的表象下，汹涌着尖锐的利益矛盾，隐藏着严重的伦理危机。第一是内外力量与利益关系的失衡。由于自身的先天不足，如权力失败、产权不清、组织松散、资本弱小、信息不对称及贫苦的现状等，导致面对强势的公权力及强大的外来资本时，乡村居民往往会因话语权缺失而被边缘化，沦为弱势力量。乡村旅游发展中缺乏长远而合理的利益保障与分配机制，从表面上看是"权力失衡—利益失衡—关系失衡"逻辑链，本质上则是"伦理缺失—观念缺失—制度缺失"的因果递进。第二是乡村内部的冲突与失衡。乡村精英恰恰因为掌控着乡村优势资源与权力，成为旅游发展中乡村内部首发的受益者。乡村旅游在自发发展中并不能使乡村旅游目的地的所有农户普遍均衡受益，反而会在一定程度上加剧乡村社区内部经济利益的两极分化，呈现出明显的"马太效应"（Matthew effect），导致乡村社区出现新的社会问题。第三应思考本源问题。乡村旅游的核心主体应是乡村居民。乡村旅游确实需要来自外界的引导与帮扶，这也印证了现阶段中国乡村旅游发展依然需要政府主导模式，只是要强调政府功能本位的回归，不应以经济人的身份参与争利，而是应充分发挥政府本有的优势，加大对乡村居民技术、资金与政策的扶持，完善乡村旅游目的地的公共产品与设施，积极引导各地乡村居民因地制宜地以不同的合作模式直接或间接地参与旅游，科学规划，建立长久的村民受益保障体系与机制。乡村旅游的核心吸引力，学界普遍将其归结为乡村性（rurality）。对乡村性的保护除了降

---

① 王德刚：《文化自信、利益均衡是确立乡村旅游伦理关系的基础》，《旅游学刊》2014 年第 11 期。

低外界对其过度的干扰与破坏外，更为关键之处在于乡村内部力量的自知自觉。在乡村旅游发展中，只有使乡村居民充分受益，他们才会充分认知与自觉保护乡村性。以"农"为本的乡村旅游可为孱弱的传统乡村提供新的内生动力，促进乡村经济与文化的复苏与觉醒，使美丽乡村的梦想成真。[①]

二　乡村旅游地的空间布局

（一）城市依托型

许多乡村旅游地都围绕着城市地区来布局，特别是大型城市更好地满足了乡村旅游开发的条件。城市庞大的旅游者人数为乡村旅游发展提供了基本条件，城市近郊型的旅游开发建设和城市居民较快地深入乡村地区进行体验、休闲、度假等活动完全具备条件。乡村地区风格特殊的自然和文化环境成为城市居民难得的休闲空间，再加之交通的便利化和私人汽车拥有量的增加，围绕在城市周边的乡村旅游将成为城市居民短期旅游的主要对象。

（二）景区依托型

景区依托型是指乡村旅游开发地在自身拥有较好的资源条件的基础上，因为距离主要景区较近，该乡村旅游地与景区融为一体，成为与主要景区旅游发展互荣共生的一部分。景区庞大的旅游者流同样解决了乡村旅游发展中的门槛市场人数问题，而有特色的乡村旅游开发地弥补了景区旅游发展的市场吸引单一性的不足，因而能够形成共同发展的良性态势。所以，在乡村旅游规划布局的进程中，能够与主要景区进行合作就成为理想的布局地。国内许多景区周边的乡村旅游都得到了较好的发展。试想，如果没有核心景区的支持，仅凭许多乡村地自身的旅游资源和区位布局是很难形成规模市场的。

---

① 　尤海涛：《乡村旅游利益之殇与本源回归》，《旅游学刊》2014 年第 11 期。

（三）特别独立型

这类乡村旅游地主要是因为自身特殊的资源价值而摆脱了对核心城市和核心景区的依附，是凭借自身强大的市场吸引力而独立存在的乡村旅游地。这类旅游目的地所依托的资源特色明显，价值较大，如特种种植类，比如新疆伊犁的大型薰衣草种植区；特殊农业遗产景观，如云南世界文化遗产的哈尼族梯田；农业型文化遗产地，如福建土楼的集中地区等。正是资源本身的唯一性价值或强大的市场吸引力，使这类乡村旅游地能够独立成为旅游市场的吸引物，也成为乡村旅游发展中的佼佼者。

三　乡村旅游发展的伦理影响

乡村旅游的发展是可持续旅游发展研究的重点，这是因为乡村旅游发展地在目前中国大多是弱势群体，而对于弱势群体利益的盘剥则可能会发生更多不可持续的现象。乡村地区环境单纯脆弱，生态环境更新速度慢，对环境的人为干预较少，环境的适应能力较差；乡村地方文化单一，文化环境质朴，对外来文化的消纳能力较弱，文化一旦遭受破坏将很难恢复；乡村地区经济发展落后，旅游发展的基础条件较差，旅游发展的自我投资能力差，只能依靠通过引入资金的办法来解决投资不足的问题，这往往会以出卖乡村旅游资源或者更大的旅游收入漏损为代价；乡村地区旅游发展的人才较少，懂市场，懂运营管理的专门性人才稀缺，旅游发展经验不足，在盲目发展的情景下会出现照抄照搬现象；旅游发展中的创新意识不强，乡村地区民众观念保守，对新事物的认识和接受能力有限，通过旅游发展来促进地方经济的观念很难统一。城市文化发展的后果之一就是乡村地区越来越成为弱势群体，社会资源过度向城市集中，而乡村成为社会发展的边缘地带，越来越多的乡村居民走向城市，使乡村成为被废弃的田野。虽然以上所述的现象并非只与乡村旅游发展相关，但乡村地区的旅游势必会受到以上现实的影响。对乡村地区旅游的可持续发展研究就应当建立在对乡村旅游伦理影响分析的基础之上。

（一）重新界定土地价值

乡村旅游的快速发展，对农村地区的社会伦理产生了深远的影响。生产方式的改变使农村的居民重新界定和认识土地的价值和意义。传统的种植业将农民牢牢地捆绑在土地上，大量重复性的劳动，一切生活的来源都来自土地，生活水平及收入状况要依据土地的生长能力及相关天气、日照、降雨、水利等条件。在这种背景下，农民对土地处于完全依附的状态。季节性明显地区的农民可以得到数月的农闲休整时间，而一些季节性不明显的农业地区，一年四季的土地劳动都伴随着农民，在这种背景下，农村土地几乎就成了农民生活的全部，也就成为主要的社会伦理因素。

农村中许多社会伦理现象的存在和问题的发生，都与他们的生产生活所依赖的土地有着密切的关联。日常生活中所议论的话题，围绕土地而发生的利益分配与冲突，相互之间的评论与判断等主要依据土地的多寡而进行。乡村旅游的开展在很大程度上改变了传统的生活方式，农民在更大程度上摆脱了土地对他们的约束。这对农村来讲具有重要的社会意义。

农民开始重新定义土地的价值，重新谋划对土地的利用。乡村旅游发展区土地的更大价值是能否为开展乡村旅游而不是便于耕种生产。对土地态度的变化，会逐步影响整个农村的社会结构和伦理态度。乡村旅游的发展改变着传统的伦理状况。生活方式的改变是随着生产方式的变化而出现的。新的生产方式改变了原先种植土地的单一型生产形式，伴随而来的就是新的生活方式的形成。一方面，乡村旅游的发展要求农民必须改变传统的工作观念和工作时间，以适应服务型旅游业发展的需要。土地种植面对的是土地与庄稼，而乡村旅游则面对的是旅游者，为旅游者提供适宜的服务成为对乡村旅游参与者的基本要求。于是，通过一系列的培训、学习，将以往从事田间生产的农民转化为旅游服务业的从业人员。工作环境与能力的变化要求农民重新定义自我，这主要表现为新的生活方式的出现。

（二）旅游者进入的生活效应

大量乡村旅游者的进入所形成的生活效应是值得重视的伦理现象。随着乡村旅游的深入发展，越来越多的不同地区，不同社会阶层的旅游者大量涌入，对传统乡村居民的生活方式会产生明显的冲击。这种冲击主要表现为部分农民对旅游者生活方式的模仿。可以想见，一个本来恬静自然而封闭的小山村，传统生活习惯已经根深蒂固，但随着乡村旅游的发展，传统生活习惯的宁静与封闭被打破，随之而来的就是新的生活方式的逐渐确立。在这个过程中，居民对旅游者生活方式的模仿则是必然的。当然，这种模仿的结果可能是积极的，也可能是消极的。有些旅游者不良的行为习惯和生活方式也可能受到居民的模仿，比如过度消费、色情等。在新的生活方式形成过程中，年轻人容易产生在众多因素作用下所形成的新的生活方式，而老年人则大多仍固守着传统行为。年轻人和老年人在对不同生活方式的选择过程中会产生冲突。但是，无论是痛苦还是幸福，生活方式变迁的现象则是必然的。

（三）民众心理适应

乡村民众的社会心理也会发生剧烈的变迁。社会心理是在一定的区域内，在众多综合因素共同作用下形成的相对稳定的民众心理现象，主要包括针对社会发生的各种心理观念。社会心理的产生和变迁是典型的人类社会现象。乡村旅游的发生地，民众在相对封闭的环境中所形成的独特心理左右着民众的行为方式，包括社交、语言、态度、婚姻、习惯、伦理道德等。稳定的社会心理具有社会治理和社会调节的多元功能。但是，随着乡村旅游的发展，大量人流、信息流、交通流、资金流的涌现，传统社会心理所依赖的社会条件受到冲击，社会心理的变迁也成为必然发生的社会现象。旅游发展，改变了生产和生活方式，农村居民有了更多的机会与外界接触，大量旅游者的到来，伴随的是多元社会心理因素的产生，传统的道德、价值观念受到了挑战，在民众茫然不知所措或好奇的复杂心理背景下，就会逐渐形成新的社会理念。当然，稳定的社会心理的形成需要较长的时间。在乡村旅游发展的冲击下，社会心理的形成会经过一个逐渐养成的过程。

（四）乡村社会文化变迁

社会文化的变迁也是乡村地区在旅游发展中社会变化的表现。社会文化同样是一定社会区域特殊的社会景观。一定区域的社会文化是在长期的社会演进过程中形成的彼此接纳和认可的社会规范和引导因素。只有按照社会文化既定的方向和内容去生活和工作的行为，才更容易使社会和别人认同，否则，在一定的群体中，有些社会文化行为方式，则会被认为是异端。社会文化包含的范围广泛，对人的思想、行为、伦理、理念、观点的影响深远。乡村旅游的发生地同样拥有基本的社会文化。巨大的社会文化的变迁会对传统和社会文化产生颠覆性影响。

乡村旅游的发展，从根本上改变了农村地区的社会环境，对传统农村社会文化同样会产生明显的影响。农村地区传统的社会文化，诸如节庆民俗、语言特色、饮食习惯、服饰爱好、社会规则、处世方式、待人原则、利益分配、宗教信仰、长幼关系、婚姻维持、人生态度、社会理念等，虽然经历了漫长的社会发展期，但在乡村旅游开发这样的社会发展冲击下，原有的社会文化将面临不断变迁的境地。新的文化元素的进入，特别是各种现代强势文化伴随着旅游发展进入农村地区，形成对传统农村文化的深刻影响。虽然要彻底改变一个地方的传统文化需要较长的时间和激烈的文化冲突与对抗，但在乡村旅游开发背景下所发生的社会文化变迁对乡村地区民众所形成的困惑则是确实存在的。

（五）新的知识诉求

乡村旅游的发展对民众的知识诉求提出了新的要求。社会知识除了在学校集中培训、学习之外，更多的社会知识是社会生活的积淀。对于农村居民来讲，社会知识主要表现在农业种植技术上。经过一代代人的改进与继承，民众掌握了娴熟的农业生产知识，特别是随着新农村建设和农业机械化、现代化、科学化的发展，新时期农民都掌握了新的选种、播种、施肥、洒药、田间管理、收获、市场营销等知识，其中还包括生物基因技术、绿色农业、节能节水农业、测土配方、转基因技术、生物工程、农业信息工程等新的社会知识。可以看出，新时期对农民的社会知识的需求是多元的。这对传统上本来就因循守旧的农民构成了知识挑战，因为要掌握如此众多的知识就会对农民形成思想认识上的压力。乡村旅游的发展，则更加强了这种压力。对于广大乡村旅游地的农民来讲，发展乡村旅游与土地种植相比，是完全陌生的知识内容。乡村旅游是以服务为依托的旅游新型产业，属于第三产业的范畴，其经营操作方法与第一产业的农业完全不同。农民若想在乡村旅游发展中获得利益，就必须更新知识内容，通过参观、学习、培训等方式及时弥补相关知识的不足，才能在乡村旅游发展中获得成功。旅游服务发展到今天，已经是一个内容丰富、体系庞杂、结构完整的知识群落，只有掌握了相关知识内容，才能深刻认识这一产业；相关劳动者只有具备了基本的知识，才能促使这一产业的可持续发展。由此可见，乡村旅游的发展，使乡村居民不得不掌握新的知识。乡村居民群体在相关知识的学习中存在一定的难度，这就使居民形成了一定的心理压力。学习困难主要存在的原因是农民群体普遍性文化水平较低，学习能力有限，学习传统缺乏等。正是因为相关知识的缺乏，部分农民在乡村旅游发展中便会遭到淘汰，于是便出现因乡村旅游的发展而存在的新的社会分层。

（六）生态环境变化

乡村旅游发展，同时也改变了乡村的生态环境。与上述诸种社会环境相比，乡村旅游发展所依附的自然环境也将受到旅游发展的影响。这主要表现在生态环境的改变上。绝大多数的乡村旅游发生地都是传统的农业区。长期的农业生产的延续再加上相对封闭的社会与自然环境，使乡村旅游区形成了特殊的生态环境。这种生态环境很好地适应了有限居住者在农业种植基础上实现社会发展的目标，是一个完整而独立的生态系统。乡村旅游的发展，对旅游地生态系统将会产生严重的影响。大量旅游建设工程的实施，众多旅游者短时期内的进入，噪音、汽车尾气、污水、病菌等都会成为破坏乡村生态环境的因素。与一般的生态系统相比，乡村旅游开发地的生态系统因农业种植的单一性而更加脆弱。在快速的乡村旅游发展影响下，旅游开发地的生态环境必然会受到较大的干扰。

由以上论述可以看出，乡村旅游开发的实施，对乡村旅游地民众的社会心理、社会文化、生产方式、生活方式、社会知识以及乡村旅游地的生态环境等都会产生全面而深刻的影响。

在社会心理方面，因为乡村旅游的发展而导致的传统社会心理的崩溃，民众在重建社会心理的过程中，由于在短时间内很难接纳和融入新的社会环境，而旧有的社会心理虽然已经不可能适应新的社会环境发展的需要，但因其深入人心而难以突破，正是在这种局面下，居民会因为社会心理的不适而产生社会心理焦虑感。

在社会文化方面，各种旧有的社会文化可能会很快退出生活场景，随着乡村旅游的发展，各种新潮时尚的时代文化很快成为乡村地区的文化主流，尤其是在好奇心促使下，善于模仿的年轻人就会成为新的社会文化的主要承载者，年轻人和老年人之间的社会文化差异和冲突会进一步加剧。

在生产方式方面，传统的农业种植将在一定程度上缩减，农业种植将朝着乡村旅游发展需要方面转变，经济效益不明显的农业耕种将会被淘汰，种植物的选择将更加符合市场需要，更多人的生活将不再依赖于土地而从事与乡村旅游发展有关的工作，如何能够利用好当地乡村旅游发展的时机将是民众重点考虑的问题。

生活方式将更加多元化。随着居民从传统的土地种植过程中解放出来，日常生活方式将随着乡村旅游的发展而发生变化，比如，生活节奏会明显加快，日常生活的季节性会淡化，各种新式的日常生活用品逐渐增多，居民会重视日常生活的质量，各种休闲、娱乐、游玩的活动也会层出不穷，社会生活会更加朝着民众的生活意愿发展。

社会知识方面也经历着变化。乡村旅游的发展在很大程度上改变了乡村社会的发展趋势，要求居民必须及时更新知识结构，以适应社会进一步发展的需要。农村年轻人一般都拥有较好的文化水平，对他们来讲，学习新的社会知识难度不大，但是对大多数年龄较大的居民而言，学习新知识的确有一定难度，也会形成一定的社会心理压力。一方面是学习存在难度，另一方面是不拥有社会知识就会被淘汰，在这种背景下，一部分乡村居民的心理压力增加是必然的。

生态环境的变化主要表现在乡村居民对生态环境伦理理念态度的变迁上。随着乡村地区生产方式和生活方式的转变，乡村居民的利益被重新划分，其价值观念也处在不断更新变化的过程当中。这其中就有重塑生态环境伦理，通过这种环境观念的确立，乡村居民以现代生态观念取代了传统环境意识，使乡村居民能够更加积极地看待环境保护和自然生态的价值，并能够积极主动地保护生态环境，这对于维护乡村经济社会的可持续发展无疑将起到重要作用。传统乡村地区的生态环境保护理念在很多情况下是非理性的，比如在传统风水观念的影响下，乡村居民对祖坟、龙脉之山、环绕的水流、风水水口等特殊地方的生态环境保护发挥了重要作用。但是，随着传统风水等生态观念的弱化，以及快速的、强势的乡村旅游发展的冲击，乡村地区在多种因素的综合作用下，生态环境面临新的危机。乡村旅游的发展，需要良好的自然生态环境作为基础，乡村种植业的发展需要良好的自然环境才能提供安全可靠的产品。因此，新时期对乡村地区的自然生态条件提出了新的要求。仅凭以往传统的环境保护理念和知识已经很难适应要求，因此要培养、引导、教育乡村居民形成现代科学的环境伦理观念和知识结构。

（七）环境态度分化

乡村旅游发展，将对乡村地区社会带来明显的影响，这种影响的结果之一就是乡村居民的环境伦理态度出现了显著的分化，原本持有传统环境伦理的村民在乡村旅游发展过程中逐渐分化为四种类型，即知识精英群体、主流实力群体、利益边缘群体和高龄边缘群体。[①] 乡

---

① 周永博、沙润等：《乡村旅游发展中的社会分化与整合——环境伦理视野下的西部农村实证研究》，《商业经济与管理》2010 年第 2 期。

村旅游的发展，乡村环境的吸引力是其主要原因。与城市环境根本不同的乡村田园风光，成为吸引大量城市民众去乡村地区旅游的主要资源。从长远来看，乡村旅游发展的根本动力和可持续发展的切入点就是对乡村环境的保护和优化。虽然传统乡村环境质量优越，但随着乡村社会经济的深入发展，近几十年来，许多乡村地区的自然环境受到严重破坏，生态系统单一而脆弱的乡村环境已经承受着前所未有的变化。正是这种环境质量的下降，促使人们在发展以优越自然环境为背景的乡村旅游过程中，必须高度重视对乡村自然环境的保护和优化。人们应当重新设置和处理乡村环境的认识和行为。与以往单一的环境伦理态度不同，随着乡村旅游产业与其他产业的发展，在利益分配不均、财富获得悬殊的情形下，居民在乡村旅游发展过程中的伦理态度是由利益获得多寡而定的。伦理态度的来源是多元的，而利益分配则是最为关键的。因此，要研究行为主体的伦理态度，就必须细分不同的利益相关者群体，只有依据不同群体的利益特征来分析伦理诉求，才能最终制定科学合理的利益机制和伦理机制。因此，离开利益诉求的分析而研究伦理架构，并最终为可持续发展的实现所做的努力可能是徒劳的。天下熙熙攘攘，皆为利益来往。利与义的选择就是伦理的基本内涵。乡村旅游发展中的伦理态势分析，也将建立在通过旅游发展而形成的获利水平的分析基础上。在乡村旅游发展背景下，在传统环境伦理的分化和新的环境伦理形成的过程中，出现知识精英群体、主流实力群体、利益边缘群体和高龄群体四类群体，他们对环境伦理态度区别之主要原因就是利益获取的不同。

在这些群体当中，较为特殊的则是知识精英群体，这是因为知识精英群体既是乡村旅游开发中的利益获得者，也是权威知识的拥有者和传递者，在利益和社会知识的双重作用下，知识精英群体的环境伦理态度更具有特点。与传统乡村地区种植业相比，乡村旅游的发展则是新型的知识经济，因为这种产业运行的方法和模式与农业种植截然不同，它需要专门的技术和专业知识。乡村知识精英一般拥有较好的受教育程度背景和较宽广的外界社会的见识，他们在乡村社会里因为拥有较稀缺的社会知识和眼光见识而能够快速地融入乡村旅游开发建设过程中，他们通过参考乡村基层社会管理或乡村旅游的行政管理而深入乡村旅游的发展过程中，或者较早地进入乡村旅游发展的商业体系中而获得利益。他们因为社会知识和见识阅历的原因而对乡村旅游的发展态度明确，大多持积极的乡村环境的治理和保护态度，能够理解良好的乡村环境是乡村旅游业得以发展的根本原因，并能够为乡村环境的改善出谋划策。这是因为知识精英群体一方面在乡村旅游发展中获得较多利益，另一方面拥有相对较多的环境伦理方面的知识。由此可见，在乡村旅游发展指导下的乡村环境治理和保护主要应依靠知识精英群体，因为这一群体具有较大的影响力，取得他们的支持对乡村旅游环境的治理非常有利。

主流实力群体主要是从乡村居民社会财富拥有量方面划分的。在乡村社会中，部分居民因通过勤劳致富而拥有较好的经济条件，成为乡村社会的经济主流群体，他们凭借良好的经济收入所产生的权威会对乡村社会的治理产生重要影响。这些居民往往具有广泛的社会关系和人脉，各种社会渠道的便利和成熟使他们能够更为容易地获得经济利益，同时这些居民因为长期的经营业务而使他们成为乡村地区精明的生意人。乡村旅游的发展给这些群体带来了经济发展的良好机遇。凭借经济优势，他们可以投资开发相关项目，使他们的利害冲突与乡村旅游发展的前景牢固地捆绑在一起。因此，主流实力群体会特别关注乡村旅游发展的经济效益，他们会主动学习乡村旅游的相关知识，会主动考察各地发展的成功经验，能够进行项目创意和业务规划，通过相互合作、与大型企业结缘等形式来扩大投资规模，以获得理想的经济效益。随着主流实力群体与乡村旅游发展关系的密切，这一群体对乡村地区的环境伦理态度会发生变化，即越是与旅游发展关系密切，则越能够关注乡村生态环境。这一群体以往可能与其他社会群体一样，对乡村社会环境的认识不深刻，对自然环境治理和改变的想法也不迫切。随着乡村旅游的进一步发展，主流实力群体的经济利益与乡村旅游发展的关系越来越密切。这一群体会重视乡村自然环境质量，维护和优化自然环境质量将会成为他们的共识。这种自然环境伦理态度有利于乡村环境的保护，也有利于乡村旅游的可持续发展。

利益边缘群体和高龄边缘群体会逐渐成为乡村旅游发展中的弱势群体。因为能力、年龄、观念、资金等的限制，这些群体无法参与乡村旅游发展的竞争，对他们来讲，乡村旅游的发展不但没有为他们带来利益，反而让他们传统的生产和生活方式受到影响。这些群体中的许多人会对乡村旅游的发展持怀疑态度，甚至是反对态度。在这种状况下，这些群体就不会对乡村环境伦理持积极乐观的态度。

四　乡村旅游可持续发展路径

通过以上论述我们发现，乡村旅游发展牵动着乡村居民生活的各个方面。我们假定一切生活的发展是为了获得更加值得的生活质量，那么乡村旅游发展的基本目的也应该是提升乡村居民的生活水平，给予他们更加理想化的生活空间和生活质量。我们发现，乡村旅游的发展对乡村居民的影响是全面而深刻的，在为他们带来新的生活希望的同时，也给他们的传统生活带来了诸多的压力与不安。针对乡村旅游开发的旅游伦理，在全面均衡乡村旅游发展中的不同利益相关者的利益与道德的同时，应重点将伦理的关注对象设置在对弱势群体的乡村居民的关怀和引导之上。旅游发展为乡村居民带来不适是必然的，而旅游伦理的任务即是不断地降低这些不适，来引导旅游发展保持正确的方向，能够真正给予乡村居民改善生活和提升幸福指数的机会，能够真正通过旅游发展来改善乡村地区的生态环境，从而达到人与自然的和谐相处。

中国是传统的农业国家，农业生产历史悠久，地理范围广大，涉及的人数众多，农业的发展事关国家之本。为解决农业、农村、农民的"三农"问题，我们已经做出了许多努力，共同的目标就是争取实现农村社会经济的稳定发展。农业发展，农村和谐，农民富裕成为"三农"问题解决的目标。在中国社会发展到今天，在城市化、城镇化成为发展主流的背景下，农村地区的发展面临着新的问题，部分农业人员进城工作、生活已经成为普遍存在的社会现实。在这种背景下，通过发展诸如乡村旅游之类的第三产业与农业紧密结合的、适应农村地区社会经济发展新现状的新型产业，更加符合乡村社会的发展特征和乡村居民的发展愿望。应该将相关旅游发展作为解决"三农"问题的主要手段。

（一）构建生态伦理

乡村旅游发展成为当前旅游发展的重要形式。随着旅游活动需求生态化、绿色化的倾向更加明显，具有环境和人文优势的乡村环境成为许多旅游者向往的地方。如何让乡村旅游在旅游伦理可控的范围内进行，是一个值得认真思考的问题。乡村旅游开发的乡村环境处于弱势状态。乡村生态环境敏感脆弱，人文景观纯粹单一，人们的生活节奏舒缓天然，特别是这些区域旅游开发的资金有限，人才紧缺，理念落后。这些都使乡村旅游开发具有了特殊性，即乡村旅游发展更加容易出现伦理问题。乡村成为中国生态伦理建设的薄弱环节。先进的乡村生态伦理观的确立是生态农业旅游经济持续发展的基本保证，而生态农业旅游经济的持续发展也将深刻地促进乡村生态伦理的构建。作为被逐渐边缘化、弱势化的乡村地区，生态伦理的构建是乡村可持续发展的关键。随着国家对乡村地区政策的变化，乡村产业结构的调整，乡村变迁过程的加快，乡村旅游规模的增加等新形势的出现，乡村社会、经济、文化、生态的发展迎来了新的机遇。随着中国城市化的成熟，对乡村地区的深度管理和人为干预将成为主要的社会发展路径。因此，乡村地区如何在这一过程中抢抓机遇，从而完成有质量的发展则成为乡村地区发展的关键。乡村生态旅游虽然在国内发展的历史较长，目前成功发展的地区也很多，但就整个中国庞大的乡村区域和市场来讲，生态旅游发展的规模还是太小了。加之目前乡村旅游开发中城市化等非生态现象的出现，可以看出，乡村旅游在未来中国的乡村社会发展中将保持一定的速度，特别是如何能够在遵循生态环境规律的基础上来发展就显得更为重要。事实证明，乡村生态伦理的构建应成为乡村生态旅游发展的行动指南。要在生态脆弱地区的乡村发展适当的旅游业，就必须遵循生态伦理的规律，因此，加强乡村地区生态旅游伦理的研究和指导非常有必要。针对乡村地区人才缺乏和理念落后的事实，对乡村生态旅游应加强资金扶持，政策引导和人才支援，以保证生态伦理的可持续发展理念能够得到落实。

（二）完善乡村建设

乡村地区社会、政治、经济、文化的发展，是未来中国社会发展的关键。在中国城市发展成熟化的背景下，我们应当担当起乡村社会发展的重担。作为传统农业经济的中国社会，乡村对中国人来讲具有特别的价值，是"望得见青山绿水，记得住乡愁乡音"的情感和文化归宿之地。进一步发展乡村社会经济，保护乡村地区的文化和环境生态，确保乡村地区的社会安宁和政治稳定，通过经济发展的手段来促使乡村社会的全面转型，从而建设和谐乡村、美丽乡村和幸福乡村，实现乡村地区的可持续发展，是摆在中国各级政府面前的重要任务。乡村社会经济可持续发展的道路究竟在哪里呢？哪些产业的进入才能够更好地适应市场以及乡村社会的现实呢？毫无疑问，旅游产业的发展是解决乡村问题的重要举措。世界各地的发展案例及中国部分地区的成功发展经验表明，乡村环境下的旅游业发展是实现乡村可持续发展的有效办法。乡村的文化、空间和环境，能够为旅游发展所利用。通过旅游规划整合，将区位适宜、特色鲜明的乡村地区发展成为旅游目的地，通过政府帮扶和企业投资运营的方式为乡村地区带来新的发展机遇，使乡村成为重要的旅游目的地。城市人口的过度集中，城市环境的恶化让城市居民形成了明显的回归田园的旅游心态。如果能够真正提供环境一流、生态天然、安全放心的乡村旅游目的地产品，旅游者市场是相当有规模的。

（三）加强旅游扶贫

旅游的拉动能力强，旅游扶贫的效果明显。在乡村贫困地区，可以通过旅游扶贫的方式从根本上改变贫困落后的面貌。旅游扶贫对策是国家高度重视的扶贫模式，是实现乡村贫困地区社会可持续发展的有力保障。世界旅游组织和联合国教科文组织都先后提倡在发展中国家可以通过旅游扶贫的办法来解决一部分地区的贫困问题，并在许多国家进行定点实验，已经取得了较好的效果。国际上许多组织都在非洲地区的国家先后推广旅游扶贫，成就也是可观的。中国乡村地区的许多贫困地方，如果能够通过发展乡村旅游而实现脱贫致富，则是乡村地区可持续发展的理想思路。由此可见，在中国的乡村地区发展旅游业具有特殊意义。乡村旅游的开展将使乡村地区获得可持续发展力量。

（四）凸显环境意识

乡村旅游发展所依托的资源主要是乡村环境，包括乡村自然风貌、乡村生活场景、乡村生产环境及乡村文化氛围等。

乡村自然风貌是乡村环境的基础。自然环境是旅游资源得以存在的先天资本。乡村自然环境恬淡淳朴，特别是一些较为偏僻的传统乡村环境，在乡村发展过程中注重对乡村环境的保护，追求天人合一的理念一直是这些传统乡村发展的环境观念。传统乡村地广人稀，人们在乡村发展过程中可供选择的环境空间较为充足。经过自然环境的自身发展力量和乡村民众的人为干预力量的相互作用，乡村自然环境呈现出特别的韵味，特别是与现代城市的人工化环境相比，乡村中天然野趣横生的自然环境氛围对城市旅游者具有极强的吸引力。

乡村生活场景是指乡村社会中民众日常生活发生的行为集合。乡村生活是缓慢的，富有季节性变化的，拥有节律动感的。乡村民众所生活的房前屋后、院落、广场、道路以及树木、柴草，包括饲养的牛羊、鸡鸭等，一起构成了富有情感的乡村生活的画卷。旅游者只有体验了乡村生活，融入传统的乡村生活当中，才能够真正体会到不一样的人生韵味。乡村生活场景是动人的，也是动态的。对城市民众而言，乡村生活场景的异样性简直就是世外桃源。旅游应当成为一种生活态度，是旅游者对日常生活环境的延伸和感受，不同的生活场景很容易成为旅游者情感共鸣的对象，因而也是最能吸引旅游者的地方。生活环境需要深度体验，只有通过一定时间的体验，才能真正理解生活环境的意义。因此，乡村旅游发展应当在一般性观光旅游的基础上，将旅游开发的方向定位于对生活环境能够形成深度理解的体验式旅游上。

乡村生产环境以土地为主，在土地种植的基础上附加其他生产副业，就构成了乡村生产环境的全部。田间地头式的乡村生产环境成为旅游重要的乡村意象。"采菊东篱下，悠然见南山"式的理想乡村生产环境在当下民众内心里成为一种生活渴望，那些环境清幽、质量良好的乡村地区，保留了与土地种植关系最为密切的生产过程。在旅游者眼中，这种生产活动就像是在舞台上的表演，虽然作为观众不能亲自参与演出，但能够认真欣赏一次就足以感觉幸福了。当然，乡村生产环境同样已成为旅游者体验的对象。在各地推出的乡村生产体验旅游项目中，如"做一天农民""南山采菊"等活动，通过旅游者对乡村生产活动的直接参与，将生产活动进行商业化运作，使之成为有意义的旅游吸引物。

乡村旅游具有明显的情感回归特征，这是因为乡村承载着许多中国人最初的生活梦想。与其他类型的旅游行为明显不同的是当下乡村旅游活动的这种精神回归性和灵魂寄托性。在城市化初期的当下中国，许多人对城市的感觉依然是游子漂泊之处，而乡村社会才是自己的根之所在。乡村旅游不经意的一物一景，可能会唤起旅游者对儿时、对少年生活的记忆，这种乡土韵味十足的情感体验只有经历者才能体会。由此可见，乡村旅游可持续发展的关键就在于对这种情感体验的满足。能否通过提供体验平台而达到对乡村记忆的陈述，是乡村旅游可持续发展的关键。

（五）强化文化感知

乡村就是乡村民众在乡村环境里长期生活而形成的特有的文化综合事象。文化具有鲜明的群体性。乡村民众群体相互生活中的文化现象就形成了乡村文化特征。人是自然环境的结果，同时也是文化社会发展干预的结果。文化环境是乡村社会特别的旅游资源。乡村文化就是乡村地区社会发展的游戏规则，乡村民众在对文化的继承过程中又不断创新着文化的内容。旅游过程中对文化的感受是必然的。人们认为，旅游的灵魂在于旅游的文化性，即旅游活动能够为旅游者提供具有鲜明特征的文化感觉，同时，旅游可持续发展的关键也是对旅游文化的科学运用。同样，在乡村旅游发展中，应高度重视对乡村文化的宣扬。文化有表象的内容，但通常文化以内化的形式存在于民众日常生活当中。浮光掠影的旅游者很难在短时间内对社区文化进行全面扫描。因此，旅游规划开发中就应该对各种文化进行表象化处理，诸如通过解说、实物、表演等能够让文化更为集中展示以及表象化的形式等传递文化，以便让旅游者能够在较短的时间内对区域文化有一个较全面的了解。乡村文化与一般文化相比，更具有内敛性，因此，对乡村文化的旅游开发更应该重视对文化表现力的提升。将乡村旅游打造成为乡村文化大舞台，通过文化舞台表演的形式让旅游者易于理解乡村文化。

综上所述，乡村旅游可持续发展所依懒的就是乡村环境。乡村自然环境、生活环境和文化环境之间的关系紧密，它们是乡村旅游发展的资源基础。乡村旅游可持续发展旨在保护和展示风格迥异、韵味明显的乡村环境。

第六章　旅游可持续发展

一　旅游可持续发展理论

从理论上看，旅游可持续概念显然来源于可持续发展的概念。[①]
1990 年，在全球可持续发展大会上，旅游组行动策划委员会提出
了《旅游业可持续发展行动战略》（草案），"战略"阐述了可持续
旅游发展的主要目标，构筑了可持续旅游的基本理论框架。1993
年，一本专门以旅游可持续发展为研究对象的学术刊物《可持续旅
游》在英国问世，标志着这项研究已在旅游理论界形成了规模和气
候。1995 年 4 月 24—28 日，联合国教科文组织、联合国环境规划
署和世界旅游组织等在西班牙兰沙罗特岛专门召开了"可持续发展
世界会议"，大会通过了《可持续旅游发展宪章》和《可持续旅游
发展行动计划》，这两个文件对可持续旅游的基本观点作了精辟说
明，为可持续旅游提供了一整套行为规范，制定了推广可持续旅游
的具体操作程序，标志着可持续旅游已经进入了实践性阶段。《可
持续旅游发展宪章》指出："可持续旅游发展的实质，就是要求旅
游与自然、文化和人类生存环境为一个整体。"可见，可持续旅游
是可持续发展观在旅游领域的延伸，旨在达到旅游、环境、社会三

---

① 李天元：《中国旅游可持续发展研究》，南开大学出版社 2004 年版，第 98—112
页。

者的和谐统一，形成良性循环的发展模式，造福子孙后代。[①] 1997年，世界旅游组织、世界旅游理事会、地球理事会等联合制定了《关于旅游业的 21 世纪议程》（即《世界旅游宣言》），提出了"旅游可持续发展"的概念。它所包含的主要内容包括政府或相关部门应制定规划，避免对当地环境和文化造成损害；政府或相关部门在开发旅游之前，或阻止旅游进一步开发之前，应制定全面、详尽的环境影响评估报告；政府或相关部门应评估某一地区旅游发展之能力，内容包括土地、水、能源、基础设施、健康生态环境、物种多样性和文化历史等各个方面。[②]

　　旅游可持续发展问题在国外引起了广泛的讨论，学者们的意见大致可分为两类。第一类意见认为，旅游可持续发展是一种产品模式，是指以新的旅游产品取代旧的旅游产品，以好的旅游产品取代不好的旅游产品，以绿色的旅游产品取代黑色的旅游产品，以可持续发展的旅游产品取代不可持续发展的旅游产品。[③] 第二类意见认为，旅游可持续发展是一种产业模式，认为大众旅游不可避免，需要一种方式来促进所有旅游形式实现可持续发展。因此，认为旅游可持续发展问题实质上是旅游资源的管理问题，旅游发展既要保持经济上的可行性，又要保证旅游资源本身的完整性，在确保社会和环境目标的框架下，使旅游业的需求和供给保持平衡。[④]

　　1993 年，世界旅游组织对旅游可持续发展的定义是：旅游可持续发展是一种经济发展模式，它被用来达到如下目的：改善当地社区的生活质量；为游客提供高质量的经历；维护当地社区和游客所依靠的环境质量。联合国认为，旅游可持续发展是以这样的方式和规模在

---

① 王德静：《试论旅游业可持续发展思想》，《河南商业高等专科学校学报》2001年第 4 期。

② ［美］弗雷德·P. 波塞尔曼等：《弯路的代价——世界旅游业回眸》，陈烨等译，中国社会科学出版社 2003 年版。

③ Godfrey, Tourism and Sustainable Development: Towards a Community Framework, Unpublished PhD dissertation, School of Planning, Oxford Brookes University, 1993.

④ Inskeep, E. , 1991, *Tourism Planning: An Integrated and Sustainable Development Approach* (London: Chapman and Hall).

一个地区（社区、环境）发展和维持的旅游，即它在长期内仍然保持活力而不会以可能阻止其他活动和过程的成功发展的方式使（人的或物质的）环境发生退化或改变。

《可持续旅游发展宪章》还指出："可持续旅游发展的实质，就是要求旅游与自然、文化和人类生存环境成为一体，自然、文化和人类生存环境之间的平衡关系使许多旅游目的地各具特色，旅游发展不能破坏这种脆弱的平衡关系。"

世界旅游组织将可持续旅游定义为："它是一种经济发展模式，被用来达到如下目的：改善当地社区的生活质量；为游客提供高质量的经历；维护当地社区和游客所依靠的环境的质量。"加拿大温哥华全球可持续发展大会《可持续旅游发展行动战略》所定义的可持续旅游发展强调："在旅游发展中维护公平，它是对各种资源的指导，以使人们在保护文化的完整性、基本生态过程、生物多样性和生命维持系统的同时，完成经济、社会和美学需要。"

表 6 - 1　　　　　　旅游可持续发展研究历程中的重要事件

时间/地点	重要事件	形成成果
20 世纪 80 年代	可持续旅游思想萌芽	国际有识之士对可持续旅游的主旨和内涵进行探索
1990 年/温哥华	《旅游业可持续发展行动战略》（草案）出台	可持续发展国际大会上，旅游组织行动委员会提出可持续旅游的概念，构筑了可持续旅游理论的基本框架和主要目标
1993 年/英国	*Journal of Sustainable Tourism* 杂志问世	标志着可持续旅游思潮已在旅游理论界形成规模
1994 年	世界旅行旅游理事会（WTTC）创立"绿色环球 21"（Green Global 21，GG21）认证体系	"绿色环球 21"成为目前全球旅行旅游业唯一公认的可持续旅游标准体系
1995 年/伦敦	WTTC、联合国世界旅游组织与地球理事会联合制定《关于旅游业的 21 世纪议程》	制定并通过了《可持续旅游发展宪章》及其行动计划

续表

时间/地点	重要事件	形成成果
1995 年/西班牙	联合国教科文组织、环境规划署及世界旅游组织召开可持续旅游发展世界会议	首次将可持续旅游业列入联合国可持续发展议程
1997 年/纽约	联合国第 19 届特别会议	首次将可持续旅游业列入联合国可持续发展议程
1998 年/桂林	亚太地区第 6 届环境与发展大会	深入讨论了旅游业可持续发展所面临的挑战及有关的战略行动，并通过了《桂林宣言》
2002 年/约翰内斯堡	可持续发展世界首脑会议	国际旅游可持续发展工作组诞生
2004 年	联合国世界旅游组织编制完成旅游目的地可持续发展指标体系项目	制定了旅游目的地可持续发展指数
2008 年	联合国世界旅游组织、环境规划署编制完成全球可持续旅游标准项目	制定了全球可持续旅游标准
2009 年/哥斯达黎加	国际旅游可持续发展工作会议	探讨生物多样性、气候变化、地区发展可持续旅游方式等问题
2011 年/拉斯维加斯	第 11 届世界旅游旅行大会	围绕全球旅游新趋势、旅游业可持续发展等议题展开讨论
2012 年/张家界	第 7 届中部博览会旅游投融资合作洽谈会	《旅游目的地可持续发展指标使用指南》（中文版）发行

资料来源：唐承财、钟林生、成升魁：《旅游地可持续发展研究综述》，《地理科学进展》2013 年第 23 期。

旅游关心组织和世界自然保护基金组织制定了可持续旅游十原则：（1）可持续地利用资源——保护和可持续利用包括自然的、社会文化的资源，是至关重要的，具有长期的商业意义。（2）减少过度消费和浪费——过度消费和浪费的减小，可以避免因恢复长期的自然环境破坏而提高品质旅游成本。（3）维持生物多样性——维持和促进自然、社会和文化的多样性是长期旅游可持续的关键，并且创造了产业的弹力。（4）将旅游结合到规划中——将旅游结合到国家和

表 6 - 2　　　　　　　　**旅游地可持续发展的部分研究方法**

方法	研究思路与步骤	优点	不足	文献
旅游环境承载力评价	采用遥感和实地测量法、问卷调查法、德尔菲法等测定环境承载力	可对旅游地生态、资源、心理、空间等容量进行全面测度	环境承载力评价具有一定的随机性与主观性	崔哲浩等, 2005
旅游环境影响评价	采用数理分析方法, 从微观视角分析旅游活动对生态环境的影响; 根据环境本底, 构建旅游环境影响评价指标体系, 选择评价模型构建环境影响监测与反馈机制	可有效评价旅游活动对环境造成的影响	易忽视监测与反馈机制的运行效果	许涛等, 2004
评价指标体系	根据可持续发展的水平、潜力等评价目标, 采取层次分析法与德尔菲法构建指标体系, 量化可持续发展水平等	可评价旅游地可持续发展水平、潜力等	指标选取及其权重确定具有一定的主观性	王良健, 2001
可接受的改变极限	理论框架包括确定规划地区的课题与关注点、界定并描述旅游机会种类等 9 个步骤	可用于解决旅游地资源保护与旅游利用之间的矛盾	方案制定者与实施管理者的水平对其有重要影响	杨锐, 2003
旅游生态足迹	自下而上地通过调查问卷、查阅统计资料等方式获得人均各种消费数据, 构建旅游生态足迹模型	测算结果是生产性土地面积, 全球统一, 具有直接可比性	目的地存在着区域间贸易, 其生态负担容易被转嫁, 只适合于小尺度	章锦河等, 2004 杨桂华等, 2005
旅游地生命周期理论	分析案例区所处的旅游发展阶段及存在各种问题预警, 并制定可持续调控方案	能识别旅游地的发展阶段, 调控存在的问题	难以量化分析可持续发展所面临的环境问题	Bulter, 1980

　　资料来源: 唐承财、钟林生、成升魁:《旅游地可持续发展研究综述》,《地理科学进展》2013 年第 23 期。

地方战略规划框架中, 施行环境影响评价, 增强旅游的长期生存能力。(5) 支持地方经济——广泛地支持地方经济, 考虑环境成本和价值, 既保护经济, 又避免环境破坏。(6) 争取地方社区参与——地方社会完全参与到旅游中, 不仅有利其自身和环境, 也能够改善旅游体验的质量。（7）咨询旅游相关各方和社会公众——旅游行业、地方社会、组织和机构之间的会商，在协作和解决潜在的利益冲突时是非常重要的。（8）人员培训——将可持续旅游结合到日常经营中，实施配合各种水平的地方人员的征募，改善旅游产品质量等的培训。（9）负责任的旅游营销——提供完全和负责任的信息，增强对目的地区域的自然、社会、文化环境的关注，改善顾客满意度。（10）开展研究——开展研究和观测，有效的数据收集和分析是帮助解决行业问题，造福目的地、行业和顾客的关键。[1]

　　世界旅行和旅游组织制定了可持续旅游指导原则：（1）旅行和旅游应当帮助人们在和谐的自然中健康有效的生活。（2）旅行和旅游应当致力于保存、保护和恢复地球生态系统。（3）旅行和旅游应当以可持续的生产和消费方式为基础。（4）各国应当合力促进开放经济系统，旅游服务国际贸易能够在可持续的基础上运作。（5）旅行和旅游、和平、发展、环境保护相互依赖。（6）旅行和旅游的贸易保护主义应当遭到摒弃和逆转。（7）环境保护应当构成旅游开发过程中的一个不可分割的部分，旅游发展事务应当和相关公众事务一起处理，规划决策应当被当地所采纳。（8）国家应对可能影响旅游者或旅游区的自然灾害进行预告。（9）旅行和旅游应当利用自身能力，最大限度地为妇女和当地居民创造就业机会。（10）旅游发展应当认可和支持本土居民的特点、文化和利益。（11）保护环境的国家法律法规应当受到旅行和旅游的遵守。[2]

二　旅游可持续发展与旅游利益相关者

　　据考证，《牛津词典》是最早记载"利益相关者"（stakeholder）一词的工具书，它于1708年就收入了"利益相关者"这一词条，用来表示人们在某一项活动或某企业中"下注"（have a stake），在活

---

① Eber, Beyond the Green Horizon: Principles of Sustainable Tourism, WWF UK, 1992.
② Principle of Sustainable Tourism by WTTC.

动进行或企业运营的过程中抽头或赔本。① 1963 年，美国上演了一出戏，名叫"股东"（Shareholder）。斯坦福研究院（Stanford Institute）的一些学者受此启发，利用另外一个与之相对应的词"利益相关者"（stakeholder）来表示与企业有密切关系的所有人。他们给出的利益相关者的定义是：对企业来说存在这样一些利益群体，如果没有他们的支持，企业就无法生存。②

　　国外旅游研究在 20 世纪 80 年代中后期引入利益相关者概念，并在 20 世纪 90 年代中期开始进行相关研究；近年来，中国学者也开始在旅游规划与管理中引入利益相关者分析方法和理论。在旅游业中，关于"旅游利益相关者"的界定，大都是以旅游经营者为核心进行分析的，Chars Ryan 对旅游经营者在从事旅游开发及经营活动过程中可能涉及的利益相关者提出了一个基本构图，Jane Robson 则以旅游经营商为中心列举出 12 个利益相关者，以当地政府为中心列举出 18 个利益相关者。③ 世界旅游伦理委员会（WCTE）将旅游发展中的利益相关者解释为：中央政府；与旅游事务相关的地方政府；旅游公司和企业以及他们的协会；为旅游项目提供资金的机构；旅游业员工、旅游专业人员和旅游顾问；旅游行业工会；旅行者包括商务旅行者和游客；当地居民和旅游目的地东道社区代表；其他法人和自然人包括专注于旅游、直接涉及旅游项目的非政府组织和旅游服务提供者。随着旅游业的发展日趋成熟，各种利益相关者的作用也逐渐凸显，要获得旅游景区的可持续发展，就必须重视利益相关者的力量，关注其利益诉求，并提高他们的参与程度。利益相关者理论对实现旅游景区的可持续发展将发挥相当重要的作用。

　　Ryan 认为，旅游的可持续发展要求资源的公平分配与权力的分

　　① Clarke, T. (1998), "The Stakeholder Cooperation: A Business Philosophy for the Information Age," *Long Range Planning*, 31 (2), 182 – 194.

　　② R. Edward Freeman & David L. Reed (1983), "Stakeholders and Stakeholders: A New Perspective on Corporate Governance," *California Management Review* (Pre-1986), 25: 88 – 106.

　　③ Marsh and Henshall, "Planning Better Tourism: The Strategic Importance of Tourist and Interactions," *Tourism Recreation Research*, 1987 (1), pp. 47 – 54.

享，处理好利益相关者的关系是旅游可持续发展的关键，因此"可持续"概念的应用应置于利益相关者理论框架之下。[1] Stonich 在研究洪都拉斯海湾岛旅游发展情况时发现，岛上的新鲜水、土地和海洋资源由于旅游发展而受到破坏，但由此带来的负面影响并不均衡地作用于各类利益相关者，导致环境质量下降的决策主要是由国家和国际性机构做出的，但产生的环境恶果却由当地居民和移民承担。[2] Hudson 提出，为了能使山岳型旅游得到持续发展，需要与各利益相关者充分沟通，以达成环境政策、灌溉、废弃物处理等一系列共识。利益相关者理论在社区旅游中也得到广泛运用，研究方法大多采用案例分析，主要涉及利益相关者的权力关系及其沟通、协作。[3] Aas 等在对老挝文化遗产与旅游的研究项目中，发现社区居民在旅游规划和管理决策中没有太多的发言权，真正获利的是政府官员或代表当地居民利益的所谓"精英"，为此他提出了解决的思路。[4]

三　旅游可持续发展与伦理均衡

（一）旅游利益的均衡

旅游伦理和旅游可持续发展必须处理好不同利益相关者的利益诉求，从而达到旅游伦理持续发展的目标。旅游伦理均衡的动力来自于不同利益相关者对其利益的追求。在复杂的利益相关者网络中，只有通过相互的利益机制才能达到旅游利益的均衡。旅游利益均衡是指通过一系列制度设计和人为干预的手段，使旅游利益相关者之间能够产生相互制衡和协作的伦理关系，以达到相对稳定的伦理状态和促使旅

---

① Ryan C. Equity, "Management, Power Sharing and Sustain Ability: Issue of 'New Tourism'," *Tourism Management*, 2002, 23 (1): 17 – 26.

② Stonich, C., "Political Ecology of Tourism," *Annals of Tourism Research*, 1998, 25 (1): 2554.

③ Holden, A., "In Need of New Environmental Ethics for Tourism," *Annals of Tourism Research*, 2003, 30 (1): 94 – 108.

④ Aas, C., Ladkin, A., Fletcher, J., "Stakeholder Collaboration and Heritage Management," *Annals of Tourism Research*, 2005, 32 (1): 28 – 48.

游伦理的良性化运动变迁，使旅游伦理运行不因个人看法和一时的市场变动而发生剧烈变化。例如，人类社会所形成的人与自然和谐相处，社会发展应当遵循自然规律等基本的社会环境理念应该得到长久的贯彻，成为社会发展中的共识，而不是因为某些利益的变化而放弃这种理念。虽然完全均衡的状态是理想化的，但通过人为努力以达到旅游伦理的相对均衡，则应成为旅游发展的基本要求。只有谋求共同利益的最大化，才能为不同利益相关者的利益发展提供空间和条件。而旅游伦理均衡的目的就是能够为整体利益的最大化保驾护航。旅游可持续发展目标的实现同样应建立在旅游伦理均衡的基础上。通过利益关系的协调，特别是通过利益增值的发展才能实现旅游的可持续发展，否则，损坏利益的发展是不能长久的。

（二）市场经济的驱动

旅游伦理的均衡，应依托于对市场规律的把握和顺从，因为只有在市场经济规律的作用下，任何个人或组织在追求自己利益的同时才会兼顾到他人的利益。旅游伦理均衡，在这个视角下是利益相关者之间的利益均衡，利益均衡为伦理均衡创造了条件，提供了基础。在利益相关者的利益均衡未能实现的情况下，追求伦理均衡是不可能实现的。市场经济就是在承认和许可政府干预的条件下，充分发挥自由市场的力量，来协调不同利益相关者的利益诉求。在市场经济运行的过程中，通过市场的制衡、约束、淘汰、惩处等机制实现不同主体的利益均衡。

（三）政府主导的意义

在中国的旅游开发过程中，市场功能的发挥有限依然是普遍存在的社会现象。绝大多数高等级旅游资源都操持在政府手中，旅游发展过程中出现的美其名曰"政府主导"的制度严重扰乱了市场经济。当然，在有些市场经济不发达地区，政府主导的开发模式在一定时期能够发挥积极作用。在大型区域旅游开发过程中政府介入过多，很显然不利于旅游利益的均衡。自由市场经济的弱化导致市场不能够有效发挥对利益均衡的引导作用。因此就中国现状而言，进一步发挥和壮大旅游开发中的市场力量，约束政府逐利行为，真正将政府的角色作用引导到对市场的监管中来，这样才会有利于实现旅游利益均衡。政府主导的旅游开发，因为制度的缺陷必然导致政府将旅游作为政绩和追求利益的平台，在政府握有绝对行政权力的背景下，旅游发展通常就会表现出畸形态势。民间资本的进入可能会受到限制或过度盘剥，旅游社区民众利益不能得到尊重，因不合理的拆迁征地等行为而引发的冲突到处都是，为了追求政绩盲目求大求异，而不计算市场的真实需要和容纳量，政府过高的利润索取导致旅游市场价格持续走高等现象，都是利益不均衡的表现。

　　市场经济的规律就是任何个人或组织在追求自己的利益过程中要达到维护共有利益的目标，因为只有实现了共有利益才能确保个体利益，共有利益就是个体利益的基础，市场经济的发展目标就是实现市场的共有利益。因此，通过利益均衡实现旅游伦理的均衡是旅游市场经济发展的必然要求。个人道德观念上的利己与利他实质上是一种对立统一的关系。要分析旅游伦理道德，分析旅游伦理的均衡机制，就应分析人类自身的道德特征。作为理性的人，其道德观念中的利己与利他理念是同时存在的。作为满足人的欲望的利己行为，促使人们努力为自己的生活和工作而着想；经过理性思考，人们必然会发现，在满足利己的过程中必须秉承利他的行为观念，因为别人同样在追求利己的结果，只有在达到共荣的背景下，每个人的利己诉求才能得到保障，因此尊重和保障他人的利己诉求，即是通过个人的利他行为来达到谋取共同利益的目标。正是基于上述的分析，我们发现，人类道德观念范畴内已经蕴含着伦理均衡的成分。旅游伦理构建虽涉及利益相关者主体之间的复杂利益关系，但只有发展好旅游产业才能实现主体各自间的共同利益，这应当成为共识。因此，利益相关者的利己与利他在旅游产业发展这一平台中的对立统一，最终能够导致伦理均衡这一结果。旅游目的地政府应从全面角度衡量利益的均衡，扮演好其主导角色，因为政府不希望任何一方会因为利益诉求的无法满足而出现危害旅游发展的行为。

旅游企业在谋求自身利益的同时，也应将政府利益放在重要位置，对于政府所追求的利税、形象、安全、政绩等利益应当积极促使其实现。我们之所以要高度重视旅游目的地社区民众的利益，同样是因为利益均衡、伦理均衡的需要。

（四）社区民众的利益

长期以来，旅游社区民众成为弱势群体，其利益诉求不能得到保障，这成为旅游开发中主要的不道德现象。因为利益无法得到保障，社区民众或者被拒于旅游发展之外，或者会通过聚众闹事、占道经营等形式来表达不满，最终严重影响了旅游发展的形象。人们的自私动机通过相互竞争就会导致出人意料的结果。因此积极引入市场竞争机制，利用这一机制来引导人们将自私自利的动机通过相互竞争来达到利益均衡，并最终达到人与人之间的互利和整个社会的协调一致。由此可见，利己与利他的这种关系就是旅游伦理均衡得以实现的基础。通过对旅游社区民众利益的保障，激发民众参与旅游开发的热情，从而形成旅游目的地良好的社会环境和旅游氛围。我们发现，在旅游目的地的开发中广泛存在的过度拆迁行为，明显就是伦理非均衡的表现。社区民众作为长期生活在旅游目的地的原住民，对地方存在着浓厚的依恋情结。这种地方依恋情结是人的特性。久居于本地的人对地方形成的依恋情结是生活中非常重要的元素。人是环境的人，对环境的依恋也会促使人更加符合人的特征。于是便有了故乡情结、故乡责任、地方意识、地方认同、文化接纳，以及由此形成的特有的民众心理、意识形态、思想观念、文化传统、语言习俗等，由此，对地方的依恋情节具有重要的社会意义。而拆迁往往意味着民众要永远地离开故地而到一个相对陌生的新的地方生活，这在民众的心理上会产生明显的压力，尤其是年龄较大的民众更容易出现这种焦虑情绪。所以，旅游社区伦理不均衡就表现为这种情感纽带的扭曲或断裂。而我们往往只关注经济利益而偏偏忽视了这种深层次的社会现象。我们千万不能忽视地方依恋这种力量以及这种伦理道德被破坏之后所带来的严重后果。地方依恋会形成社会责任，民众基于地方依恋的社会责任会成为社会治理、社会稳定、社会和谐的重要因素，而这种情感一旦断裂，社会民众则极易发展成为对社会不利的群体，再加之如果是经济利益不能得到保障，在情感与经济的双重作用下，各种社会冲突则必然会发生。因此，通常见到的为了发展旅游而将社区民众进行整体搬迁的作法务必要谨慎行之。可见，旅游社区针对民众的旅游发展应该做到情感的均衡。

社区民众往往是旅游发展中经济利益的弱势群体。没有资金、技术和理念，在快速化的旅游发展背景下，社区民众很快便会被沦为利益的局外人。外来投资者几乎包揽了所有的利益平台，从人才技术、生产资料到工具、工人等都由投资者操持，而社区民众很难融入旅游开发活动中。有一些景区会聘用社区民众做一些基本的诸如清扫等简单的工作。而这些工作的报酬则少得可怜。于是，旅游发展便会形成"飞地现象"的怪圈。对于经济上处于弱势地位的社区民众，旅游开发过程中应高度重视对他们的利益均衡。通过土地流转入股，提供就业机会，允许进行商业经营，提供技术和服务能力培训等形式，将社区民众的经济利益与旅游开发、发展绑定在一起，为社区民众解决持续稳定的经济收入以及基本的劳动和生产技能等问题。以往见到的政府和企业在拆迁过程中一次性买断社区民众的土地或宅基地经营权，虽然在短期内民众拥有了可观的一笔钱，但不善理财和经营的民众可能会很快用完这些补贴，有时突然拥有较多的钱反而会带来很多的社会矛盾。因此，我们在旅游规划和开发实践过程中，强烈建议必须贯彻社区关爱的慈悲原则，从修一条路，保留一棵大树，立一堵墙，造一片林的微观视角入手，真正表现出对社区民众经济利益的尊重，从而实现经济的伦理均衡。

（五）文化均衡的价值

旅游开发的典型性在于其过程是一个文化性的过程。文化是社群的基因，是社会群体在一定区域、一定时间内所形成的相对稳定的、能够对社会群体共同产生约束和影响的社会因素。因为社会群体所处的背景不同，人类社会的文化景观表现得异彩纷呈。社会群体造就了文化，文化反过来又影响和塑造着社会群体。在一定文化环境中的社会群体对这种文化产生了依赖，就表现为文化适应，而当这种文化环境被破坏的时候，社会群体就会表现出明显的文化无所适从感。这种文化不适能够引发许多社会问题。旅游开发往往会使一个社会群体的社会环境产生翻天覆地的变化。旅游景区的建设改变着文化存在和发生的社会环境，大量旅游者的进入，从根本上打破了以往的社会群体文化规则，对原有文化产生了彻底的冲击。比如，以前是一个安静祥和的小村庄，村庄相对封闭，已经有数百年的发展历史，这样的微环境很容易形成典型的文化景观，人们的衣食住行、思想观念、伦理态度、宗教理念、意识形态、语言习俗等已经形成了固定化的文化模式。如果村庄因为旅游资源条件优势而成为旅游开发的核心区域，几乎是在一夜之间，由数百年历史构筑的文化堡垒即将塌陷，旧的文化规则将被打破，新的文化规则则在旅游发展的大背景下逐步确立起来。在这个过程中，旅游发展就面临着如何实现旅游伦理文化均衡的目的。因此，在旅游伦理均衡机制构建的过程中，文化的均衡就显得非常重要，也最具有特殊性。很多旅游景区及周边地区广泛存在的不良社会现象，与伦理均衡不能跟进有直接关系。旅游开发、旅游管理、旅游者大量进入都是一种文化传递的行为，在这个过程中政府及旅游开发者有义务引导新的旅游社区形成良性的社会文化态势，实现文化均衡的目的。

通过上述分析，我们发现，旅游伦理均衡主要是在基于利益均衡的背景下实现合理旅游伦理的过程。情感均衡、经济均衡和文化均衡是旅游伦理均衡的三种表现。只有实现了旅游伦理均衡，旅游发展才能更好地处理利益相关者之间的关系，才能真正实现旅游可持续发展。

四 旅游可持续发展的实现途径

（一）旅游发展与代际均衡

旅游伦理的研究内容之一就是旅游发展的代际均衡。旅游资源的开发利用应当承担环境保护中的代际义务。可持续发展理论的目的是解决发展中的代际平衡问题，而我们的社会发展决不能建立在剥夺子孙后代发展权的基础上，由此而形成的各种理论都是为能达到这种理想而努力的。中国社会的各种非可持续发展行为已经导致了巨大的环境灾难，数十年的盲目发展所付出的代价是巨大的。断子绝孙式的发展是不仁慈的，是非人道的。好在我们已经意识到了这种无节制发展背后的隐患，一系列针对可持续发展的努力正在实施中。旅游发展也是这样。旅游资源开发利用中如何落实可持续发展的理念，如何能够均衡旅游发展与环境保护的关系，如何成为能够为子孙后代的发展利益负责任的发展过程，必须得到旅游开发的重视。目前各地旅游发展中出现的对环境的过度影响是令人担忧的。从旅游规划、项目创意、开发建设、营销管理的过程来看，无视环境承载能力的现象屡见不鲜。旅游开发中环境保护的代际义务要求开发者应当树立可持续发展的理念。不要将旅游资源一次性用完，适当留下些未来发展的余地；不要过度使用钢筋水泥等人工化设施，以免造成对环境的重度破坏；一定要对开山建路，过水搭桥等大型建设反复论证，以免对环境造成毁灭性破坏。

（二）旅游发展与种际平等

旅游环境伦理纲领性的基本原则是种际平等、生命尊重和生态齐一的观点。环境的可持续发展，是在总结过去经验的基础上，认真分析现在社会发展与环境保护之间的状态以及着眼于未来的发展潜力与环境容量的承受力，将过去、现在、未来的发展融为一体的科学发展思路。人类在环境面前应如何选择针对环境的态度以及所要操持的方法，决定性的因素是如何正确处理和运用环境伦理。旅游开发中的种际平等原则，要我们深信不同物种之间根本性的关系是平等的，从地球来看，地球是一个由众多种类构成的巨大百花园，丰富多彩的种群就形成了园中的百花盛开。人类在所有种群中，暂时性地占据了支配性的优势地位，人类成为影响地球种群的重要力量。是彼此对立从而你死我活，还是彼此和谐从而共同发展？种际平等的观点告诉我们，我们应当拥有不同种群之间真正平等的理念。人类发展到今天，要让我们丝毫不干涉和影响其他种群的生存绝无可能，但是我们的欲望可以控制，我们的需要可以不泛滥，我们对其他种群的影响可以最小化。正是持有了种际平等的原则，才让我们有以上的理智行为。在漫长的历史发展过程中，各种群都在努力适应着地球的发展和彼此的关系。人类强势发展所产生的环境破坏的暴行，彻底地改变了种群之间基本的游戏规则。人类强势干扰所产生的后果就是某些种群的减少或者消失。生态种群全链条之间和谐统一的关系即将崩溃，关系的修复本身需要漫长的时间，可能需要人类在内的种群付出巨大的代价。人类是充满智慧的物种，只要我们能够积极努力，悬崖勒马，维系种际之间的平等就会大有希望。

尊重生命的态度是对自我生命的一种延续观念。人类因为珍惜自己的生命而敬畏生命的价值。特别是众多的宗教及习俗的生命观态度，为人类敬畏和尊重生命态度的发展奠定了基础。因为宗教对人类心灵的抚慰和约束作用，宗教中关于对待生命的观点深刻地影响了人的行为。佛教认为，一切众生的关系平等，六道众生的发展过程是一个循环往复的有机体，只有慈悲的对待彼此，才可能会有生死解脱的希望。基督教的博爱关怀，要求信众能够像上帝一样关爱彼此，关爱其他生命。民间信仰中许多关于禁止杀生、砍伐的观点也是基于对不同生命的尊重。人们曾经认为，对于其他生命的良好态度和行为会为自己带来好的报应。现代科学和社会的快速发展，许多传统的观念受到了挑战，甚至许多基本的生命观也不能得到重视，粗野地对待其他非人类生命成为平常。生命敬畏感的沦丧成了一个时代的悲剧。

（三）旅游产业安全

旅游可持续发展涉及了旅游业的安全问题。有学者相信，与一般产业发展相比，旅游业不是一个安全发展的产业。这主要是因为旅游业因涉及面广而存在着发展的脆弱性。因此，旅游业的可持续发展问题，还需要考虑到在国民经济体系中旅游业的这种持续性。旅游业明显受到国家政策的影响。当然，国家政策可能会影响整个社会的经济发展，但如果将旅游业与农业、钢铁工业等放在一起相比，显而易见，国家政策制定更容易对第三产业的旅游业造成影响，因为，一般看来，解决民众吃饭问题的农业和进行社会建设所需的主要资源——钢铁工业显得更为重要。因此，国家在制定政策的利益权衡过程中，很难将旅游业与其他产业摆在同等重要的地位。这也是中国旅游业发展政策性支持较缓慢的原因。比如，与旅游业发展关系密切的休假制度。虽然我们在政策上对休假制度做过几次调整，但从目前来看，现行的休假政策仍然不能全面缓解民众的旅游需求，政策的不能及时跟进阻碍着旅游业的快速发展。再比如国家的遗产保护政策不明朗，使许多遗产类旅游的开发进退两难。多部门对遗产的管理和开发，使遗产旅游资源在多头管理的背景下成为政府部门间争夺利益的平台，而真正为旅游发展所进行的遗产管理还不能与实际需要同步。例如对于宗教类旅游资源，这类旅游资源大多属于遗产地，但因为国家宗教政策和遗产开发政策中的规定与旅游开发有冲突，才导致宗教类旅游资源的开发乱象丛生。佛教寺院过高地收取门票、豪华的建筑、民众佛教信仰被扭曲、佛教成为大肆敛财和破坏自然生态环境的幌子，这些都与国家相关政策的制定和引导有着明显的关系。国内外政治、社会环境严重地影响了旅游业的发展。只有在政治平稳、社会安定的背景下，旅游业才能得到较好的发展环境。国家之间的关系是旅游发展的风向标。在两国关系正常的情况下，相互之间会产生较多的旅游者来往。但两国关系一旦恶化，首先受到冲击的就是彼此的旅游业。地区和平状态是旅游业发展的关键。国际上许多旅游知名地，都因为军事政策或其他形式的武力冲突而使旅游者裹足不前。泰国作为东南亚著名的旅游目的地国家，因为多次发生的国内政治冲突而严重影响了其旅游业的发展。2014 年发生的越南排华事件，也使大量中国旅游者取消了赴越南旅游的计划。因为国际间关系的复杂性、冲突的经常化和时间的不确定性，使国际旅游更加暴露出脆弱性的特征。国内社会环境同样影响着区域间的旅游发展。中国近十几年来旅游业的快速发展，得益于整体上的社会安定和民族团结。这种良好的社会环境一方面吸引了大批的国际旅游者来华旅游。另一方面也让我们获得了旅游业快速发展的社会环境。我们应当珍惜这来之不易的平安环境，加快发展旅游业。同时我们发现，个别地方所存在的不安定因素也对该地区旅游业的发展造成了较大影响。例如，2014年5月发生在新疆的暴恐事件，使许多旅游者在新疆旅游旺季之时取消了入疆旅游。民众消费理念和消费环境也对旅游发展产生了影响。整体来看，近二十年是中国民众收入快速增长的时期，也是在这种收入保证的前提下旅游活动更加大众化、日常化。但是，对旅游者加以细分之后我们发现，中国旅游消费市场中的许多特征值得深入分析。有报道认为，中国的贫富差距已突破了国际警戒线，富者过富、贫者过贫的不良社会现实的存在表现在旅游消费上的特点就是，富有者的奢侈旅游行为到处出现。社会财富的过度集中、通过非正当手段对财富的获得、富有者财富道德建设的空白等原因，都使中国一部分富有的旅游者能够享受，敢于享受豪华奢侈的旅游过程。旅游开发中如何满足这些毫不在乎金钱的特殊旅游者的需要就成了首先考虑的问题。因为满足了这些旅游者的需要，赚钱的速度会更快。与此相对应的是，大多数穷人不能够享受基本的旅游消费。消费环境使旅游消费者在权衡旅游利弊时，不得不考虑社会消费环境给予自己旅游消费的可能性。比如，高价房已经成为影响中国消费者的重要因素。许多民众衣食无忧，工作待遇与养老保险等都能够满足其要求，按理讲，这些民众大多能够成为旅游消费者。但过高的房价剥夺了许多民众旅游消费的可能。压缩开支，有钱买房成为许多民众首要的消费行为。在此背景下，旅游消费则不得不放弃或者缩减。因此，我们发现，民众的消费观念和社会的消费环境对于旅游发展的影响非常大。旅游发展的脆弱性是与旅游的特点相伴存在的。旅游业可持续发展就是要不断增加旅游业发展的安全性。由此可见，旅游业的可持续发展，不仅仅是指需要解决旅游环境保护，协调旅游利益相关者之间的利益与道德问题，而是要面对错综复杂的旅游业社会、政治、经济、文化等背景，对这些条件进行客观评价和跟踪，从而制定符合环境特点的旅游业发展策略，协调各种与旅游业相关的关系，能够对各种旅游业有潜在危险的因素进行提前评价并能完善预警机制，使旅游业得以安全发展。

（四）旅游产业规模

旅游业可持续发展涉及经济发展容量测量的问题，也需要关注收益分配对旅游可持续发展所产生的影响。旅游业是国民经济发展中的产业之一，在整体的社会经济发展过程中，在特定的社会发展条件下，旅游业的发展水平和规模能够达到何种地步，需与整个社会经济发展容量相一致。旅游业属于第三产业的服务业，在社会经济容量中旅游业所占的比重应该有一定的限制。低于或者高于这个限制的旅游发展都不能适应社会经济的发展要求。因此，应在可持续发展的视野下，对旅游产业的规模有一定容量的测定，这样能够为旅游可持续发展提供研究基础。收益分配问题直接决定着民众的消费水平和消费认知。如果民众都能得到理想而公平的收益分配，并且这种分配有着时间上的保障，则民众会认为旅游活动是能够被接纳的，才会形成持续的旅游购买力和旺盛的旅游交易市场。

（五）旅游产业制度建设

随着旅游产业的进一步发展，我们积累了数十年的产业发展经验，对于产业的认识不断深化。面对旅游发展中所产生的伦理问题，旅游产业的制度设计正做着积极的调整。一系列法律、法规、条例、规范的出台，有力地保障了旅游伦理的落实。特别是《中华人民共和国旅游法》的出台，以国家法律的形式对旅游业的发展做出了制度性规范，旅游伦理的贯彻落实有了根本性的法律保障。旅游业是综合性产业，其产业面涉及、辐射范围特别广。相关的产业制度建设也在很大程度上影响着旅游伦理规范的完善和落实。如一般性交通发展和旅游交通的关系就是这种表现。因此，未来旅游伦理的发展和完善，我们必须寄希望于不断成熟和有执行力的旅游产业制度。产业制度影响着旅游伦理道德的发展走向，只有合理化的产业制度规范才能确保旅游道德伦理的贯彻。比如，未来能否根据旅游发展与自然环境的关系，在吸取环境发展对环境破坏教训的基础上制定旅游环境保护的专项制度以确保旅游业的可持续发展。产业制度的建设要积极跟进，要有前瞻性，要主动配合旅游伦理的发展和落实，主动改革不能适应旅游业发展的落后过时的制度，释放产业制度的规范力和引导力。产业的发展状况决定了旅游伦理的阶段性特征。旅游产业的发展，一方面与经济状况有着密切联系，也就是说，旅游产业的发展状况也有其自身的规律和特征。比如，在一些经济欠发达地区，因为拥有高级别的旅游资源而成为重要旅游目的地，旅游产业的运作状况良好。同时，旅游产业的发展，是一个不断成熟发展的过程。在产业发展初期，因为急于开拓市场或者管理落后，理念不能跟进等原因，对旅游伦理的重视程度并不高。随着旅游产业的不断发展完善，参与旅游开发人数的增多，旅游者人数的增多，对回头客市场的重视，旅游利益相关者之间彼此的矛盾会更加复杂化；特别是随着旅游业向纵深发展，要求必须提升旅游开发的质量，要有效解决包括旅游发展与环境保护在内的各种矛盾问题。因为只有这样，旅游产业才可能得到持续发展。在此阶段，旅游产业发展会越来越重视能够协调各利益相关者之间多种矛盾的旅游伦理，会更加重视和运用旅游环境伦理。由此可见，产业的发展状况的确与旅游伦理不同阶段的表现有着密切关系。不同的旅游产业发展阶段要求有适合本阶段的旅游伦理的支撑，也只有适合旅游产业发展状况的旅游伦理才能真正起到规范和引导作用。

五　案例分析

（一）文献回顾与问题的提出

1. 国外研究进展

20 世纪 70 年代开始的旅游安全研究是旅游灾害研究的起步，研

究者探讨了犯罪、战争、恐怖主义等因素对旅游业的负面影响。[①] 90
年代后，随着自然灾害损失的加重，旅游灾害研究主要关注自然灾
害、气候变化、传染性疾病等对旅游业的影响。[②] 国外同时注重特定
目的地、特定旅游活动中的游客安全风险研究，包括对安全事故的类
别及时空分布规律，以及对游客风险感知与决策进行调查分析。其
中，游客旅游灾害感知研究主要分析恐怖主义、犯罪、艾滋病、卫生
状况、心理特性、性别、国籍等主客观因素所引起的感知差异。[③] 各
类旅游组织也涉足于旅游灾害及风险的探索。1995 年，世界旅游组
织在瑞典厄斯特松德召开的旅游安全与风险国际会议（Talk At The
Top：International Conference on Tourism Security and Risk）标志着国
际旅游灾害管理研究的起步。1997 年，世界旅游组织（WTO）在
《游客安全与保障——目的地之实用措施》一书中，认为旅游风险包
括制度环境风险、旅游业及相关部门风险、个体旅游者风险及自然环
境风险四类；[④] 2003 年，发布《旅游行业自然减灾手册》，出台《旅
游业危机管理指南》。另外，2004 年，亚太经合组织可持续发展旅游
中心发布《旅游风险管理指南》，为亚太地区的旅游业发展提供了建
议性意见。2005 年，亚太经合组织于韩国釜山召开 APEC 旅游论坛，
详细讨论了自然灾害等旅游风险管理。

　　在多年的旅游实践中，国外旅游研究者对旅游灾害管理的各个方
面提出了有针对性的建议或方案。例如，Peterson 等针对具体的案例
点（如国家公园、自然保护区、海岸带）提出旅游灾害管理方案；[⑤]

---

① Shareef, R., Small Island Tourism Economics: A Snapshot of Country Risk Ratings. International Congress on Modelling and Simulation. Australia and New Zealand, The Modelling and Simulation Society of Australia and New Zealand Inc., 2003.

② Mazzocchi, M. and A. Montini, "Earthquake Effects on Tourism in Central Italy," *Annals of Tourism Research*, 2001, 28 (4): 1031–1046.

③ Lepp, A. and H. Gibson, "Tourist Roles, Perceived Risk and International Tourism," *Annals of Tourism Research*, 2003, 30 (3): 606–624.

④ Lawton, G. R, "Book Reviews for Tourist Safety and Security: Practical Measures for Destination," *Tourism Management*, 1997, 18 (6): 403.

⑤ Peterson, J. and B. Hronek, *Risk Management for Park, Recreation and Leisure Services*, (Sagamore Publishing, 1992).

O'Gorman 针对加拿大偏远地区的国家公园雪崩风险给出应对方案;①
Marie 等针对游船观光、滑冰、探险旅游等具体户外活动的风险管理
进行了系统研究;② Prideauxa 等认为，传统旅游趋势预测存在弊端，
当前旅游业还没有利用新发展起来的一些风险管理新技术手段去应对
灾害和危机，将来的旅游灾害预测应该把灾害的分类、辨识与评估、
管理结合起来。③ Lepp 等认为，旅游市场的开发者应当把目标投向那
些有着较高风险耐受力的游客。Daye 强调降低游客的感知风险是旅
游地减轻经营风险的重要手段。④

2. 国内研究进展

国内研究者相关研究主要集中在旅游灾害系统、旅游业灾害管
理、应急管理、灾后救援及恢复等方面。90 年代，此类研究主要着
眼于旅游饭店、旅游交通、旅游保险等视角，1997 年后，由于东南
亚金融危机和长江流域大洪水的影响，国内旅游灾害研究开始重视各
类旅游灾害事件及其影响。2003 年，由于 SARS 对国内旅游业的打
击，更多研究者聚焦于对旅游灾害的研究。比如，袁红等就西南地区
旅游灾害风险管理做了研究。席建超等以国内 10 条重点探险旅游线
路为例对旅游地安全风险评估模式进行研究。赵怀琼提出了旅游安全
风险系统。2008 年汶川地震给西南地区旅游业带来重创后，研究者
提出建立旅游地风险管理的体系以及旅游规划应包含旅游灾害管理内
容。基于对汶川地震旅游灾害的总结，2012 年国家旅游局发布了
《中国旅游业应对重大自然灾害机制研究》。

国内研究者还通过定性分析的方法探讨了旅游灾害的形成机

① O'Gorman, D. , Parks Canada's Backcountry Avalanche Risk Review, 2003.

② Marie, C. and J. P. Stephen, "Managing Risk in Adventure Tourism Operations in New
Zealand: A Review of The Legal Case History and Potential for Litigation," *Tourism Management*,
2003, 24: 13 -23.

③ Prideaux, B. , "The Need to Use Disaster Planning Frameworks to Respond to Major
Tourism Disasters: Analysis of Australia's Response to Tourism Disasters in 2001," *Journal of
Travel & Tourism Marketing*, 2003, 15 (4): 281 -98.

④ Daye, M. , Framing Tourist Risk in UK Press Accounts of Hurricane Ivan Managing Risk
and Crisis for Sustainable Tourism Research and Innovation. Kingston, Jamaica, 2005.

制、表现形式及具体影响。张西林等从安全学的角度，对旅游活动中的安全事故成因进行了分析。① 陆林等指出，台风及暴雨是造成东南沿海主要景区在6—9月出现客流低谷的原因。游客对出行风险的认知是国内旅游灾害研究的重点内容，比如吴必虎等、朱璇分别调查了中国大学生阶层、国内外背包旅游者的安全感知状况。② 同时，研究者针对各级旅游目的地进行研究，如李锋等着力于目的地旅游灾害、危机的形成机制及影响机理分析；③ 崔鹏等探讨了景区泥石流灾情的评估指标及方法。智能旅游灾害预警及救助平台构建成为近期研究的热点。④

3. 问题的提出

旅游灾害是旅游地自然及社会因素所导致的对旅游业有重要影响的灾害性事件。由于旅游业本身的广度关联性和高度脆弱性，旅游业成为最易受各种灾害事件影响的行业。随着国内旅游业的进一步发展，旅游灾害发生的频次越来越高，旅游灾害的影响不断扩大。⑤ 因此，对旅游灾害的深入研究和科学管理，成为目的地建设的重要举措。纵观国内外关于旅游灾害的研究，主要内容集中在对灾害本身的研究上，而从旅游社区民众认知视角的分析则不多见。虽然对旅游灾害的管理与防治，主要依靠目的地政府和景区，但旅游地社区民众的参与同样非常重要。构建全面的目的地旅游灾害管理和防治体系，必须高度重视目的地社区民众的旅游灾害态度，以取得社区民众的支持和参与，才能使旅游灾害科学管理和全面防治得到落实。因此，有必要从旅游社区民众对旅游灾害认知态度的角

---

① 张西林：《旅游安全事故成因机制初探》，《经济地理》2003年第4期。

② 吴必虎等：《中国大学生对旅游安全的感知评价研究》，《桂林旅游高等专科学校学报》2001年第3期。

③ 李锋、孙根年：《旅游目的地灾害事件的影响机理研究》，《灾害学》2007年第3期。

④ 刘军林、陈小连：《智能旅游灾害预警与灾害救助平台的构建与应用研究》，《经济地理》2011年第10期。

⑤ 秦志英、龙良碧：《旅游灾害事件成灾模型的建立及解析》，《灾害学》2004年第4期。

度审视旅游灾害管理及防治。太白山景区位于陕西省宝鸡市，以太白山国家森林公园为主，是陕西西线旅游的主要对象，是秦岭地区重要的山岳型旅游景区。现场调查显示，由于太白山景区特殊的地质构造以及目前旅游开发建设的不完善，该景区近年来旅游灾害事件频发。特别是 2012 年 9 月，景区遭受了百年不遇的特大暴雨袭击，致使闭园恢复建设将近一年。太白山景区属于典型的旅游灾害多发的山岳型景区，景区社区民众的旅游灾害认知态度关系到灾害的有效防治。因此，本研究在对太白山景区深入调研和发放研究问卷的基础上，分析山岳型景区社区民众的旅游灾害认知，以期为相关景区旅游灾害的管理及防治提供参考。

（二）研究设计

1. 问卷设计与收集

根据研究需要，参考国内外有关文献设计了调查问卷。问卷内容包括三部分：第一部分是社区民众人口学特征；第二部分是社区民众对太白山景区旅游发展现状的认知调查，由 10 个影响指标构成；第三部分是社区民众对太白山旅游灾害的认知状况，由 18 个影响指标构成。问卷采用李克特量表法，要求应答者用 1（非常反对）—5（非常赞成）的等级方法来表明自己对表述的回复。调查时间为 2014 年 6 月 8—9 日。调查对象为太白山景区内东漫湾和西漫湾两个行政村的居民和其他在此工作和生活的民众（不包括旅游者）。东漫湾村和西漫湾村隶属太白山景区北边的汤峪镇，分别沿省道 209 布局在汤峪河的东西两侧，是进入太白山景区的必经之地。村庄由于靠近太白山景区及汤峪温泉，居民经济发展主要依靠旅游收入。近两年为进一步开发旅游资源，政府对两个村进行了全面规划建设，使村庄成为典型的旅游社区。调查地点选择在两个行政村，随机发放问卷。问卷共发放 500 份，获得有效问卷 390 份，有效率为 78%。

2. 样本概况

性别方面，男性占 58.3%，女性占 41.7%。年龄方面，年轻者（30 岁以下）占 38.3%，中年者（30—60 岁）占 54.2%，老年者

（60 岁以上）占 7. 5%。学历方面，小学及以下占 12. 8%，初中及高中占 68. 4%，大学及以上占 18. 8%。职业构成是，农民占 29. 3%，个体经营者占 33. 3%，公务员占 3. 8%，学生占 16. 2%，务工人员占 17. 4%。家庭人均年收入分别是，5000 元及以下占 34. 5%，5000 元至 10000 元占 38. 3%，10000 元至 15000 元占 13. 9%，15000 元以上占 13. 3%。55. 9% 的被调查对象是汤峪镇本地人，44. 1% 的为非本地人。36. 2% 的被调查对象从事旅游经营或管理，63. 8% 的不是。

3. 分析方法

利用 SPSS11. 0 软件对调查问卷进行统计分析。首先，利用因子分析法对两方面 28 个变量进行分析，只保留特征值（Eigenvalues）大于 1 的公因子。研究发现，两方面的 KMO 统计分别是 0. 858 和 0. 856，说明统计数据适合做因子分析。本项研究的 A 系数都大于 0. 7，说明调查使用的问卷具有良好而稳定的同质信度（见表 6 - 3）。

（三）分析与发现

1. 太白山景区社区民众对旅游发展及旅游灾害的认知

首先是太白山景区社区民众对旅游发展的认知。表 6 - 3 显示，在旅游发展认知指标上，10 个变量集中在 2 个公因子上。第一个公因子反映了社区民众对太白山景区旅游发展现状的认知。作为陕西西线旅游线路上重要的旅游景区，太白山经过多年发展，已具备一定规模。社区民众对景区旅游发展现状的认知，从社区民众认知感受的角度反映了景区旅游发展与社区民众的关系。第二个公因子表达了在当地旅游发展的背景下所产生的社区利益。旅游发展能否为社区创造利益，关系到社区民众的切身利害以及对景区旅游发展的认知程度。景区旅游发展程度及社区民众与旅游发展的利益关联度都直接与景区旅游灾害的认知密切相关。其次是太白山景区社区民众对旅游灾害的认知。在旅游灾害的认知指标上，18 个变量集中在 4 个公因子上。第一个公因子反映了旅游灾害的影响。旅游灾害的发生，成为影响旅游景区发展的重要因素。旅游灾害将损害景区旅游形象、破坏旅游资源、使游客减少、给旅游者安全造成很大威胁，从而影响景区的旅游发展，同时影响旅游社区民众的工作和生活。第二个公因子概括了旅游灾害防治情况。目前，旅游景区日常灾害防治是政府、景区、社区民众共同努力的结果，特别是对于重大灾害事件的处理，政府应该承担主要责任。第三个公因子反映了旅游灾害相关知识。旅游灾害的发生与防治，应是在一定科学规律下的表现和行动。社区民众对景区旅游灾害相关知识的了解程度直接关系到对灾害的预防和治理结果。第四个公因子则是对旅游灾害的研究。旅游灾害研究是防治灾害和灾害管理的重要内容，是科学解决景区旅游灾害问题的必要措施。

表6－3
太白山景区社区民众对旅游发展及旅游灾害认知的因子分析结果

	认知因子	因子负荷	公因子方差比	特征值	方差贡献率	A系数
旅游发展	公因子（一）：旅游发展			3.202	32.020	0.823
	以往太白山旅游发展取得了较好的成绩	.774	.696			
	太白山旅游发展的规划科学，管理到位	.753	.682			
	太白山旅游发展前景看好	.744	.624			
	太白山景区是陕西重要的旅游目的地	.736	.511			
	以往太白山旅游发展取得了较好的成绩	.696	.508			
	公因子（二）：社区利益			3.860	38.602	0.842
	太白山旅游发展带动了社区的经济发展	.764	.610			
	旅游发展开阔了社区居民的视野	.744	.614			
	太白山旅游发展改善了社区的社会环境	.712	.648			
	太白山旅游发展为当地社区带来了利益	.673	.572			
	自己在太白山旅游开发中获得收益	.638	.507			
	累计贡献率				70.622	
	KMO统计量				.858	

续表

	认知因子	因子负荷	公因子方差比	特征值	方差贡献率	A 系数
旅游灾害	公因子（一）灾害影响			5.485	30.471	0.812
	太白山旅游灾害的发生损害了景区旅游形象	.834	.707			
	太白山旅游灾害破坏了旅游资源	.796	.655			
	太白山旅游灾害的发生使游客减少	.781	.632			
	旅游灾害给旅游者安全造成很大威胁	.749	.601			
	太白山旅游灾害影响了旅游发展	.667	.538			
	太白山旅游灾害的发生影响了自己的生活	.629	.503			
	公因子（二）灾害防治			2.841	15.782	0.798
	政府提供了对旅游灾害管理的指导	.814	.694			
	政府对旅游灾害的防灾减灾教育及演练到位	.809	.670			
	媒体对太白山景区旅游灾害的报道及时、客观	.787	.673			
	太白山景区具有较好的应对旅游灾害的能力	.756	.607			
	政府及时发布了太白山旅游灾害信息	.716	.552			
	自己能够参与到旅游灾害的救援当中	.684	.512			
	公因子（三）灾害知识			1.838	10.213	0.841
	了解太白山旅游灾害的危害	.838	.759			
	了解太白山旅游灾害的主要类型和特征	.833	.761			
	了解太白山旅游灾害的发生	.775	.706			
	知道太白山旅游灾害发生的原因	.711	.615			
	公因子（四）灾害研究			1.201	6.673	0.822
	有必要进行旅游灾害的专项研究	.821	.730			
	通过科学管理和研究能减少旅游灾害损失	.761	.680			
	累计贡献率				63.138	
	KMO 统计量				.856	

2. 不同人口学特征对太白山景区旅游发展及旅游灾害的认知差异分析

（1）不同性别、年龄及学历群体对太白山旅游发展及旅游灾害

— 191 —

认知的差异分析

从表6-4可以看出，不同性别群体的认知在6个公因子上的显著性差异不明显，这说明不同性别的被调查对象在对太白山旅游发展及旅游灾害的认知中差异性并不大。不同年龄群体对太白山旅游发展及旅游灾害认知的显著性差异主要表现在5个公因子上，分别是"旅游发展""社区利益""灾害影响""灾害防治"和"灾害知识"。对于"旅游发展""社区利益"及"灾害影响"3个公因子，老年群体得分较高，表明与年轻及中年群体相比，太白山景区社区民众中老年群体对景区旅游发展和通过旅游发展来获得社区利益两方面更持赞成态度，多次经历灾害发生而深知灾害影响的老年群体更加认可旅游灾害的发生对景区所产生的重大影响；对于"灾害防治"和"灾害知识"这两个公因子，年轻和中年群体表现出更多的正面认知。年轻群体普遍接受过较高层面的教育，并与当地旅游开发联系紧密，对以地质灾害为主要内容的太白山旅游灾害的防治及相关知识了解更多。

不同学历群体对太白山旅游发展及旅游灾害认知的显著性差异主要表现在"旅游发展"和"灾害知识"2个公因子上（见表6-4）。

表6-4　　　　不同性别、年龄及学历群体对太白山旅游
发展及旅游灾害认知的差异分析

公因子	公因子得分		F值	Sig.	公因子得分			F值	Sig.	公因子得分			F值	Sig.
	性别				年龄					学历				
	男	女			年轻	中年	老年			低	中	高		
F_1	.017	-.025	.155	.694	-.036	-.039	.470	3.152	.044*	.463	-.077	-.032	5.610	.004*
F_2	.032	-.045	.519	.472	-.174	.063	.428	4.881	.008*	.052	-.028	.065	.294	.745
F_3	.061	-.085	1.799	.181	-.212	.104	.328	5.566	.004*	-.104	.024	-.018	.321	.726
F_4	-.043	.060	.894	.345	-.141	.146	-.336	4.922	.008*	-.016	.022	-.071	.230	.795
F_5	.011	-.016	.067	.796	.251	-.122	-.393	7.890	.001*	-.419	.073	.018	4.609	.011*
F_6	.087	-.122	3.752	.054	.013	-.005	-.031	.028	.972	-.224	.032	.034	1.269	.283

注：* P值 < 0.05。F_1 = 旅游发展；F_2 = 社区利益；F_3 = 灾害影响；F_4 = 灾害防治；F_5 = 灾害知识；F_6 = 灾害研究。

更多的学历较低群体认可太白山景区旅游发展现状，而较高学历群体对此持怀疑态度。与学历较低群体相比，较高学历群体见多识广，对旅游发展认识得较为深入，更多地参与了当地旅游开发，对景区旅游发展要求也较高。对专业型较强的旅游灾害相关知识的获得，学历层次较高群体相对容易。旅游灾害管理及防治，是知识型社会活动，必须依靠相关知识的普及及科学的强化训练才能达到目标。

（2）不同职业及收入群体对太白山旅游发展及旅游灾害认知的差异分析

不同职业群体对太白山旅游发展及旅游灾害认知的显著性差异主要表现在"灾害影响"和"灾害研究"两个公因子上（见表6-5）。在"灾害影响"方面，公务员和务工者群体对太白山景区旅游灾害影响的认知更为明显。应对旅游灾害是当地公务人员的工作之一，旅游灾害的发生，会对当地社会产生全面影响，同时会影响公务人员的工作和生活。当地各类务工人员的工作，大都和景区旅游业密切相关。旅游灾害的发生，同样会影响这类群体的生活和工作。在"灾害研究"方面，公务人员的认知不明显。从理论上讲，加强对旅游灾害的研究是解决相关问题的基础。但因为诸多因素，包括旅游灾害在内的许多国内旅游研究，与旅游发展实践脱节，研究成果应用于旅游实践的不多，旅游研究对旅游开发的指导作用不明显。社区公务人员对此现状十分了解。因此，强化旅游灾害研究的应用性非常有必要。

不同收入群体对其认知的显著性差异主要表现在"旅游发展"这一公因子上（见表6-5）。理想的旅游社区是社区民众能够在旅游发展中获得适当利益。只有社区民众的利益与旅游发展息息相关，民众才能真正关注旅游发展，也才能重视旅游灾害的防治。家庭人均年收入较高的群体对太白山景区社区旅游发展赞同度不高，说明这类群体在当地旅游发展中可能获得了利益，但对景区旅游发展现状不满意。进一步发挥旅游开发的社区经济发展带动效应，使旅游社区获得充分利益，是景区旅游灾害管理和防治的重要因素。

表 6 - 5　　　　　不同职业及收入群体对太白山旅游发展
及旅游灾害认知的差异分析

公因子	公因子得分					F 值	Sig.	公因子得分				F 值	Sig.
	职业							家庭人均年收入					
	农民	个体	公务人员	学生	务工者			5000 元以下	5000—10000元	10000—15000元	15000元以上		
F1	.163	-.166	-.262	.119	-.011	1.925	.106	.119	.293	-.089	-.359	4.404	.005 *
F2	-.119	-.007	.416	-.117	.234	1.969	.099	-.096	-.011	.196	.075	1.080	.358
F3	-.068	.075	.358	-.417	.282	4.507	.001 *	-.127	.039	-.023	.241	1.625	.183
F4	-.146	.203	-.188	-.143	.031	2.180	.071	-.081	.160	-.195	-.043	2.057	.106
F5	-.115	.061	.046	.227	-.144	1.497	.203	.001	.046	-.105	-.025	.283	.838
F6	-.102	.149	-.856	.111	-.033	3.587	.007 *	-.177	.069	.143	.110	2.006	.113

注：* 表示 P^- 值 < 0.05。F1、F2、F3、F4、F5、F6 的内涵同表 6 - 4。

（3）是否本地人及是否从事旅游经营或管理群体对太白山旅游发展及旅游灾害认知的差异分析

是否为本地人对太白山旅游发展及旅游灾害认知的显著性差异主要表现在"社区利益"和"灾害防治"两个公因子上（见表 6 - 6）。在"社区利益"方面，与外地人相比，更多的本地人认为，当地旅游发展未能给社区带来更多利益。与太白山景区相邻的汤峪镇本地人长期生活在旅游社区，了解景区的旅游发展历史和现状，对当地旅游发展能否为社区带来利益有着更高的要求。在"灾害防治"方面，本地人更多地认为，政府及景区为旅游灾害的防治做出了努力，当地民众也能积极应对灾害的防治。作为旅游灾害频发的太白山景区社区的当地民众，对景区自然环境及灾害特征较为熟悉，对政府及景区的各种灾害防治措施比较了解，很多人能够主动投身于灾害防治中。

是否从事旅游经营或管理群体对太白山旅游发展及旅游灾害认知的显著性差异同样表现在"社区利益"和"灾害防治"两个公因子上（见表 6 -6）。在太白山景区旅游发展和旅游发展背景下的社区经济发展过程中，从事旅游经营或管理者是真正意义上的旅游发展实践者，是景区旅游发展的直接利益相关者，他们对旅游发展背景下的社区利益有着更高的要求，所以对增加目前社区利益存在更多的期待。在"灾害防治"方面，从事旅游经营或管理的群体，由于直接参与了景区旅游开发，对太白山旅游灾害的发生、特点、防治以及政府、媒体、景区、社区对旅游灾害防治所做的努力都比较了解，而与当地旅游开发关系不密切的、未从事旅游经营或管理者，对景区旅游灾害防治的具体措施了解不多。

表 6 - 6　　是否本地人及是否从事旅游经营或管理群体认知的差异分析

| 公因子 | 公因子得分 | | F 值 | Sig. | 公因子得分 | | F 值 | Sig. |
| | 是否本地人 | | | | 是否从事旅游经营或管理 | | | |
	是	否			是	否		
F1	.021	-.026	.195	.659	-.072	.040	1.019	.313
F2	-.106	.135	5.065	.025*	-.144	.082	4.131	.043*
F3	.017	-.021	.128	.721	-.028	.016	.156	.693
F4	.164	-.208	12.174	.001*	.220	-.125	9.775	.002*
F5	-.056	.071	1.404	.237	.078	-.044	1.196	.275
F6	.044	-.056	.876	.350	-.061	.034	.742	.390

注：* 表示 P 值 < 0.05。$F1$、$F2$、$F3$、$F4$、$F5$、$F6$ 的内涵同表 6 - 4。

（四）结论

旅游灾害是影响旅游可持续发展的重要因素，旅游灾害管理和防治是目的地旅游开发的重要内容。旅游灾害管理与防治应重视旅游目的地社区民众的灾害认知。社区民众的旅游灾害认知与目的地旅游发展状况和通过旅游发展使社区民众利益获取程度有关。不同年龄、学历、职业、收入群体，以及与旅游社区关系的密切程度，成为影响社区民众对旅游灾害认知的主要因素。社区民众对旅游灾害的认知主要体现在灾害影响、灾害防治、灾害知识和灾害研究四个方面。研究发现，社区老年人、高学历及较高收入群体对景区旅游发展水平有更高的要求；社区年轻者、本地人以及从事旅游经营或管理群体对旅游社区通过旅游发展所获得的利益不满意；社区老年人、公务员及务工人员等群体更多地了解旅游灾害的发生对景区社会、经济及文化所造成的影响；社区年轻人、本地人及从事旅游经营与管理群体对旅游灾害的防治工作更为了解；社区较高学历及年轻人群体对旅游灾害知识掌握得更多；更多的社区公务员群体对旅游灾害的研究持怀疑态度。通过分析旅游社区民众对旅游灾害认知所获得的结果，能为旅游目的地政府及景区在旅游灾害科学管理和防治工作方面提供借鉴，特别是能够培养目的地社区民众旅游灾害意识，普及旅游灾害知识，发挥民众旅游灾害防治作用，从而构建完善的目的地旅游灾害管理和防治体系，以实现旅游可持续发展。

第七章 对《全球旅游伦理规范》的解读

　　《全球旅游伦理规范》（以下简称《规范》）是在 1999 年 10 月 1
日的世界旅游组织第 13 届大会上通过的。① 《规范》的制定与通过，
表现了作为国际旅游事务的最高协调者——世界旅游组织非常谨慎的
态度。从其严谨的研究、起草、调研、制定和通过的过程中，我们发
现，《规范》的内容是权威性的，这是因为以世界旅游组织秘书长为
领导的《规范》制定机构是世界旅游研究和旅游发展的权威。在长
期的旅游发展过程中，世界旅游组织对全球旅游发展给予了权威性的
知识关照，这也促使了该组织的成熟。在《规范》制定过程中，成
立了专门委员会，召开了多次专家会议，举行了质量支持委员会议，
并在法律顾问的帮助下，完成了《规范》草案，在第 16 次会议上，
世界旅游组织下属的商业委员会和各地区委员会对草案进行了研究，
并提出了有针对性的报告。不能到会的成员提出了书面意见和建议。
同时，世界旅游组织向产业界和代表产业工人利益的协会以及其他非
政府组织进行了广泛的意见征求，并采纳了其中的许多部分。

　　同时，《规范》对众多同类文件、规则和宣言、思想进行了综
合。《规范》的制定，是面向全球众多的旅游利益相关者的。各国旅
游发展的水平不一，政策、法律、制度等国情不一，对旅游发展的态
度和理念认识不一，这就要求《规范》的出台必须建立在对众多利

---

　　①　中国社会科学院旅游研究中心张广瑞根据世界旅游组织第 13 届大会通过的文件翻
译：《全球旅游伦理规范》，《旅游学刊》2000 年第 3 期。

益相关者利益充分考虑的基础之上。通过专门性会议的召开，通过权威专家的调研，特别是对产业界协会及非政府组织意见的收集，能够保证《规范》的公平性和可操作性。

世界旅游组织的作用是依据联合国大会所确认的旅游规范，通过旅游促进经济发展，国际理解与和平繁荣，倡导不分种族、性别、语言或宗教地尊重人权和人的基本自由以及遵守与之相关的各种惯例。从全球视角看，旅游在国际事务中将扮演重要的角色。经济发展的功能是主要的，我们发现，旅游强大的经济拉动能力以及对旅游消费的持续旺盛，促使各国将旅游发展作为经济发展和经济转型的主要手段。促进国际间旅游经济的持续稳定发展是《规范》的基本目的。国际社会之间冲突的原因是多方面的，其中之一便是国家和民众之间相互理解的欠缺。旅游是旅游者在不同地理空间行为的移动，旅游的过程是对不同自然与文化环境认知和理解的过程，是身临其境的体验。在以往的信息传递中，一个人对另一个地域国家所了解的信息可能是有限的甚至是错误的，这种彼此间的误解则能产生很多经济与文化的冲突。而旅游，特别是国际旅游活动则为消除这种冲突与隔阂提供了可能。显而易见，被称为"民间和平大使"的旅游在促进世界和平与经济繁荣发展中的确能起到重要作用。在遵守各种准则惯例的基础上，尊重不分种族、语言、性别或宗教的人权和基本自由，是现代社会发展的方向，而旅游是对人权和自由的促进。因此，现代社会的发展离不开旅游的作用，而旅游发展更加促进了现代社会的进步。旅游业是促进和平、友谊和理解的重要力量，国际社会包括世界旅游组织坚信，不同文化和生活方式的人们之间直接的、自发的、非附属性的接触，是现代社会进程中非常重要的活动。

《21世纪议程》认为，旅游业一直坚持环境保护与经济之间的和谐发展，坚持以可持续发展的方式与贫困做斗争。人们在谋求社会经济发展的过程中，许多手段是会对环境造成严重危害的，而旅游业则在整体上与环境保护和谐并进。旅游业的发展，良好的生态环境是基本条件，并且随着旅游业向深度发展，生态环境指标将越来越为旅游者所重视，亦即旅游的发展将进一步促进环境保护。消除贫困是国际社会一致努力的方向，但事实证明，没有产业化支撑的持续扶贫机制很难根治贫困现象。许多生活条件落后的地区则拥有不错的旅游资源，通过旅游扶贫的模式来实现与贫困做斗争已经成为国际通行的旅游开发惯例。让有钱的旅游者进入贫困地区，在获得旅游感受的同时将金钱以旅游消费的方式让当地贫困居民获利，这是一种理想的扶贫旅游开发方式。

世界旅游组织一直重视包括以休闲、商业、文化、宗教或健康为目的的旅游增长，为各国旅游发展提供必要的支持。特别是世界旅游组织一直主张旅游行为的目的应符合人类共同的心理诉求，对一些不符合精神道德的旅游诉求应进行阻止。旅游是多元化的综合，我们应该宽容不同行为的正当性，对不正当性的需求应进行制约。同时，世界旅游组织重视对旅游影响的分析，包括积极影响和消极影响。旅游活动的开展，将势必会对客源国和目的地国的环境、经济和社会、文化产生深刻的影响。同时，旅游业的发展也会对国际贸易产生影响。对于各种消极影响，世界旅游组织的职责即是通过各种渠道的努力来进行协调和纠正，而《规范》出台的目的之一就是预防和减少这种消极影响的产生。在旅游快速发展的今天，旅游的各种消极影响也是显然的。盲目的规模开发建设正威胁着生态环境，大规模的旅游者流对旅游接待地形成了很大的压力，旅游目的地社会化异常明显，有违正常心理的旅游行为和产品颇为常见。对这些消极影响的解决，将促使旅游业的正常发展。

目前，旅游业在国际关系和国际贸易中扮演着重要角色，发挥产业综合效应才能有效地发挥国际贸易中旅游业应有的作用。我们通过旅游心理的适当引导来影响人们对自己闲暇时间是用于休闲还是旅游的自由选择，但《规范》制定的目的则是通过旅游心理的引导来实现负责任的、可持续的、可以为全球接受的旅游行为。《规范》所通过的主张，表现了国际社会对旅游行为的一般性心理要求，对于这些正常的旅游行为的促进就是世界旅游组织的责任和义务。不合伦理规范行为的发生与旅游为表相，其实则违背了一般旅游的合理要求，应该受到谴责。特别是那些对宗教、行为、礼仪有特殊要求的目的地，旅游者必须恪守"入乡随俗"的基本要求，遵守目的地的规范和要求。世界旅游组织确信，在一个崇尚市场经济、私营化经营和自由贸易以适合其发挥创造财富和增长就业功能的环境中，旅游业将会取得更大的成绩。

旅游业的良性发展，需要合理的市场机制。国际上通行的市场经济，私营化经营和自由贸易这种经营体制，能够发挥旅游业综合性和带动性强的特点，使旅游业按照市场经济的运行规则发展，充分发挥其创造财富和增加就业的功能。中国旅游发展中普遍出现的政府主导市场投入，政府企业合作的旅游开发模式，是在中国经济发展体制下所产生的适合中国特色的发展模式，因为充分发挥了利益相关者中政府的作用而使这种发展模式颇具特色。中国旅游业正处在质量提升的关键时期，各地广泛开展的旅游项目开发，民众庞大的旅游消费能力正进一步释放，旅游管理和服务体系建设正在进一步完善，旅游相关支撑性元素也在逐步健全，中国旅游业发展与国际旅游业一样具有取得巨大成绩的前景。正是在这样的背景下，我们必须深入分析《规范》所带来的启发，按照伦理规范的要求保证中国旅游业向着正确的方向发展。目前，中国旅游业发展中出现的许多问题，是对产业持续发展的考验，这些问题的产生有其历史的必然性，有针对性地解决这些问题，探索符合旅游业伦理的可持续发展路径，对我们来讲是非常重要的。

在旅游发展过程中，包括国家的、地区的和当地的行政部门、旅游企业、商业协会、旅游业的员工、非政府组织和属于旅游业的各种团体、东道国、中介机构和旅游者自身各自权利与义务实现的基础就是国际旅游业的正常性发展。负责任的、可持续性的旅游发展与不断增强的服务贸易管理的自由化以及在这种自由化国际环境中经营的旅游企业如果能够遵守诸如《规范》里的一系列原则和规定，利益群体之间的矛盾就会减少或得到有效解决，同时使经济与生态、环境与发展、国际贸易的开放与社会和文化独特性保护之间的和谐发展成为可能。由此可见，制定国际旅游共同遵守的伦理规范就显得尤为重要。减少矛盾，促进和谐，解决纠纷，提供平台，搭建桥梁就是世界旅游组织制定《规范》的初衷。世界旅游组织努力促成旅游业中的私营部门与公共部门之间的真正伙伴关系，这是因为旅游业的发展离不开这两类部门的通力合作。私营部门的目的是通过对旅游业的参与获得利润，各种旅游业直接性的投资大都由私营部门来完成；而公共部门则通过旅游的开展来树立社会形象，提高民众的社会生活幸福质量。旅游业中的基础性设施则由公共部门来完成，因为这些基础设施一方面满足旅游者的需要，另一方面主要由社区民众来使用。通过私营部门和公共部门的合作，双方都能获得利益，从而共同促进旅游业的发展。在利益诉求的背景下，私营部门和公共部门可能会产生威胁到旅游业发展的冲突。私营部门如果得不到公共部门的基础性投资，其旅游发展速度会放缓，而公共部门可能会认为，旅游发展不能作为重点支持的对象，或者认为私营部门对旅游资源的利用不得当等，都会使双方陷于僵局。世界各国都有了处理私营部门和公共部门纠纷的经验。而《规范》的意义就在于能够从伦理的角度对这些纠纷进行调节。

为了保证国际旅游的顺利开展，世界旅游组织有义务促进旅游客源国和目的地国之间的关系，并使国家间各自的旅游业间也能够建立起同等程度的伙伴和协作关系。《规范》从国际关系调停的角度，对国家之间的旅游关系进行促进，旨在建立客源国与目的地国之间良好的关系，以保证旅游者自由流动来实现对国际旅游者权利的保护。国家之间的关系，深刻地影响着双方旅游业的发展。对对方国家旅游者权利的尊重和保护是一个国家应尽的基本义务。复杂的国际关系很难保证每一个国家都能够成为旅游权利的保护者。世界旅游组织与其他国际组织的义务就是尽力促使国家之间的关系朝着有利于旅游发展的方向运行。通过约束旅游业各方面的行为来达到共同的发展，从而实现国际平等、负责任、可持续的旅游新秩序就是《规范》的目标。

虽然国家间可以尽最大努力接纳彼此的旅游者，但是因为不同国家之间旅游伦理构建水平的差异，旅游权益保护过程中的道德缺失问题时有发生，全球性旅游道德事件的频繁发生，旅游道德监督环境存在缺失的可能，同时，这种情境发生在道德价值需求多元的背景下。

道德价值需求的多元化，导致旅游道德监督环境缺失的事实又说明，旅游伦理落实的国家间能力的差别是客观存在的。构建统一的全球旅游伦理价值评价的标准，其意义一方面在于能够为不同国家提供旅游伦理执行的标准，另一方面这种标准的颁布与宣传会形成明显的影响力，它可以促使有关国家加强对旅游伦理的落实。全球性旅游伦理价值评价标准的制定与落实需要在相关国家组织的带动下，并得到各个国家的大力支持才可达到。

下面将对《全球旅游伦理规范》的条款进行逐条阐述。

第一条 旅游：对促进人民和社会之间相互了解与尊重的贡献

第一条便陈述了旅游活动对促进人民和社会之间相互了解与尊重所做出的巨大贡献。人类社会的发展方向即是不同群体之间相互了解和尊重程度加深的过程。人类社会存在许多分歧和矛盾，关键原因是种群之间因陌生感而产生的误解和矛盾。人类之间的交流就是润滑剂，只有在相互了解并彼此尊重的前提下，人类社会才会真正实现和谐发展。旅游活动必须通过人的地理空间的移动才能实现，这种活动从一开始就打破了人们相互之间封闭的存在状况，促使了文化经济和情感的交流。旅游活动迎合了现代社会不同种群之间相互交流的迫切愿望，良好的国际关系和秩序则进一步刺激了旅游活动的发展，因而达到了相得益彰的目的。

旅游作为一种特殊的全球性人类社会活动，在当今外在道德监督环境缺失，内在道德价值多元的情况下，凸显出统一全球性伦理价值评价标准的诉求。旅游伦理构建呼吁形成全球统一性的伦理价值评价标准和体系。旅游活动全球化在有些地方和国家已经实行，有些地方则缓慢一些，但全球化的未来是必然的。国际间旅游活动平常化，国界线对旅游的影响和限制越来越小。旅游活动作为特殊的人类社会现象，能够促进不同国家之间的了解和理解，对加强文化融合、误解消除、冲突减弱、人员往来等都有着非常重要的作用。国家之间进一步敞开大门来吸引彼此的旅游者将成为国家间彼此的交流活动。各种现象显示，旅游活动的深入展开，是符合国际社会潮流的行为。保障这种全球性人类活动的深入开展，成为当代旅游伦理关注的重点。

1. 抱着对不同宗教信仰、哲学观点和伦理观念容忍和尊重的态度，了解并促进符合人性的伦理标准，既是负责任旅游的基础，又是负责任旅游的归宿；旅游发展中的利益相关者和旅游者本身都应当遵守各个民族——包括那些少数民族和土著民族的社会文化传统和习俗，并承认其价值。

《全球旅游伦理规范》旨在实现负责任旅游中各种可持续性的旅游活动。至于负责任旅游实现的基础和归宿，则如《规范》所言，应是对不同的宗教信仰、哲学观点、伦理观念的容忍和尊重态度以及对各个民族关系、社会文化、传统及民俗的遵守和价值承认。《规范》第一款就从伦理道德的角度分析了旅游活动背后可能形成的伦理道德的冲突。旅游活动的跨地区性，使旅游者面临着对待不同文化的态度问题。可持续发展旅游过程的实现，必须要使旅游者具备包容不同宗教态度、哲学观点、伦理观念、文化传统、习俗习惯的情感操守，而旅游活动的形成，则能够更加增进这种理智的情感操守的建立。在当今社会经济、政治和军事冲突的背后，种群之间根本性的分歧很多都表现在宗教信仰、哲学观点、伦理观点、文化传统和风俗习惯当中，只有通过人们的旅游活动来增进彼此之间的欣赏、了解和包容，人类社会所固有的伦理要素才不会成为社会进步的障碍。《规范》特别强调了旅游过程中对少数民族和土著民族文化保护的重视。在社会发展的当下，许多地区的少数民族和土著民族都成为弱势群体，因为生存环境的封闭和伦理观念的保守，很难正常融入现代社会当中，因而其生活发展更加边缘化。相反的是，这些地区往往能够成为旅游者普遍向往的地方。通过旅游发展促使这些地方社会经济的改善，而这应当以遵守和保护这些地方文化传统和风俗习惯为前提。否则，造成经济发展表象后面生活社会伦理心理的断层，则是不利于社会整体发展的。

2. 旅游活动的开展应当与东道地区和国家的特征与传统保持一致，并尊重其法律、惯例和习俗。

合法而富有特色的文化旅游活动的开展，必须符合目的地法律、惯例和习俗，应当与其地区特征和传统保持一致。旅游活动和旅游发展的底线在哪里？为了迎合旅游者的需求，为了吸引更多旅游者的到访，很多旅游发展迷失了方向，旅游发展区成为游离于法律、惯例和习俗或影响之外的地方。在这里，《规范》旗帜鲜明地指出，旅游活动及发展必须是合法的、合乎惯例的、适合习俗的，旅游可持续发展的伦理诉求，旨在引导旅游发展朝向健康的方向。对比目前各地旅游发展中所出现的不合习俗的惯例，甚至违法现象的出现，可见世界旅游组织在《规范》制定中的高瞻远瞩。人类各种行为都应当是在被约束基础上的理性行为，旅游行为也应当如此，旅游活动应当受到法律、惯例和习俗的约束，才能成为人类理性的行为。

3. 东道社区作为一方，当地专业人员作为另一方，都应当熟悉并尊重到访的旅游者。了解有关他们生活方式、兴趣和期望的情况；对专业人员的教育和培训有助于促进热情友好的接待。

提升旅游接待的质量，是吸引旅游者到访的关键。旅游接待与服务的发展方向就是专业化。通过教育和培训的方式，使旅游接待者真正熟悉并能够尊重到访的旅游者，对到访者的生活方式、兴趣和旅游期望都能够熟练掌握。目前，中国旅游业已经进入质量提升阶段，在数量型扩张完成之后，只有通过不断提升旅游接待服务质量，才能让旅游发展拥有可持续的动力。但总体来看，我们对此重视程度不够，教育与培训方式单一，效果不佳，旅游管理对此热情不够，旅游企业无从下手。因此，提升中国旅游培训市场质量的工作也应当加强。中国旅游基础教育市场庞大，但多以理论灌输为主，课程设置不尽合理，教师本身的实践经验有限，这就制约了旅游教育质量的提升，使教育与人才所需要的真正知识断裂。

4. 保护旅游者和来访者及其财物的安全是政府机构的任务；这些机构必须特别关注外国旅游者的安全，因为他们特别容易受到伤害；应当根据旅游者的需要，促进信息、预防、安全、保险和援助等特定工具的利用；任何对旅游者或旅游从业人员的攻击、侵犯、绑架或威胁，以及对旅游设施和对文化或自然遗产要素的恶意破坏都应当依据各自国家的法律给予严厉的谴责和惩罚。

　　旅游安全是一个严肃的话题。旅游可持续发展的伦理观必须关照旅游安全。外国旅游者特别容易受到伤害的确是一个不争的事实，因此，目的地政府应当竭尽全力保护外国旅游者人身及财物的安全，通过信息、预防、安全、保险和援助等综合性的手段来达到实现安全的目标。旅游者、旅游地工作人员和旅游设施及资源，往往会成为社会中的弱势方，他们很容易受到攻击、侵犯、绑架、威胁以及恶意破坏。极端的事件如国际上一些恐怖组织将旅游者或旅游资源作为袭击、破坏的对象，这会给当地旅游带来毁灭性的打击。惩处针对旅游的任何犯罪是每一个国家的义务。

　　5. 在旅游过程中，旅游者和访问者不应当从事任何犯罪行为，或者从事任何根据到访国家的法律被认为是犯罪的行为，要戒绝那些被当地人感到是冒犯和伤害的行为，或者可能会破坏当地环境的做法；不从事任何有关违禁药品、武器、古董、受保护的物种和产品以及危险品和根据国家规定禁止物品的交易活动。

　　《规范》对旅游者在旅游过程中不应该从事的行为做出了具体的规定。旅游活动是一把双刃剑，既是人们摆脱日常生活的牵绊而寻求新鲜美好生活的经历，也有可能利用旅游这一机会而成为犯罪的理由。旅游者不应从事任何犯罪行为应当成为旅游的基本常识。旅游活动中的不当行为主要包括各种违反目的地政府法律的犯罪行为，对当地人的冒犯、对环境的破坏、违禁品的携带等。不同国家的法律和规范不完全相同，因此旅游者有必要认真学习目的地国家的相关规定。旅游中介组织应当及时规劝旅游者的行为，在旅游活动组织过程中教育旅游者应当以守法为底线，以呵护生态环境为光荣，以尊重目的地社区民众习俗为基本点，以防止旅游过程中发生不合理甚至违法现象。旅游者是旅游发展中的核心，作为旅游中的上帝更应当提升自身的伦理素养，真正理解旅游的过程是对人的素质的提升过程，每一个旅游者应当以身作则而成为旅游模范。各种不道德甚至违法乱纪的现象都是对旅游伦理和旅游精神的亵渎。

　　6. 旅游者和访问者——甚至在旅行出发之前——有责任熟悉他们准备访问国家的特点；他们必须知晓任何离开他们惯常环境外出旅

游的过程中所固有的健康与安全方面的风险，并尽量做到将这些风险降到最低的程度。

旅游者提升各种风险的防范意识和对抗风险的能力至关重要。应该让旅游者知晓旅游过程中可能存在的风险，并教育旅游者做好对各种风险的防范。成熟的旅游者和旅游中介组织一定是能够正视旅游风险的个人或团体。在中国，许多旅游者缺乏经验，对旅游风险的认知不够。旅行社与旅游中介组织为了能够招徕更多的客户，甚至可以隐瞒旅游风险。这些行为和做法都是非常危险的。近几年来，中国多次发生的旅游灾害事故，大多都和旅游者自身对风险的防范意识欠缺，或缺乏基本的风险预防和处理能力有关。成熟的旅游市场需要不断总结经验和规范制度。旅游资讯越来越方便，中国旅游者越来越多地去国外旅游，旅游的机会和时间在增加，这些都能够使中国旅游者拥有较成熟的应对旅游风险的能力。旅游安全是旅游发展的生命线，只有在旅游者、旅游中介组织、旅游企业、旅游管理者的共同努力下，才能有效降低旅游的风险。

第二条　旅游：个人与集体满足的工具

从功利主义的角度来看，旅游就是个人和集体获得满足的过程。旅游是人类特殊的生活要求，从以往只是少数人的专利到旅游大众化时代的到来，旅游成为人们幸福生活中的重要内容。美国有专门机构分析了中产阶级的社会特征，将全家一年一次的外出旅游作为重要指标。旅游伦理研究，应当重视和分析人类合理的需要。旅游成为人们获得满足感的重要途径，成为人们提升幸福生活指数的必然选择。

1. 旅游是一种最经常和休息、放松及健身相联系且接近文化与自然的活动，它应当作为一种实现个人和集体满足的特殊方式进行规划和从事；当怀着一种非常开放的观念从事旅游活动时，它便成为自我教育、相互容忍和了解不同人民和文化之间的合理差异及其多样性的一种不可替代的因素。

《规范》进一步界定了旅游对人们生活的重要意义，指出它是和休息、放松及健身密切联系的接近文化与自然的活动。休息、放松和健身是人类的基本权益，旅游活动涵盖了这些方面，同时将人们引向发现文化与自然乐趣的生活方式。文化与自然是人类生存的环境，从来没有像旅游的发展这样让普通人近距离地欣赏文化与自然。旅游的广泛开展让更多人能够有机会和能力去关心文化与自然环境。旅游规划与发展从伦理的角度看，应当作为实现个人和集体满足的工具。《规范》同时重申了旅游活动的重要意义，即表现为自我教育，相互容忍与了解不同人民和文化之间的合理差异及其多样性，其前提是我们必须怀着一种积极开放的观念去从事旅游。与其他社会活动相比，旅游活动在这方面的优势是明显的，被称为"和平大使"的旅游的确能够成为促进人们相互了解和彼此欣赏的工具。

2. 旅游活动应当尊重男女之间的平等；应当促进人权，特别是促进大多数易受伤害的群体，尤其是儿童、老人、残疾人、少数民族和土著民族的个人权利。

平等权是人的基本权益。从世界旅游组织的视角来看，旅游活动应当成为促进实现人类平等权益的有力支持。人人生而平等的理念应当贯穿于社会生活中的各个领域。旅游伦理同样保证了人类平等权的实现。在实现人权的过程中，妇女、儿童、老人、残疾人、少数民族及土著民族都是容易受到伤害的群体，也是国际人权组织重点关注的对象。在旅游活动与旅游开发中，应当尽力保证这些容易受到伤害群体的利益。旅游开发往往是基于某些诉求的商业性行为，在对市场财富追求的过程中，旅游开发者必须能够保证这些弱势群体不受伤害。国际社会通过多年的探索，确认旅游扶贫是通过旅游这一特殊手段来达到对弱势群体关注的有效手段。旅游扶贫目前也是中国政府推行的旅游开发模式之一，其发展具有重要意义。旅游活动也可以转换为慈善性活动过程，通过旅游者的慈善旅游行为，一方面能够激发更加高尚的人格，另一方面能够真正实现对弱势群体利益的关怀。慈善旅游应当是有关慈善组织利用专业平台组织的特殊旅游活动，其目的旨在进一步推动慈善事业的发展。

3. 对人的任何形式的不正当利用，特别是性方面，尤其是对儿童在性方面的利用，是与旅游的根本宗旨相冲突的，是对旅游的否定；根据国际法，这种行为应当在所有有关国家的通力合作下予以坚决打击，应当受到到访国家和这些行为实施者国家的立法机构的严厉惩罚，即使是这些行为发生在国外，也决不留情。

遗憾的是，旅游活动很容易与不正当性行为联系在一起，包括针对儿童的性利用的犯罪行为。《规范》义正词严地对性旅游现象进行了批判。不可否认的是，性旅游是广泛存在的。更为恶劣的是世界上有些旅游目的地的主要吸引物竟然是随意的性旅游。因为文化趋向和道德意识的原因，中国研究者很少从学术的角度观察性旅游，但可以肯定的是，中国性旅游现象是非常严重的。在性旅游当中，最为令人发指的就是对儿童性方面的使用。国际社会的很多组织都针对这种现象制定了详细的防治办法，很多国家都将这种行为列为重点打击的对象。世界旅游组织对这种现象的愤慨、指责和防范是非常及时的，《规范》所使用的诸如"坚决打击""严厉惩罚""绝不留情"等词汇就能表达出世界旅游组织的坚决态度。我们承认，旅游是个人和集体获得满足的工具，但面对人们许多不正当或犯罪的欲望，旅游发展绝对不能成为实现旅游者这种欲望的场合。可持续发展的旅游伦理认为，合理的旅游发展，应当旗帜鲜明地反对各种不正当需求，特别是对非人道的违法行为，旅游发展应坚决予以打击。

4. 为宗教、健康、教育和文化或语言交流等目的所进行的旅行是非常有益的旅游形式，应当予以鼓励。

世界旅游组织对宗教、健康、教育和文化或语言交流等目的所进行的旅游活动进行专门鼓励，旨在推动这些类型旅游活动的发展。宗教旅游一方面培植旅游者更加虔诚的宗教态度，从而更好地发挥宗教对社会的积极意义；另一方面通过不同宗教和信仰人群间的彼此接触达到理想中的宗教包容状态。虽然宗教是排他性的，但人类的宗教活动注定是多元化的，宗教之间只有互相沟通才能达到和平共处的目的。旅游活动通过旅游的行为，使不同宗教信仰的民众通过旅游过程中大家喜闻乐见的日常行为自然而然地融为一体而达成共识。旅游对健康具有积极的意义，为获得健康而进行的旅游则更加有意义。对健康的追求是人类永恒的话题，如果能将旅游与健康联系在一起，则能为旅游发展注入新的活力。人类早期的旅游就和教育结合在一起，比如出现在欧洲的"游学"。通过旅游的形式达到严肃的教育目标，这是很多地方都试图努力采用的方法。中国各地已经经营了许多年的针对各类学生的夏令营和冬令营也属于此类型。教育、文化与语言交流是实现人们互相了解和交往的重要手段，这些活动与旅游在本质上有许多相关性，通过与旅游的融合，则能达成相互促进的目的。

5. 将旅游者交流的意义，这些交流所带来的经济、社会和文化等方面的利益以及它们的风险引入教育机构课程中的做法应当予以鼓励。

从世界旅游组织的角度来看，从来都是将旅游定义为促进人类社会更加和谐发展的策略，而不仅仅是考虑旅游发展所能带来的经济意义。将旅游感受与过程等同于接受教育，这是对旅游活动的深刻认识。旅游活动是各级课堂教育的延续，是对课堂教育内容的重要补充，因为旅游活动的实践性，其教育效果的价值更加明显。旅游者通过交流会为经济、社会和文化等带来利益，对旅游风险的防范经验等，这些都能丰富学校教育的内容。由4、5两款可知，世界旅游组织在《规范》当中高度重视旅游与教育的结合，将旅游等同于对青年人的教育工作，从而实现旅游促进人类社会发展的目标。进一步探究了旅游的价值，对我们掌握旅游规律有重要意义。

第三条　旅游：可持续发展的因素

《规范》从伦理的视角对旅游业可持续发展的基本问题做出了规定。很明显，提升全球旅游伦理的价值意义，在道德层面分析旅游发展的现实，其目的就是实现全球旅游业的可持续发展。尤其是当下旅游发展不可持续现象突出的背景下，进一步研究可持续发展问题有重要的现实意义。中国社会进入了可持续发展的关键时期，盲目发展会给全社会带来沉重的负担。如果说不理智的发展过程是中国社会在探索性前进过程中不可避免的，那么在当下的中国我们认真反思过去，从而努力实现社会全面可持续发展则是历史性的担当。旅游发展同样应该顺应潮流，成为可持续发展的典范。

1. 所有旅游发展的利益相关者，应当抱着实现良好的、不间断的和可持续的经济增长以平等地满足当代和未来代代人需要和愿望的观点，保护自然环境和资源。

可持续旅游发展，是建立在旅游对自然保护基础之上的。虽然开发利用和保护二者缺一不可，但世界旅游组织从可持续发展的角度，明确指出了保护资源和自然的重要意义。因为只有这样，才能实现良好的、不间断的和可持续发展的经济增长，以平等地满足当代人和未来人的需要。资源与自然保护的目的是实现利用中的代际平等，这需要所有旅游发展的利益相关者的共同努力。代际平等发展作为国际社会的共识，成为可持续发展的基本理念。围绕代际平等更多的是一种道德关怀和追求。

2. 所有有助于节约稀有和珍贵资源——特别是水资源和能源——并尽量避免废弃物产生的旅游开发形式都应当优先考虑并受到国家、区域和地方政府的鼓励。

《规范》具体列举了优先考虑的可持续发展路径，特别是在旅游发展中对资源的节约，应该成为旅游发展相关利益者的共识。节约主要是针对那些包括水资源和能源在内的稀和珍贵资源，同时减少和避免废弃物的产生。如何才能促使这些措施的落实呢？在众多的旅游发展利益相关者当中，政府的态度和做法是关键的。作为社会管理者角色存在的政府，应当出台有关具体的鼓励和惩处办法，并指导可持续旅游发展措施的落实。不能将可持续发展态度只停留在理念当中，在理想的社会管理过程中应加强对可持续发展的具体化操作，而能够完成这项工作的，只能是政府或非政府机构（NGO），其他利益相关者在利益角逐中很难真正落实此类可持续发展的措施。

3. 应当设法错开旅游者和访问者流动——特别是由于带薪假期和学校假期所造成的那些流动——的时间和空间，以便更加均衡假期分配，从而减少旅游活动对环境的压力，增强其对旅游业和当地经济的有益的影响。

中国旅游发展存在的问题之一就是集中性假期，尤其是长假里的人满为患。作为人口大国，在旅游需求呈现出井喷式增长的背景下，可持续发展的关键之一就是如何协调旅游景区假期旅游者过于密集的问题。这个问题是世界各国在旅游发展中普遍存在的问题，但在中国表现得尤为突出。世界旅游组织一开始就认真研究了对这一问题的解决办法，指出通过政府制定和时间设置来错开旅游高峰期，能够通过政府协调手段达到对旅游者数量的控制。过度集中的旅游者流量，既无法保证旅游者的满意度，还对旅游环境造成极大压力，同时不能保证旅游业发展对当地经济的有利影响。中国前几年实行的所谓"黄金周"制度在表面旅游发展热闹的背后，潜藏着很多的危机，旅游规模不经济现象非常严重。再者，出于对公共场人群安全管理的考虑，旅游景区超高密度的人流的确有很大的安全隐患。

4. 旅游基础设施的设计和旅游活动的安排应当有助于保护由生态系统和多样化所构成的自然遗产和濒临危险的野生生物物种；旅游发展的利益相关者，尤其是专业人员，当他们的活动在一些特别敏感区域——开辟为自然保留区或保护区的沙漠、极地或高山区域、沿海区域、热带森林或湿地——进行时，应当同意对他们的活动实行控制或限制。

旅游规划对可持续发展有引导作用。通过各种专业性的技术规划，对旅游基础设施和旅游活动的安排，应当朝着有利于环境保护的方向发展，尤其是面对由生态系统和多样化所构成的自然遗产和濒临危险的野生生物物种的时候，旅游发展对它们的保护应当成为共识。对于诸如自然保留区域或保护区的沙漠或耕地或高山区域，沿海区域、热带森林或湿地景区这些特别敏感区域，即便是那些旅游发展中的专业人员，对他们的进入行为也应该进行控制或限制。生态环境脆弱的地区又往往是旅游资源极为优越的地区，这些地区对旅游者有极强的吸引力。对于地球上生态环境脆弱地区的严格保护是旅游伦理的基本关照，特别是对濒临物种的格外关照是可持续发展的要求。我们遗憾地发现，打着旅游发展的旗号对生态环境造成极大破坏的案例到处都有，因此对特殊区域和特殊物种的保护怎么严格都不过分。

5. 自然旅游和生态旅游被认为特别有利于强化和提高旅游的地位，但是它们必须尊重自然遗产和当地人民，不超越其活动场地的承载力。

在旅游可持续发展的背景下，自然旅游和生态旅游被给予了厚望，这是因为研究者普遍认为，这种旅游模式的开展能够促进自然生态区可持续性的保护，同时能够强化和提高旅游的地位。旅游承载力是用于衡量旅游景区旅游者密度的科学化标识。不同景区的旅游承载力不尽相同。自然旅游和生态旅游的地区往往是生态环境脆弱地区，其旅游承载力相对有限。同时，自然旅游和生态旅游区因为特殊的地理空间，自然遗产和当地人民都相对封闭，因此，旅游的发展应该以尊重自然遗产的保护和当地人民的意愿为标准。旅游伦理应当实现对人的权益的关照，特别是那些容易受到伤害的弱势群体的利益，一直是旅游伦理关照的重点。旅游发展不应当成为掠夺式的殖民文化的发展路径，而应当实现与弱势社区利益的相一致。因此，《规范》多次指出："当地人民"的利益应该得到特别保护。

第四条　旅游：人类文化遗产的利用者及改善这些遗产的贡献者

人类社会是文化的社会，人是各种文化遗产的创造者，同时也是文化遗产的欣赏者和保护者。丰富多彩的人类文化遗产成为吸引旅游者重要的旅游资源，也成为旅游发展中应用的重点。《规范》认为，旅游是文化遗产的利用者及改善这些遗产的贡献者。的确如此，唯有旅游，才能使人类社会的文化遗产走出博物馆，能够发挥其文化教化和引导作用，通过利用文化遗产和保护文化遗产而做出贡献，旅游发展才能走得更远。

1. 旅游资源属于全人类的共同遗产；资源所在领土的社区对它们有特定的权利和责任。

从全球旅游伦理的视角来审视旅游资源，的确属于全人类的共同遗产。旅游这种人类特殊的活动形式，是超越国家、种族和民族的，特别是在现代产业化旅游发展的背景下，旅游活动已经成为没有国界的人类行为，与其他功利性行为相比，是人类社会的良性现象。从这个角度对待文化遗产类的旅游资源，无论它曾经是哪个民族的先祖所创建的，都应该归结为人类的共同遗产。联合国教科文组织所实施的世界遗产名录的制度，亦能促进人们对遗产属于全人类这种理念的认同。各国积极的申遗态度就足以说明，这种国际化的理念强化了人们对遗产属于人类共同文化资源的态度。文化遗产所在地的各个国家，对资源的保护和利用都应当按照国际社会所通行的原则去完成好特定的权利和责任。中国已经是世界遗产地的大国，对遗产的保护和利用负责也是中国政府的基本义务。虽然目前在热烈的申遗背后是功利化的经济诉求，但在经济诉求基础上使文化遗产得到保护的确是功不可没的。随着中国世界文化遗产数量的增多，进一步规范遗产的管理制度尤为重要。世界文化遗产是各国文化遗产中的精品，同时也是旅游开发利用的重要对象。旅游开发利用为遗产的保护插上了翅膀。

2. 旅游政策的制定与旅游活动的开展应当尊重艺术、考古和文化遗产，应对这些遗产加以保护，代代相传；应当特别精心地保护和改善纪念物、殿堂和博物馆以及考古与历史遗迹，而这些场所必须广泛地向旅游者开放；鼓励私人拥有的文化财产和纪念物在尊重其所有权的前提下向公众开放，同时也鼓励宗教建筑物在不妨碍正常宗教活动的前提下向公众开放。

文化遗产往往是脆弱的，一旦毁坏将不复存在。许多文化遗产是数千年人类社会发展的见证物，其价值是不言而喻的。因此，旅游开发的前提就是保护好资源本身。旅游过程应当对艺术、考古和文化遗产这类资源在树立代代相传的理念基础上加以严格保护。世界旅游组织与联合国教科文组织一样，历来高度重视对文化遗产的保护。可持续旅游发展的基础和标志也是对文化遗产不遗余力的保护。《规范》指出，对纪念物、殿堂和博物馆以及考古与历史遗迹这类文化元素高度集中的资源，应当加以特别精心的保护，并向旅游者广泛开放。中国博物馆经历了由收取门票到向社会公众免费开放的过程。博物馆免费开放是社会发展和文明进步的重要表现，在中国文化事业发展中具有标志性的意义。让更多的旅游者和社会民众进入各类博物馆，养成大众到访博物馆的行为习惯，这样才能更好地发挥博物馆的价值。《规范》说明了对私人拥有的文化遗产和纪念物的态度，即是在尊重其所有权的前提下向公众开放。中国民间私人博物馆最近几年来发展迅速，在公立博物馆大范围免费开放的环境下，私人博物馆将走向何方？由经验可知，私人博物馆积极与旅游合作，发挥其灵活多样和市场适应力强的优势，积极走旅游促进博物馆发展的道路，才能够让私立博物馆获得新的发展动力。宗教建筑物在中国主要包括佛教、道教等场所，也大都能为旅游者开放。

3. 从文化场所和纪念物接待访问中所获得的资财，至少有一部分应当用来维护、保护、开发与改善这一遗产。

如何落实文化遗产保护所需的费用，各国的做法不完全一致。免费开放的中国公立博物馆主要依靠政府财政的专项拨款来实现对博物馆和文物的保护、开发与改善；而部分收费的博物馆和其他文化场所的做法，与《规范》的要求是一致的，即将从接待、访问中所获资财的一部分用于对文化遗产及场所的改善。旅游活动的开展，使文化场所和纪念物获得了持续的资财收入。当然，这些人类文化遗产地的旅游发展会给遗产带来一定的冲击，但与可观的收入相比，以及利用收入中的一部分来进一步实现对遗产的保护，旅游发展的确为遗产地的社会、经济、文化和遗产本身带来了新的活力。在旅游开发对遗产带来损害和旅游开发带来经济收入的两难选择面前，遗产地只能选择在加大遗产保护力度的基础上适度开发旅游的思路。

4. 旅游活动的规划应当使传统的文化产品、工艺品和民俗得以生存和繁荣，而不是使其退化或变得千篇一律。

旅游产品的同质化现象是很早以前就出现的。在大规模旅游者到访和机器化产品加工的背景下，以往纯粹地道的旅游纪念品早已不能够满足市场的需求，再加之文化创意的成本又很高，因此旅游产品之间的互相模仿和照搬就成为必然。当旅游者惊呼他们眼中的旅游产品都千篇一律的时候，我们就应当认识到同质化问题的严重性。旅游规划、策划和创意的目的应当使传统的文化产品、工艺品和民俗得到生存和持续繁荣，这就应当提升旅游规划者的专业水平。就中国而言，数量众多的旅游规划单位真正有能力或有责任心进行创意性产品开发者并不多，因此旅游规划成果往往是相互照抄拼凑。我们应当加强对旅游规划队伍的管理，通过市场化竞争达到优胜劣汰。将旅游地发展的业绩与规划单位的效益挂钩，反思目前存在的规划资质管理中的问题，以提高旅游规划的质量。旅游产业应与文化创意产业相联系，引导更多的文化创意人才加入对旅游产品的开发过程中，以提高产品中的创意成分。

第五条　旅游：一项对东道国家和社区的有益活动

旅游发展对东道国家和社区的好处也是明显的。正是因为有利可图，才使得东道国家和社区对旅游发展和旅游接待倾注大量的热情。时至今日，如果还有哪个国家、地区和社区因为某种原因而不愿成为旅游接待地，这种故步自封的做法一定是历史的倒退。旅游发展有效地树立了接待地国家和社区的良好形象，促使当地政府改善社会基础设施，在为旅游者提供理想接待条件的同时，也提升了当地社区民众生活的质量。从政治而言，通过旅游接待而获得政治优势的案例也不少见。

1. 当地人民应当与旅游活动相联系，平等地分享这些活动的经济、社会和文化的利益，特别是分享由于这些活动的开展所创造的直接和间接就业方面的利益。

让旅游发展成为当地人民的福祉一直是世界旅游组织努力的方向。旅游发展区对当地来说不应成为"孤岛"和"飞地"，应当使当地民众与旅游发展相联系；使他们能够平等地分享因旅游发展所带来的经济、社会和文化利益，尤其更为关键的因素是促使社区人民通过旅游就业来获得持续性收入。旅游产业是公认的经济社会拉动强的产业形式，同时也是人力资源密集型产业。旅游业发展能够给社区带来巨大的变化和机会，能够为当地人民创造更多的直接和间接的就业机会。当地政府应当通过政策和培训，引导、鼓励和支持当地人民投身于旅游发展中。旅游业属于服务业，就业条件要求并不高，这就为当地社区那些就业能力较弱的民众提供了参与工作的机会。提高或保障就业，一直是国际社会关注的重点，旅游发展刺激就业的提高，能够更好地为当地社会、经济发展服务。

2. 旅游政策的实施应当有利于提高到访区域人民的生活水平和满足他们的需求；旅游度假地和住宿设施的规划和建筑设计的方法与其经营的宗旨应当是尽量与当地经济和社会结构紧密结合在一起；在技艺相同的情况下，当地劳动力应当享有优先权。

世界旅游组织在《规范》当中就如何保障到访地区人民的利益

做出了具体的规定。可持续旅游发展的伦理诉求一定要关照旅游社区民众的利益和愿望，因为这是可持续旅游发展的基础。如果旅游发展与社区民众利益相违背，可持续旅游发展则无从谈起。旅游政策具有旅游发展的引导和规定性，政策的制定应明确旅游发展对到访区域人民生活水平的提高和满足他们需求方面的具体意义和行为，以保证从政策制定的层面就能够体现对社区的照顾。世界旅游组织的这种担心很显然不是多余的，因为不顾及社区民众利益的旅游发展是常见的。旅游度假地和住宿设施的建设与经营也应当尽量与当地社会结构紧密结合，以防止更多的旅游经济漏损的发生。在旅游建设过程中，应优先使用当地劳动力。这些具体的规定体现了世界旅游组织在保证社区利益方面的良苦用心。通常在旅游利益相关者群体中，社区民众被置于受忽视的弱势群体范畴，他们的利益经常被剥夺或被忽略。作为旅游伦理规范的制定者和监督者，世界旅游组织本着对社区民众利益高度负责的态度，通过以上具体规定的引导，以实现理想的利益分配。

3. 要特别关注沿海区域和岛屿地区以及易于受到破坏的农村和山区的特殊问题，因为对这些区域来说，在面临传统经济活动衰退的情况下，旅游经常是其得以发展的难得的机会。

旅游的确成为某些特别地区社会经济发展的难得机会。如《规范》所列举的诸如沿海区域和岛屿地区以及易受到破坏的农村和山区等地方，传统经济活动的衰退成为普遍现象，而旅游发展的进入，为这些地区的社会经济发展带来了一线希望。部分地区的传统经济活力衰退已是广泛存在的现象，当地居民生活出路的确存在问题。缺乏就业经验和能力，传统产业萎缩，而就业的发展，特别是以当地资源为基础的旅游业的发展带动了对当地传统经济的开展，比如传统的捕鱼、种植等，由于旅游者的到访，这些传统产品被加工成旅游商品就地销售，从而很好地增加了当地居民的收入。不是所有这类地区都适合发展旅游业的，因此，一旦条件成熟，对这类机会应当倍加珍惜。

4. 旅游专业人员，特别是投资者，在政府制定的规章制度的控制下，应当研究其开发项目对环境和自然状况的影响；另外他们还应当尽量清晰客观地提供有关其未来活动项目和可以预见的影响方面的信息，并与有关公众就其内容进行对话。

应当高度重视科学旅游影响评估对区域旅游发展的作用。为了保证旅游业的健康发展，对旅游发展过程的前、中、后不同阶段进行影响评估，是旅游业可持续发展的有力保障。对旅游影响的研究和评估，应当放置于政府规定的规章制度的控制下，政府应当成为旅游影响评价的管理者和监督者。旅游专业人员及投资者对旅游影响的评价主要是使旅游项目通过适当的形式接受各方面的监督。现实中的旅游影响评估，往往流于形式，因为利益原因和评估机制的不科学，使得评估者的态度无法中立，社区公众的监督也流于形式，或许因为对公众监督的忽视，或许因为公众本身就不具备监督的能力和意识。由此可见，旅游管理方应主导成立专门性的、专业化的旅游影响评价机制，提升评价机构的权威性，确保旅游影响的科学评估成为可持续旅游发展的保证。

第六条　旅游发展中利益相关者的义务

利益相关者是围绕共同利益而形成的利益群体。利益运动就是利益在相关者之间的均衡过程。在获得利益的过程中，相关者应当践行其应尽的义务。旅游利益相关者的义务是指为了维持旅游的可持续发展，为了共同目标的实现，利益相关者在旅游发展过程中应尽的义务。旅游伦理规范不忽视利益相关者的利益价值取向，同时又高度重视对其义务的践行，只有把利益与义务结合起来，才能够达致理想的伦理诉求。

1. 旅游专业人员有义务向旅游者提供关于他们访问的目的地以及旅行、接待和逗留方面条件的客观而真实的信息；他们应当确保，在承诺所提供服务的性质、价格和质量以及在他们一方单方面违反合同时的资金赔偿等方面不存在理解上的困难。

旅游专业人员及时向旅游者提供专业信息是其基本义务。随着现代信息获得工具和技术的发展，一般性的旅游信息获得已经非常便利。但旅游专业人员所提供的必须是旅游者急需的具有专业性、真实性、权威性的信息。旅游信息主要包括旅游者到访目的地以及旅行、接待和逗留方面的条件；服务性质、价格质量以及违反合同时的资金赔偿等方面，这些信息均为旅游者急需的专业性信息。旅游信息的提供应当使到访者不存在理解上的困难而发生歧义。含混其辞，故意玩弄文字信息游戏而使旅游者误入歧途的信息提供者很显然是不道德的。现实中存在的现象是粗制滥造的旅游传单满天飞，翻译漏洞百出的外文信息，表述不清不严谨的解说资料，互相抄袭千篇一律的旅游招徕广告，文词艰涩难懂的旅游合同等。这些旅游发展中的细节性问题是与旅游伦理建设相违背的。

2. 旅游专业人员在他们的职权范围内应当与政府合作，关注那些寻求他们服务的人们的安全保护、事故预防、健康保护和食品安全；同样，他们应当保证有适宜的保险和援助系统；他们应当接受国家法规中阐明的报告义务，在不能履行合同义务时应当做出适当的赔偿。

旅游专业人员因为其职责所在，应当积极与政府合作，为旅游者提供安全保护、事故预防、健康保护和食品安全。旅游安全的主要管理者是政府，但直接责任者则是旅游企业和旅游专业人员。旅游企业应当视旅游安全重于泰山，从而制定切实可行的旅游安全防护制度，特别是要建立科学的安全预警机制。如果发生旅游安全事故，应将事故的影响最小化。旅游安全事故对旅游企业和区域旅游形象的影响是巨大的，应该引起政府和企业的高度重视。保险与救援系统是应对旅游安全事故的有效对策。落实旅游保险制度，与保险公司合作，开发新的有利于旅游者和企业的新险种，引导旅游者能够主动申请保险。对一些特种旅游项目，应按照国家规定，强制性地让旅游者购买保险。中国旅游救援系统正在逐步构建，旅游企业与旅游专业人员应为救援系统的完成提供支持。按照旅游合同的规定，在旅游质量不达标或旅游安全事件发生的情况下，旅游企业应按照合同要求进行赔偿。旅游企业对旅游合同中赔偿义务的不落实，也是常见的旅游纠纷现象。更为恶劣的是，旅游企业利用问题合同对旅游者造成欺诈，而旅游维权成本过高使旅游者只能忍气吞声。进一步发挥权力机构和媒体对旅游企业合同执行能力的监督是非常有必要的。

3. 旅游专业人员，在他们的职权范围内，应当努力使旅游者在文化和精神上得到满足，并在其旅游过程中，允许他们信奉其宗教信仰。

在旅游利益相关者当中，旅游者应当是其核心。旅游的过程就是为了获得文化和精神上的满足。而现实中存在的问题则是旅游的过程物质化的表象过于浓厚，冲淡了旅游者对文化和精神的体验。从文化和精神的层面看待旅游，宗教就是一个不能回避的话题。对于宗教信仰自由的理解是旅游伦理和旅游可持续发展的基本态度。旅游利益相关者不应因宗教信仰的不同而发生冲突。旅游的过程既是对其他宗教文化的欣赏，也是对自我宗教精神的强化，旅游者只有凭借平和的宗教包容态度，才能够真正体悟宗教对人生的意义。宗教是人类社会特别的文化元素，因此《规范》对待宗教的态度是非常严谨的。旅游活动能够与宗教信仰和谐相处，相得益彰。有些国家和地区出于对当地宗教的保护和强化目的，对进入该地区的旅游者在行为、语言、服饰等方面都有规定；还有地区因宗教问题而不能对旅游者开放；旅游过程中可能会造成宗教的干扰而引起彼此的不满；宗教也不能成为被旅游活动利用的工具等现象说明，宗教和旅游的关系的确非常密切。正是本着对旅游和宗教负责任的态度，世界旅游组织多次强调，正确对待宗教及宗教信仰者人群，对旅游发展至关重要。

4. 客源国和东道国的公共机构，应当与有关专业人员及其协会组织合作，保证在组织该旅游活动的企业破产时有送返旅游者的必要机制。

对一些特殊性质的突发事件，《规范》也进行了防范性的规定。在旅游企业突然破产倒闭的情况下，该企业所组织的正在旅游的旅游者，势必成为亟须受到保护的对象。目的地政府有责任和义务对这些旅游者进行送返。特别是长距离的国际旅游者，在遭遇以上突发事件的时候，非得受到客源国和东道国的公共机构的帮助不可，应通过与有关旅游的专业人员和协会组织的积极合作，以便争取事件的顺利解决。之所以和这些第三方机构进行合作，因为这些机构一方面有专业经验，另一方面有专业渠道以便于对事件的成功处理。旅游事件与危机的发生对旅游业或国际社会造成的影响是巨大的。世界旅游组织作为国际社会中专业应对旅游事件的机构，一直以来高度重视对旅游事件解决办法的探索。

5. 政府有权力和责任，特别是处于危机的情况下，通告其公民关于他们到国外旅行时可能会遇到的困境甚至危险的信息；不过，他们的责任是，在发布这些信息时避免以不公正或夸大其词的方式妨碍东道国家的旅游业和他们自己国家经营者的利益；旅游劝告的内容应当事先与东道国家的当局和有关的专业人员商讨；所制定的建议应当严格地与所面临形势的严重性相符合，并仅限于不安全情况出现的地理区域；一旦恢复正常，这些建议应当予以修正或取消。

我们经常见到的是当旅游目的地因为突发事件的发生而不再适合旅游者到访时，客源国政府或其他公共机构会及时发布关于禁止或限制公民到访该目的地旅游的通告。这即是落实《规范》对相关问题的规定。对目的地接待安全状况的认定是严肃的政治和外交问题，因此必须以政府正式的通告为主，否则可能会造成误解或扰乱旅游市场，甚至造成旅游不安全事件的发生。《规范》同时指出，游游信息的发布，应当本着实事求是的态度，应避免以不公正和夸大其词的方式妨碍东道国家的旅游业和他们自己国家经营者的利益。这就避免了国家之间旅游发展的恶性竞争，并进而影响到旅游者的利益。严肃而及时的旅游劝告内容应当事先与东道国家的当局和有关专业人员进行商讨，以避免因为国家之间信息不畅而造成误解，从而影响双方旅游市场的发展。因为这种通告可能造成的误解和不便对旅游市场和旅游经济会造成严重影响，《规范》对此一直持高度谨慎的态度。对通告所涉及的地理、区域、内容与形式等，以及不安全事件恢复之后对旅游经济影响的消除都作了具体规定。最近几年来，因为战争、传染性疾病、政治暴乱、恶劣天气状况、有针对性的排华事件等，中国政府先后多次发布过此类旅游目的地不适宜中国旅游者前往的通告。这些通告及时准确地向民众传递了目的地的具体情况，同时为旅行社、航空公司等机构的科学运营提供了证据，起到了对旅游不安全事件积极预防的作用。近几年来，中国旅游者大量外出其他国家旅行，同时，这一增长趋势仍在继续。大量国人国际化旅游，对其安全的保驾护航

需政府在此方面必须有所作为。中国政府一贯重视保护国际旅游者的
利益，通过国际旅游信息的发布来引导旅游者的出行。

6. 新闻记者，特别是专业的旅游新闻记者及其媒体，包括现代
电子通信工具在内，应当公正而均衡地发布关于可能会影响旅游者流
动的事件和形势的信息；他们还应当向旅游服务的消费者提供准确可
靠的信息；另外，应当开发新的通信和电子商务技术，并将其运用到
这一目的上；就媒体而言，他们不应当以任何方式宣传性旅游。

媒体是旅游利益相关者中的一部分。在现代传媒社会中，媒体对
社会发展的影响力很大。旅游同样深受媒体信息的影响。对于旅游信
息的报道传播，新闻记者尤其是旅游新闻的专业记者，一定要有良好
的职业操守，因为不合实际的信息传播会对旅游者和目的地产生严重
的误导。坚持公正、均衡、准确等基本信息发布原则是非常必要的。
在现代社会，旅游者对包括电子商务技术在内的媒体信息的依赖程度
越来越高，应注重对旅游媒体的监督管理。旅游过程是人的流动过
程，特别是大规模旅游者流一旦受到媒体信息的误导，则可能酿成重
大事故。因此，旅游媒体的信息发布应更为客观而谨慎。《规范》再
一次旗帜鲜明地反对任何媒体涉嫌对性旅游的宣传。由此可见，任何
媒体对旅游的分析和报道，特别是针对旅游突发事件的报道，应该本
着以旅游者为本的思想进行实事求是的分析和信息传递。日常生活中
我们也发现，因为信息误导而出现的旅游不和谐现象也是多见的。尤
其应该重视的是，在牵扯到国家之间的旅游事件时，客观理智的报道
尤为重要。

第七条 旅游的权利

人类为了获得普遍的、基本的权利进行了长期的斗争。在漫长的
时期里，社会权利被少数特权者所垄断，可以说，人类社会的发展进
程就是普通民众争取获得基本权利的过程。权利具有时代性。当旅游
被当作基本人权的内容时，才使大众化旅游时期真正到来了。旅游曾
经被认为是奢侈的生活行为，当然曾经是特殊社会群体的专利。在工
业化的时代背景下，人们认识到旅游的重要意义。人类有理念，也有
能力保证旅游成为基本人权的时候，就给旅游这种人类行为注入了新

的活力。世界旅游组织作为国际社会非政府组织的一员，同样高度关注作为人类基本权利的旅游权的落实问题。

1. 个人能够直接地拥有发现与享受地球资源的愿望是人世间所有人都平等享有的权利；日益广泛地参与国内和国际旅游应当视为自由时间持续增长的最好体现之一，对此不应当设置障碍。

《规范》明确指出，直接的拥有发现和享受地球资源的愿望是人世间所有人都平等享有的权利。作为人权之一的旅游权，是面向人世间所有人的，因此，对任何人旅游权的剥夺或歧视都是不人道的。当然，真正实现旅游权是一个较为漫长的过程。但在伦理理念认同和各种政策、制度设计中能够贯彻旅游权的理念，本身就是一种社会进步。经济发达国家凭借经济实力和制度保证，旅游权的执行力要强大得多。中国同样高度重视在社会主义公民权中旅游权的落实，带薪休假制度的落实。黄金周假日旅游时间的调整，公共旅游场所的开发建设，旅游政策的国际接轨等，都是旅游权保障行动的具体体现。通过多年的努力，旅游已经成为国人非常平常的生活状态。人类历史的过程，同样是一个追求自由时间的过程。自由时间的持续增长，能够让民众日益广泛地参与国内和国际旅游，政府应当对这种需求予以支持。中国国家旅游局作为官方最高旅游管理机构，代表着政府对旅游的态度。国家旅游局曾多次出台鼓励旅游的政策，包括发布年度性旅游口号等办法都起到了一定的引导作用。可以预见，随着中国社会经济的进一步发展和公众对旅游的认识程度的提高，实现旅游权的普及和保障将是必然的。

2. 普遍的旅游权利必须视为休息与休闲权利的必然结果，这种休息和休闲的权利包括《国际人权宣言》第24条和《国际经济、社会和文化权利公约》第7条中所保证的工作时间和周期性带薪假期的合理限制。

国际社会对民众的工作时间和周期性带薪假期的合理化都非常重视，比如《国际人权宣言》第24条规定：人人有享受休息和闲暇的权利，包括工作时间有合理限制和定期带薪休假的权利。《国际经济、社会和文化权利公约》第七条规定：本公约缔约各国承认人人有权享受公正和良好的工作条件，特别要保证：（甲）最低限度给予所有工人以下列报酬：（1）公平的工资和同值工作同酬而没有任何歧视，特别是保证妇女享受不差于男子所享受的工作条件，并享受同工同酬；（2）保证他们自己及其家庭享有符合本公约规定的过得去的生活。（乙）安全和卫生的工作条件。（丙）人人在其行业中有适当的提级的同等机会，除资历和能力的考虑外，不受其他考虑的限制。（丁）休息、闲暇和工作时间的合理限制，定期带薪休假以及公共假日报酬。这些人类社会共同努力得到的成果是对包括旅游权在内的公众休闲和休息权利的保障。休息和休闲权利的具体化之一就是公众多参与广泛的旅游活动。中国实施的五天工作日，现在仍在探索的全国节假日旅游制度的优化等都是使旅游需求得到正常实现的努力。正是因为对人类休息与休闲权利的重视、落实与保障，人类社会进入了所谓"休闲时代"，由此所拉动的休闲经济和利用旅游产业便成为当下社会发展的热门话题。如何让人们合理、健康、科学、舒适地度过不去上班的休息和闲暇时间，成为许多专家学者研究的新问题，也是许多企业关注的领域。旅游权利、旅游活动与旅游经济和旅游产业相互联合在一起，共同保证了人们的休息和休闲过程更加有意义。因为要满足公众的旅游权而出现的旅游产业更是近几年来发展迅猛的新型产业，新产业的发展又为社会进步带来了新的机遇，从而实现了社会发展的良性循环。旅游活动只有发展到今天，才真正实现了对社会经济的拉动效应。

3. 社会旅游，特别是社团性的旅游，有助于广泛参加休闲、旅行和度假活动，应当在公共机构的支持下予以发展。

对团体性旅游的格外关注是基于这种活动形式能够给予更广泛人群以较多的休闲、旅游和游憩活动之上的。与个人或小规模的团体相比，社会旅游或大众旅游活动的开展，更能够体现世界旅游组织所认为的对旅游权利的实现，因此，应当在公共机构的支持下予以积极发展。世界旅游组织从旅游伦理和人道主义的角度出发，认为旅游活动只有涉及更广大的民众，旅游权利的保障才能够实现。其实，从目前来看，社会旅游或大众旅游依然是旅游市场的主流。

这也反映了《规范》制定中的前瞻性。《规范》从 1999 年出台到现在，旅游发展的趋势也沿着《规范》所设计的线路运动。让更多的人参与到旅游活动中来，实现最广大民众的旅游权利，这一直是包括世界旅游组织在内的国际社会的共同努力。发展社会旅游，通过以政府为主体的社会公共机构对社会大众旅游的支持来实现旅游权是政府的职责之一。因为社会大众旅游会增加旅游公共设施的接待压力，对公共设施的发展提出了新的要求。中国政府对旅游发展中的基础设施大量投资，也正是为实现更大范围的大众旅游发展提供条件。

4. 应当鼓励和促进家庭、学生和老年旅游以及为残疾人组织的旅游活动。

可持续发展的旅游伦理观着重强调对旅游弱势群体权利实现的保护。对于家庭、学生和老年人旅游以及为残疾人组织的旅游活动应当得到全社会的鼓励和促进。旅游活动是家庭生活和学校教育的拓展，应该让更多的人走出家庭，体验与家庭生活不同的旅游过程。学生期一方面对知识和旅游充满渴望，另一方面又因为时间、金钱不足而难以实现旅游活动。因此，社会应当给予学生旅游特别的关怀。青少年时期对社会、自然及文化所形成的美好认知会影响一个人的一生，这也是社会进步的重要动力。因此，社会应当视给予学生旅游机会为一种长远的社会素质提升的投资，一种感恩道德培养的过程。对老年人和残疾人旅游的关照是社会慈善的组织部分。尊老是中华民族的传统道德，通过旅游活动的开展来使老年人享受生活乐趣，进一步发挥老年人对旅游市场的带动作用，是旅游深度发展和社会进步的表现。实现对残疾人旅游的关怀，是旅游伦理的基本原则。在旅游发展过程中，在政策制定、项目规划、产品开发、景区建设过程中，应当重视对以上旅游弱势群体利益的保护。特别是应该引进社会慈善机构及其理念，将此类旅游发展等同于慈善活动的开展，从而实现对旅游弱势群体利益的关怀。政府应当成为此类活动的组织号召者，为相关活动的开展提供平台。积极加强国际间就此类问题的合作，探索能够解决问题的路径和模式。

第八条 旅游者运动的自由

《规范》从旅游者活动自由的角度进一步强化了对旅游者利益的保护，这也是实现合理旅游活动的必需条件。在国家背景下，公众在地理空间活动的自由是相对的。然而，旅游者外出的目的是通过欣赏和观察自然或人文景观而达到旅游的目的，这种建立在娱乐休闲背景下的外出活动的自由应该得到保障。世界旅游组织是协调国家之间旅游关系的国际平台，通过国际性旅游准则的制定来约束国家对旅游者自由的限制。旅游者跨国家的活动行为，很容易被有关国家判断为危害本国安全而受到制约。当然，这不应该排除那些真正通过跨国旅游而从事其他非法活动的行为者。国家对基于旅游目的的行为者的慎重态度是必需的，但这不能成为其限制纯粹旅游者行为自由的借口。因此，正常地实行旅游接待的国家，应该按国际惯例对旅游者活动的自由进行保护。

1. 旅游者和访问者，遵守国际法和国家的法规并依据《国际人权宣言》第 13 条的规定，从在自己的国家内和在国家之间自由旅行中受益；他们在过境、进入逗留地点和进入旅游与文化场所时不应当办理过于繁文缛节的手续和遭受歧视。

旅游者无论是在自己的国家，还是在国际间进行旅游活动时，都应该以遵守国际法或国家的法规为基础。守法旅游是任何一个旅游者都应该明确的义务。旅游者只有旅游活动的自由，而旅游活动不应该成为某种特权或者违法的借口。任何旅游者如果从事了非法的活动，都应当受到法律的制裁。《国际人权宣言》第十三条规定：（1）人人在各国境内有权自由迁徙和居住。（2）人人有权离开任何国家，包括其本国在内，并有权返回他的国家。《国际人权宣言》关于旅游者在自己的国家或国家之间自由旅游中受益的规定也应当是建立在依法旅游的基础之上的。旅游者在过境、进入逗留地点和进入旅游与文化场所时不应当办理过于繁文缛节的手续和遭受歧视。逐步简化国际间旅游的手续已经是一个趋势。随着中国旅游的发展和国际旅游地位的提升，国际上已经有许多国家与中国实现了旅游免签的关系。是否进一步简化旅游签证，这主要取决于一个国家的国情，但简化手续的趋势则是必然的。随着国际旅游市场的进一步开放，固有繁琐的签证手续将会拒旅游者于门外，会严重影响国际旅游的发展。从国内来看，一些不能对外开放的地区是拒绝外国旅游者进入的。这在很大程度上降低了这些地区自然及文化资源的旅游价值。因此，旅游发展需要更加开放的市场环境。在保证国家安全的前提下，我们通过进一步简化签证手续和开放市场的方法，就能在国际旅游市场竞争中获得更多的机会。

2. 旅游者和访问者应当能够参与所有形式的——国内的和国际的——交流；他们应当从及时而方便地享受当地行政、法律和健康服务中受益；他们应当依据现行的外交公约自由地与本国领事代表接触。

进一步规范和保障旅游者权利，特别是国际旅游者的自由显然是非常有必要的。世界旅游组织深知旅游者在国家间旅游的时候可能遇到的不便，因此，从细节方面也有必要为自由旅游做出保证。旅游者应当参与国内的和国际的所有形式的交流。应旅游者的要求，以及目的地地区和国家的规定，旅游者应当能够参与更多形式的旅游交流活动。旅游接待地或国家应当为旅游者提供丰富多彩的旅游活动；对于特殊旅游者的要求，接待地应能够尽量提供帮助。所有地区都不能将旅游视为简单的商业化过程，而是对社会深刻的探索以及社会教育的有效延伸，应当从人本主义的角度为旅游者提供尽可能周全的人性化帮助。旅游者应当可以及时地从接待地行政、法律和健康服务的体系中受益。旅游者一旦进入目的地开始旅游活动，接待地国家或地区就有责任和义务为旅游者提供一视同仁的法律、行政和健康的服务。特别是在旅游突发事件中，目的地的救援性服务是必不可少的。目的地不能通过不公平的服务，造成对旅游者的歧视。要通过法规的形式将为旅游者提供的必要服务进行具体规范并监督落实执行。在跨国旅游过程中，目的地国家旅游者本国的领事机构应当向旅游者负责，能够为旅游者提供自由接触领事代表的机会。特别是在较大旅游突发事件发生之后，领事机构应发挥其外交优势，为本国旅游者提供及时的帮助。随着中国国内经济的进一步发展以及外出旅游经验的增加，越来越多的中国人将走出国门成为国际旅游者。2014年年底，世界旅游组织就宣布中国已经成为世界第一大客源国。如何保障外出旅游的中国人的权利，一直是中国政府高度关注的问题，国家旅游局也就此问题出台了许多专门性的规定，已经与许多国家达成了一致态度。向本国国际旅游者权利负责，是国家和政府所应承担的基本义务。

3. 旅游者与访问者，在关于他们个人数据和信息的机密方面，特别是这些信息以电子的方式储存时，应当享有和到访国家的公民一样的权利并从中收益。

《规范》进一步重申了对旅游者与旅游者个人信息的保护问题。个人信息泄露成为当下社会中一个普遍的恶劣现象。如何加强个人信息的保护是全社会共同关注的话题。对旅游者个人信息的保护同样是旅游安全中的重要部分。对这一问题的专门性规定也显示出世界旅游组织的远见。个人信息受到保护是公众的基本人权，但是在个人信息可用于商业化的背景下，各种形式的个人信息泄露现象普遍存在。旅游者活动的过程，是个人信息不断暴露的过程，签证、登记、购票、住宿都伴随着个人信息泄露的可能。这就为旅游者的个人信息泄露提供了可能。为应对个人信息泄露的问题，国家相关部门出台了一系列防范性和惩处性的规定，这些规定也适合于各类旅游者的个人信息保护。

4. 事关跨越边境的行政管理程序，不论其程序属于国家的权限还是源自国际协议，诸如签证和健康及海关手续等，都应当尽量适宜，以便能使旅行获得最大限度的自由，广泛地参与国际旅游；应当鼓励国家集团之间达成协议，统一和简化这些程序；损害旅游业和影响其竞争力的特别税费应当逐渐消除或加以修订。

不可否认的是，国家之间的许多规定和措施都妨碍了旅游者的活动自由。对于国家和地区而言，这些属于国家的权限或源自国家的协议的程序有其存在的必要性，但不能成为限制旅游活动自由的借口。因为与一般人群相比，旅游者人群是最为特殊的，即旅游者活动的暂时性，活动背后的商业价值以及旅游活动对人的教化作用等。诸如签证、健康与海关手续等这些程序应当为旅游者简化操作，以便能够使旅行获得更大限度的自由。虽然简化旅游手续已经成为共识，但仍有一些国家基于自身安全和管理的需要，未能顺应这种时代发展的潮流。企图通过严苛的手续来限制旅游者活动的自由很显然是不可取的。国家集团之间通过达成协议来统一和简化旅游程序是一种成功的模式，如欧盟成员国之间的无障碍旅游就很好地达成了这种效果。国际上国家集团之间出于对集团自身利益的保护，应当相互协商简化旅游程序。国家间如果有能够损害旅游业和影响其竞争力的特别程序也应当及时消除或修订，通过减税或免税的方法吸引更多的国际旅游者已经成为许多国家的共同策略。国际社会的发展形势从总体上来看，正朝着进一步有利于国际旅游活动的方向发展。任何国家，只有顺应现代化国际旅游发展的潮流，和积极进行有利于吸引国际旅游者方向的改革，通过全方位的旅游发展来获得理想的旅游经济和提升国家形象，才能够真正适应当前国际旅游发展的趋势。如果固步自封，或者轻视国际旅游为提升经济水平的重要意义，以及通过旅游活动的开展树立国家形象的意义，都会使国家丧失进一步发展的良机。

5. 只要出发地国家的经济形势允许，旅游者应当能够获得他们旅游所需要的可兑换货币的数额。

通过提供货币兑换服务来进一步方便国际旅游者的活动。随着电子银行等现代化金融手段的普及，货币兑换方面的问题已经得到了较好的解决。现在包括旅行社在内的许多中介机构，都能够帮助旅游者获得货币兑换。

第九条　旅游业从业人员和企业家的权利

旅游企业和旅游从业人员同样是旅游利益相关者中重要的成员。旅游业的发展必须充分发挥旅游企业的活力。中国经历过国家主导的旅游发展过程，但真正让中国旅游业发展水平发生质的提升的，则是按照市场经济规律经营的旅游企业。国家通过保障旅游企业权力的形式来促使旅游业进一步发展。旅游企业是旅游市场中最活跃的部分，是旅游企业发展的直接参与者和获利者。只有充分保障旅游企业的权利，才能给予它们市场经济中更好的活力。旅游业从业人员作为旅游企业的一部分，直接参与旅游经营服务和管理。旅游从业人员是旅游业当中直接与旅游者相接触的，任何旅游服务和管理的设计最终都要靠旅游业从业人员来落实。因此，旅游业从业人员的态度和能力直接影响到旅游开发的效果。同样地，只有重视和保障旅游业从业人员的权利，才能够更好地激励他们认真工作，从而促进旅游业的发展。

1. 在旅游业和相关活动中领取薪金和自雇从业人员的根本权利应当在国家和地方政府—本国的政府，特别是东道国政府的监督下得以保证的，他们活动的季节性、行业的全球性及其工作性质经常要求他们在灵活性方面应有特殊限制条件。

与一般性从业人员相比，旅游企业人员很显然是特殊的。正如《规范》所言，这些特别方面主要包括他们从业的季节性、行业的全球性和工作的灵活性等，这就要求国家和地方政府应该对旅游业从业人员权利的落实予以监督和保证。我们经常会将旅游业从业人员和其他从业人员混为一谈，这不利于对他们工作特殊性的厘清和权利的保障。酒店、旅行社、景区、航空公司这些旅游业从业人员大都拥有三种行业特征。只有重视旅游从业人员工作的特殊性，才能制定灵活多样而适合的工作制度和薪酬制度。目前，在中国的旅游行业从业人员中，导游人员的权利如何保障成为一个两难的选择。大量的导游人员队伍没有国家行业层面的身份认同，各种社会福利无法覆盖，导游人员工作满意度低，社会保障难，这一方面因为导游人员工作具有明显的季节性，另一方面也暴露了旅游行业管理中的软肋。对导游人员工作问题的解决，中国一直处在探索中。借鉴国际经验，根据中国旅游市场的发展状况和管理特点，尽快出台对导游人员的专门性管理方案，才能引导专业队伍的健康发展。

2. 从旅游业和相关活动中领取薪金和自雇从业人员有权利和义务获得相应的初始培训和继续培训；他们应当得到充分的社会保护；就业的不稳定性应当尽量予以限制；特别是与他们的社会福利有关的特定地位应当向该部门的季节性职工提供。

对工作人员的持续培训是提高工作能力和效率的重要途径。政府和企业应当有专门的制度和资金用于对旅游工作人员的各类培训。旅游业所面对的现象经常处于变化当中，而从业人员的服务工作技能和态度也需要不断得到强化。因此，为了适应新的发展形势和强化工作态度，从业人员需要得到持续性、全方位的培训。要将培训视为从业人员的福利和继续教育，这种教育方式可以使从业人员获得更好的就业经验而有利于其长远发展。旅游企业的生命就在于对从业人员的培训。从业人员应当得到充分的社会保护，诸如各种保险和福利的强化，使从业人员能够获得相应的社会福利。特别是对于从事危险性高的从业人员，还需要企业和社会的特别保护，如经常性跟随汽车外出的导游、司机，在山地从事旅游服务的员工等。旅游行业的劳动力密集性促使该行业成为就业的重要方向。我们应通过各种渠道的努力来促使就业的提升，特别是针对旅游业季节性明显的特征，设法降低就业的不稳定性，要对淡季时的就业人员负责。季节性职工同样应该获得相应的社会福利。为了保障旅游行业从业人员的权利，中国政府也做了很多努力。《旅游法》的出台，为这种权利的保护提供了法律保障。我们通过对各级政府、企业的具体规定来设定从业人员利益落实的具体方案。世界旅游组织高度重视旅游业从业人员的权利保护问题。从伦理角度来看，保证行业从业人员的就业权利是至关重要的。世界旅游组织认识到旅游业从业人员的季节性问题，人数众多和大多数从业者从事初级的服务性工作问题，正是这些问题的存在，导致旅游业从业人员的权利更加容易被侵犯，因此预防侵权和保障权利对从业人员来说非常有必要。

3. 任何自然人和法人，只要具有必要的能力和技能，应当有权根据现行国家法律在旅游领域中开展专业活动；企业家和投资人——特别是在中小企业范围内——应当在最少的法律或行政限制下有权自由地进入旅游部门。

旅游业发展到今天，已经相对成熟，其重要表现就是旅游业的辐射带动性、综合性的行业特点被发挥到极致。有专家研究，与旅游业相关的行业已达数十个。旅游业的发展将以更加开放的姿态来吸纳社会各种投资和人员的进入，使旅游业在社会发展中扮演更加重要的角色。与许多垄断性行业相比，旅游业的开放性是明显的。随着中国旅游业的深入发展，国家和地方都积极动员各种企业家和投资人，包括许多中小企业投入旅游发展中。许多地方在招商引资活动中，以旅游业为主导的第三产业的招商引资是重头戏。地方政府为了保证旅游业的发展势头，并结合国家对旅游业的多种政策，加大了旅游业的投资力度。近年来，包括万达集团在内的大型集团公司都将业务扩张到旅游业，许多中小企业通过与旅游业的接轨成功实现了企业发展的转型。旅游业的这种综合带动性的发展，因为涉及的领域多，牵扯的利益群体复杂，就需要国家和地方出台专门性的保障措施，以保护旅游发展中各利益相关者的权利。目前，许多地方都出台了关于促进旅游业发展的具体条件和条例，进一步提高了旅游业的产业定位，其用意也是明显的，旨在进一步促进旅游产业的发展。

4. 向来自不同国家的管理人员和工人——无论其是否领取薪金——提供的经验交流活动有利于促进世界旅游业的发展；这些活动在与现行国家法律和国际公约保持一致的前提下，应当尽量鼓励。

促进国家之间旅游业相关管理人员和工人的经验交流，有利于双方的共同进步，这些主要活动在与现行国家和国际公约保持一致的前提下，应该得到大力提倡和鼓励。跨国行业内的交流，其成就无疑是可观的。虽然中国旅游的发展应当适应中国国情，但对其他国家相关政策、制度、做法的借鉴，无疑是非常有必要的。近年来，中国多次召开国际性旅游会议，许多国际旅游的会议也选址中国，这为中国旅游从业者和研究者提供了了解其他国际行业发展的平台。中国旅游企业的负责人和研究者也参加了国外举办的相关会议，这在很大程度上促进了中国旅游业的发展。作为旅游业快速发展的国家，我们应该借鉴发达国家的经验。与一些交流相比，旅游行业的交流一般不会涉及意识形态等政治敏感话题，这也为旅游行业的跨国交流提供了管理上的方便。世界旅游组织高度重视对国际公约的践行和对每一个国家的尊重，这也是一个国际性最高级别行业组织应该持有的基本态度。

5. 作为在国际交流的开展与急剧扩大中一个不可替代的关联因素，旅游行业的跨国企业不应当利用它们有时所占据的主宰地位；它们应当避免成为人为地强加于东道社区的文化和社会模式的工具；他们自己应当参与当地的发展，避免通过采用将其利润或诱发的进口物品过多地调回本国的方法减少它们对其所在国家的贡献。

如何约束旅游跨国企业的行为或者说通过制度规定等引导旅游跨国企业能够更好地履行其在东道国家和社区的义务对世界旅游组织来讲也是一个考验。旅游跨国企业的发展，在很大程度上促进了东道国家的旅游业进步，但同时这种跨国商业行为又必然具有殖民主义的掠夺性质。从表面看来是繁荣旅游跨国企业的发展，其实可能会将绝大多数的利润带走，这种高比例的旅游漏损在很大程度上破坏了东道国家旅游经济的正常化和旅游市场的发展。旅游跨国企业是时代的产物，它们在国际交流和业务急剧扩大中扮演了不可替代的角色，但这不应当成为跨国企业人为地加强于东道国家社区的文化和社会模式的工具，也不应该成为因此而变成主宰角色的理由。跨国旅游企业应当积极参与当地的社会发展，避免通过将其利润或诱发的进口物品过多地调回本国的方法以减少它们对其所在国家的贡献。旅游跨国企业在处理企业利润获得与东道国社区利益保障的关系中的确可能面临选择的困难。获得利润是企业的职责，而东道国社区又是企业安身立命和企业发展的基础。只有符合东道国社区利益的，才是旅游伦理规范所许可的。在旅游跨国企业进入东道国家的一开始，就应当对企业的责任、权利与义务进行具体的规定，并能够按照市场的发展与行情的变化对这些规定进行适当修订。旅游跨国企业与东道国社区的利益纠纷是常见的，当然，这不能将所有的过错都归结于旅游跨国企业。不健全的合同管理体系，因行情变化可能会导致东道国社区无法兑现承诺或者提出超越合同规定的利益诉求。只有满足利益双方的需求，才能保证彼此的权利。旅游跨国企业往往被认为是强势的，是带有殖民掠夺性质的，因而容易成为纠纷的焦点。无论怎样，对于可能是相对贫困社区的东道国社区而言，旅游跨国公司应该充分考虑到东道国社区的利益。随着中国旅游企业的发展，一些企业进行海外投资而成为旅游跨国公司，对这些公司的发展同样应当坚持世界旅游组织所拟订的伦理规范。

6. 伙伴关系和客源国、接待国之间均衡关系的建立可以促进旅游的可持续发展，促进旅游增长利益的平等分配。

　　通过谋求国与国之间关系的优化来促使双方旅游业的发展是国际社会的共识。双边或多边关系的洽谈，能够建立基于旅游业发展的国家间伙伴关系和客源国与目的地国之间的均衡关系，从而形成多边旅游的可持续性发展，并促进旅游增长利益的平等分配。虽然中国的国际地位在提升，国际旅游形象也在好转，中国就旅游发展也同许多国家达成了一致的合作协议，但中国的国际旅游入境市场仍需要进一步开发。目前，中国拥有庞大的外出国际旅游者人群，但入境旅游者人数却增长不快。这与来中国旅游成本的增加，中国环境质量的下降，旅游开发形象受损等有着直接关系，同时也与中国的签证办理手续复杂、与中国旅游免签的国家较少等有重要关系。故此中国旅游发展的方向应当是通过国家层面的努力，与更多国家建立旅游伙伴关系，提升双方的旅游市场发展动力。对国际旅游市场的大规模开发，仅凭旅游部门或企业的能力是不够的。因此，国际上旅游发达的国家，都是通过国家层面的作为来吸引更广泛的旅游市场。中国地大，旅游资源广博，历史文化遗存众多，历史文化积淀深厚，是国际上传统的旅游热门目的地。我们一方面应加大旅游开发，特别是形成一批吸引国际旅游者的知名目的地，尤其是传统知名旅游目的地的形象更新更为重要，只有创意和形象更新才能吸引新的旅游者。在此基础上，通过国家国际旅游政策的改变和吸引力的提升等来开辟中国旅游发展的新时期。

　　第十条 全球旅游伦理规范原则的实施

　　《全球旅游伦理规范》制定的目的就是要确保国际旅游业的可持续发展。世界旅游组织本着严肃认真的态度和科学严谨的精神所制定的《规范》，从宏观层面对全球旅游发展中亟须解决的伦理问题提出了相对完善的策略。虽然全球旅游发展合乎伦理规范是一种理想状态，但《规范》的出台的确是人们对全球旅游业从伦理视角审视旅游的可持续发展，这种理念和态度对未来全球旅游业的可持续发展具有重要的意义。《规范》只有能够得到实施，才能实现世界旅游组织当初制定《规范》的目的。

　　1. 旅游发展中公营和私营部门的利益相关者应当同心协力实施

这些原则，并监测其实际执行状况。

《规范》的最终目标是保障所有利益相关者的权利，因此在旅游发展过程中，无论是公营部门还是私营部门，都应当同心协力地实施这些原则，同时能够对其执行状况进行监测。在这里，首先要解决的问题就是对《规范》的认识态度。像旅游这类综合性产业，其可持续发展所涉及的利益相关者非常广泛，同时旅游行为属于人们相对高端的生活方式，而这种生活方式很容易滋生出不道德的生活现象。因此，只要树立全球旅游业发展的伦理规范理念，就能够为发展中的旅游业起到保障作用。《规范》的贯彻执行，从表面来看可能限制或约束了部分人的行为自由，但与保证旅游业可持续发展的方向相比，这样的约束是非常值得的。《规范》所宣扬的立场，是人们对旅游可持续发展的共识，只有按照这样的思路去努力，才能获得长远的发展后劲；否则，任何与《规范》相违背的行为都是短视的，都将会为自己不道德的行为付出代价，因为市场和消费者本身就是《规范》的执行者和监督者，挑战《规范》的底线，也就是挑战市场和消费者的底线，后果可想而知。世界各国在旅游发展中，都应该依据《规范》的内容，细化和具体化其操作性方案，按照国际公约和本国的实际来制定便于操作和落实的方案；各国都应将落实《规范》作为树立国家旅游新形象的措施，从而发挥《规范》的引导力。在这里，制度保障尤为关键。通过将《规范》理念渗透到各种制度中或专门制定相关制度等办法，从国家层面的制度设计中，就应当植入旅游伦理的内容，将可持续旅游发展视为制度保障的目标。

2. 旅游发展中的利益相关者应当承认那些在旅游促进与发展、人权保护、健康环境等领域有管辖权和与国际法一般准则有一定关联的国际机构——其中世界旅游组织（WTO）位居其首——和非政府机构的作用。

旅游发展中的利益相关者，应当承认和敬畏《规范》制定的重要意义以及类似世界旅游组织这类国际机构在协调全球旅游事务中的重要作用。这是国际组织以世界旅游组织为首，包括在旅游促进与发展、人权保护、环境健康等领域拥有管辖权以及与国际法一般准则有一定关联的国际机构和其他非政府机构。从世界旅游组织的角度来看，政府与非政府的国际机构的看法对《规范》的实施同样非常重要。《规范》所表达的旅游伦理的理念，具备普世价值的意义，其思想必然与国际上诸多政府和非政府的机构所表达的理念是一致的，因为追求符合人类伦理规范的行为是国际机构一致的选择。从这个意义上讲，无论是政府性质，还是非政府性质的国际机构，都与世界旅游组织一样，可以成为保证《规范》落实的有力支撑。旅游促进社会发展、人权保护、环境健康等这些人类共同追求的美好愿望，在本质上与《规范》的理念是完全一致的。因此，旅游利益相关者应当对这些国际机构，包括世界旅游组织的规定必先敬畏进而落实仿效。包括世界旅游组织在内的国际机构，绝非对相关事实的进展没有实质性的意义。其实，这些国际机构依照国际法的规定，均能够对相关领域产生明显的影响。世界旅游组织应按《规范》所规定的内容，对各国旅游发展的事实进行考核评估，通过其权威的广泛影响来激励各国认真贯彻落实《规范》，而对置《规范》于不顾的国家和地区，应当采用强制手段进行制约，以确保《规范》的落实。中国政府历来重视与国际机构的合作，同时，作为旅游业发展的大国，应当在国际旅游事务中发挥大国的作用，一方面成为落实《规范》的表率，另一方面通过以身作则的态度影响国际旅游业的发展。

3. 这些利益相关者在事关运用或解释《全球旅游伦理规范》中出现的任何争议时，应当表示愿意通过通常称作"世界旅游伦理规范委员会"的公正无偏见的第三方进行调解。

在运用和解释《全球旅游伦理规范》时出现争议可能是必然的。各国旅游发展的资源背景、市场成熟程度、文化传统、政治环境等都有很大差别，而《规范》只从宏观意义上进行规定。《规范》在具体落实中可能会发生运用和理解上的争议，这些争议的出现将动摇对《规范》的执行力。作为第三方的"世界旅游伦理规范委员会"的职责就是在世界旅游组织的委托下，对各方就《规范》的争议进行公正而无偏见的调解。

第八章 基于旅游伦理的可持续 旅游发展案例分析

一 福建土楼社区旅游发展

（一）福建土楼概述①

福建土楼主要分布在福建省漳州南靖、华安、永定等地。土楼是以土、木、石、竹等为主要建筑材料，利用将未经烧焙的按一定比例的沙质黏土和黏质沙土拌合而成，用夹墙板夯筑而成的两层以上的房屋。福建土楼产生于宋、元时期，成熟于明末、清代和民国时期。福建土楼的形成与历史上中原汉人几次著名大迁徙相关。西晋永嘉年间即公元4世纪，北方战祸频频，天灾肆虐，当地民众大举南迁，拉开了千百年来中原汉人不断举族迁徙入闽的序幕。进入闽南的中原移民与当地居民相互融合，形成了以闽南话为特征的福佬民系；辗转迁徙后经江西赣州进入闽西山区的中原汉人则构成福建另一支重要民系——以客家话为特征的客家民系。土楼是中原汉民即客家先民沿黄河、长江、汀江等流域历经多次辗转迁徙后，将远古的生土建筑艺术发扬光大并推向极致的特殊产物。福建土楼以分布广、保存完好而著称。分布范围在福建西南地区尤为集中，总数达30000多座，因其大多数为福建客家人所建，福建土楼是客家文化的象征，故又称"客

---

① 2011年9月，笔者曾与读硕士研究生时的导师陈锋仪教授一道赴福建省永定县一带考察福建土楼的旅游发展情况。

家土楼"。2008年7月6日，在加拿大魁北克城举行的第32届世界遗产大会上，以永定客家土楼为主体的福建土楼被正式列入《世界遗产名录》。2011年8月30日，福建土楼（永定·南靖）景区获得国家5A级旅游景区认证。①

（二）福建土楼社区旅游可持续发展

福建土楼是全球知名的世界文化遗产，其旅游可持续发展对遗产的保护非常重要。福建土楼是特殊的旅游资源，因其独特的建筑形制和浑厚的文化内涵而成为众多旅游者向往的旅游目的地。

1. 福建土楼的旅游文化特色

首先是福建土楼的建筑特色。福建土楼最大的特征就是其土木结构的建筑外形，一般以圆形和方形为多见，而最让旅游者感兴趣的是圆形的巨大建筑。圆形的建筑外观几乎成了福建土楼的形象代表，在福建土楼对外旅游形象宣传中，大多使用类似"振成楼"等圆形土楼中的代表之作。正是因为这种特别的建筑形式使福建土楼很快成为了旅游者向往之地。对福建省旅游发展来说，福建土楼成为与旅游胜地厦门齐名的著名旅游目的地。

其次是特色鲜明的客家文化。中原地区的汉人经过历史上数次的南迁之后，在南方许多地区形成了客家人的群体。北方汉人的南迁，是中国历史上社会、经济和文化发展中的重要事件。其中作为文化遗产现象的客家文化则是这些事件的见证。客家人一方面积极创新以适应新的生活环境，另一方面又用传统的祖先文化来维系共同的宗族信仰，因此，相对于北方地区来说，南迁的客家人则更多地保留了传统汉族社会的理念。这些都可以在福建土楼居住区的社会群体中表现出来。旅游开发社区应当成为展示和维系特别文化传统的平台。因此，体验福建土楼社区的客家文化就成了重要的旅游活动。旅游活动的暂时性和肤浅性，要求通过具体的事项来展示客家文化，如各种相关实物性旅游纪念品的开发，特色旅游餐饮开发以及各种体验性活动项目

---

① http://baike.haosou.com/doc/603697-639140.html 。

的开展。只有这样，才能使一种只有通过理性思维来感受的文化变成感性的体验对象。

最后是对福建土楼而言，聚族而居的生活场景是土楼地区鲜活的社会生态环境。作为世界遗产地的福建土楼，联合国教科文组织设立文化遗产保护政策的初衷，是努力通过遗产地的发展来促使遗产所在社区民众生活的改善和社会秩序的优化。福建土楼在旅游发展过程中，坚持了活化土楼社会环境的思路，按照确保土楼社区民众生活水平提升的原则，使土楼在旅游开发中没有简单地迁移原住地的居民，而是将土楼建设与世代生活于土楼中的民众一起活化，从而达到可持续发展的目标。历史上的土楼社区，大都选择聚族而居的形式。为了防止匪患和其他灾害，远道迁徙至福建北部山区的客家人独创了这种围合式的建筑形式，方形或圆形的围合空间不仅是一种心理安全的环境，而且能为抵御各种风险而产生实际性价值。

长期的生活状态变成为一种社会化生活的惯性，一直影响着土楼地区社会民众的心理，其中聚族而居的生活场景便成为土楼社区生动的社会景观。到世界遗产地的福建土楼旅游，旅游者会受到这种社会生活场景的感染。坐落在武夷山脉南端崇山峻岭深处的土楼社区，绝大多数的土楼建筑目前仍为居民所利用，是他们生活、居住和工作的场所，仿佛数百年的生活场景依旧在此地延续着。特别是重视宗族观念的客家人，具有深厚的乡土情怀。他们可能漂泊四海而为生计努力，但叶落归根、情归故里的故乡情感一直是土楼社区最感人的画面。客家人注重生活情感的张扬，土楼社区就成为这种生活的平台。在熙熙攘攘的旅游者人群中，福建土楼的客家人悠然自在地生活着，他们的日常生活已经成为这里旅游景观的一部分。旅游伦理同样关照旅游社区的伦理，建立在旅游伦理基础上的福建土楼的旅游可持续发展，一定要符合土楼社区的伦理规则。

2. 旅游社区的接待规模

成为世界知名的文化遗产地之后，大批旅游者涌入福建土楼比较集中的闽西永定县、南靖县等地。在申报世界遗产地的规划及发展过程中，福建土楼将大力发展旅游作为未来该地区产业发展的主体，因此从一开始就对福建土楼的旅游发展进行高标准规划，这在一定程度上保证了其旅游发展的可持续性。但是，福建土楼与国内外许多世界文化遗产地一样，在大规模的旅游者到来之后，如何能够继续保持可持续发展的势头，成为考验旅游管理者智慧的重点。

与其他一些文化遗产地相比，福建土楼的特殊性也是明显的。土楼因为大多是体量庞大的单体建筑，相互之间空间距离较大。加之又处在山谷间的平缓空地上，因此，这种空间格局对旅游者的容纳量是较大的，因此，就旅游饱和度来讲，福建土楼所在地具有较好的容纳量。虽然旅游者最终访问的还是单体的土楼个体，但因为土楼之间相互空间充足，土楼群的分布较为零散，土楼旅游的相互可替代性较强，因为大多数土楼的建筑形制和文化内容都是相似的。再加之福建土楼可进行旅游开发的单体或群体数量一直在增长。从这个意义上来讲，在福建土楼目前的旅游发展中，其旅游者接待容纳量是可观的，即使有大规模的旅游者进入，短期内也不会给遗产地造成人流的压力。

但值得重视的是，精华土楼毕竟是有限的。旅游者或旅行社可能会选择那些最具有代表性的土楼去旅游。这就要求当地旅游管理者本着为世界遗产地可持续发展负责的态度，采用有效的方式对旅游者进行疏导，引导和促进旅游者能够去那些更加偏远和名气小一点的土楼社区旅游。通过进一步完善土楼旅游线路，在旅游线路中着重推荐那些非核心和非重点的土楼景区。

福建土楼具有鲜活的生活背景，可持续旅游发展应当重视这种土楼社区的生活基调。福建土楼的生活环境，表现在社区民众的日常生活空间当中。拥有大量住户的土楼社区，传统的生活环境中必须有可供民众生产的空间。因此，土楼大多依山傍河，周边是可供耕种的田地。靠山吃山、靠地种地的生活场景，同样是土楼社区重要的旅游对象。植被茂盛的山地，精耕细作的山间平原，河水清澈的小溪，在绿水、青山、良田之间的福建土楼，在世代生存发展的过程中，形成了特别的人与自然相处之道，人与环境之间的融合与和谐使得土楼成了这种环境中的特殊成员。在有限的生存发展空间里，人数庞大的土楼社区民众在向自然界索取生活必需品的过程中所遵守的法则就是民众生活的智慧，也是社区发展的伦理态度。只有符合这种伦理诉求的旅游开发路径才能够走得更远。

3. 和谐的社区关系

虽然时至今日，土楼社区许多民众的日常生活已与以往大不一样，但是这种生活的智慧和伦理则仍然有其不可替代的价值。所以，在土楼社区的旅游发展中，应该多为旅游者创造和开拓能够深度体验土楼客家人生存智慧和伦理的平台，在对土楼本身旅游的基础上，将旅游者的视线拉长，放置到社区环境当中，使旅游者能够体会和了解这种社区与自然和谐共处的伦理态度。因为只有这样，才能够通过旅游唤起旅游者的伦理道德责任感，也才能够达到对土楼环境的深刻认识，从而在旅游过程中能够真正对旅游资源形成负责任的态度。协调人与人之间的关系是社会建设过程中的重要举措。一个土楼就是一个小社会，少则数十人，多则上千人生活在一个封闭狭小的空间里，自然就形成了一处特别的社会环境。于是，土楼历史上的民众是如何协调生活、生产秩序的？在这样特殊的生活氛围中他们是如何繁衍生息以至发扬光大的？这些一定会是旅游者在意的问题。所以，解析并解说土楼民众的社会规则就成了此处旅游开发的特殊任务。在千百年的社会发展过程中，居住在土楼里的民众利用自己的智慧治理着一个个小王国。他们秉持从中原社会所带去的以儒家传统规范为主的社会规则，并在实践中积极创新以适应不断发展的社会现实，试图通过家族治理来达到人丁兴旺、光宗耀祖、人才辈出的功利化目的。家族社会治理的手段和方法，很显然是成熟和成功的，因为土楼社会的良好发展就是明显的例证。在旅游过程中，能够让旅游者深刻体会土楼社会的这种治理方式，能够通过身临其境的过程来近距离地接触大家族社会的运行方法。

我们认为，这类旅游开发便具有了教化旅游者，优化社会秩序的可持续性作用。虽然不能说土楼社会群体治理的方法都有现实意义，但在社会群体复杂的当下，通过借鉴传统社会治理手段来改变现在社会群体不良关系的现实，很明显是具有价值的。通过实物展示，对其处理复杂的人际关系也应当有一定的借鉴意义。从作者亲历福建土楼的旅游过程来看，可持续旅游发展是一个贯穿于土楼整个发展过程的主导原则。土楼主人自豪地、津津有味地讲述每一个角落里发生的故事，比如风水讲究、人才教育、祖辈业绩、灾害规避防治、对邪恶的惩处、各种生活段子、后代生活、社会发展、建筑设计等；土楼居民把小孩放在水桶里面洗冷水澡、围绕土楼主题和客家文化的各种旅游纪念品的制作、分拣铁观音茶的客家女子、现场作画、写书法的艺人、特色饮食的制作等。旅游者应尊重旅游地居民，如果旅游者在目的地只是尽情炫耀自己的优越地位和财富，对目的地社区和当地居民漠不关心，不能平等地与当地居民沟通，就会引起旅游地居民的强烈不满。旅游地发展的历史告诉我们，旅游地居民对旅游者的态度会随着旅游的发展而依次表现为热情、冷淡、非常冷淡，甚至敌对。①

综上所述，福建土楼社区旅游可持续发展，就是对于土楼这种特殊环境的保护，即对特殊建筑环境、客家文化环境、聚族而居的宗族社会环境场景的保护，同时加强旅游者对这些环境的情感认同和旅游感知。特殊的社会氛围使福建土楼呈现出神秘的旅游吸引力，正是对这种社会环境的张扬，才能够使福建土楼成为吸引旅游者的核心旅游产品。虽然从整体的世界文化遗产名称来看，福建土楼较全面地涵盖了福建省各地的土楼景观，但在具体的旅游发展中，各地对市场的争夺则表现在对这一名称的混乱使用上。为了能够体现当地的土楼价值，以县为中心的土楼命名争夺战悄然开始。于是上杭、永定和南靖这些拥有土楼的县则可以称其为上杭土楼、永定土楼和南靖土楼。可见，对闽西南地区的土楼进行一体化联合开发也是旅游可持续发展的关键。以福建省的名义成立统一的土楼旅游开发管理机构，通过市场和政府的双重力量来规范旅游发展，从而避免不良竞争态势下对整体的福建土楼旅游品牌的影响，从而达到可持续旅游发展的目标。

---

① ［美］道格拉斯·福斯特：《旅游经营管理》，余建伟、郭震宇译，云南人民出版社1990年版。

二 临泽县县域旅游可持续发展

　　旅游可持续发展问题事关区域社会、经济、文化、生活等各个方面。因为随着旅游活动的日常化，旅游发展和旅游开发已经成为足以全面影响整个区域社会的特殊产业现象。因此，研讨旅游可持续发展问题不仅关涉旅游的未来，同样也关系到区域社会经济整体发展的可持续性。以下将以甘肃省张掖市的临泽县大沙河景区及张掖丹霞景区为案例，对旅游及可持续发展问题进行深入研究。①

　　甘肃省张掖市地处河西走廊。河西走廊是中国内地通往新疆的要道，东起乌鞘岭，西至古代玉门关，南北介于南山的祁连山和阿尔金山，北山的马鬃山、合黎山和龙首山之间，长约900公里，宽数公里到近百公里，为西北—东南走向的狭长平地，形如走廊，又称甘肃走廊；因位于黄河以西，又称为"河西走廊"。河西走廊分为三个独立的内流盆地：疏勒河水系的玉门、瓜州和敦煌平原；黑河及北大河水系的张掖、高台、酒泉平原；石羊河水系的武威、民勒、永昌平原。整个河西走廊地区，以祁连山冰雪融水所灌溉的绿洲农业兴盛。此处自古就是沟通西域的要道，著名的丝绸之路经过这里。这里绿洲农业区水草丰美，物产丰富，自古就是交通要道和战略要地。临泽县就处在整个河西走廊水资源最为丰富的上游黑河沿岸。临泽县是传统的农业地区，因为黑河及其支流的丰沛水量及灌溉方便的先进水利设施，使这里沃野千里，成为河西走廊名副其实的粮仓。从县域所处的微环境来看，虽然县城内有较充足的祁连山冰雪融水，但因周边全是巴丹吉林沙漠以及祁连山，县域内荒漠、半荒漠、沙漠化比率也很高，整体来看，临泽县周边地区的生态环境较为险恶。

　　就是在这样的大地理背景和微环境条件下，临泽县近几年来转变了以往以农业立县的传统发展模式，转而将发展的重点放置在休闲旅

---

　　① 2014年夏天，作者利用暑假回家探亲的机会，全面考察了甘肃省临泽县旅游可持续发展问题。

游业上，大沙河风景区和丹霞旅游区的开发建设就是发展模式改变的具体表现。长期以来，农业的单一产业发展模式的惯性，使得临泽县在以往的社会经济发展过程中很难突破这种产业惯性。当地矿产资源稀缺，工业基础薄弱，但土地肥沃，灌溉条件便利，水利设施发达，黑河及支流水源充沛，地下水资源充足，因此只能将发展农业作为重要的产业支柱。特别是十多年玉米种子的培植给当地带来了比较可观的经济利益。优越的水土光热条件，使临泽成为玉米种子培植的理想地区。国内外许多大型的种子公司都将这里作为重要的培植基地。高利润的玉米种子培植惠及千家万户，使这里的农民获得了较好的经济利益。农业成为临泽县区域的主要产业，玉米种子产业改变了临泽的社会与经济。在这种产业结构单一的发展积累下，临泽县在后来的发展中出现了第三产业发展严重不足的现实。在农业产业发展达到成熟期后，很难再进一步提升农业发展的附加值，而第三产业发展空间较大的社会经济推动力没有得到释放。在这种情形下，发展以旅游产业为主的第三产业成为临泽县社会经济发展的关键。

（一）临泽县旅游发展的意义

1. 河西走廊丝绸之路旅游对临泽的重要作用

包括休闲娱乐在内的旅游活动，既包括本地人的旅游活动，也包括跨区间的旅游活动。区域旅游活动开发的目的也应分为两种，即满足当地与跨地区的旅游休闲者的旅游需要。为满足跨地区的外地人的旅游需求，旅游开发将借助大型知名旅游区的发展，通过知名景区的建设来提升区域旅游形象，增强区域旅游吸引力，并能够吸引较远程游客，形成一定规模的稳定旅游市场，特别是能够将旅游地建设成国际、国内知名的旅游对象，这样才能够使区域旅游经济、旅游发展成为紧跟区域社会经济文化发展的重要因素，区域社会的产业结构将因为旅游的发展而跟进，并能够逐渐与产业结构的发展相完善。针对外地旅游者的旅游开发虽然并不排除本地市场，但经济能力有限的本地旅游者无法对这类大型旅游目的地产生根本性的影响。临泽县丹霞旅游的开发就属于此类旅游开发对象。在整个处于丝绸之路沿线的河西走廊地区，张掖市及临泽县的旅游一直处于劣势。大多数行走在兰州至敦煌的丝绸之路上的旅游者，很少能够在临泽地区停留。正是因为缺失大型的王牌旅游吸引物，临泽只能眼看着大量旅游者从门前经过而没有办法让他们停留下来。张掖丹霞的发展与旅游开发应该能够成为彻底改变这一现实的事件。这是因为在漫长的河西走廊旅游线路上，唯一能够吸引兰州至敦煌旅游者的旅游景区应当属于张掖丹霞。虽然河西走廊东西之间的距离漫长，走廊中各地旅游资源丰富，但是因为自然环境和历史文化相近的原因，河西走廊的旅游资源同质性现象严重，资源之间的替代性明显。例如，虽然河西走廊的武威、张掖、酒泉等地都有以佛教为主的宗教类旅游资源，以沙漠为主的沙漠公园，以河流、水库为主的湿地公园，以及长城文化、民族文化类旅游资源等，但这些旅游资源的开发都可以被敦煌所覆盖。敦煌旅游在国际顶级的莫高窟和月牙泉的吸引下，成为中国西部地区核心的旅游对象。敦煌依托庞大的旅游者市场，在莫高窟和月牙泉旅游开发的基础上，在周边地区进行了大量的旅游开发建设，其旅游项目几乎包含了河西走廊所有类型的旅游资源开发。因此，对于大距离跨度的旅游者来讲，在分析旅游对象和经济、时间成本的基础上，一定会首选敦煌而放弃其他地区。这样一来，旅游资源的垄断性和唯一性就成为河西走廊地区旅游发展的先决条件，否则就不能吸引丝绸之路上的外地旅游者。张掖丹霞具备了这种垄断性和唯一性。从资源本身来看，红色砂砾岩的大面积分布，尤其是旱地环境寸草不生的景观、鲜艳夺目的色彩和庞大的分布区，绝对能对旅游者产生震撼力和冲击力。这种大自然的珍品，高等级的旅游资源在西北地区很难再见到，在河西走廊具有景观的唯一性。正是因为张掖丹霞本身所具有的这种价值，我们发现，它完全有理由成为千里河西走廊中旅游者必须到达的目的地。从空间布局来看，张掖丹霞地处河西走廊的中部，这对于东西距离漫长的河西走廊旅游路线来讲，便于安排这一路上的旅游者的中转与停歇。只有能够延长丝绸之路上旅游者的停留时间，大型跨地区的旅游线路的价值才能够更好地释放。因此，我们发现，加大对张掖丹霞的旅游开发力度事关整个河西走廊地区旅游的发展，具有更重要的战略意义。临泽县近年来积极投入对于张掖（临泽）丹霞旅游的开发建设中，成立了相关领导机构，制定了有关政策和章程，完成了道路等基础设施的建设，根据丹霞旅游的市场拉动力，完成了全县旅游建设的规划和策划，不同级别的旅游酒店逐步建成，各种旅游接待的后勤保障与安全措施、旅游执法都在开展。虽然处在丹霞旅游开发初期，各种不尽如人意的乱相广泛存在着，但是临泽县已经形成了针对外地旅游者的良好的旅游发展态势，各种工作正积极稳步地推进着。

2. 大沙河旅游区的本地性

与丹霞旅游开发相比，临泽县大沙河景区的旅游开发更主要的是通过满足当地居民的休闲娱乐来达到扩张城市和改变地区形象的目的。当然，这并不与外地旅游者的休闲需要相抵触，外地旅游者同样是旅游区接待的对象之一。随着城市扩张需要的出现，依托大沙河两岸大片的闲置土地来实现城市新区的建设成为最近几年里临泽县发展的重点。大量进城农民的住房需求带动了房地产市场的发展，城市新区的规划建设满足和实现了这一愿望。通过城市新区扩张的机会开发城市公共休闲娱乐空间成为各地决策者的共识。临泽县大沙河景区的建设就是在这种背景下实现的。城市竞争力的发展越来越依赖于城市形象的提升。对临泽县的发展来说，改变城市形象的主要手段就是完成居民旅游休闲娱乐空间的规划建设，进而拉动整个城市的发展。随着城市居民生活水平的提高，人们对休闲娱乐的要求也在改变，由以往满足于基本休闲空间的条件转变为对生态环境优化的依赖。因此，大沙河旅游景区优越的生态环境的改造和建设，彻底改变了城市居民的休闲空间，满足了新的休闲需求，完成了城市建设的质量提升。从目前大沙河旅游景区的居民休闲行为来看，以城市居民工作闲暇时间的散步为主。人们越来越认识到闲暇时间在生态良好区域轻松活动的重要性，类似散步这种轻松休闲活动的广泛存在就是基于人们的这种认识。从临泽县基本的休闲空间来看，体育广场成为打篮球、羽毛球、广场舞等体育活动的中心区，同时满足了部分居民的夜生活需要。诸如夜晚纳凉、烧烤和饮用啤酒等活动。同时，体育广场和小型铁路车站广场满足了部分居民跳广场舞的需要。而大沙河旅游景区则因为近水和绿地、树木、花卉等良好的生态环境，成为居民工作之余散步的主要空间。整体来看，该县多元化的休闲场所的建设能够满足居民不同的休闲娱乐需要。

（二）临泽县丹霞旅游发展背景

张掖丹霞地貌主要分为遥相呼应的南北两大群块。北群位于张掖市北侧合黎山脉，距市区约25公里。北群山势低且平缓，主要以红白和赭红色为主色调。南群以肃南裕固族自治县白银乡为中心，距市区约有40—50公里。南群丹霞地貌地势相对险峻，以层理延绵，纹理清晰，色彩斑斓而称奇。张掖丹霞呈现出鲜艳的丹红色和红褐色，相互映衬各显其神，展示出"色如渥丹，灿若明霞"的奇妙的丹霞地貌。造型奇特，色彩斑斓，气势磅礴，把祁连山雕琢得奇峰突起，峻岭横生，五彩斑斓，当地少数民族把这种奇特的山景称为"阿兰拉格达"（意为红色的山）。张掖丹霞地处干旱、半干旱气候区，它是一个以自然风光为主的风景区，集广东丹霞的悬崖峭壁、峰林石柱的奇、险、美，以及新疆五彩城的色彩斑斓于一体。①

该地貌被《中国国家地理》"选美中国"活动评选为"中国最美的七大丹霞"第六名。气势之磅礴、场面之壮观、造型之奇特、色彩之艳丽令人惊叹。置身其中，美得使人晕眩，堪称七彩神仙台，比敦煌魔鬼城的雅丹地貌面积更大，分布更广，气势更磅礴，场面更壮观，形态更丰富，造型更奇特，色彩更艳丽，是中国干旱地区最典型的丹霞地貌，举世罕见。

丹霞地貌是指主要以红色砂砾岩为基础的地理景观。成规模的丹霞地貌因为分布范围大，景观感强烈而容易成为知名的大众化的旅游景观。张掖丹霞就是位于祁连山中的红色砂砾岩群。在国内几处知名的丹霞景区中，张掖丹霞的特色是明显的。与大多数分布在南方湿润地区的丹霞景观相比，张掖丹霞属于典型的旱地丹霞地貌，色彩丰富，结构明显，地理条理清晰，再加之寸草不生的祁连山环境背景，

---

① http://baike.haosou.com/doc/6180792-6394038.html。

使得张掖丹霞更加奇幻迷人，苍茫而动感十足。其中张掖丹霞中最有景观感的部分就分布在临泽县境内。另外，张掖丹霞地处河西走廊中段，位于古丝绸之路的著名旅游带上，交通到达性良好，空间布局和区位特征都非常适合旅游开发的需要。因此，自丹霞景观被发现以来，一直就成为当地旅游开发的重头戏，一系列围绕丹霞旅游的基础设施建设、旅游开发规划、旅游项目创意与策划、旅游营销方案制定、相关纪念品的生产与开发等工作正逐步展开。临泽县依托丹霞旅游的各项活动的开展正逐步改变着这里的社会、经济和人们的思想观念。2010 年 7 月 31 日，"中国丹霞"成为世界自然遗产。遗憾的是，前几年中国丹霞地质景观在申报世界自然遗产的过程中，因为许多因素使张掖丹霞未能成为世界自然遗产。国内几处知名丹霞景区成为世界自然遗产，这在一定程度上对张掖丹霞的旅游开发形成了冲击，也使张掖丹霞在前几年的旅游开发中放慢了步伐，错失了一定的市场机会。

但是，从这几年的发展来看，甘肃省政府对张掖丹霞开发利用的重视程度正在提升，已经出台了一系列优惠扶持的政策。张掖市对丹霞旅游开发高度重视，已经委托相关单位制定了高标准的旅游发展规划，进一步理顺了投资、开发、建设、管理及运营的机制，各种高标准的开发建设和宣传营销正在开展。加之国家层面的"一带一路"发展战略的制定，河西走廊旅游空间一体化及合作发展战略的实施，各种针对旅游发展利好政策的出台等，都在一定程度上刺激了张掖丹霞旅游的快速发展。河西走廊地区的交通进一步便利，高速公路、高铁、航空等快捷旅游交通的落实使得千里之外的河西走廊旅游近在咫尺。

河西走廊所处的位置，是国际知名的旅游线路——丝绸之路旅游专线的重要段落。这一大型跨地区、跨国家的国际性旅游线路有着非同寻常的旅游价值。随着人们对国际间旅游、文化、经济、政治交流的认识，特别是随着人们对古代文化、政治、经济、交流认识的加强，丝绸之路经济带所在地区的旅游吸引力会进一步提升，东起西安，西至罗马的丝绸之路是全世界每一个旅游者都渴望到达和体验的地区，在这一背景下，张掖丹霞的开发使命就应当快速地融入国际丝绸之路的旅游线路中，使之成为如西安、天水、敦煌、乌鲁木齐这样的丝绸之路旅游线路上必须到达的旅游景区，这样才能释放张掖丹霞的旅游吸引力。

（三）大沙河旅游景区的发展路径

大沙河是黑河的支流，与黑河一样，同样发源于祁连山的冰雪融水，由南向北流入黑河。大沙河在临泽县城的东侧穿城而过。由于大沙河属于典型的季节性河流，加之流经之处都是河西平原，所以河床宽度很大。临泽县城最近几年与全国一样，都跨入了城市化快速发展的行列。越来越紧张的城市用地现实使政府决策者将城市扩容和发展的眼光投在了大沙河两岸的空地上。因此，如何进一步利用大沙河两岸的沙滩地，成为政府主导的下一步发展的关键。长期以来，大沙河两岸大片的沙滩地因为距离县城较远、开发条件难度大等原因一直被闲置。如何在城市发展中突破土地面积狭小的限制，特别是能够利用闲置的沙滩地而少占用耕地成为临泽县可持续发展的关键。

作为传统的农业县，以往临泽县城镇人口数量少，但随着近几年农村人口大量进城就业及居住，为当地房地产业的发展带来了机会。以往临泽县城市规划布局科学性不够，政府办公地、居住区、商业区、公共休闲区布局混乱，随着城市的发展，对县城布局需要重新定位和考量。一个城市的公共休闲空间对城市发展的影响甚大。但以往临泽县城的公共区域数量和面积有限，只有一处体育广场和一处小型的绿地。随着城市人口的增多，特别是对新时期休闲、娱乐、健身、放松的需要，临泽县城在进一步发展过程中应高度重视城市居民公共性休闲空间的拓展。还有就是对大沙河河道景观和生态的治理也被提上了工作日程。从全国近几十年的发展来看，对城市区域水域空间的治理成为政府共同采取的行动。天然河道不利的景观与城市景观化方向不一致，必须通过人工干预来改变天然河道而凸显其景观价值。同时，随着城市发展体量的扩大，城市越来越靠近河道，这对城市河道的防洪及安全保障工作提出了新要求。大沙河地区的发展也面临着这样的机遇与挑战。

正是在诸多因素下，临泽县选择了通过建设大沙河旅游景区来引导城市新区发展的策略。因为这一发展模式是全国许多地方反复验证的经验，所以其发展的风险较小。这一模式的表现是在区域各种条件不利的城市新发展区，通过城市主导运营的手段，依托旅游休闲产业的发展，政府在解决区域发展基础性设施的过程中，从根本上改变区域环境，主要是景观的美化和生活环境质量的提升，在解决生活环境问题的基础上，拉动周边地价，激活房地产市场，引导企业进驻，部分公共性政府机构搬迁进入等办法而形成城市现代化新区。由此来看，要复制这一模式，关键的一点就是政府主导下的生活环境的改善，因为只有彻底提升了生活环境，才能从根本上提升城市新区的价值。与城市旧城区相比，城市新区发展因为交通不便，基本生活条件不达标而不能满足居民的需要。因此，通过改善生活环境，特别是体育娱乐空间的强化来拉动和运营城市，则显得非常重要。

从目前的发展来看，临泽县已经成功地复制了这一发展模式。大沙河旅游景区的建成从根本上改变了城市发展的历史，成为城市发展中浓墨重彩之笔，成为改变临泽县旅游、体育、休闲、娱乐的大手笔。大沙河旅游景区的建设目标即是通过对河道区域的建设和防洪设施建设的治理来达到为城市居民提供高品质体育娱乐空间，从而带动和提升沿河两岸的社会经济发展。因此，旅游景观化建设成为实施的首选方案。

1. 景观用水

大沙河景区规划建设成功地进行了景观用水和自身排水区的分离。景观用水利用了发达便利的水利条件，直接从大沙河上游祁连山口处的鹰鸽嘴水库取水，形成了包括大面积的五湖以及沿河道分阶段南北依次布局的众多水域。鹰鸽嘴水库是 20 世纪 60 年代兴修的当地重要的水利设施。这一水库的完工，聚集了大量祁连山的冰雪融水，从而彻底改变了临泽县及周边高台等县区的农业灌溉困境，成为这一区域农业发展的划时代产物。大沙河景观用水通过对鹰鸽嘴水库充沛而优质贮水的调用，极大地节约了用水成本，满足了大量的景观用水的需求。同时，水库水质良好，适宜五湖之处的水产养殖以及浅水区的戏水，保证了景观用水对干净活水的需要。并且，由于不是抽取地下水，水资源的浪费较少。这种调水成湖成景的作法就等于是将水库蓄水搬迁之后再进行蓄积，本质上使水资源浪费减少。景观水域根据河流走势和休闲区位的布局分别处于大沙河上、下两段河流的干道向西一侧。在建设过程中，通过加固堤坝、缩减河道、阶梯状处理形成水面落差等方式，目前已经形成了相当规模的景观水域面积。正常情况下的大沙河水流因为上游的水库蓄水而水量极少。临泽县城虽然滨河而建，但在平时很难见到规模性水景。临泽县城所在地和大多数西部地区的县市一样，都属典型的缺水型城市。但通过从大型水库引水构造大面积水域景观这一工程，则从根本上摆脱了区域缺水的限制，历史性地改变了临泽县休闲旅游缺水的困境，使旅游休闲娱乐条件完成了华丽转身。河道建设的另一部分，即必须疏导河道的日常性流水和可能存在的洪灾。因此，大沙河旅游景区建设中，针对这个问题的主要做法包括进一步加固防洪堤坝：利用此次大型项目建设的机会，对原来的河流两岸的防洪设施进行提升，进一步加固了防洪堤坝，修建了系列防洪设施设备。这些建设都是在科学测算的基础上进行的，以求项目建设能够达到理想效果并确保能够应对洪灾。预留充足的日常排水区域：在大沙河旅游景区项目建设中，日常性流水区的处理即是利用原来河道的一半来应对的。由于平时大沙河水量非常小，一般在雨季也有对洪水进行长期监测的数据。依据这些数据而设置的排水排洪需要，不会对水景区域产生不利影响。这样一来，大沙河一侧便成为景观水域区，另一侧则成为日常排水区，相得益彰，互不妨碍。

2. 防洪措施

景观水域区的建设考虑到了特大洪水期排洪的特别需要。任何河道的处理建设，都必须做好迎接特大型洪水的准备，否则没有排洪危机感的建设就是不科学的。河流灾害破坏程度发生的降低，必须依赖长远的防灾眼光、科学的防灾手段和牢固的防灾建设。对灾害的防治，目前我们到了什么程度呢？其实，结果可能并不乐观。美国有专业研究表明，随着社会对防灾投资和防灾建设的进一步加大，在灾害过程中死亡的人数反而更多。形成这一悖论的关键因素在于人们防灾观念和意识的降低。人们总是认为，我们对灾害防治大量的投入和建设就可以保证我们高枕无忧，过多地依赖灾害防治的手段和建设，从而降低了人们对待各种灾害本应持有的高度谨慎的态度，使人们在灾害面前的损失更为严重。因此，针对临泽县大沙河的防洪工作，在理论和实践上都不能有丝毫的轻视。特别是在项目建设过程中，如何规划未来可能出现的特大灾害的防治工作就成为建设工程可持续的关键。因为景观水域区已经占用了将近一半的河道，这就给排洪带来了很大的压力。为了解决这一问题，只能做两手准备。平常区的流水在专用渠道通过，如若遇到特大型洪水，则允许洪水漫过整个河道区，这样就可以确保大沙河在特别洪水期的安全。在建设过程中，设计者降低了景观水域区的堤坝，目的就是要在非常时期允许洪水经过。这样做的结果，可能会对景观水域区的设施产生一定程度的破坏，但与遭受大型洪灾后的重建相比，对这种洪灾破坏的修复要容易得多。正是因为在大沙河旅游景区的建设过程中采用了这种处理河水的措施，因而从根本上解决了旅游景区的景观用水问题。

3. 多元内涵的景区

随着景观水域构成问题的解决，其他相关建设问题便迎刃而解了。景观景区在水景的基础上，设置了大型彩色音乐喷泉，这为提升水域景观感创造了良好的条件。在阶梯状水域景观的下方处，设置规划了浅水区，以便儿童在夏天能够戏水纳凉。针对水域规划了几处亲水平台，便于居民近距离地与水接触。在阶梯水景的连接处利用自然落差形成瀑布景观，再通过置石塑景、亭台楼阁的建设，使这一景区形成了完整的以水为背景的景观体系。包括跨河桥梁的建设、景观牌楼和各种建筑小品、装饰小品的使用，在五湖区域进行鱼类养殖的同时，部分对外开放性的餐馆、宾馆、KTV、歌厅也陆续出现，在此基础上，通过大面积绿地景观的设置来完善休闲娱乐功能。在沿景观水域的大沙河两岸和五湖地区的周边，已经形成了规模较大的绿地景观，通过利用草坪、树丛、花卉等形成的绿地景观带（群）与水景景观一起构成了大沙河旅游景观区的主要元素。在五湖处利用挖掘湖泊的沙土而堆积成高大的丹霞山，成为一处制高点和五湖区的标志性景观，假山顶置高大楼阁，108级台阶使假山显得大气辉煌。绿地景观中的植被大多都是适宜当地环境的枣树、垂柳、杨树、沙柳、河柳、松树、柏树、杉树等。花卉以耐旱而花期长的矮牵牛为主。绿地中置步道、小型广场、座椅、凉亭等，并有置石、雕塑等景观、小品建筑。整体来看，大沙河旅游景区绿地带的设置能够较好地满足居民休闲、度假的需要。在干旱的河西走廊地区，临泽县大沙河的水景和绿地景观建设的确成为改变区域形象的惠民工程。

4. 流域治理

大沙河旅游景区的建设，同时具有流域综合治理的功能。大沙河流域综合治理工程开始于2009年，整个工程分为水利、生态、环保、交通及城市基础设施五大系统。含有河道疏浚、水库堤坝、路桥配备、山石林木、污水治理等20个基础项目。大沙河旅游景区的建设，改变了区域城市的形象。虽然临泽县所在的大部分地区都是能够得到灌溉的农作物适宜区，但是县内荒漠、戈壁广布，条件极为严酷。以大区域地理视角来看，临泽县就处在巴丹吉林沙漠的边缘，自然生态环境险恶。近年来，整个河西走廊地区沙尘暴多发，沙漠化区域的扩张也未能得到彻底控制。从城市形象和旅游感知来看，居民或旅游者对包括临泽县在内的广大河西走廊的形象认知，就是沙漠、戈壁、绿洲、缺水、少树、干旱、寒冷、酷热等。这些形象认知虽然比较符合河西走廊大区域地理环境的特色，但能否被小区域新的形象所改变，这就是临泽县大沙河景区能够改变城市形象的原因所在。旅游景区大面积的水域、绿地、绿树、红花、精致的园林布局等，这些都从根本上挑战和改变着人们对河西走廊生态环境和地理形象的认知。现代城市及旅游业发展到今天，越来越多地重视区域形象对区域发展的重要意义。因此，很多城市和地区都把改变和优化区域形象作为社会经济发展的重要抓手。从这个角度来讲，临泽县倾全县之力依托大沙河流域综合治理来建设旅游景区并达到扩建城市新区的目的，这种发展模式顺应了当下社会经济可持续发展的现状，在很大程度上激发了城市发展的活力。综合治理工程的五大系统环环相扣，成为一个完整的系统。在水利方面，既包括景区的河流日常排水的工程建设，也包括景区西部五湖区的供水和旅游区南部大面积的现代生态农业示范区的水利工程。通过对大沙河上游鹰鸽嘴水库蓄水的利用，在水利工程引导下，既满足了五湖区、阶梯水景区、天鹅湖公园水域的景观用水，也为未来大面积的旅游景区及南部戈壁滩地的改良利用提供了水利保障，一举多得。对于临泽这样的绿洲农业区，水利是社会经济发展的根本保障。因此，利用大沙河综合治理的机会来发展水利是正确的选择。

5. 生态保护与恢复

在生态方面，大沙河旅游景区综合治理工程在尊重生态规律的基础上，优化了区域内的生态环境。生态环境治理是一个系统工程，必须依据生态科学的要求在尊重生态规律的基础上来进行。在以往许多旅游区和城市新区的建设过程中，虽然也打着生态工程的名号，但其行为的结果却是不科学、不生态的，比如盲目引进物种，将大树迁进城等做法。这样的结果往往是花费巨资而未能获得良好的生态治理结果。在大沙河旅游景区建设中，整体来看，其生态保护和改良工作能够尊重生态科学。大面积的蓄水景观和绿地区域的灌溉用水虽然对水的需要量很大，但因为临泽县地处祁连山冰雪融水充沛的黑河沿岸，加之水库和灌渠等水利设施发达，能够既保证旅游区的日常用水，又能够不破坏区域水生态环境。花卉主要选择各色矮牵牛，耐旱，喜光热，适宜在临泽地区生长。花期长，色彩鲜艳，适宜在绿地景观中广泛种植。分布于草坪绿地空间的各种乔木和灌木，大都选用适宜本地生长的各种树木，间杂移植。这些植物适宜本地环境，生命力较强，对园林景观的构景作用明显。行道树木以杨树、国槐和垂柳为主。水域附近栽植各种适生植物。在这种生态布局理念下，大沙河旅游景区的生态环境得以优化。环境保护是任何一种社会可持续发展的前提。以往各种以破坏环境而换取社会发展所造成的恶果的影响还在延续。因此，我们必须吸取破坏环境的教训。在以半沙漠、荒漠、戈壁、绿洲为主的自然环境脆弱地区，要进行大规模工程建设，环境保护问题就成为必须解决的重要问题。环境保护在不同地方的侧重点不同，这是由环境保护地的各种不同因素所决定的。有的地方污水、噪音、废弃物排放量超标成为主要的环境破坏因素，而有些地方则是毁林造田、毁山开路、填湖围河等破坏作用表现明显，有些地方沙漠化严重，沙逼人退现象突出。特别是很多地方的生态环境脆弱，一旦发生环境破坏，就很难在短期内恢复。环境破坏成为近几十年来社会发展的伴生物。环境保护恢复的需求明显。如何协调社会经济发展与环境保护之间的关系，成为各界关注的话题。环境保护成为新时期社会经济发展的主要使命。在一般情况下，城市新区建设与旅游景区开发对环境的压力表现不同。城市新区建设是全新的城市化运动过程，与一般的环境相比，城市环境有其独特的发展体系，因此，城市新区建设将从根本上改变以往地区的传统环境，通过各种建设而形成新的城市环境。在这个过程中，会存在较大的环境破坏风险。而旅游景区建设与城市新区拓展相比，其建设幅度相对较小，对以往环境的依赖程度较明显，所以环境破坏的风险较小。临泽县大沙河旅游景区建设属于城市小流域地区的环境综合治理项目，它的建设是为城市新区的拓展提供条件和基础，因此本质上也属于城市新区建设的一部分。新区建设主要在大沙河旅游景区的沿河两岸，这里历史上就是难以被开发利用的戈壁荒漠地带，生态环境脆弱，土地利用难度大。因此城市新区建设应该考虑到环境保护的问题。经过规模化建设，体量庞大的大沙河旅游景区成为生态环境优越的城市新型旅游区，而城市新区的建设则依托大沙河旅游景区优越的生态环境，二者相互结合，实现了环境保护的目标。具体的环境保护主要体现在通过大面积林带和现代农业种植园相结合的办法等达到防风固沙的目的，同时加固堤坝来预防洪水。

　　6. 城市交通

　　现代城市的发展对交通提出了新的要求。城市人口急剧增多，车辆特别是私人汽车的数量成倍增加，这两方面是导致城市变革的主要因素。其他包括城市体量的扩大要求加强城市间便利交通的建设；社区型集中式居住模式，要求解决居民居住地与工作单位之间的便捷交通；随着人们对休闲娱乐的重视，要求弥补中心休闲区交通的不足等。城市新区的建设，为解决城市区域交通的建设带来了时机，通过科学规划使城市新区能够满足未来数十年城市交通发展的需求，而不是像以往那样使缺乏前瞻性的城市交通规划成为阻碍城市新区进一步发展的主要因素。在大沙河旅游景区和沿河城市新区建设的过程中，对交通发展做了科学规划。通过堆积沙石泥土而形成的沿河道路既成了新区与旅游区的交通干线，也与堤坝一起构成了防洪工程。利用以往城市的通乡公路，通过拓展、美化、亮化工程，更加方便了城市新区东侧的交通。城市园区内部陆续建成宽敞的连接性道路。各种道路的设计宽度能够满足未来一定时期内汽车发展的需要。因为要解决河流两岸的交通问题，目前已经在大沙河上完成桥梁三座。三座大桥既解决了交通问题，同时又成为旅游景区的景观节点。围绕五湖区的大型水域，也修通了能够允许私人汽车通过的绕湖道路。同时在五湖区和丹霞假山处等设置了停车场。景区有些地方设置了便利的步道和自行车道，以满足特殊旅游者的交通需要。为解决城市新区和老城区的交通问题，以新区知名楼盘"绿岛"命名的"绿岛公交"定时开通，解决了区域间居民的日常交通问题。沿交通干线的人行道路设置也提供了足够的宽度，现在来看，可能有点浪费，但从城市新区的长远发展加以审视，这些交通设计建设是科学的，为未来城市交通的发展预设了足够的空间，成为城市进一步发展的动力源。城市基础设施的建设是城市发展的基本条件，利用城市新区和旅游景区的发展来提升城市基础设施的水平是城市新区发展的基本工作。

7. 基础设施建设

和交通条件一样，中国城市发展近几十年的过快发展速度导致以往城市基础设施不能跟进，城市基础设施的落后成为阻碍城市化进程的主要原因。尤其是在旧城区，城市基础设施的改造牵扯面很大，难度明显，基础设施质量和水平的提升一直存在差距。现代化的城市新区建设和时尚的城市休闲娱乐区的规划必须有相配套的现代性城市基础设施才能满足需要。大沙河旅游景区的建设，就具有了城市基础建设的性质。在河道综合治理过程中，建设开放的城市休闲娱乐区，解决了现代化城市居民基本的休闲娱乐、健身运动的需求问题，景区内的各种设施，如座椅、厕所、路灯、园林、健身器材、戏水区域等都可以认为是对城市基础设施的提升。因为城市居民的休闲娱乐需求已经成为广大民众日常性的基本活动行为，因此将城市公共休闲娱乐空间划分为城市基本设施也是科学的。在城市新区的建设中，各种基础设施建设都得到了重视，电、暖、水这些基本的生活设施，还包括临泽县即将开通的天然气运输管道。电信网络、信号塔点的建设也正在跟进。当然，以上这些建设是城市区域发展的必备品。正是在大沙河旅游景区和城市新区的规划建设中，这些城市基础设施的建设才能够争取到资金，才能够纳入城市建设的范畴，才能够成为政府决策者所重视的对象，从而才能够解决这些城市基础设施的建设问题。城市新区的基础设施建设，与城市旧区相比，基础设施水平一定要提高，要能够满足城市未来发展的需要。并且，还要注重城市形象的传递和城市历史文化的渗透，比如对于道路路灯造型的选择。休闲区域的建设都应重视文化的表现和形象的塑造功能。

（四）大沙河旅游景区可持续发展经验

大沙河旅游景区的建设，是临泽县社会经济发展中的大事，从根本上改变了该县休闲娱乐空间布局和城市发展格局。分析大沙河旅游景区建设的意义，对研究相似背景下的社会经济发展具有重要的参考价值。

1. 形象驱动

城市形象驱动的新型发展路径。区域城市发展的路径经历了不同的时期，目前，由以往的硬件建设，如工业发展、GDP 的提升、体量打拼、就业增加、环境改善等发展到目前的通过利用城市形象的改变和提升来获得社会经济发展的新动力。一个城市只有具备了个性鲜明的形象特征，才能具有更强的吸引力。城市竞争的焦点已经落在了文化和城市形象的软实力竞争上，这就是为什么许多城市不惜花费巨资在中央电视台等重要媒体上利用形象宣传片等来树立形象的原因。因为城市社会经济发展到今天，软性的、人文意义上的城市形象具有重要的辐射带动作用，可以说，形象就是城市生产力。良好的社会秩序，独特的文化魅力，干净的城市环境，和谐的城市社会，富有生机的城市生态，轻松愉快的城市休闲娱乐空间，适宜旅游的城市资源，热情好客的城市民众，积极健康的民俗民风，时尚前沿的城市风情等都能够构成城市独特的形象。良好的城市形象对提升城市居民的幸福生活感知、拉动投资与就业、吸引旅游者进入、促进产业结构调整等都具有重要意义。作为千里河西走廊中的小县城，临泽县以往在城市建设中缺乏对形象凸显的规划和建设。近十几年来在各地都重视城市建设形象的背景下，临泽县也没有形象提升的意识。面对城市发展趋势的变化，临泽县城市形象建设的突破口在哪里呢？事实证明，当地选取的以大沙河旅游景区建设为对象的城市形象改革是成功的。利用大水面、大绿地、精致园林、花卉树木、园林小品而形成的规模庞大的沿河旅游景区，彻底改变了人们对临泽县城市形象的认知，具有城市形象改良的划时代意义。有人用"不望祁连山顶雪，错把临泽当江南"诗句来赞叹临泽的环境，随着大沙河旅游景区的建设，这一河西江南的形象将会更加突出。由此可见，在城市形象建设过程中，通过城市环境的优化来发展休闲娱乐业，提升城市居民的生活质量，是可以重新塑造城市形象的。在城市形象驱动形成的新的带动作用下，城市发展将逐渐步入产业结构调整和新兴城市发展的道路，从而促使城市向良性化发展。

2. 小流域综合治理

小流域综合治理的新思路。小流域综合治理是根据小流域自然和社会经济状况以及区域国民经济发展的要求，以小流域水土流失治理为中心，以提高生态经济效益和社会经济持续发展为目标，以基本农田优化结构和高效利用及植被建设为重点，建立具有水土保持兼高效生态经济功能的半山区小流域综合治理模式。[1] 对不同流域的综合治理，一直是国家社会经济发展的重要决策。通过对不同河流流域的治理来恢复生态，解决用水危机，实现环境保护，促进民众生产生活条件的改善。一直以来，很多河流流域区成为乱倒垃圾，随意排污，任

---

[1]　http://baike.haosou.com/doc/6172381-6385621.html。

意开荒、伐木的重灾区，流域区的生态环境遭到重度破坏，对社会生产和国民生活带来极大的不利。国家一度将流域治理的重点放置在能够影响国计民生的大流域范围，对诸如黄河、长江、珠江、黑龙江等大河流域的综合治理花费了巨大的资金、人力和物力，并且取得了一定的成就。在社会呈现粗放型、快速化发展的背景下，流域区生态环境问题的出现是必然的，这些危机严重地影响了广大民众的生产和生活，诸如对许多河流的严重污染，导致沿河民众的健康受到威胁。相对于大流域，小流域更关系到千家万户的利益，因此国家专门制定了小流域治理政策，以便引导、鼓励、支持小流域综合治理及相关社会经济的发展，同时如何进行有针对性、有实际效果的小流域综合治理，成为小流域综合治理的实践和研究的关键。临泽县大沙河流域的综合治理同样面临着这样的问题。上游为大型水库，河流与城市擦肩而过，大多时候河道干涸，河道区是典型的戈壁滩涂地。根据这些背景，临泽县大沙河的综合治理采用了休闲娱乐景区建设与流域综合治理一体化的发展思路，通过二者的结合，既解决了大沙河流域内荒滩、水流洪水的处理问题，又能对沿河大面积的闲置土地进行综合利用，在科学计算流域排洪量的基础上，修建适当的防洪大堤，预留足够的排洪河道，在此基础上对城市土地进行规划利用，纳入城市建设用地当中。

大沙河流域综合治理中的休闲娱乐景区建设，是基于以下几种因素：（1）距离城市近。与城市擦肩而过的大沙河随着临泽城市的向东发展，已经完全融入城市发展当中。在城市面积扩大的过程中，如何将大沙河区域纳入城市发展空间，成为城市发展决策者必须考虑的问题。利用河道空地来拓展城市娱乐休闲空间是非常恰当的城市发展路径。（2）日常流量小。大沙河因为上游山口水库的蓄水以及下渗和蒸发作用，日常的河流水量非常小，这就为利用沿河两岸闲置土地提供了可能。（3）河流水质优良。由于大沙河上游地区没有工业污染，沿河地带人口稀少，对河道的污染较小，城区以前有淀粉厂向大沙河直接排污，但近几年来，该厂已倒闭，城区和下游的污染也随之大幅减少，理想的水质为旅游景区的建设提供了便利。（4）洪水发生的概率小。祁连山冰雪融水形成的大沙河水量有限，历史数据显示，该河大的洪水暴发的可能性较小，特别是上游祁连山的梨园口处鹰鸽嘴水库的修建，彻底影响了大沙河洪水的发生，因此，该河的安全期较长，这也为景区建设提供了保障。（5）上游大型水库的存在。正是因为距离城市不远的上游大型水库的修建和发达的水利设施使得旅游景区大量的景观用水成为可能。正是在这些因素的综合作用下，我们认为，大沙河流域的综合治理所采用的综合性休闲景区建设模式，是适合当地环境的。当然，这种小流域综合治理模式的推广是有限的，因为它需要众多的条件。在调查中我们发现，有些地区流域的综合治理同样采用这种模式，但不一定能够成功，其原因就是条件不具备。

3. 综合化治理理念

"五位一体"的整体治理行为。前面讲过，在大沙河旅游景区及城市新区的建设过程中，政府将水利、生态、环保、交通和城市基础设施五个方面的建设纳入统一的流域治理过程中。这种"五位一体"的建设模式，超越了一般小流域综合治理的惯例，以小流域综合治理为依托，以建设休闲娱乐景区和拓展城市新区为目标，将水利建设、生态保护、环境优化、交通提升和城市基础设施建设五个方面进行统筹，整体推进，从而取得了综合效应。这种统一规划，多部门参与，整体推进的模式能够节约建设成本，提高生产效率，便于统一指挥，能够发挥集体力量，保证工程建设质量。而我们在现实中则发现，在新区建设或旅游景区开发过程中，很难将各个方面协调统一起来。常见的则是，各方面的利益很难得到均衡，互相扯皮而拖延工程进度，以次充好影响工程质量，因反复施工而很难步调一致。对于旅游开发而言，其特殊性就在旅游业发展是典型的综合产业，牵一发而动全身。旅游发展需要旅游、水利、城建、电力、交通、园林、文化、广电、网络等各个部门的配合，而非旅游局一个单位力所能及。为了便于开发和管理，许多地区成立旅游管理委员会这类介于政府与企业的中介性机构来协调各种关系，因其适合了中国的管理机制和政治体制，因此被广泛推广。大沙河旅游开发建设管理委员会的成立也是为了便于协调各方面的关系。大沙河综合治理的推进,超出了一般简单的流域综合治理、旅游景区开发和城市新区建设的方案,而是将这三个方面结合起来进行统一管理,这才能够促成建设工程的顺利进行。我们发现,在现实当中的许多旅游景区开发之所以困难重重,是因为一方面市场本身的发育不完善,另一方面政府的宏观引导和协调不够。高度重视政府的宏观调控和主导能力,是适合中国国情的社会经济发展思路,综合性明显的旅游发展更需要这种宏观主导。

4. 城市滨水区

城市滨水区治理的示范效应。城市滨水区一直被认为是许多城市的珍稀资源。人类天性中就有依水而居的习惯。依水而居既便于生活,又适宜调节心情。随着城市体量的扩大,城市滨水区的价值越来越大。人们往往选择在城市滨水休闲娱乐和滨水区居住生活。因此城市滨水区的地价会更高。城市滨水区通常会成为商业、居住和休闲娱乐的核心区域,因为滨水环境能够给予城市民众特殊的心理认知。大沙河旅游景区和城市新区的建设便有了城市滨水区治理的特征。长期以来,临泽城市的发展与大沙河的关系不大。对于大沙河的主要工作就是每年不定期的防洪堤坝的加工、防洪政策的宣传以及维持河道的日常管理,比如禁止无限制采沙等行为。因此,以前的大沙河治理游离于临泽城市发展的视线之外,这主要是因为在经济上,城市发展暂时没有能力顾及对滨河地区的利用;在理念上,也缺乏对常规性城市发展理念的突破。只有在经济条件允许和思想理念到位的情况下,针对大沙河滨水区治理的大型建设工程才得以进行。投资十多亿元,几乎所有的政府部门机构都动员参与,成立新的专业管理委员会,同时还要冒着违反有关制度而受到制裁的危险,在众多人怀疑的眼光与心态下进行建设,这本身就是不同寻常的发展路径。因此,大沙河旅游景区的建设才成为万众瞩目的事件,这本身就是由临泽这样的小县城进行滨水区开发建设的难度所决定的。如何理解示范效应?就河西走廊这一地区来讲,许多城市都拥有临泽县这样滨水而居的自然环境。临泽县滨水区治理的成功经验一定会得到其他河西走廊城市的复制,古浪、武威、永昌、张掖、高台等地都具有这种滨水区的条件。城市滨水区治理示范的结果就是各地都会重视对滨水区的开发利用。但具体该如何进行治理，每个城市都应当因地制宜而不是照搬临泽的"旅游景区＋城市新区"的模式。

5. 配合大丹霞旅游区建设

对大丹霞旅游区建设的积极配合。临泽县大沙河旅游景区的建设，其特殊之处在于这一形象工程有力地配合了张掖丹霞的旅游开发，成为丹霞旅游发展的重要支持。张掖丹霞，作为区域优质旅游资源，其开发的辐射力和影响区域是巨大的。大丹霞旅游区建设是指张掖丹霞的旅游开发不能仅仅将视角限定在丹霞资源本身之上，而是要以丹霞旅游为吸引点，分析丹霞旅游巨大的市场拉动力，释放丹霞旅游开发所带来的市场潜力，将这种市场功能最大化。具体来讲，张掖丹霞开发的旅游辐射力至少应该包括张掖佛教文化旅游、沙漠旅游和湿地旅游，肃南县的祁连山风光旅游和裕固族民族风情旅游，高台县的红色旅游以及枣乡临泽的旅游。在这个辐射范围内，临泽县距离张掖丹霞核心旅游区的距离最近。但遗憾的是，与周边城市相比，临泽县有影响力的旅游资源数量有限。近几年来，临泽县一方面高度重视对优质特产——临泽小红枣的深加工和市场营销，另一方面也进行着其他方面的旅游建设，如枣乡人家的农家乐休闲开发，依托黑河流域的自然风光，如黑河烟霞，依托西路军烈士陵园和梨园口战役遗址等进行的红色旅游开发，依托沙漠戈壁而开发的沙漠公园，还有其他诸如水库旅游、长城遗址旅游等，虽然数量已经不少，但因规模和名气有限而不能成为重要旅游吸引物。丹霞旅游资源属国内顶级资源，其主要旅游者为长距离旅游的跨地区旅游者，对于这类旅游者而言，在到访丹霞旅游区之后，很难对一般性的资源感兴趣。再加上河西走廊旅游线路上王牌旅游目的地——敦煌的吸引力太大，旅游者在张掖丹霞旅游地停留的时间将非常有限。正是在这样的综合因素下，临泽县必须建设大型的、具有较强吸引力的旅游对象来分享大丹霞旅游辐射市场的份额。大沙河旅游景区的建设，在一定程度上实现了对张掖丹霞旅游市场的吸引，也正是因为这个原因，我们认为，这就是对大丹霞旅游区建设的积极支持。只有充分发挥核心旅游景区的吸引力，才能最大限度地利用好旅游市场。通过辐射范围内不同地区间的竞争性合作，才能围绕核心旅游资源而形成大型的旅游目的地。目前，张掖丹霞的旅游开发只能说是河西走廊旅游线路上的一处景点，而不是真正意义上的旅游目的地。旅游目的地的建立需要在依托核心旅游吸引物的基础上，完善满足各类旅游者不同旅游需求的各种建设，以行、游、住、娱、康、玩、乐等多个角度来实现产品的配合，才能够对不同旅游市场产生吸引力，才能促使旅游者较长时间的停留，也才能够使旅游发展的价值最大化。因此，我们发现，吸引力强的旅游目的地建设，需要围绕核心旅游吸引物，各地进行共同努力和积极配合，特别是旅游目的地内部各地之间应当差异化发展，择其优势，避己短处，而不能盲目模仿以至于形成自杀性的市场开发。临泽县大沙河旅游景区的开发，一方面满足了本地居民休闲娱乐的需要，另一方面其舒适的环境也成为外地旅游者在漫长的河西走廊旅游线路上休闲娱乐的驿站。长距离的旅游是辛苦的，大沙河旅游景区能够成为缓解疲惫旅游者旅程的憩息地。如果在相关的旅游开发中，能够依水而建酒店、特色餐饮、滨水酒吧、旅游者夜生活一条街、旅游纪念品的专业市场等，则能够成为吸引旅游者的重要对象。目前正在规划的丹霞商业街、丹霞农家乐园等就是这种旅游市场开发的实践。在张掖丹霞旅游发展过程中，临泽县必须凭借离核心丹霞旅游区最近的地理空间优势，将具有中国地理标志性产品的临泽红枣、河西走廊最宜人的生态环境、丰富优质的各类物产相结合，积极投入建设大丹霞旅游区的行动中，争取在市场竞争中获得应有的份额。张掖大丹霞旅游目的地的建设，必须得到核心丹霞旅游区周边各地的密切配合，根据整体的旅游规划来完成丹霞旅游目的地的建设。

6. 优化城市娱乐空间

城市休闲娱乐空间布局的优化。随着城市社会经济的发展，民众对休闲娱乐的需求更加旺盛。对城市生活质量的考量关键的一点在于城市能否为民众提供便利舒适的休闲娱乐条件。一个城市的发展是其休闲娱乐条件不断得到改善的过程，也是休闲娱乐空间布局不断得到优化的过程。临泽县最近几年的发展，与中国大多数县城发展模式一样，那就是大量农村人口进城居住、工作和生活，使城市人口快速增长。这是中国城市化的重要表现之一。进城的农村人口居住生活在城市，同样需要休闲娱乐。这样一来，旧的休闲娱乐空间的布局在地理空间和数量上都不能满足大众化的需要。于是，城市在发展过程中便应重视如何去适应这种新的民众需求。其实，民众需求正是城市发展的原动力。城市民众对更多更优的休闲娱乐环境的渴望，同样是城市发展的动力。通过满足民众新的休闲娱乐的需要，通过城市体量扩张，城市新区建设，旧城区的改造等手段，为广大民众的休闲娱乐需求提供条件。临泽县旧的城市休闲娱乐的公共场所非常有限。文化体育广场由于体育馆的建设，占用了将近1/3的面积。新的体育馆建成后，一楼向外门面全部设计为商业用途，导致体育广场的使用方向发生了很大的转变，由以往的体育运动专用变成了商业购物和体育运动的混合使用，再加之到夏天体育运动高峰期时，又增加了几处啤酒摊和烧烤广场，导致体育广场真正用于民众娱乐、休闲运动的空间越来越小。调查显示，夏天每天傍晚，体育广场人满为患，超过了广场休闲运动的最大容纳值。在城市内还有几处小型广场，如火车站站前广场，西路军烈士陵园园前广场都因位置偏僻、面积有限而不能成为大多数民众休闲运动的地方。因此，我们发现，随着城市化的推进，临泽县非常需要新的现代化城市休闲、娱乐、运动空间，这对提升城市民众的生活质量和幸福感非常重要。

滨水区的城市空间与城市内部空间相比更加适合于民众从事休闲娱乐运动。滨水空间能给人宽阔开朗的感觉。因为河道地区不能有高大建筑，河道空间及天空所形成的开阔视野能够在很大程度上缓解城市民众的心理压力。这就是人们在空间开阔之处会感觉到心理轻松的重要原因。在城市发展过程中，楼房越来越高，密度越来越大，在城市中，连天空都成了民众的奢侈品。生活、工作的压抑感很大一部分来源于生活空间的狭小紧蹙，这对本来已经因工作、生活、人际关系而高度紧张的城市民众的心理来讲无疑是雪上加霜。城市河道开阔的视野空间能给予人们轻松舒缓的心理感受，这对民众心理健康来讲非常重要。城市滨水区拥有优良的生态环境。城市生态环境属于典型的人工化环境干预体系，城市建设中按照人的需求和建设的需要来人为设置环境生态，这种特殊的生态环境因为浓厚的人工化而使民众形成不舒适的感觉。再加之城市生态环境用地非常有限，城市生态环境质量总是不尽如人意。滨水区因为丰富的水源和较广大的地理空间，很容易成为城市生态环境最优区。绿地、树木、花卉、园林、广场、道路、座椅、湖泊等，再加之滨水区较高的空气湿度，都会给到访者生态环境宜人的感觉。与城市内部过多冰硬的钢筋水泥建筑相比，生态活跃、生命旺盛、自然舒适的城市滨水区域自然就成为广大民众重要的休闲、娱乐、运动的理想场所。城市噪音已经成为难以避免的危害。在城市环境治理过程中，对噪音的降低处理最难。城市噪音已经成为危害城市民众健康的重要原因。城市滨水区如果能够远离桥梁、沿河马路、噪音排污源的工厂等地，环境会非常安静。安静的生态环境对城市来讲则更加难能可贵。正是因为城市一般性滨水区满足了以上三个方面的条件，因而很容易成为城市民众休闲、娱乐、运动的理想场所。

大沙河旅游景区的建成，真正改变了临泽县居民休闲空间的布局，优化了公共开放型娱乐区域的分布，拓宽了居民休闲娱乐的空间。大沙河旅游景区沿河布局，面积广大，旅游者容纳量大，这对基本休闲娱乐空间不足的临泽县来讲，是非常重要的。同时优化了城市居民休闲娱乐的环境和形象。地处沙漠边缘的临泽县城自然环境严酷，生态环境脆弱。在这样的自然背景下，因为有限水源的问题，一棵树一棵草的生长都面临艰苦的条件。因此，在这样的环境生态体系下，传统的环境形象则是植被稀少，缺水干旱，条件艰苦。但是，大沙河旅游景区的建成给城市民众一种全新的感知，面积宏大的水面、绿地、红花、树木，这样的景观是在彻底解决水源问题之后形成的。

良好的休闲环境吸引了大量的城市居民，也改变了居民日常生活和休闲行为，"五湖""丹霞""大沙河"等新词非常频繁地出现在临泽县居民的日常生活当中，同时也改变着居民休闲运动的观念和心理。比如，一个平时苦于没有良好环境而放弃休闲娱乐的人，会因为景区的建成而满足需要；一个平时不喜欢休闲运动的人，可能会因旅游景区优良的自然环境而改变自己的生活行为，从而积极参与到日常活动中，这样就改变了城市居民休闲运动行为的理念和态度。积极健康的人生态度和精神需要引导，一个充满热情与浪漫的城市精神需要培育。长期的单调生活会让居民觉得枯燥乏味而缺乏生活的情感。在众多能够影响城市居民运动、休闲、娱乐态度的因素中，为居民提供适宜的硬件环境是最关键的。比如，一个没有游泳传统的地方，因为修建了很多游泳场的缘故，会有更多的人学习并喜好游泳。大沙河旅游景区的建成，其深层次的意义在于逐渐影响和培育城市居民良好的日常休闲运动的行为习惯。良好的居民休闲运动习惯会成为城市的个性与道德，会让居民的生活更加健康与充实，会使社会更加和谐与稳定。因此，休闲空间的优化具有重要的社会意义。

7. 为旅游发展提供支撑的城市发展路径

旅游业的发展，较之与其他行业，有着鲜明的行业特征和发展个性。对临泽县来讲，旅游业的发展还是一个新鲜事物，对其规律的把握和顺应尚需一段时间。长期以来的农业发展思维定势和产业发展惯性，很难在较短的时间内得到改变。因此，区域旅游业的发展，是对一个地区新的产业发展布局的考量和产业发展创新的规划。在产业发展路径变化的过程中，临泽县旅游业的发展，尚存在一系列问题。

城市发展转型不够，不能与大丹霞旅游发展相匹配。目前，张掖丹霞的旅游发展已经不是一个景点和景区的问题，而是只有布局建设成为丹霞旅游目的地，才能够真正实现对丹霞旅游发展借力的目的。综观丹霞旅游的区位特征和临泽的发展条件，我们认为，距张掖丹霞核心旅游区最近的临泽县，完全有理由成为丹霞旅游目的地的重要接待性节点。但是，就目前来看，城市的这种旅游特色体现得不够，因为，一旦将临泽县城的建设纳入大丹霞旅游目的地建设的范畴，这将从根本上改变城市发展的方向。旅游发展的要求将使得临泽县城成为为丹霞旅游者提供服务的服务型城市，在这个链条上，将会有越来越多的经营者以旅游者所提供的购买力为对象。

旅游型城市的发展，要求城市主要发展为旅游者提供服务的新城市产业，这将会引起城市的全方位变革。随着大量旅游者的到来，为城市服务业的发展将提供更多的机会和空间。旅游服务型城市的建设，或者可通过城市改造的方式，或者采用新城市建设的方式以实现建设目的。城市服务性新区的建设花费时间长，投资巨大，需要土地、资金、人员全方位的配合，一些小的城市根本无法完成。虽然临泽县在规划建设城市新区，一方面其建设主要方向为满足本地居民的居住生活需要，另一方面新区建设的规模有限，其旅游服务的配套不完善，服务特色也不明显。虽然在大沙河南边已经规划了旅游服务的商贸区，但其建设难度很大。针对这些现状，最好的办法就是通过对旧城区的建设和改造来完成向旅游服务型城市的转型。

首先是完善和提升城市基本设施和条件。旅游服务是形象服务和形象吸引，要求城市建设和城市管理须将城市形象的突显放在重要位置。彻底改善城市卫生状况，形成干净整洁的城市环境。在传统城市居民恶习当中，对城市环境，特别是城市公共环境的忽视和践踏是一个重要表现。通过宣传引导，帮助城市居民形成正确的城市环境观念和形态，特别是能够明了城市环境卫生状况与城市旅游发展的密切关系。通过提供方便的垃圾台、垃圾箱、垃圾倾倒点及其他硬件设施等满足居民方便处理生活垃圾，增加垃圾处理车辆和人员配备。通过行政罚款、单位人员责任区承包等方法来加强卫生环境的强制性约束与管理。卫生环境观念是一种生活习惯，须根除不良卫生环境态度，需要长期的努力，需要城市居民个人素质的提升，也需要干净整洁的城市环境来约束，更需要强制性措施来威慑。卫生观念的培养是对生活态度和个人修养的改良，其性质可想而知。特别是在快速城市化的背景下，大量非城市居民进城工作和生活，这更对城市卫生环境的提升带来挑战。因为城市卫生环境规则是城市文明的产物，它与乡村生活环境中的卫生要求有很大区别。人的进城不能代表生活习惯和思想观念的进城，这就是城市化条件下城市生活卫生环境质量难以快速提升的重要因素。基本设施中包括了旅游者需求的各种条件，城市发展的各个方面都应为旅游者提供便利。

其次应加强城市居民基本常识的教育，引导居民普遍形成正确的认识。城市中的每一个人都是旅游者眼中的风景，旅游型城市的建设就是要通过旅游业的发展来谋求社会的改良，这其中就包括通过对大量外来的旅游者的接待，让城市居民形成更加热情、包容、善良的道德意识，这就是社会民众改良思想的表现。

8. 旅游业的带动作用

大丹霞旅游目的地建设，将成为改变临泽城市发展路径的大事。利用临泽县距离黑河近的优越条件，打造河西走廊中部富有水乡风情的旅游地，在合理利用水资源的基础上，将水库水坝等蓄水地进行适当改建，以方便形成水环境，让这些地方成为旅游者宿营和户外活动的运动场所。强化枣乡风情，将红枣做成知名旅游商品。旅游纪念品和旅游商品是旅游开发中经济附加值非常可观的旅游资源。张掖市正在全力打造以"祁连玉"为主要内容的旅游纪念品，规划建设的"玉水苑"旅游纪念品营销基地已经初具规模。作为旅游纪念品销售中的主要对象，旅游者对玉的消费一直很有兴趣，因此，"玉水苑"的建成，以祁连山的玉石为主要内容来调动旅游者旅游纪念品的消费动力，这就是非常成功的旅游营销。在扩大张掖丹霞旅游知名度和影响力的前提下，吸引丹霞旅游者消费富有地方特色的祁连美玉，祁连山独一无二的丹霞景观将与祁连山质量上乘的玉石合二为一，会成为成功的旅游发展模式。以上分析的张掖市将丹霞旅游与祁连山玉石捆绑营销的思路将为临泽县如何进行红枣旅游商品化提供直接经验。这里出产的"临泽红枣"口味独特，维生素等人体必需的元素含量丰富，整体品质上乘，产量较大，种植集中，使临泽县成为名副其实的"中国枣乡"。虽然临泽红枣质量和数量都非常可观，但长期以来都是分散式种植和分散经营，未能形成规模效益。特别是本地化的红枣深加工能力有限，红枣加工和营销过程中创新不足。许多当地红枣被运输到外地进行销售，使临泽县在一定程度上只是红枣的种植基地。生产和市场能力有限，导致红枣种植加工生产的效益有限。张掖丹霞旅游的发展，大批国内外旅游者到访临泽，为临泽优质红枣成为知名旅游商品、"旅游土特产"创造了良机。临泽县可以借鉴张掖"玉水苑"建设开发的经验，打造与丹霞旅游一体化，与大丹霞旅游目的地建设相配套的红枣系列产品的专业化营销基地。与玉石等收藏玩赏性旅游纪念物不同，红枣旅游土特产的消费属于日常型消费，其价格有限但消费量巨大，具有良好的市场前景。临泽县需要通过市场竞争力的整合，形成专门针对张掖丹霞旅游者的红枣品牌。只有统一性的、适销对路的品牌，才能形成旅游者感兴趣的旅游商品。比如，在政府引导下，可以注册"丹霞"牌的红枣系列产品品牌。通过"丹霞"红枣品牌来整合整个临泽县的红枣种植、生产和加工营销，这样既可以形成规模效应，又能够实现产品质量、市场途径、金融融资等管理的一体化。可以建设专门性的红枣销售基地，将红枣销售延伸到田间地头、生产车间。让丹霞旅游者可以参观现代化大型的红枣种植基地，参观的过程同样就是红枣生态科普的过程；参观现代化新型枣产品的加工流水线，在学习生产科学的同时，让旅游者对临泽红枣系列产品满怀信心，在此基础上，进一步鼓励旅游者的消费，这样就可以获得成功。要将红枣的保健价值科学化，通过发派传单、科普知识讲解、专家答疑等过程让旅游者对临泽红枣的保健价值有更加全面的了解，这样才能牢固树立消费者购买的信心。要根据市场需要和消费者消费习惯和心理的发展，多样化地实现红枣系列产品的生产。全国红枣系列产品已经多样化，临泽县应在做出广泛深入的市场调研后，有针对性地进行多样化生产，主要应突出临泽红枣特殊的地方性，对其自然、生态、环境、绿色、安全认证、科学指标、保健营养价值等进行市场宣传，让旅游者确信临泽红枣是最好的。将丹霞旅游与红枣旅游商品的开发结合起来，通过"枣乡临泽"风情建设，使临泽县融入大丹霞旅游目的地，是临泽县旅游发展的捷径。

三 平遥古城旅游可持续发展

（一）平遥古城概况[①]

平遥古城位于山西省中部平遥县内，是一座具有 2700 多年历史的文化名城。平遥古城是中国汉民族城市在明清时期的杰出范例，在

---

① 2012 年 7 月，作者赴山西省平遥古城考察旅游发展问题。

中国历史的发展中，为人们展示了一幅非同寻常的汉族文化、社会、经济及宗教发展的完整画卷。山西平遥与同为第二批国家历史文化名城的四川阆中、云南丽江、安徽歙县并称为保存最为完好的四大古城，也是中国以整座古城申报世界文化遗产获得成功的两座古县城之一（另一座为丽江古城）。

平遥旧称古陶，明朝初年，为防御外族南扰，始建城墙，洪武三年（1370）在旧墙垣基础上重筑扩修，并全面包砖。以后景泰、正德、嘉靖、隆庆和万历各代进行过十次的补修和修葺，更新城楼，增设敌台。康熙四十三年（1703）因皇帝西巡路经平遥，而筑了四面大城楼，使城池更加壮观。平遥城墙总周长为 6163 米，墙高约 12 米，把面积约 2.25 平方公里的平遥县城一隔为两个风格迥异的世界。城墙以内街道、铺面、市楼保留明清形制；城墙以外称新城。这是一座古代与现代建筑各成一体、交相辉映、令人遐思不已的佳地。2009年，平遥古城成为世界纪录协会中国现存最完整的古代县城。平遥古城现已成为国家 AAAAA 级旅游景点。①

（二）平遥古城的特点及旅游发展路径

古城镇旅游是国内重要的旅游活动类型。虽然作为文明古国的中国，古城镇曾广为分布，但时至今日，能够专门性作为古城镇对象的旅游地已不多见。在国内为数不多的古城镇当中，平遥古城是最具特色的。作为世界文化遗产的平遥，一直以来是国内旅游的重镇。特别是在获得世界文化遗产殊荣之后，平遥古城一度成为国内炙手可热的旅游目的地。

1. 古代"县城"遗址代表

平遥古城是中国保存最好的能够反映封建社会"县城"面貌的古城镇，因其完整地保存了众多历史的印迹而成为中国不可多得的旅游目的地。平遥古城是建筑的荟萃，是文化的结晶，是历史的见证物。平遥古城因其相对保留完好的古建筑而令旅游者震撼，完好的城

---

① http：//baike. haosou. com/doc/2441383 - 2580773. html。

墙系统、布局整齐的城中功能性建筑、精致的风水讲究、错落有致的礼制等级性建筑、各类建筑小品、科学的排水系统和防火设施等，都是研究中国传统古城镇建筑及布局的活化石。面对传统古城镇的刻意建筑讲究，会激发旅游者对中国传统古城镇浓厚的兴趣。特别是在现代城市化快速发展的背景下，真正意义上的古城镇少之又少，加之各地人造景观性质的古城镇的增多，旅游者会对平遥古城形成真正意义上纯粹中国古城镇的旅游意象。

2. 传统文化的结晶

平遥古城是传统文化的结晶，在其建筑文化的背后，是一个传统中国社会浓缩文化的舞台。平遥古城是明清县署所在地，是军事重镇，也是区域商业和金融中心，它的发展见证和诉说着长时期的历史变迁，成为一本立起来的活的百科全书。平遥古城的一草一木，一砖一瓦，一河一街都充满了文化故事。这正是平遥古城这样的古城镇的宝贵之处，因为它的文化传承和脉络是延续的，不像其他现代化都市，虽然可能存在着零星的城镇化遗存，但其根本上的文化因子却是不连贯的。平遥古城因为完好地保存了文化场景，能够给予广大旅游者生动的古城镇文化体验，同时，这种体验具有一定的唯一性，因此，平遥古城旅游开发的重点就在于对古城镇文化的强化。

3. 多元化的旅游意象

平遥古城是中国古城镇旅游发展的代表，其可持续发展路径的探索有益于此类旅游地的科学化发展。平遥古城的主要意象包括：气势宏伟、结构完整的城墙城防体系，特别是其对敌防御体系是旅游者体验古代城池军事防御体系的不可多得的实物，可与西安的明城墙媲美；在古城镇规划建设过程中，中国传统的风水术是其基本的理论指导。因多种原因，近代以来的中国城建理论未能发展成为西方现代化城市规划建设的理论，而长期以来指导中国古代城市规划和建设的理论就是风水术，在一定程度上风水师充当着城市规划师的角色。平遥古城作为区域县署所在地，其规划建设同样受到风水术的操纵。风水术是在长期的实践经验总结的基础上，结合诸多心理暗示手段而形成的中国式空间布局理论。其先验性理论可能被视为所谓非科学，或者甚至是骇人听闻的，但其合理性与超前性的一面一直未能被否定。风水术作为中国特殊的传统文化，对中国社会有着深刻的影响，这种理念同时有着广泛的民众基础。因此，从这个角度来讲，在以平遥古城为代表的古城镇的旅游开发中，一定要做足传统风水文化的文章；在平遥古城的各类建筑中，能够反映出封建社会文化生态的各类建筑是其旅游开发利用的关键，特别是能够体现传统县衙、县署文化的建筑更应该成为旅游者了解和欣赏的对象。县衙旧址保护得相当完整，大户宅院、当铺、布局特别的街道、普通民众的住宅院落、娱乐场所、教育教学基地、其他生活场所等，大都能够较好地表现在古城内部。因此，旅游者穿行于平遥古城，则能产生一种恍若隔世的穿越感觉，就是因为这种浓郁的建筑文化风情。平遥古城保护开发利用的成功之处就在于这种令人惊艳的文化生态场景，这也成了古城旅游开发的关键。

4. 体验性项目的开发

综上所述，我们可以看出，平遥古城旅游可持续发展成功的关键就在于针对古城文化的各类活动的驱动以及对古城文化形象的强化。活动驱动指的是平遥古城应该在旅游开发过程中，通过能够表现古城的活动来进一步增强旅游者的现场感与时空穿越感，从而达到提升古城旅游价值的目的。平遥古城是体量庞大的单体型旅游对象，大量旅游者慕名集中到古城内部，古城本身就成为旅游者活动场所的载体。在这样一个旅游空间内，只有通过大量的客观性和参与性项目和活动才能进一步激发旅游者的情感。

在这里旅游者的行为分为两个阶段。第一阶段是平遥古城能够凭借其名声吸引大量的旅游者。旅游者来到平遥古城才是第一阶段。而在古城内如何完成旅游活动则会对古城旅游开发效益的发挥起到重要作用。只有利用古城内部各种旅游活动为旅游者创造更多的可参与性机会，才能一方面让旅游者获得最佳的旅游经历，另一方面使得其旅游支出增加。特别值得指出的是，后者对平遥古城的旅游可持续发展能够起到更为重要的作用。通过系列节庆活动及各种复古表演，将表演活动日常化，都是加强活动的具体方式。如目前上演的大型实景剧《又见平遥》就能够较好地满足旅游者的需要。① 在活动的具体设计方式上，进一步凸显古城氛围。古城镇可持续发展的基础是古城的保护。只有加强对旅游资源自身的保护才能获得长远的发展，更何况还是被公认为人类文化代表的世界文化遗产地。平遥古城的旅游交通道路体系、旅游基础设施建设、社区居民生活环境的改造提升、公共化管理机构运营、旅游方案的落实、古城周边环境的优化提升等都应当以能够最大限度保护和完善古城为出发点。只有这样，才能保护平遥古城旅游可持续发展，否则，不良的旅游发展开发将对遗产带来灾难。

四　乾陵帝王陵墓旅游可持续发展

（一）帝王陵墓旅游资源的特殊性

帝王陵墓历来都是非常稀缺的旅游资源。从世界范围来看，许多国家的帝王陵墓已经成为该国标志性的旅游景点，如驰名世界的埃及金字塔。在数千年的人类文明进程中，帝王是一个特别的旅游符号，与其相关的许多事物都能对人们产生特别的吸引力。在帝王权力与通过厚葬来彰显和巩固权力的思想指导下，埋葬帝王死后遗体的陵墓自然就成为这些吸引力中的关键。因为帝王文化的稀缺性，对其保护就显得非常重要。加强对此类文化的保护自然就成为许多国家共同的文化遗产政策。在联合国教科文组织公布的世界文化遗产名录中，有许多就是以帝王陵墓纪念地的形式申报成功的。一方面，著名的帝王陵墓成了旅游热点，而一方面这些文化遗产又面临着严格的文物保护措施，在开发与保护之间如何能达到平衡，就成为帝王陵墓类旅游资源发展的关键。作为重要的文物，国家对帝王陵墓实施严格的保护政策是非常有必要的。

中国是世界上帝王陵墓资源大国，这是因为一方面中国漫长的帝

---

① http: //baike. haosou. com/doc/5405421 - 5643195. html。

王时代造就了众多的陵墓，另一方面重视对帝王陵墓的历代建设和厚葬，就成为中国大地上特殊的遗产景观。虽然绝大多数的帝王陵墓内部在长远的历史中被盗掘一空，但这丝毫也不影响帝王陵墓本身作为文化遗产和文物的价值。帝王陵墓是一个时代的见证和标志，无论其是否还有文物出土，其所在地、空间布局、外在形象等都是不可替代的文化遗产，是珍贵的文物。帝王陵墓类旅游开发属于典型的文化类旅游开发行为。随着国内旅游的发展，旅游者逐渐钟情于文化旅游已成定势。因为帝王陵墓所承载的特殊文化元素，所以对帝王陵墓的旅游开发将是一个重要的旅游发展方向。帝王陵墓的可持续发展，就在于协调好文物保护与旅游开发之间的关系。通过旅游发展的形式使帝王陵墓的保护获得可持续的资源，而不是只让帝王陵墓变成荒凉的乱草堆。

"陕西的黄土埋皇上"，这句老百姓耳熟能详的俗语准确地说出了陕西帝王陵墓类旅游资源众多的现象。周、秦、汉、唐等十三朝建都于关中，再加之关中地区历来被认为是"风水宝地"，因此，在陕西，特别是关中地区集中分布了大量的帝王陵墓，是名副其实的"关中帝王谷"。这些帝王陵墓虽然饱经千年风霜，但它们所讲述的故事却是鲜活生动，甚至惊心动魄的。在陕西众多的帝王陵墓类旅游资源中，目前真正用于旅游开发者并不多，其主要原因是资源过于集中而同质性过强。虽然从文化要素和文物价值角度来看，每一个帝王陵墓都是独一无二的，但旅游开发则要考虑资源本身和市场、区位、影响力、受众、空间等方面的内容。所以，到目前为止，帝王陵墓中开发比较成熟的就是黄帝陵、秦始皇陵兵马俑、汉阳陵博物馆、唐太宗昭陵和唐高宗与武则天的合葬陵乾陵等。从陕西各地的旅游开发来看，针对帝王陵墓的旅游开发将进一步展开。同时，陕西因为拥有众多的帝王陵墓遗址而面临的文物保护压力非常大。如何更好地保护这些遗产，使遗产的利用能够可持续化，是考验陕西文物保护和资源利用的大难题。因此，有必要从旅游可持续发展的角度来分析陕西帝王陵墓保护利用现状、问题及对策。

（二）乾陵在陕西的旅游意义①

1. 女皇的唯一性

在陕西众多的帝陵中，乾陵是非常有特色的一处旅游资源。首先，它具有强烈的文化吸引力。由于乾陵是中国唯一一位女皇——武则天的陵寝，因此被赋予了格外的旅游魅力。乾陵位于陕西省西北部的乾县县城以北的梁山上，是唐高宗李治与大周皇帝武则天的合葬陵墓，也是中国唯一一处两位皇帝同地埋葬的帝陵。由此可见，乾陵的最大特色就是与颇具争议的历史名人武则天联系在一起。因为武则天文化的无法代替和无法复制，以及武则天历史文化中扑朔迷离的故事，都深深地吸引着中国人，这也为乾陵成为中国知名旅游目的地的核心要素。

2. 均衡省域旅游发展

对陕西旅游发展来讲，乾陵的发展对陕西旅游的平衡发展关系甚大。可以讲，秦始皇陵兵马俑是陕西东线旅游的明珠，而黄帝陵则是北线旅游的重要对象，对于陕西旅游中发展得比较缓慢的西线旅游市场，乾陵无疑是举足轻重的。西线旅游的三大景区分别是宝鸡地区的太白山、法门寺和咸阳的乾陵，分别是自然景观、宗教朝拜和文化探秘这三种类型的旅游对象。与东线和北线相比，西线旅游一直热不起来，其原因是众多的，但是对景点的深化提升不够则是关键。针对这个问题，陕西西线旅游中的太白山和法门寺最近几年都有了很大发展，投巨资改善环境，建设新的景点，进行营销宣传，提升旅游基础设施，很明显，取得了很大的进展。但据在乾陵景点及周边的现场考察来看，乾陵的旅游发展显然是落后了。陕西西线旅游的发展事关全省旅游发展质量提升的关键，对拉动整个陕西旅游市场，扩大旅游开发空间，提升旅游竞争力都是非常重要的。随着旅游发展大区域一体化特性的增加，乾陵旅游发展将在很大程度上刺激宝鸡市的旅游发展，从而带动整个陕西旅游中的西部较冷市场。

---

① 2015年2月，作者专程赴陕西省乾县考察乾陵旅游可持续发展问题。

（三）乾陵的旅游资源特色

面对乾陵文化遗产的保护和旅游开发，我们必须要对乾陵及其周边地区所拥有的文化资源有清晰的了解和深刻的认知。旅游发展的基础就是资源的自然和文化本底，对文化内涵的错解或轻视都可能导致旅游发展主题背离文化特色，此类失败的案例在国内非常多见。只有完整地把握了旅游开发地的文化内涵，才能够根据资源特征和市场需求动态来找到最合适的旅游文化表达。旅游发展的基础应建立在对资源本身的客观分析之上，特别是这种分析的方向应当是以旅游开发的效益作为目标。国内许多地方旅游规划及旅游开发建设千篇一律，因而丧失特色的主要原因就是对地方性文化的挖掘不够。可持续性旅游发展的前提就是对持续性文化资源的考量。很显然，乾陵地区的旅游文化资源是多元的。

1. 神秘的帝陵文化

古代帝陵就是乾陵最基本的文化需求。从"不树不封"到"堆土为陵"，再到后来的"依山为陵"，古代帝王陵墓的思想及建制经历了漫长的发展过程。在"事生事死"观念之下，帝王陵墓的厚葬习俗保留了下来，并将陵墓的建设与王国的统治联系在一起，与中国社会文化中厚祭祀之传统融为一体，形成了富有中国特色的陵墓文化。在封建集权的政治统治理念下，被神化了的帝王死后仍然应该在另一个世界拥有同等尊荣的生活享受和权威，在这种表象下，其实质还是为了保证现世王权地位能够延续。乾陵的修建是依山为陵的典型。从唐太宗李世民开创依山为陵的建制之后，这一形式几乎成了以后历代仿效的标准。与堆土为陵相比，依山为陵更能够表现帝王为天之骄子、独一无二的地位。高大的山河成了帝王统治和帝国鼎盛的象征。高大的梁山自北向南延伸，一山三顶的神奇造型更是满足了帝陵的需要。在梁山顶上俯视周围大地，山河村落尽收眼底，居高临下而不可一世。这种气势正是古代帝陵所追求的理想心理感觉。封建帝王是一个时代性的标志和文化符号，而帝王的长眠之地则带给人们太多的感想，旅游者会将自己对一个时代和一个帝王的许多看法都和一座陵墓结合在一起。李治为唐高宗，武则天为大周皇帝，这一时间段的历史云烟不能再一次上演，旅游者只能将当时的金戈铁马和恩怨情仇与这高大沧凉的乾陵联系在一起，而去追思那些让人魂萦梦绕的故事。所以，帝陵文化就是乾陵所应表达的旅游文化的核心，旅游规划与开发都应当围绕这一文化线索来展开。

2. 气宇轩昂的盛唐文化

盛唐气象是乾陵旅游文化的风格。乾陵所埋葬的两位帝王，高宗李治和皇帝武则天几乎成了盛唐时期的代表。盛唐就是中华民族引以为自豪的文化时期，开放包容、富裕进取的盛唐一直是后世津津乐道的历史时代。虽然历代对帝王陵墓的修建都不惜倾其所有，但陵墓的建设在气势和规模上还是有差别的。总体来看，陵墓的建设水平能够反映出一个时期的社会发展状况。从这个意义上来讲，气势雄宏的乾陵就足以反映盛唐文化背景，因此乾陵旅游格外吸引旅游者。特别是在未来乾陵旅游辐射区的建设中，一定要将盛唐文化的表达作为主要的文化内涵，使旅游者通过对乾陵的旅游能够真正体验一个让人自信而神往的特殊时代。对盛唐文化的旅游体验虽然是多方面的，比如在西安市就有许多的文化遗存，但是通过对盛唐帝王陵墓的旅游，则能从另一个更为深刻的角度去感悟历史与现实。许多旅游者爬到梁山顶时，面对陵墓所营造出的特殊空间都会不由自主地感叹武则天，感叹昔日的大唐帝国，这种能够激发旅游者内心深刻感悟的旅游行为是应该提倡的。

3. 帝王文化

魅力非凡的帝王文化，尤其是与中国历史上唯一的女皇帝武则天联系在一起，更是帝王文化的翘楚。帝王是一个时期的标志，帝王身后所承载的丰富的文化内容一直是吸引旅游者的核心元素。这一文化是稀缺的，固而具有不可替代的旅游价值。乾陵最为吸引人的地方就是一代女皇武则天的文化元素，这种文化的张力使许多旅游者都不会关注另外一位皇帝，即大唐的第三位君主，唐高宗李治。从大众娱乐文化的角度来看，现代传媒和影视的发展，更使帝王文化进入了千家万户，虽然这种文化传播在很大程度上具有戏说的成分，真正的历史价值并不高，但这丝毫也不影响旅游者对帝王文化的热衷。在《武媚娘传奇》《神探狄仁杰》《武则天》等影视剧的影响下，旅游者对武则天这位特别的历史人物产生了浓厚的兴趣，而乾陵旅游则能够对武则天文化进行集中注解。因此，乾陵旅游发展不妨围绕武则天大做文章。李治、武则天，甚至李世民、李旦、李显这些唐代的帝王，都与乾陵有着一定的关系。这些帝王身后的文治武功、恩怨情仇，都成为百姓的谈资，将这种人们耳熟能详的故事通过旅游开发的形式加以表现和强化，使帝王文化真正成为旅游吸引力和旅游开发的动力，是乾陵旅游获得可持续发展的基础。宫廷文化也就是帝王文化的延伸，一般旅游者大都对宫廷文化有着强烈的好奇心，特别是最近几年来，各种形式的宫廷戏、影视剧，将宫廷生活演绎到了百姓的日常生活中，各种宫廷戏赚足了百姓的眼球。乾陵及周边陪葬的陵墓，就像一场异彩纷呈而惊心动魄的宫廷戏，武则天与章怀太子、懿德太子及永泰公主之间的恩怨故事，就如同宫廷戏中的场景。如果旅游开发能够从宫廷文化的角度来表达乾陵旅游，就足以激活帝王文化，让旅游者在肃穆庄严的帝王陵墓旅游中体验历史穿越的感觉，将会扩大乾陵旅游的带动力。

4. 神秘莫测的风水文化

风水文化属于中国神秘文化的范畴，它对中国人和社会的影响，许多方面都能等同于信仰化的宗教。在漫长的历史过程中，风水文化思想从发端到发展，从成熟到冷落，经历了一个长期的变迁过程，在这个过程中，这一现在看似荒唐的文化存在却一直如梦魇一般纠缠着中国人，以前的可以不谈，而当下的中国，风水文化复兴之风是明显的。不确定性社会因素的增加让更多的人将前途与命运和风水的吉凶结合起来。社会物质文明的进步并没有使风水文化退出历史舞台，反而大有浓墨重彩的表演之势，可能这种类似精神崇拜的准宗教信仰有着顽强的生命力。乾陵当然是古代风水文化的杰作。当风水的吉凶观与帝王权力的千秋伟业结合起来时，帝王陵墓就成了利用风水术来精心挑选和精心营造的风水典范。在这种大地崇拜观念下形成的风水文化，其核心就是将人类社会与个人的吉凶与大地的性格联系在一起，于是风水术就成了精心布置大地的方位、高低、山川、大小、长短、阴阳、五行的游戏。乾陵中蕴含着诉说不尽的风水文化，如袁天罡、李淳风等知名的风水人物，如果再将当地各种风水应验及故事传说结合起来，就会成为一部现身说法的风水术教材。神秘的风水文化对旅游者有着持久的吸引力，再加之乾陵典型的风水文化表达，使风水文化旅游成为乾陵旅游的重中之重。因此，在乾陵旅游进一步开发过程中，应将对乾陵地区的风水表达的解说作为亮点，这样既满足了旅游者对风水文化的兴趣，又使其获得了风水现场的体验。从根本上看，表面神秘的中国风水，其实质是追求自然规律的天人合一。天人合一的思想同样是旅游地可持续发展的纲领。在乾陵的保护与旅游开发过程中，如果能够融合天人合一的理念，则会达到可持续旅游发展的目标。如果离开风水文化是很难理解乾陵的选址及营造的。

5. 令人惊悚的盗墓文化

盗墓行为几乎伴随着陵墓建设同时出现的。因为对财富的追求或因仇恨，历史上帝王陵墓或富人、名人的坟墓几乎被盗掘一空。厚葬之风的弥漫使大量金银财宝成为陪葬品，而随着时间的推移，坟墓中许多当时的生活用品也成了价格高昂的文物。于是，向坟墓或陵墓发财成为盗墓者的致富之路。盗墓文化是人类社会中的特殊文化现象，与风水文化一样，对旅游者会形成强烈的吸引力。尤其是近年来各种盗墓类小说的畅销，在年轻人当中形成了对盗墓文化的广泛兴趣。《鬼吹灯》《盗墓笔记》等所营造的惊悚场面，无不吸引着旅游者。虽然可以肯定的是，乾陵是国内唯一没有被盗掘的帝王陵墓，但历史上乾陵先后遭受过数次大规模的盗掘，幸运的是盗墓者未曾得手，这更为乾陵增添了许多扑朔迷离的神秘感。通过诸如盗墓博物馆的建设等方式，可以为旅游者介绍整个盗墓文化，以乾陵为线索，将历史上发生的知名盗墓事件进行解说，能够满足旅游者的兴趣。帝王陵墓的建设就是反盗墓的过程，机关算尽的努力都是想让沉睡于地下的帝王能够得到永久的安息，然而，无情的盗墓历史则说明，这种想法是多么幼稚。历经多次大规模盗墓的乾陵居然保存了下来，于是它便成为更多的人想挖开它一探究竟的理由。在国家文物保护的政策规定下，乾陵暂时是安全的。但历史的未来谁能够预知。盗墓文化给我们带来了许多启示，也使我们更加珍视对文物的保护。

6. 神奇独特的地理环境

如果说文化就是人的改造和发展过程，那么像梁山这样的经过人们认知和改造的对象，则无疑是文化的产物。梁山的地理环境是独特的。正是因为这种特殊的地理环境，才在风水术的严苛要求下成为乾陵所在地。因此，对到访乾陵的旅游者而言，对这一方水土的认知也应当包含在旅游过程中。任何旅游资源的形成都离不开相应的自然环境，而对自然环境的了解就成为旅游者活动的必要对象。卓尔不群的梁山突兀地耸立于平原之上，虽然海拔不高，但因为四周都为平原而显得风格高调。位于黄土高原地貌下关中平原上的梁山，其山体都是坚硬的花岗岩。正是这种独特的地质构造，才使得乾陵在一千多年的盗墓中巍然不动。旅游者应当了解梁山及其周边的地理环境，包括黄土、岩石、水系、植被、空气、温度、地质构造、地形、地貌等具体的地理指标，正是这些具体的地理内容才成就了乾陵千年的特殊文化。所以，在乾陵的旅游开发中，应当有就地理环境展开的专门性解说。一方水土养一方文化，乾陵所在地的乾州文化的发生一定也与这一地区的地理环境有着密切的关系。对于文化探源，文化寻秘性质的深度旅游者来讲，这些地理环境文化也是他们应当了解和深刻体会的。比如，曾经在20多年的陵墓修建过程中，形成了严格的帝陵体制，从建设到管理，从穴道到护陵城、城门、阙、廊等建造都是和具体的地理环境融为一体的。从一定意义上讲，古代传统风水术也就是朴素的地理环境科学，风水理念对帝陵的干预也就是地理环境科学在乾陵建造中的应用。由此可知，乾陵别具一格的地理环境文化如果运用得当，就可以成为非常有价值的旅游资源，能够扩大乾陵旅游开发的内涵，丰富旅游类型，吸引更多的旅游者。

7. 彼此相连的社区文化

乾陵在发展过程中，周边及陵墓核心区形成了一定规模的居民和社区。旅游开发不得不正视这些与乾陵旅游发展利益休戚与共的社区文化。同时，这些社区文化已经成为乾陵旅游的一部分，成为旅游者在乾陵旅游的重要感知对象。社区文化是指旅游景区内部及周边地区民众的日常生活文化，因为社区文化与旅游景区联系在一起，因此社区文化就成为旅游景区资源的一部分。有些旅游景区是以社区文化为核心的，如乡村旅游、古城镇旅游等社区文化就是旅游的主要对象。社区文化就成了这些景区中最生动的景观。而有些社区文化则是整体旅游资源的点缀。如国内部分森林旅游景区，居住在景区内的民众所形成的文化虽不是景区的核心，但其也是旅游者欣赏的对象。乾陵旅游区内居住着数十户当地居民，有些居民居住点就在核心保护区内，如何协调社区居民与旅游者之间的关系是保护区管理者思考的问题。可持续旅游发展认为，旅游发展的过程就是不断实现对社区民众经济扶持和伦理关怀的过程。让社区民众参与当地旅游的发展，让旅游者了解社区文化，实现双方的融合，才能真正实现可持续发展。而中国目前广泛实行的强力拆迁社区居住点的措施的确带来了许多社会发展的隐患。乾陵的社区文化伴随着旅游的发展而变迁，可以想到，世代居住于此地的居民与乾陵之间的文化关系，会随着旅游者的大量进入而发生变化。在乾陵旅游开发中，不应当阻止社区文化的发展，而应当通过引导使社区文化为旅游发展所利用，通过社区民众利用自身资源进入旅游开发系统的方式让社区民众获得利益，从而将社区文化与旅游发展融合为一体。乾陵核心保护区内的许多土地还是农民的麦田、果园和菜地，随着保护的深入和旅游的进一步发展，应该考虑社区民众可持续的生活来源如何解决的问题。只有让社区民众更多地在旅游发展中获利，才能有效地利用和保护社区文化。

8. 历史悠久的乾州文化

乾陵与乾县县城天然地结合在一起，乾县县城所在地一定是旅游者光临的目的地。因此，独具特色的乾州文化同样是乾陵旅游文化的一部分。虽然旅游者主要的旅游动机是对乾陵旅游文化的体验，但大区域内的旅游文化是旅游者必须面对的文化内容，因为这种文化深刻地影响着乾陵的旅游过程。乾县，古称乾州，是古丝绸之路上的重要城市。作为旅游资源的乾州文化主要包括悠久的历史沿革和变迁，乾陵的修建与乾州发展的关系，地方名人文化，各种故事传说，历史重要事件的发生，龟形县城布局的演变，目前县城内留有的寺庙等文化资源，在这里能为旅游者普遍感受到的则是被称为"乾州四宝"的旅游产品。锅盔、挂面、馇酥和豆腐脑这四样深受广大民众喜欢的特色小吃，因为满足了旅游者吃和购的兴趣，而成为著名的旅游商品。乾县围绕乾陵旅游对以"乾州四宝"为主的旅游产品进行了开发，从生产、加工、选材，到包装、宣传营销都进行了成熟的市场化操作。"乾州四宝"的运作，为当地百姓带来了不错的利益。有些店铺将产品的制作表现在旅游场景中，为旅游者营造了浓厚的文化氛围。区域文化更多的是一种旅游感知，文化区内人们的语言、表情、行为、服饰、习俗等都会成为旅游者眼中的文化景观。大乾陵旅游区的建设，势必包括乾县县城在内，而作为县城文化血脉的乾州文化，的确应当在旅游开发中大力应用。

以上八种文化资源，构成了乾陵地区旅游开发的文化基础。乾陵旅游开发的过程，应当是对这八种文化的利用过程。文化是旅游可持续开发的根本因素，一方面旅游开发地拥有特色鲜明的文化资源，另一方面，旅游开发者认识到这些文化的重要性并能在旅游发展中加以科学利用，文化对旅游发展的影响力才能够突显出来。乾陵很显然是一个多文化的荟萃之处，能够给予旅游者特别的文化感知，应将乾陵旅游区作为陕西重要的旅游文化区来建设，成为陕西乃至国内知名的文化旅游目的地。

（四）可持续发展路径

1. 核心区旅游发展

首先，乾陵文化保护核心区的旅游开发许多年来没有发生变化，当然，这不一定全是因为文物保护的要求。乾陵属于大遗址保护区，整个梁山所在的地区都是遗址的核心保护区。中国大遗址保护的共同问题就是如何协调遗址保护与在遗址内部生活、居住的民众的利益关系。乾陵大遗址区的保护同样面临着这样的问题。许多民众的生活区与遗产区混成一片，这的确为遗址内的保护带来了不便。但从现在来看，以往所实行的将遗址内居民全部外迁的做法一方面非常有难度，另一方面也是不合理的，因为遗址内的民众生活已经与遗址区合为一体，他们也成了遗址文化的一部分。乾陵核心区内的许多地方不适合目前旅游者的聚集，如山顶上的上山道路尚未修建，旅游者沿着自行践踏而成的土路或石道一直到山顶，道路陡峭，危险性极大。陵墓周边的开口较多，附近民众或知情的旅游者都可以免费进入，甚至笔者还看到有村民从北侧陡坡处将摩托车骑到梁山山顶上，这为旅游管理，特别是安全管理带来了极大的隐患，安全管理可谓漏洞百出。在景区内部出售简单旅游纪念品的绝大多数也是本地居民，除了个别店铺外，大多都将旅游纪念品放在地上席地出售。这对景区形象带来了不利影响。虽然在景区东侧有专门的纪念品商业街，但这种沿路席地设点的出售行为很常见，足以说明景区管理的混乱。

2. 文物保护

对六十一蕃臣石像等非常重要的文物没有进行有效保护，而是任由旅游者零距离接触，一方面存在损坏文物的可能，另一方面这种随意接触也降低了文物的神秘感。景区内各种解说系统严重缺乏，不利于旅游者对乾陵的客观理解。许多旅游者对乾陵的印象只是道听途说的各类传闻或电视剧的内容，而对现场丰富的自然及人文元素了解不多。特别是对此类文化内涵深厚的旅游对象，没有现代化解说系统的构建，旅游者很难独立形成对景区的合理认知。虽然景区内配有收取费用的导游，但许多旅游者还是选择了不消费这项服务。解说系统的构建应该从自然与文化两种渠道入手，通过现代技术手段对乾陵旅游进行全方位解说。旅游的过程，即是接受旅途教育的过程。可持续的旅游发展，应该将通过旅游活动来达到对民众的教化作为主要目标，这才是符合旅游伦理诉求的。现代旅游解说系统通过与高科技的结合，已经形成了类型多样、功能成熟的设备系统。通过引入这些解说设备，可以从整体上提升乾陵的旅游解说水平。

3. 社区利益

在核心区的旅游开发管理中，与当地社区民众的利益结合在一起，使管理的难度进一步增大。虽然和乾陵核心区有直接关系的居民人数并不多，但这些人的家就安在梁山上，世代生活在此地的民众伴随着乾陵保护和旅游的发展而形成了特殊的利益关系。社区民众对旅游者的心理非常了解，同时也养成了靠旅游、吃旅游的生活习惯。现代旅游发展中统一性的企业化管理可能对这些居民并不奏效，散漫自由的生活习性很难随着规范化的企业管理而改变，这就形成了核心景区在管理当中的尴尬。当地民众的许多不当行为会使旅游者产生乾陵旅游到底属于谁这样的疑问。由此分析可见，乾陵旅游发展停滞不前的原因之一就是较为复杂的社区关系。可持续旅游发展高度重视社区民众的利益。乾陵旅游发展中应重视对社区民众利益的关怀。复杂的社区关系不能成为旅游发展缓慢的理由，应通过现代企业化管理技术使当地民众能够尽快融入新一轮的旅游发展中，对他们进行培训，使他们掌握更多的旅游就业的技能，使他们的发展真正能与景区共荣共生。

4. 基础设施质量的提升

景区内部虽然旅游开发历史较长，但各类基础设施不够健全。作为全国第一批文物保护单位和首批 AAAA 级旅游景区，乾陵在陕西省内的旅游发展历史是较长的。但相配套的设施显然不够。就目前来看，核心区唯一的开发就是铺设了主景区道路，而其他基本设施，如饮水、垃圾桶、座椅、凉亭等都比较欠缺。这虽然与文物保护有关，但旅游开发应当在遵守文物保护有关规定的基础上为旅游者提供人性化的基础设施。从旅游活动的过程来看，旅游核心区还应当包括地处乾陵东侧的陪葬墓的旅游。为了配合乾陵考古以及文物保护和旅游开发的需要，章怀太子墓、懿德太子墓、永泰公主墓现已挖开，同时在这些墓穴附近还修建了模仿的唐陵地宫。这些景点与乾陵一起构成了大乾陵旅游区。陪葬墓的参观门票与主景区乾陵的门票是通票，但是因为售票点和票面上都没有提醒旅游者，很多人以为门票只是去乾陵主景区的旅游费用，这样一来，许多旅游者就错过了去陪葬墓的旅游，而这些挖开的陪葬墓的地宫则是乾陵旅游中非常精彩的部分。造成这种情形的原因还是核心区旅游解说与线路标识不清，含糊不明。景区内部旅游线路布局不合理，旅游者从主景区到陪葬墓区非常不方便。可见，景区内的统一开发尚未达到一致性的要求，开发管理随意性大，没有真正将为旅游者提供一站式的服务作为旅游管理的根本。

5. 县城与旅游景区的一体化发展

乾县县城目前的建设水平制约了乾陵旅游发展带动力的释放。乾陵的旅游发展对乾县县城地区来讲，本身就具备了得天独厚的条件。因为地理区位上的连续性，县城的发展自然与乾陵旅游区的发展融为一体。但从目前来看，落后的乾县县城区域的发展未能获得陵墓旅游区发展的效益。县城建设基础设施不能跟进，卫生状况堪忧，城区社会管理不力，居民旅游观念模糊，政府政策中对旅游发展重视不够。县城新区建设中的文化特色不明显，旅游设备设施不完善，未能形成有特色的旅游形象。总之，这种游离于乾陵旅游发展之外的县城文化发展很显然是不适合旅游发展的。

乾县县城建设的进一步提升路径应当是通过旅游目的地建设来将县城区域打造成旅游者体验乾州文化的乐园。县城旅游体验区的建设可以有效地扩大乾陵旅游区的发展范围，而旅游文化的植入可以从根本上改变乾县县城的发展路径，真正将旅游发展的动力引入县城区域，通过旅游来刺激和激活县城区域的社会经济发展，从而达到旅游发展和县城改造双赢的目的。在乾陵旅游目的地建设背景下的县城改造，一定是对乾州文化的张扬以及对旅游者利益的关怀。当然，县城改造的根本是改善当地县城居民的生活场所条件，进一步提升民众的生活幸福感。在这一过程中，如果能够重视旅游元素的植入，将乾县建设成为能够吸引旅游者的旅游县城，则可使县城改造获得新的可持续动力。一方面加大旅游住宿、交通、购物、娱乐等场所的建设和改造，另一方面积极将乾陵文化旅游内涵中在县城区域展示的成分表现出来，在文化吸引的前提下，将乾县建设成为旅游者愿意到访和停留的新型目的地，而不是像目前这样乾陵旅游者在游览完核心区之后，便匆匆奔赴下一个景点。正是因为县城本身的不作为，才坐失旅游者到访的机会。旅游化体验型县城的改造和建设，重在文化细节的表现上，将县城建设成为旅游者体验文化的梦幻之地，给予旅游者实地参与体验的机会，重视旅游者夜间娱乐场所和活动的开发，教育和引导民众改变对旅游者的一贯态度，通过真诚的热情和微笑为旅游者提供适合的服务，将县城建设成为一个供旅游者和当地民众共同登台表演的舞台。

　　旅游的可持续发展，就应当发挥对区域经济的带动和辐射作用。乾县县城在改造过程中，如果能够朝着旅游县城的方向发展，则能够将旅游的带动辐射之力扩大化，同时进一步提升整个旅游目的地的竞争力。树立大景区的县城社会发展观念，将县城经济发展与乾陵旅游一体化，整治周边环境，提升大景区的环境质量，让乾陵旅游转变成为乾县产业发展的重要部分，减少旅游发展中的漏损。从帝王陵墓类旅游资源的开发共性来看，虽然每一座帝王陵墓的文化价值是不可替代的，但在旅游者眼中，大多数帝王陵墓旅游对象之间则是相互同质的。因此，许多帝王陵墓类旅游开发必须依赖与周边景区的合作，以提升旅游吸引度。从陕西来讲，在遍地都是知名陵墓的关中平原，如何才能有效地对其加以旅游开发呢？遍地开花很显然是不可能的，只有通过陵墓与周边区域的合作和有重点有针对性的开发，才能避免无序竞争和对文物造成不必要的破坏。秦始皇陵兵马俑及周边的旅游开发已成体系，在陕西东线旅游中，兵马俑已非独立景点，而是东线串珠上的明珠。黄陵县黄帝陵虽然周边旅游开发有限，但头顶"人文始祖"桂冠再加之北有"红色胜地"延安，所以，黄帝陵旅游发展效益明显。李世民的昭陵与周边的袁家村整合，袁家村旺盛的人气也带动了昭陵旅游的发展。汉武帝的茂陵正是因为缺乏周边景点的支撑，旅游开发一直裹足不前。因此，乾陵应与乾县旅游及社会发展合为一体共同发展，取长补短。

五　古镇类旅游发展

（一）乔家大院概况①

　　乔家大院位于山西省祁县乔家堡村。乔家大院为全封闭式的城堡式建筑群，建筑面积4175平方米，分6个大院，20个小院，313间

---

① 2012年7月，作者赴山西省祁县乔家大院考察旅游发展。

房屋。大院三面临街，不与周围民居相连。外围是封闭的砖墙，高10 米有余，上层是女墙式的垛口，还有更楼，眺阁点缀其间，显得气势宏伟，威严高大。大门坐西朝东，上有高大的顶楼，中间城门洞式的门道，大门对面是砖雕百寿图照壁。大门以里，是一条石铺的东西走向的甬道，甬道两侧靠墙有护墙围台，甬道尽头是祖先祠堂，与大门遥遥相对，为庙堂式结构。北面三个大院，都是庑廊出檐大门，暗棂暗柱，三大开间，车轿出入绰绰有余，门外侧有拴马柱和上马石，从东往西数，依次为老院、西北院、书房院。所有院落都是正偏结构，正院主人居住，偏院则是客房佣人住室及灶房。在建筑上偏院较为低矮，房顶结构也大不相同，正院都为瓦房出檐，偏院则为方砖铺顶的平房，既表现了伦理上的尊卑有序，又显示了建筑上的层次感。大院有主楼四座，门楼、更楼、眺阁六座。各院房顶有走道相通，便于夜间巡更护院。综观全院布局严谨，设计精巧，俯视成"囍"字形，建筑考究，砖瓦磨合，精工细做，斗拱飞檐，彩饰金装，砖石木雕，工艺精湛，充分显示了中国劳动人民高超的建筑工艺水平，被专家学者誉为"北方民居建筑史上一颗璀璨的明珠"，因此素有"皇家有故宫，民宅看乔家"之说，誉满海内外。现属于国家5A 级景区，国家级文物保护单位。[1]

（二）乔家大院旅游可持续发展

大院民居类旅游资源一直是山西旅游资源开发的重点。乔家大院因电视剧《乔家大院》和电影《大红灯笼高高挂》而成为山西大院民居旅游的代表。后期开发的如王家大院、渠家大院等也较为成功。山西是地上文物大省，这些文物的具体表现主要就是遍布山西各地的古村、古镇和古城，而最为集中体现山西文化资源的就是名扬天下的大院。因此大院旅游开发的成功成为山西各地旅游可持续发展的关键。

山西是全国重要的能源基地，同时也必然成为生态环境问题最为

---

① http://baike.haosou.com/doc/5376890 - 5613017.html。

严重的地区之一。随着产业结构的调整，山西发展第三产业成为其产业转型的重要途径。前几年，山西省旅游"晋善晋美"口号的提出，以及企业与政府在旅游发展之中的努力都取得了一定的生态效应。环境友好型社会建设对山西省来说至关重要，而大力发展旅游业则是实现社会发展环境友好的重要举措。山西省旅游资源众多，古民居类资源最具特色。平遥古城是山西古城的代表，而乔家大院则是大院民居中的精华，大阳古镇也在一定程度上代表了山西古镇的发展状况。

晋商成就了乔家大院，也是传统封建社会治理成功模式的表现。从这个意义上看，乔家大院的旅游可持续发展则应依托建设硬件的基础上，只有解读了大院文化中的家族治理背景，才能够真正让旅游者理解表象后面的旅游内涵。乔家大院的物质性硬件管理相对简单，这是因为其社区关系相对单纯。而文物类建筑本身则是以往日常家居的空间，破损度小，修复也较容易。通过在乔家大院的旅游，让旅游者获得较多关于晋商文化的信息是很关键的。

1. 对文化的解读

晋商文化是一定区域、一个时代的标志性文化现象，只有通过旅游的方式让旅游者亲眼见证这一特殊的文化，通过各种讲解传播方式来传递这种文化意义，才能达到实现乔家大院旅游的目的。同样地，封建大家族的社会治理文化也是潜藏在乔家大院气势庞大的建筑群背后的文化内涵，同样需要旅游过程中的深入解读。乔家大院旅游开发的事例说明，对于此类旅游资源的利用，可持续发展的关键在于对文化的充分利用。一致认可的是，文化是旅游的根本，特别是对于文化类旅游对象来说，如何传递和解读文化内涵，就成为这类旅游可持续发展的关键。一方面，乔家大院就是一所文化博物馆，它最大的价值不在博物馆本身，而在博物馆所呈现的文化内容上。另一方面，对文化的解读又是一个沉重的话题。很多旅游者因为个人素质、生活经历与背景的原因，面对文化内涵丰富的旅游对象则可能会茫然无措，这种旅游经历并不能真正地激发他们的兴趣，从而产生情感的共鸣。另外，由于我们文化传递和解释手段的过于严肃，缺乏创意，不能运用多元化的、为旅游者所喜闻乐见的、容易接受的方式来对文化进行解读，这种对待文化的方式令旅游者产生厌烦，从而影响到文化传递的效率。可见，这类旅游地开发可持续行动中重要的一点就是积极改善旅游文化解说的手段和方式，与时俱进地满足旅游者的新需求。在旅游文化解说系统的构建中，应借鉴传播学的研究成果，同时参考国外成熟的经验和做法，通过多学科专家的共同研究以确立最终的旅游文化传播形式。但是，在旅游开发现实中常见的是，我们往往忽视了旅游文化解说系统构建的重要性，经常会存在盲目照抄照搬，文字解说内容太多，互动性不够，错别字等低级错误，专业性语言过于突出而忽视了解说的对象为一般旅游者，综合性感官利用不够，方式陈旧缺乏新意等问题普遍存在。随着旅游市场的进一步发展，旅游者对旅游文化经历重视程度的提高，旅游文化的解说手段和方式需进一步提升，以便符合可持续发展的需求。

2. 建立和谐的社区利益关系

山西省晋城市泽州县的大阳古镇①，在山西众多的古村镇中具有一定的代表性，历史上的大阳古镇人才辈出，产业发达，从这里走出了众多的历史知名人物，用人文焕然来形容这里曾经的文化气象是非常恰当的。这里也曾经是区域性经济中心，经济发展水平一度相当发达。特殊的历史背景为大阳古镇留下了丰富的历史遗存，难能可贵的是，时至今日，大多数的历史遗存完好地保留了下来。古镇传统的空间格局清晰可见，深宅大院诉说着幽幽往事，佛寺道观的袅袅清音穿越了数千年的时空，苍松古柏见证着历史的苍茫变迁，一砖一瓦都成为诉说的精灵。

大阳古镇成为晋南地区历史文化的明珠，同时，时代的发展将其推到了何去何从的风口浪尖上。在现代社会快速发展的大背景下，大阳古镇只能成为人们欣赏文化的对象，而其居住和生产功能却日渐衰退。因此，通过政府与旅游规划部门的协调和科学论证，决定将大阳古镇开发成为晋南地区的古村镇旅游目的地，通过旅游产业的注入来

————

① 2006年9月，作者曾随同西安外国语大学旅游规划中心专家组赴山西省晋城市泽川县的大阳古镇考察旅游规划事宜，并参与完成了《大阳古镇旅游发展总体规划》。

激活大阳古镇的社区社会及文化活力，从而实现古镇新的历史性飞跃。我们认为，对于大阳古镇这样的历史文化资源丰富且保存完好的古村镇，只有通过旅游开发的方式来实现古镇文化的发展，才是非常合理的产业发展思路。否则，维持现状或盲目拆迁都不符合此类大范围、广空间的古镇社会的发展。对于此类旅游对象，其可持续发展的关键就在于旅游发展和社区民众利益关系的融合。

大阳古镇内部目前居民居住者众多，古镇旅游发展过程中势必会对社区民众利益加以重置。从众多旅游发展的案例来看，只有从根本上协调好旅游发展与社区居民的利益关系，才能使这类旅游地走上可持续发展的道路。大量居民生活的现实是中国许多旅游景区的主要特征，大阳古镇同样存在这种问题。在长期解决旅游发展与社区居民矛盾的过程中，旅游开发者积累了许多成功的经验，许多景区利用这些办法真正能够将不同利益者的关系协调好，达到了共生共荣的理想状态。大阳古镇通过发展旅游业来改善经济社会环境已经成为各级政府的共识，也得到了大多数民众的支持。在旅游发展过程中，能够重视民众利益，本着长远发展的理念协调社区关系，才能保证大阳古镇旅游的可持续发展。

六　周至县沙沙河水街旅游发展[①]

周至县沙沙河水街是一个集市民休闲、亲水体验、儿童娱乐、生态旅游于一体的大型综合类主题公园，也被称为国内首家立体水景、互动式滨河生态主题公园。[②]

（一）沙沙河水街旅游意象

陕西省西安市周至县的沙沙河水街通过对县城河道的处理而建成了知名旅游景区，实现了县城旅游发展的新创举。水街旅游的主要旅

---

　①　2014年10月，作者带领宝鸡文理学院历史文化与旅游系2013级文化产业管理专业学生赴陕西省周至县水街旅游区进行实地考察。

　②　http://baike.haosou.com/doc/7599004-7873099.html.

游意象首先是面积宏大的水面。虽然关中地区并不十分缺水，但像水街这样通过河道引水而成如此规模的流动性、阶梯型水面的人造景观还不多见。这种让人震撼的水景景观就足以吸引旅游者，使这里成为名副其实的"中国第一水街"。中国传统文化中就有"智者乐水"的比德之说，可见水与中国人关系的密切，亲近水面是人共有的天性。水街大面积水域的规划和便捷的亲水平台，各种围绕着水的活动的出现都很好地注解了水文化，特别是能够从现代人的视角去审视水文化，使水街成为旅游者亲水、爱水、体验水的知名旅游区

其次是浪漫生动的杨柳岸景观。在水街沿河树种的选择上，规划建设者不像一般景区的建设那样选择常绿树种或名贵植物，而几乎全是清一色的柳树。"杨柳岸，晓风残月"，柳树在中国传统文化中具有特殊的象征情感，"灞柳飞雪"中折柳相送表达了送别双方依依不舍的无奈之情。这种通过河边大面积栽植柳树的方式使水街在规模水面的基础上又形成了特色鲜明的规模植被景观。柳树三季常绿，依水垂柳风情万种，景观质感好，四季景观变化明显。春嫩、夏绿、秋黄、冬枯都是构成美景的重要素材。冬天落叶，一方面，此时正值旅游淡季，景观质量的缺憾可以降低；另一方面，四季分明的柳树景观表现出明显的岁月更替、斗转星移的时间表象。从水街旅游景观的主体来看，这种通过水面和临水柳树的布局规划的确是旅游规划的高妙所在，这种简单而景观感十足的风景成了水街旅游意象的代表，尤其是各种柳树的植入巧妙地提升了景观质感，并使旅游景观充满个性。

再次是绕河水街的乡土建筑景观。沙沙河在沿河商业带构建中没有附庸于现代都市化建筑和很多地方出现的不伦不类的所谓复古建筑和仿西方建筑，而是自然而然地将关中地区乡村社会常见的乡土建筑作为商业街的主要建筑。水街商业街建筑沿河两岸呈点状自然分布，其建筑主要采用生土、灰砖瓦、木材等建成传统关中乡村风情景观，在建筑中自然融入各种关中民俗文化，窗花、对联、房子半边盖的造型、砖雕工艺品、各种陈列摆设、地方形象的图片、小的挂件、旧的生产生活用具展示、关中八大怪等文化现象，通过这些文化小品的利用，在整体建筑的基础上，将文化商业街的细部进行文化内涵的表

述，特别是能够集中展示关中地方文化，这样处理的结果就使掩映在绿柳青水边的商业街成为地方文化保护和展示的露天博物馆，给旅游者创造了一个零距离接触关中地方文化的平台。

最后是商业地产与娱乐休闲商业区的开发。沙沙河水街景区的核心是水面、柳树景观与景区内仿关中民俗建筑的商业街所形成的景区组团，而在景区核心的周边地区，为了提升土地的利用价值，保证目前还是免费开放的景区能够发挥较好的商业效益，旅游规划者规划了各类旅游地产和休闲商业区。水街景区的主要投资者为周至县政府，旨在通过景区建设来改变区域形象，改善周至投资环境，创建良好的社会效益，这种投资主要包括景区的周边基础设施建设和景区核心区的打造。在栽好梧桐树之后，就要引得金凤凰来筑巢产卵。于是，景区周边的商业性开发通过政府招商引资的方式来实现，主要表现就是围绕景区主题所形成的旅游地产和休闲商业的开发，包括居住用商品房和别墅、酒店、会所、餐馆、茶室、文化创作基地、购物、办公等场所。这样一来，沙沙河水街就由单纯的旅游开发成为围绕旅游产业发展的产业群体，这使沙沙河水街获得了更为持久的发展动力。

（二）沙沙河水街的旅游发展

多元投资的进入，特别是商业化运作的展开，将会使水街由初期的政府形象工程性质的免费旅游观光景区发展成为注重市场规律和商业效益的经营性景区，这样对提高景区的经营管理质量，保证旅游的可持续性发展，都会产生积极的效益。因为商业性经营对效益的重视，未来水街可能会出现更为浓厚的商业化特征，这虽然在一定程度上有违水街规划的主题，但商业化作为一种不可逆转的趋势，只要通过科学的干预来达到顺势而为就可以避免其负面影响。沙沙河水街的发展过程，就是对县城环境社会可持续发展的积极探索。

沙沙河水街的所在地在建设之前是一处填埋城市垃圾的臭水沟，当城市体量扩张到水沟区域时，围绕这一县城发展薄弱区的争议便开始了。在斟酌多方意见和深度调研的基础上，周至县做出了将垃圾场所在区建造成为中国知名的以水为主体的城市旅游景区，借以带动周边产业的快速发展。现在看来，与其他常规性的发展思路相比，这种跳跃式的发展思路的确是可持续性的。虽然在景区建设过程中，政府进行了大量的投资。后期的管理也是对管理者能力的考验，但就其产生的拉动效应和对区域环境的改变来看，这种发展策略的确是功在当代而有利于子孙的可持续发展方略。水街的建设迎合了现代社会休闲、娱乐、旅游的需求，与目前社会发展的主导方向是一致的，这种先入为主的做法，将保证水街在区域旅游发展中独占鳌头。

在旅游设施完备和设施建设完善的基础上，水街在可持续发展过程中所面临的重要问题就是如何提升商业化效益，政府使用纳税人的钱对景区建设进行投资，同样需要解决成本回收问题。水街景区不收取门票，只有通过周边商业的税收和租金来满足回收成本的需求。当然，对政府而言，巨额投资的效益不能只看经济回收能力，景区建设对县城居民生活环境的改善及其对相关产业的拉动是一笔非常可观的收入，但对水街景区而言，如此巨额的投资如果不考虑商业回报则显然是不理性的。后期水街的可持续发展的关键是在继续做好中国第一水街宣传营销的同时，注重对其商业性的开发，针对市场需求及景区特征来进一步规划商业发展，以提高旅游者的消费支出，将景区及周边发展成为集行、住、娱、购于一体的综合性旅游商业区，只有这样，才能够充分发挥景区的拉动效应。

如果将甘肃省临泽县大沙河风景区与陕西省西安市周至县沙沙河水街风景区进行对比分析，我们就会发现不同环境和发展背景下可持续旅游发展的异同。从表面来看，两个风景区在规划建设中最为明显的区别就是对商业性的利用。临泽县大沙河到目前为止，仍然是一个纯开放性的城市市民休闲娱乐区，风景区及周边没有商业化经营，而周至水街风景区的一期建设中就完成了风格特别的环水面的商业街，二期建设的高档商业区域正在进行。从一定意义上来看，风景区的商业化是必然的。只有通过商业性的旅游开发建设，才能保证风景区可持续发展的潜力。否则，一味依靠政府投入而形成的公共性风景区，如果没有商业性运营的支持，在资金不足或政策变化、人事调动等因素的干扰下，风景区能否持续的确存在隐患。

　　周至水街的建成，有力地促进了县城区域社会经济的发展，特别是从旅游者进入数量可见，水街景区至少成了陕西关中地区的重要旅游目的地，它的发展对拉动周至的旅游经济起到了关键作用，这就得力于水街景区的规划建设从一开始就将其定位于经营型商业化景区之上，在陕西省关中地区知名旅游目的地众多的背景下，周至水街能够很快走红，充分说明这种商业化的定位是非常正确的。随着后期建设的完成，水街将拥有完善的旅游商业系统，这将是其旅游可持续发展的关键。而临泽县大沙河风景区的建设虽然彻底改变了县城区域的旅游形象，这对整个县区的旅游发展能够起到一定的作用，同时风景区周边的荒漠沙滩也因环境的改变而成为商业化地产新的集中区，但这仅仅是投资巨大的风景区所发挥的最为基本的作用。地处丝绸之路河西走廊核心地段，拥有"河西江南"美誉的临泽，再加之临泽丹霞旅游的成功开发，在此背景下，大沙河风景区的建设应该发挥其应有的商业化带动作用。大沙河景区的二期建设规划中，已经融入了许多商业化的元素，这在一定程度上能够弥补一期商业化元素较少的缺憾。旅游区的可持续发展，商业指导下的资金支撑是关键，没有金钱，可持续发展也就无从谈起了。

七　陕西省礼泉县袁家村乡村旅游发展[①]

　　陕西省咸阳市礼泉县的袁家村，是乡村旅游发展中的成功典范。袁家村乡村旅游发展成功的原因是多方面的。距离主要客源地较近，这种区位优势明显。袁家村距离陕西省省会城市西安较近，同时与周边地区的咸阳、宝鸡，甘肃省的庆阳、平凉以及渭南、铜川等区域中心城市距离适中。特别是在关中高速公路网络布局系统提升后，快捷的旅游交通彻底改变了袁家村的旅游空间区位，保证了袁家村旅游者的数量。

---

　　① 2014 年 10 月，作者带领宝鸡文理学院历史文化与旅游系 2013 级文化产业管理专业学生赴陕西省礼泉县袁家村旅游区进行实地考察。

(一) 特别的旅游发展历程

袁家村旅游发展最为特殊的地方就是该乡村传奇的发展历史。20世纪80年代改革开放初期，袁家村就在精明敢干锐意进取的村支部书记的带领下，率先进入了市场经济的探索发展期。在关中平原大多数乡村依然保守落后的背景下，袁家村的社会发展取得了很大的进步。这在当时的历史环境下的西北地区的确是不多见的。在后来的社会发展过程中，因为积累了充足的经验和一定的财富，袁家村大多时候都能紧跟社会发展的步伐，能在市场经济发展的洪流中取得一定的成功。从这个角度来看，正是这些不平凡的经历，给予了袁家村民众非同寻常的魄力和眼光。发展过程中积累的财富和经验使袁家村能够在关键时候把握好社会发展方向，于是发展以餐饮业和观光为主体的乡村旅游成为袁家村民众的共同选择。

改革开放之后的中国农村随着土地下放和家庭联产承包责任制的落实，虽然以往农村地区那种以人民公社和集体合作社为主模式的集体性经济有其严重的弊端，但对需要统一行动进行产业转型而言是有好处的。随着这种集体化模式的消亡，中国农村的经济单元被分割成为一个个实质上相互独立的家庭，这种相互独立的家庭式经济模式很难被统一组织起来，特别是当人们刚刚尝到包产到户的好处的时候，人们大都不愿意放弃各自"单干"的自由。乡村地区要发展旅游，就会牵扯到生产的个性化利益群体，要让这些分散性的个体达成统一的发展意见并付诸行动，是一件非常困难的事情。家庭式经济模式更加重了旅游发展的难度，过惯了单干自由日子的村庄，再加之小农经济的思想惯性，整合民众意见不到位使很多乡村地区坐失旅游发展良机。袁家村特殊的发展历程，使其在乡村旅游发展过程中避免了这些冲突。强有力的经济发展带头人，民众超前的见识，良好的村级集体财政支持，民众对村级经济发展领导者的信任以及对转型经济发展模式的渴望，都使袁家村能够尽快实现华丽转身而成为乡村旅游发展的典范。

（二）乡村旅游表演舞台的典型

虽然在关中地区类似袁家村这样资源条件优势的乡村不在少数，但正是因为这里具备了以上优势，而使袁家村能够先入为主，成为关中平原地区乡村旅游发展的代表，浓郁的乡村环境，包括自然、生活、生产和新环境成为旅游者体验传统乡村社会的天堂。在旅游开发下，袁家村变成了一个大舞台，连一棵树、一座房屋、一头驴、一匹马、一处石头、一节木棍都成了表演者，更不用说乡村的主人了，袁家村的村民们在旅游管理机构统一规划布局下，精心打扮，而后粉墨登场，在自己熟悉的环境里往来忙碌，在乡村大舞台上为旅游者尽情地表演。袁家村旅游发展成功的具体操作主要是这种舞台化的乡村社会活动的表演。旅游者在袁家村旅游过程中，有强烈的现场感，通过舞台化的表演突出了旅游环境的可体验性，使旅游者能够随处体验到与众不同的感觉。从一定意义上来讲，旅游开发的过程就是不断强化舞台化表演的过程。袁家村成功地迎合了旅游者旅游的需要，通过各种手段来加强现场感，同时促使具体项目的不断创新，从而成为旅游者持续向往的目的地。

（三）袁家村的旅游意象

袁家村的主要旅游意象包括：地处周边文化资源的包围之中，主要是北部依山而建的唐太宗李世民的昭陵。因为昭陵的存在，大量唐初名人的陪葬墓都在此地，这些名人大多是中国人耳熟能详的，唐朝陵墓文化与名人文化旅游的进一步开发，可与袁家村旅游发展相互映衬，并为袁家村带来更多的旅游者。袁家村周边地区的田园风光。地处渭北高原的袁家村周边有千顷良田，浓郁的田园风情构成了袁家村旅游的环境基调，小麦、玉米、菜园、果园、油菜等是最常见的田园种植物，袁家村在田园包围中，周围绿树丛生，生态环境良好。整齐的四合院住宿及旅游接待地。袁家村的村民住宅大多都是规划标准一致的关中地区最常见的四合院落，旅游饮食、住宿、纪念品接待及出售都在四合院中。四合院干净卫生、装修讲究、种植花木，设施完备。一家一品的餐饮集中接待区，传统乡土风貌的典型。通过一家一品的管理模式使餐饮接待区拥有更多品种的特色小吃，同时降低了相同品种小吃的竞争压力。集中接待区大多采用土木结构的传统建筑模式，使小吃一条街呈现出穿越风情，将餐饮接待变成了体验民俗和感受穿越的场景，旅游者在络绎不绝的小吃街品尝着各种乡土风味的小吃。

旅游餐饮是袁家村最大的吸引力，旅游者在袁家村旅游的重要意愿就是品尝小吃。在部分旅游者的眼里，袁家村就是乡村小吃的天堂。在这里我们发现，袁家村乡村旅游开发成功的关键就是抓住了旅游者的"胃"。以关中地区小吃为主要内容的餐饮业的发达，从根本上带动了袁家村旅游的发展。这里给我们的启发是，作为观光性旅游欠缺的旅游目的地，在区位合适的基础上通过加强旅游餐饮的开发，的确能够吸引一部分旅游者的到访。灯影摇曳的浪漫酒吧街区吸引了年轻旅游者。袁家村是乡土味的，但在后来的发展中为迎合年轻到访者并满足其夜间娱乐的需要，袁家村专门开辟了现代酒吧区，该区域融入酒水、音乐、舞蹈、文化创意、休闲等元素，将其打造成为一个专供年轻旅游者休闲娱乐的空间。这种迎合市场潮流的文化经营使袁家村能够在保持乡村旅游本色的基础上成为多目标旅游者的向往之地。

（四）综合化的开发途径

现代旅游目的地越来越朝向综合化方向发展，在依托主打资源的前提下，可对市场进行科学区分，对有价值的小众市场进行适度开发，以凸显旅游地的综合性功能。袁家村的多元化发展就实现了旅游区综合化发展的目的：对文化遗产进行保护利用。如果用宽泛的态度界定文化遗产，那么今天的存在都可能是未来的遗产。袁家村通过文化遗产表达和保护的办法让旅游者了解了一个村庄的发展历史，将一个时代连续性的记忆呈现在旅游者面前。在中国社会发生翻天覆地变化的当下，文化记忆的断裂是必然的，特别是在城市地区，清一色的拆迁之后而新建的城市，区域生活和文化的历史记忆大多被这样湮没了。如果说城市地区因为土地紧张，人口稠密，很难为文化记忆留下空间，那么农村地区就应当成为历史文化记忆的主要存留区。特别是乡村旅游开发区，因为旅游业发展的需要，为乡村文化遗存的保护提供了平台。袁家村保留了诸多的历史文化遗存，如令人震撼的村委会所在地的老建筑，村历史发展博物馆收集、展示的各种文物，随处可见的各类石雕工艺品，以及诸如尉迟敬德祠堂与陵墓。众多的历史遗存通过实物的形式让旅游者感受到村庄发展的历史与现实之间文化记忆的延续性。这种文化遗存的设置，加深了袁家村旅游的厚重感，增加了乡村旅游的文化含义，是旅游可持续发展的重要举措。生活在袁家村的人是旅游景区最美的风景。世代居住于此，见证袁家村旅游发展并积极投入参与的人们，成为袁家村特别的旅游资源。人的行为、语言、表情、理念、态度、外貌、衣着等构成了人的不同特征，而生活在同一群体里的人拥有共同的特征，这些特征可以被外来者所感知，因为与自身所处环境人群特征的不同，这种差异性同样能成为旅游吸引物。通过较长时期的旅游发展，袁家村村民很显然已经适应了这类舞台化的生活，他们可以从容不迫地粉墨登场，充满自信而又兢兢业业。他们已经看惯了这种人来人往、繁荣热闹的风景；而在旅游者眼里，他们也成为旅途的风景。由此可见，袁家村的旅游意象是多元化而又特征明显的。在乡村旅游总的背景下，袁家村旅游的过程就是这种多元化体验的综合。

（五）旅游质量的提升

虽然袁家村乡村旅游发展取得了一定的成绩，但可持续发展的探索则是无止境的。在可预见的未来，袁家村乡村旅游同样面临着可持续发展的难题。对于这些问题的解决，能够促使袁家村乡村旅游更好的发展。为适应庞大旅游者流的出现，应当从整体格局上进行更新提升。这几年来，尤其是节假日，袁家村旅游者人数呈现出"井喷"的状态。虽然关中地区及西安市周边不缺各类知名旅游目的地，但与其他类型如文化历史型、山岳型旅游对象相比，乡土回归特色的袁家村更具风味。随着交通的便利和汽车拥有量的激增，许多人有能力在节假日完成对袁家村的旅游。

近几年的统计发现，节假日庞大的旅游者流的出现，因为服务不能跟进，设施设备不够健全，各种预案不到位等原因，旅游者对袁家村的旅游满意度在下降。为了从根本上提升袁家村的旅游接待能力，升级旅游设施条件及强化旅游形象，应对袁家村未来发展进行可持续性的规划。比如，目前就需要解决停车问题。汽车时代的旅游，应高度重视对停车场的设置。随意乱摆、乱停以及村民在自家地里随意收取停车费的行为都会引起旅游者的不满。随着袁家村周边土地的扩大，修建超大型专门停车场的空间是有的。应在解决土地利益的基础上及时修建停车场，以满足旅游者停车之需要。进一步强化旅游现场解说，以满足旅游者个性化的需要。团队旅游者可通过导游进行集体讲解，但在当下，非团队旅游者成为主流，只有通过各种适宜的现场解说才能满足他们的需要。因此，需要进一步构建袁家村旅游解说系统，通过解说系统的构建实现旅游者对袁家村的深刻认知。旅游者就像是读者，而解说系统就如同书中的线索，能够引导阅读者对内容的理解。

八　宗教旅游景区的发展

（一）宗教旅游的特殊性

宗教是人类特殊的情感指向，宗教旅游发展就是将宗教行为和旅游活动结合起来的产业开发过程。宗教旅游的可持续发展，关键在于能否处理好宗教与旅游两者的关系。或许我们认为，两者在本质上是矛盾的，是不可调和的，现实中的各类打着宗教招牌的旅游发展都是非宗教性质的。宗教情感和行为是神圣的、崇高的和唯一的，在人类追求神圣心理体验和高尚精神诉求的过程中，宗教仪轨、宗教场所和宗教戒律都是保证让人们尽快融入或体验宗教意境的工具。因此，传统上包括佛教、道教在内的宗教对活动场所的要求很特别，为了体现宗教的超然与神秘，大多数宗教场所会选择在人迹较少的隐秘之地，当然，这些地方也应当便于朝拜者或供养者的来访。在漫长的人类社会发展中，宗教对人的影响是至关重要的，不论是虔诚的信众，还是对宗教态度边缘化的民众，都对宗教极为重视。

在中国传统社会里，宗教还是社会治理意识形态的一部分。长期以来，社会管理者依靠宗教教义的规则性以及信众共有的宗教态度来达到对社会治理的理想目标。因此，许多宗教场所在政府及信众供养的支持下，可以修建为气势宏大的宗教地，这也为旅游开发造就了良好的物质基础。人们对宗教的追求之路，是自身心理体悟的过程，宗教场所的环境氛围就为这种过程创造了条件。从表面来看，这很显然与现代大规模的大众旅游是相违背的。现代旅游的特征就是大规模高强度的旅游开发以及数量庞大的时段性旅游者的出现。大规模开发，势必会破坏传统宗教场所的格局，因为要对大规模旅游者流进行接待，宗教场所必须扩大空间，完善接待功能，这样一来，传统的宗教场所所要表达的神圣空间格局将会被改变。大规模旅游者短时间内云集到寺庙、道观，表面看来可能是一种香火旺盛的现象，但从宗教所追求的真实境界来看，这种盲目的人员集中可能会对信仰的树立，或者真正的宗教理念的传承形成一定的打击。表面化的人头攒动可能会带来更多的宗教误解，而非清静真实的信仰。在这个过程中，最难于调和的矛盾则应该是对于义与利的取舍。宗教体验从终极性关怀、精神性认同堕落为共鸣式的审美体验和当下的愉悦性满足；宗教文化不再是富有创造性的人的生命的对象化。宗教旅行的意图和意义被世俗化了，深层的、精神方面的内容已经失去。①

传统宗教场所的利益取舍，关键在于宗教负责人弘法利生的努力以及政府宗教管理政策的变化。而在大规模旅游开发的今天，对利益的追逐成了宗教场所绕不开的话题。整体来看，寺庙、道观等宗教类旅游开发的获利能力在各类型旅游开发中算是相当不错的。旅游投资者正是看中了其中的利益，才与宗教场所合作或者围绕着宗教地开展大规模旅游开发设施建设。宗教地为了自身的发展，也需要财力的支

---

① Cohen, E., "A Phenomenology of Tourist Experiences," *Sociology*, 1979, 13 (2): 197 - 202.

持。这样一来，宗教地与旅游投资者之间的利益争夺将是必然的。因为宗教信仰的特殊性，民众就宗教与金钱来讲形成了惯有的看法，那就是一方面宗教地应该拥有淡化金钱的出世理念，另一方面，民众认为通过金钱的布施即可获得福德报应的理念已经深入人心。正是这种相互纠结的宗教与金钱观，导致在利益争夺中往往将宗教场所置于不堪境地。多数民众会认为，旅游投资公司对利益的追求是天经地义的，而宗教场所如果谈到利益则会影响自己对宗教纯粹性的看法。与此同时，宗教供养者也不情愿看到自己布施于寺庙道观的钱物却被旅游开发公司收入囊中。正是因为有寺院、道观的存在，旅游者才会集中于此，旅游开发才能获得成功；而旅游开发公司则往往认为，它们是最重要的，也是最冤枉的，因为是自己通过巨额投资，才使得宗教旅游地成为旅游热点，因此，在利益获得中，旅游开发公司本来就应该是主导。在此竞争的后面，社会管理者——地方政府也往往会成为主要的利益相关者。政府要获得政绩形象、金钱利益及税收和就业保障，会利用宗教场所的旅游开发活动等发展当地经济从而获得利益。因为政府拥有社会管理的公权力，在政府干预下，宗教场所的旅游发展情形就会显得更加扑朔迷离。再加之在目前的中国，宗教一直是一个敏感的话题，政府对待宗教的态度以及宗教未来的发展趋势在很大程度上还很难琢磨。因此，在众多因素的作用下，宗教类旅游地的发展成为当下的一种特殊现象。

从宗教与旅游的关系来看，旅游的发展的确也为宗教理念的弘扬创造了一定的条件。就旅游与宗教间的关系，纳尔逊·格雷本（Nelson Graburn）曾指出，旅游既是"神圣的旅程"，也是"世俗的礼仪"，并使用了人类学中关于仪式（ritual）的理论来类比现代旅游。美国著名旅游社会学家迪恩·麦肯奈尔（Dean MacCannell）也提出，"旅游是一种现代朝圣的观点"[1]。在中国经历了数十年特殊的宗教时期之后，绝大多数的民众已经远离了宗教的影响，特别是对真正的宗

---

[1] 张晓平：《"旅游是一种现代朝圣"刍议》，《云南民族大学学报》（哲学社会科学版）2003 年第 4 期。

教教化内容极为陌生，而仅有的一点宗教知识大多也是道听途说而来的，可能存在极大的不准确性。不能够准确了解和理解各类宗教教育的内容，基础宗教知识的断层是当下很多民众共同的宗教认知。宗教是与人的精神活动相联系的行为，也就是说，只要是精神活动正常者都会有宗教的需求。无论我们用怎样的理念去对待宗教，内心深处对宗教的渴望则是必然的。宗教是人类的精神食粮。而在当下的中国，在民众普遍对基本宗教知识缺乏以及宗教困惑感突出的背景下，可能会为各种邪教的滋生创造适宜的土壤。邪教是人类的罪恶现象，伴随着宗教的发展而发展，邪教非宗教，而总是与宗教纠结在一起。与邪教彻底斗争的方式之一就是树立正确的宗教信仰。这样一来，宗教旅游地大规模旅游者的到来其实就是很好的宗教知识的普及和宣传之机。

由此可见，宗教旅游目的地的可持续发展对策之一就是如何能够通过多种方式来促使旅游者对宗教形成正确的认识。宗教所提倡的清净平和、包容慈悲、天人合一的生态情感观念的确能够使旅游者产生发自内心深处的教化感受。但是，如果在宗教旅游开发中违背了宗教旅游者的意愿或者宗教教义的主题，这种不良的旅游开发行为则会给民众的宗教情感带来极大的伤害。过度功利化的开发，各种装神弄鬼的迷信行为，或者宗教自身过于保守而不愿意融入旅游发展行列，这些都是不可持续宗教旅游发展的主要表现。资本发达的西方并没有出现明显的宗教资本现象，而中国旅游资本不仅强势介入了宗教的市场化运营中，而且积极推动宗教旅游景区的上市。这种现象反映了中西方产业边界的差异，其背后深潜的是中西方商业伦理的不同，而这直接导源于中西方不同的文化、社会背景。宗教的发展需要经济力量的支撑。旅游资本为宗教的存续提供了重要的经济资源。但在中国特殊的文化和社会语境中，现代旅游资本强力介入宗教旅游发展，并主导宗教景观的旅游表述，致使宗教的发展偏离其固有逻辑而从神圣灵界堕入世俗人间。因此，资本主导下的产业化不是作为准公共物品的宗教旅游发展的适宜模式，而源自西方的非营利性组织的公益性、非营利性的特征让其成为主导宗教旅游发展的营利性资本的有效替代。①社会迫切需要树立正确的宗教理念,从而真正发扬宗教对社会的正面影响力。而现实却是许多旅游目的地只将获得钱物的利益视为最主要内容,而对宗教旅游的教化作用则不具有可操作性、具体的落实对策。宗教是深沉的,是出世的,而旅游则是轻松的、肤浅的、暂时性的行为,要将两者真正融合在一起,还是有一定难度的。好在现在旅游者都会有多次旅游经历,而对宗教旅游地的钟情也是很多旅游者的选择,再加之宗教旅游地的快速增多和旅游景区宗教元素的融入,这些都为旅游者多次与宗教类旅游接触搭建了平台。因此许多旅游者能够通过宗教旅游目的地的旅游来获得较为深刻的宗教知识和体验。这种看似肤浅的宗教认知过程是不是恰当的呢?

拿佛教来讲,佛教理论认为,人们对佛教的理解需要借助一定的"机缘",就是当各种条件成熟之后人们才可能对佛教理论产生兴趣,于是在佛教理论中就有八万四千法门之说,也叫善巧方便、观机逗教的教化过程。佛教认为,人们对佛教理论和信仰的了解及操守需要一个过程。很难从一开始就形成坚固的信仰之心。旅游活动的开展,让更多的人能够接触到佛教,人们可以堂而皇之地到各地的佛教寺院去旅行,无论其怀有怎样的目的,旅游这一借口足以让他们走遍天下的佛教名山大川。因此,从总体上来讲,宗教旅游目的地的旅游开发的确能够与宗教活动发展相互结合。

(二) 法门寺旅游开发②

陕西省宝鸡市的法门寺旅游景区在旅游发展过程中所出现的问题具有一定的代表性。法门寺是历史上著名的寺院,其根本原因是佛陀的真身指骨舍利珍藏于此。2400 多年前,释迦牟尼涅槃之后,其肉体火化过程中获得了许多舍利。在佛教传承和流传的过程中,珍贵的佛陀舍利被分成许多份传往世界各地,以供瞻仰纪念,借以坚固佛陀

---

① 余汝艺等:《从宗教景区上市透视宗教文化资本化》,《旅游学刊》2014 年第 5 期。
② 自 2012 年 3 月起,作者曾多次赴陕西省扶风县法门寺景区进行旅游发展调研。

灭度之后修行者的信心。据《史书》记载，中国地区也传入了一些佛陀舍利，但许多都被湮没在历史的沧桑中，战乱、地震、火灾、匪祸等多次发生，舍利便也没有了下落。令人高兴的是，有典籍记录和实物佐证的佛陀真身指骨舍利在法门寺重见天日，这无疑是佛教界甚至是整个宗教界感天动地的大事，同时也奠定了法门寺在佛教界不可替代的地位。在旧的法门寺密檐式佛塔倒掉之后，工作人员在清理塔基的过程中意外地发现了法门寺地宫，于是大量价值连城的珍宝被发现，其中最令人振奋的就是佛陀真身指骨舍利的发现。见佛陀舍利如见佛陀本人，这在佛教界是至高无上的事情，使得法门寺在一夜之间便拥有了"东方麦加"的声誉。舍利出土后不久，就去台湾巡展，台湾民众对佛陀舍利表达了无比虔诚的敬仰之情，万人空巷争睹舍利的盛况令组织巡展者始料未及，至此人们才真正意识到舍利的巨大价值。

法门寺从佛指舍利出土的那一刻起，就成为国内知名的旅游目的地。从陕西省的旅游线路布局来看，法门寺就是西安西线旅游线路上的王牌景区。为了促使法门寺旅游的进一步发展，或者说各利益相关者为了能在法门寺旅游发展中获得更多的利益，陕西省政府、宝鸡市政府以及当地的扶风县政府都先后就法门寺旅游发展进行了多次专门性的研究，出台了一系列管理扶风法门寺旅游发展的政策和制度。县、市、省三级都曾经成为法门寺旅游发展的直接管理者。他们的理由无非是法门寺及法门寺的文物十分重要。在文化表象的背后，实质上还是经济利益的诉求。如何让法门寺的旅游价值得以更大的发挥，这是各级政府一直思考的问题。在各种努力的过程中，最重要的事件是法门寺景区管理委员会的成立和法门寺景区的建成。在陕西省政府的直接组织干预下，通过知名的陕西文化投资集团公司——曲江集团的直接经营，在多元化注资的基础上，围绕法门寺寺院的法门寺景区建设拉开了序幕。经过数年的建设，规模宏大、投资额巨大的法门寺景区最终建成。包括颇受争议的合十舍利塔以及般若堂、菩提堂、朝圣大道等大体量建筑在内的、风格迥异的法门寺景区的建成，应该说，使得法门寺旅游迎来了历史性的机遇。然而，新建成的法门寺景区经营并不理想，高额的举债和错综复杂的管理关系最终迫使陕西省政府和曲江集团放弃了对法门寺景区的直接管理经营，景区最终由宝鸡市和扶风县两级政府共同管理运营。景区的属地管理和运营应该是一个常态，跨地区、越级别的管理会增加管理成本而造成失败。一波三折的法门寺景区最终又回归了宝鸡市及扶风县，到底是烫手的山芋还是赚钱的金饭碗，陕西各级政府和相关民众对此非常关注。2014年，举世瞩目的世界佛教徒联谊大会首次在中国召开，就选择了闻名遐迩的法门寺。同年，法门寺景区通过努力整治成为中国 5A 级景区。这两件事情对法门寺的旅游发展都起到了促进作用。

法门寺是研究宗教类旅游景区可持续发展的典型案例。法门寺旅游发展过程中的第一个问题就是宗教与旅游到底能否相融合。目前，法门寺旅游景区分为两部分，即以往修建的法门寺寺院与新近建设完成的法门寺景区。规模宏大的法门寺景区位于原寺庙的西南角，景区与寺院的门票统一，两者之间通过一个过道连接，总体看是景区的建筑包围了寺院。虽然在利益分配上，法门寺景区与寺院达成了协议并签订了合同，但相互之间还是觉得对方在利益分配中占有优势。尤其是寺院认为，法门寺景区的这种开发行为抑制了法门寺的发展。一方面，对佛教本身发展不利，这种寺院门票的经济行为可能与佛教的本身规定并不相适应，这种做法将寺院逼到了不道德的境地；另一方面，这种方式影响了寺院的香火和供养，使得寺院发展陷入经济困境中。正是这种对佛教的宗教精神的负责以及对经济利益的追求，使法门寺僧团在法门寺景区建设过程中多次与有关部门协调，希望获得更好的利益。虽然政府主导的景区建设最终得以完成，但是寺院与景区的纠纷能否彻底解决，尚需时日的考量。中国的寺院、道观目前因为开发旅游而成为收取门票的对象，这也算是典型的中国特色。这与当下中国社会中宗教何去何从的问题也是相关联的。国际社会及国内很多专家将中国寺院及道观收取门票视为诟病，认为这从根本上违背了宗教的诉求，违背了宗教的教义和原则，使中国更加面临宗教凋零的危机。实践证明，宗教教化对社会的积极价值是可观的，而一个社会的宗教失落，这个社会必将为之付出代价。从这个角度来分析，以法门寺为代表的宗教类旅游目的地收取门票的行为是复杂的社会利益的诉求，不能一味责怪宗教部门，整个社会的宗教态度使得中国宗教类旅游目的地陷入了收取门票的怪圈。

客观来讲，旅游发展到底为宗教景区带来了什么？目前，中国绝大多数的寺院和道观都进行了旅游开发，去各大山川的宗教场所购买门票成为中国百姓习以为常的做法，看来，民众的社会适应能力也是极强的。法门寺的指骨真身舍利是最为吸引旅游者的圣物，也是最能体现法门寺不同寻常的无价之宝。那么，围绕着寺院和景区之间的纠纷则是必然的。一开始，尊贵无比的指骨舍利安放在寺院里，寺院就成为佛教徒瞩目的信仰之地。法门寺景区在规划建设过程中，也充分认识到佛指舍利无可替代的吸引力，必将会成为法门寺景区旅游的核心吸引物。因此，景区聘请台湾著名规划设计师李祖原为法门寺景区设计标志性建筑，即合十舍利塔，旨在存放和展示佛指舍利。在规划论证过程中，许多专家反对台湾设计师所设计的舍利塔模式，主要原因是这一建筑外形违反了传统模式，专家们认为，在佛教圣地的建筑还是应当遵循历史传统的规制，而风格迥异的合十舍利塔则明显是对传统寺院建筑式样的颠覆。虽然争论和反对声很大，但在当地政府的主导下，用于专门展示佛指舍利的法门寺景区的标志性建筑——合十舍利塔还是建成了。我们认为，就合十舍利塔本身的建筑风格而言，应当抱着包容的态度去看待它。出自建筑设计大师之手的舍利塔的确是风华卓绝，不同凡响，已经成为法门寺新的标志性建筑，也可能成为宝鸡旅游，甚至陕西旅游形象的代表之一。时代在发展变化，传统文化当然不能覆盖一切，佛教精神本质上也应当是与时俱进的，从这个角度来看，舍利塔只要能够保护和展示佛指舍利，只要对宗教和旅游形象的树立有积极作用，具体的建筑形制则另当别论。合十舍利塔及景区建成后，佛指舍利在政府的干预下，从寺院移驾舍利塔，虽然只有数百米之远，但由此带来的纠纷是不少的。在法门寺寺院和景区矛盾的激化过程中，在经济利益之争的背后，佛指舍利一度成为相互争夺的对象。寺院和景区之间对舍利的争夺，也成为社会关注的焦点，许多知名社会人士利用现代传媒手段加入了这个事件之中，这其中的主要观点则是舍利应当归寺院所有。比如，知名社会评论人士岳路平先生就利用其微博指责法门寺景区的做法为不道德行为，认为是对舍利的绑架，同时在网上发动了声援"舍利回家"的活动，许多民众自发在网上签名，一时引发了大量民众的围观。岳路平还利用个人的影响力，向高层政府反映，有关部门对此事做出回应，同时也引起了国际社会的关注。① 且不论在这场舍利何去何从的论争中各方利益群体的真正意图，单就民众关注的程度来讲，宗教旅游的开发更是一个敏感的话题，对其应谨慎操作，对其可持续发展的研究有现实意义。且不论法门寺佛指舍利最终的归属，这种对舍利去向争议的过程就足以颠覆许多人的常识观念，一方面因为许多别有用心之人的加入，另一方面因为许多民众不明真相，在这两种因素下，很有可能会出现针对法门寺的宗教崇拜，针对法门寺旅游而出现一些极端事件。对可持续发展的研究，应当更多地关照这类复杂环境下的旅游发展，在全面考量社会、政治、经济、文化等多种因素的基础上，对旅游发展做出合乎科学的可持续发展的判断。

就法门寺景区建设而言，可持续发展问题的另一个表现就是如何处理宗教场所与周边社区的关系。许多旅游景区的发展，都与周边社区关系密切，特别是在初期的建设拆迁过程中，因拆迁而引发利益争夺现象是非常普遍的。但宗教旅游区的拆迁使旅游发展必然与宗教联系在一起，因此就会出现许多特殊性。法门寺景区大规模的开发建设，同样经历了艰难的征地和拆迁过程。法门寺寺院区数十年的旅游发展也给周边社区的民众带来了新的发展机遇。许多居民通过各种形式在旅游发展中获得利益，寺院区的旅游发展也成为他们生活来源的保证。在此背景下的征地与拆迁，可能会面临更多的障碍。虽然政府付给了居民足够的补偿金，景区管委会也同意在运营过程中考虑居民在景区就业，同时，景区扩大，旅游规模扩大也可能会带来更多的商机，周边社区所获利益也是可观的。即便这样，征地拆迁的过程同样充满了障碍。因为是宗教场所，特别是知名宗教场所的周边地区，所

① http：//weibo. com/yueluping？from＝feed&loc＝nickname.

以政府对社区建设工作可能会陷入困境。在法门寺景区建成开放之后，有些社区民众竟然不顾景区管理者拆迁的要求，还在继续搭建房舍，这些都说明旅游发展的各方面都应重视宗教场所和周边地区的特殊性，对其发展工作应采用较为谨慎的态度。佛教圣地法门寺周边和社区居民之中信仰佛教者较多，他们对法门寺的发展怀着更多的宗教情感。这显然是一般社区中所不具备的。对佛教的信仰很容易由一种自豪的群体意识转变成一种个体行动意愿。当人们在这种意愿的支配下从事某种共有价值的行为时，它可能会成为一种难以阻挡的状态。因此对宗教旅游区的社会发展，管理者应该秉持更加宽容的态度，通过逐渐疏导的形式，通过与社区谈判的方式以达到发展的共识。快速化社会发展与社区民众利益保护之间的冲突此起彼伏。可持续发展研究同样应当深入观察这些现象和问题，定期为社会的平稳发展提供对策。

（三）兴教寺旅游发展

丝绸之路的联合申遗，一直是以中国为代表的丝绸之路诸国最近几年努力的方向。丝绸之路作为跨区域、跨国家的大型旅游线路，只有通过联合申报世界文化遗产这种特殊形式，才有可能使"丝绸之路"这一国际文化品牌成为世界文化遗产，否则，线路上的任何一处单体文化资源都很难独占"丝绸之路"世界文化遗产这一名号。经过各国，特别是中国多年的努力，申报世界文化遗产进入了实质性阶段，并最终对文化线路上各个点状资源进行确定。虽然丝绸之路是文化线路，但在世界文化遗产命名中则是以各个相互独立的、对丝绸之路有重要影响力的点状资源为载体的。

西安市兴教寺因为是唐玄奘的舍利塔所在地，按原计划应纳入丝路申遗的点状遗产范围内。在灿若星汉的古丝绸之路文化元素中，有关玄奘大师的文化无疑是最辉煌的。因为怀揣对佛法无比虔诚的信仰，玄奘大师冲破重重阻挠，毅然沿着丝绸之路一路向西去印度学习佛法。大师一路上险象环生，九死一生，凭着非凡的毅力完成了常人不可想象的功业，成就了丝绸之路上不朽的神话传奇。因此，唐玄奘及其背后的文化影响是丝绸之路联合申遗中浓墨重彩的一章。安放玄奘灵骨的西安兴教寺因此卷入了申遗的风波之中。按照《世界遗产公约》的精神及联合国教科文组织的要求，以及联合申遗的计划方案，西安市有关部门将对兴教寺内部的一些建筑进行拆除，包括后来新建的僧人使用的住房。这样一来，在是否为了申遗应该对部分寺内建筑拆除的问题上，西安市有关部门与兴教寺僧众方面产生了意见分歧。西安市相关管理部门的意见是明确的，他们深知拥有玄奘大师光环的兴教寺在申遗中的巨大价值，他们也希望西安市能够多一处冠有"丝绸之路"名号的世界文化遗产地，同时，这可以提高西安及兴教寺的旅游影响力。而兴教寺方面，不能说他们对申遗没有兴趣，而是拆除寺内的一些建筑的确会为僧众的生活带来不便，而西安市在拟拆迁的计划中可能也没有考虑拆迁建筑之后如何安置僧众生活这一问题。这样一来，双方的矛盾很快就激化了。在政府管理机构打算强行进入拆除的情况下，兴教寺僧众的日常生活和宗教活动受到了很大干扰。曾经在电视连续剧《西游记》中扮演孙悟空的知名演员六小龄童在其微博中对此事进行了报道，简单说明了安放玄奘大师灵骨的兴教寺陷入了将被拆迁的困境里。因为六小龄童的名人效应，及其扮演的孙悟空与唐玄奘的特殊关系，一石激起千层浪，这一事件马上成为国内媒体和民众热议的话题。① 可以想到的是，公众的意见几乎一边倒地倾向于对兴教寺的保护，甚至还有组织和个人在兴教寺进行实地考察，而很少有公众能够理智地思考兴教寺在西安申遗中的重要性。舆论的漩涡顿时将西安市政府逼上了两难的境地：一方面是梦寐以求的世界文化遗产；另一方面则是势如潮水的民众意见。在反复斟酌的情况下，西安市选择了让兴教寺退出申遗的决定。至此，围绕申报世界文化遗产和兴教寺旅游发展及僧众生活的纠纷暂时告一段落。在后来的申遗成果中，丝绸之路成功地成为世界文化遗产，陕西成为这次申遗成功的最大赢家。在对兴教寺与世界文化遗产失之交臂的遗憾

---

① http：//weibo. com/liuxiaolingtong？ c = spr_ qdhz_ bd_ 360ss_ weibo_ mr&is_ search = 1&key_ word = 兴教寺#_ 0。

中，我们一定能够发现宗教场所旅游开发的特殊性及敏感性。可持续旅游发展同样也是不同利益相关者利益博弈的结果。在旅游发展的背后，有着深刻的社会、文化、政治、经济的背景，利益相关者，特别是利益相关者中有决定影响力的一方，将会反复衡量各种影响旅游发展的因素，从而达到对各种影响的均衡，并试图按照自身的利益导向去影响旅游发展的方向。如果说，兴教寺本身与旅游发展的距离较遥远，因为西安类似兴教寺这类区位和名气的寺院非常多，但其可供旅游开发的佛教寺院并不多。

（四）大慈恩寺旅游发展

在西安众多的佛教寺院中，与旅游发展的关系最直接的要算是同样与玄奘大师有密切关系的大慈恩寺了。史料记载，西取佛经返回长安的玄奘大师长期居住、生活在大慈恩寺，朝廷在慈恩寺设立了规模宏大的国家译经场，由玄奘大师在此主持翻译佛经。为保存来之不易的经卷，玄奘大师还申请朝廷支持修建慈恩塔，这就是今天还作为西安市，甚至陕西省旅游形象代表的大雁塔。同样，作为佛教圣地，大慈恩寺因为特殊的区位优势而成为陕西省屈指可数的旅游目的地。地处西安城市东南郊的大慈恩寺早已被快速发展的城市所包围，因而成为雁塔区和曲江新区的旅游娱乐休闲中心。大雁塔文化休闲旅游景区已经发展成为一个围绕旅游的多业态综合体。在大慈恩寺的周围，建成了大雁塔南、北广场，依托广场音乐喷泉、大唐通易坊、大唐不夜城、民俗林、戏曲林，以及涉及旅游纪念品、旅游餐饮、商贸、文化、艺术、演艺、影城、商场等多元化的休闲娱乐帝国。纵观这处规模庞大、业态多元化的所谓"西安城市名片"和西安"城市会客厅"，其规划布局都是以昔日皇家佛教寺院的大慈恩寺为中心的，因此，在这个区域当中，旅游者能感受到浓郁的宗教氛围。周边整体建筑的格调体现了盛唐时期的风度，这与大慈恩寺的唐代文化遥相呼应。大慈恩寺的周边区域是拔地而起的高楼大厦，在经过中间部位的景区缓冲带之后，就到了佛教寺院的清净空间，入世、出世的两种空间在旅游这种特别产业的促合下，在大雁塔景区及周边地区滋生发展，诉说着彼此的故事与传奇。大慈恩寺及大雁塔是典型的宗教旅游区，同时又是资源价值极高的都市旅游吸引物。因此，对大慈恩寺宗教旅游可持续发展的研究必须从都市旅游区的可持续发展角度去探究。城市过度的快速化扩张，在功利性非常明显的主导性发展对策下，土地珍贵的城市发展区很难为城市民众留下足够的休闲、娱乐和旅游空间，对休闲空间的压缩和挤占是城市发展中司空见惯之事。而过于稠密的生活、工作空间，让城市民众迫切需要充足的休闲空间。从这个方面来看，对现代城市发展的可持续性考量，务必重视城市为民众提供的休闲条件和空间。西安市大慈恩寺成为城市体量庞大的公共休闲娱乐空间，成为西安市公认的核心旅游区，这对西安城市科学化的发展至关重要。对大慈恩寺遗址区的保护性开发不是采取像汉长安城遗址和唐大明宫遗址那样的大遗址保护发展对策，而是将大慈恩寺宗教场所的旅游空间发展与曲江周边休闲空间融为一体，让大慈恩寺和大雁塔这些宗教资源成为休闲区的核心旅游吸引物，从而促进城市休闲空间的进一步成长。国家对大遗址的保护制定了专门性的对策，对遗址的空间状态进行整体性保护是应该的，但对大慈恩寺及其周边所进行的保护性开发建设，是围绕着共有文化主题来达到对城市休闲空间的拓展，这对城市及寺院的可持续发展是非常重要的。旅游区的建设提升了城市品位，也为大慈恩寺宗教场所活动的开展提供了便利的条件。与西安市众多的佛教寺院相比，大慈恩寺及周边地区的开发建设，正是因为积极融入了旅游发展的潮流，才得以获得新的发展机遇，从而避免了其他寺院的发展困境。位于城市核心区域的宗教类旅游资源，只有依托自身优势大力发展旅游，与周边产业开发融为一体，拓展休闲空间，将宗教旅游区转变成为城市重要的休闲体，才能发挥宗教旅游区对城市可持续发展的贡献，同时实现宗教旅游区自我保护性质的可持续发展。

　　宗教旅游区通过自身的开发来实现宗教本身的教化功能，也是其可持续发展中不可避免的话题。宗教是人类社会中特殊的文化现象，是针对人类精神与心理而发生作用的特殊社会现象，对宗教的心理需求也是普遍的社会行为。大慈恩寺本身是令人景仰的宗教场所，在旅游发展的背景下虽然也收取了一定数额的门票，但这并未能阻碍信仰者对宗教圣地的虔诚以及宗教理念的对外渗透。从大慈恩寺自身来讲，在旅游发展的背景下，寺院积极发挥着宗教影响的作用，其实质性效果也是明显的，这从络绎不绝的旅游者数量就可以看出。大慈恩寺旅游区难能可贵的是周边区域中对宗教情感的渲染，佛教文化的理念成为周边旅游空间的文化脉络。大雁塔文化休闲旅游景区主要张扬的是盛唐时期的多元文化。在唐文化中，宗教文化亦是浓墨重彩的。因此表达唐文化的旅游开发将不可避免地要渲染宗教文化。但大慈恩寺周边文化的主体不仅仅是因为唐文化包含着大量宗教文化，而恰恰是因为大慈恩寺周边地区强势的文化影响力。这种影响力在一定程度上左右了一座城市管理者和设计规划者的理念，使他们坚信在大慈恩寺周边表现佛教文化是非常恰当的。大雁塔南北广场、大唐不夜城、大唐芙蓉园、曲江遗址公园、寒窑遗址公园等大体量的旅游景区，都把宗教文化，特别是对佛教文化的运用和解读作为重点文化内容。这一方面丰富了旅游文化的元素，使整个综合旅游区的文化主旨更为凝练，使文化旅游区形成了鲜明的文化特性。另一方面，这种对佛教文化的使用必然会增加文化旅游者与佛教文化的接触机会，为佛教文化的宣扬和旅游者对宗教文化的正确认识增加了平台。文化是可持续旅游发展中的重要因素，通过对文化的使用，可以减轻旅游发展中因硬件设施而带来的建设性破坏，而文化能在一定程度上弥合建设性的损失。很显然，大慈恩寺及周边文化旅游开发对宗教文化的合理利用是恰当的。

九　基于可持续发展的旅游规划

（一）旅游资源微观背景分析①

1. 区位优势明显

河南省淅川县龙泉生态旅游度假村项目地处河南、陕西和湖北三

---

① 2014年12月，作者担任陕西风景线旅游文化开发有限公司规划专家，受河南省淅川县道禾农业发展有限公司委托，主持完成了《河南省淅川县龙泉生态旅游度假村旅游发展总体规划》。

省交界处，周边大中城市比较集中，地处西安、郑州和武汉三大城市所形成的经济三角区域，与南阳、襄阳、十堰、商洛、渭南、洛阳、平顶山等消费城市距离较近。

2. 交通条件良好、环境质量优越

省道上荆公路穿境而过，距 312 国道 20 公里。周边铁路、高速公路、国道、省道、一般公路等配套完整，大交通便利。项目区与淅川县城及周边县区交通便利。项目区生态环境质量一流，田园景观保护良好，民风民俗淳朴自然，环境景观多样化明显，适宜进行差异化开发。项目区拥有良好的自然环境。伏牛山地处优越的山谷空间，拥有品质优良的自然山水、植被以及空气。山间谷地植物种类多样化明显，环境适宜人居。山间自然形成的坡地景观，对规划建筑的构景和布局非常有利。通过对河流地区的水资源的利用而形成的水岸景观颇具水景风情。

3. 景观体系丰富、乡村特色鲜明

项目区景观内容多样，形成了远山、近山、坡地、山谷及河流和村落的自然景观体系，景观中的远、中、近景体系完整，景观视觉优越。伏牛山地的四季景观变化明显，景观质感理想。项目区拥有鲜明的乡村田居环境。乡村坡地、弯曲道路、自然河流、零星村庄、特色田舍、几处犬吠，包括喜鹊窝、废弃房屋等结合在一起，形成了独特的"采菊东篱下，悠然见南山"的田居景观。景观迎合了现代人强烈的归隐情怀，可以释放现代人生活、情感压力，体现"隐士"及"隐仕"文化，形成"归居田园"的牧歌式乡村旅游环境。

4. 风水意象突出

风水理念是中国传统文化中对理想人居环境的选择策略。适合风水观念对理想环境选择的标准即成为风水吉地，成为适合人居的理想环境。从项目区整体来看，处于上佳的风水环境。从宏观空间来看，项目区地处良好的秦岭、伏牛山及丹江口大风水地区。大山、大水背景下的整体综合性风水空间保证了微观区域的环境优势。秦岭历来被认为是中国的龙脉所在地，自西向东绵延数千公里，在河南境内形成龙脉集结之势。地处南北气候分界带的南阳及淅川地区也是历来公认的风水上佳之地。这些都为项目区风水环境的认定奠定了基础。项目区的山间空间，坐北朝南，前有朱雀案山，悠远明丽；后有玄武靠山，庞大坚实；左青龙，右白虎，左右护卫严实；清净流水穿越而过，明堂开阔。项目区内环境质量良好，田园风光典型，特别是长寿老人较多，后代有出息者较多，这也是对良好风水环境的最好注解。综合起来分析，项目区的理想风水环境奠定了未来旅游开发坚实的环境背景。

5. 生态保护严格

项目区所在地区属于大丹江口水库区水质保护示范基地建设区域。根据相关规定，国家对丹江口水库区生态保护有着严格的要求。项目区所进行的生态旅游开发，很好地配合了水库生态保护区的产业转型和社会发展的要求。通过生态旅游开发达到既能够保护生态环境又能够促进当地产业发展的目的。项目区所在地区属于中国南水北调5＋13区域合作地区，该地区对生态旅游的发展特别关注，并出台了相关支持方案。项目区生态旅游开发适合国家层面的产业发展战略，生态农业与乡村旅游发展符合丹江口水源地保护政策，与南水北调政策相一致。这为生态旅游发展奠定了可持续的基础。国家为了保证丹江口水库水源地的质量，下大决心对南水北调的中线核心区域进行生态环境治理，制定了一系列保护大丹江口水库及周边实地的具体制度，对大丹江口及周边地区的生态环境实施严格管制会成为必然。在此大环境下，只有顺应大丹江口地区的社会经济发展走向才能够获得较好的产业发展前景。丹江口地区的淅川县正处于产业结构调整的关键时期，以旅游业为龙头的文化产业及第三产业的大力发展将成为未来淅川县产业发展的趋势。龙泉景区所在的县区北部地带属于县域经济发展中的旅游业发展区域，适宜发展生态农业背景下的旅游产业。项目区通过发展生态及农业旅游产业，迎合了淅川县生态环境保护的总体产业定位，与大丹江口地区产业优化和结构调整以及水源地保护国策相一致。

6. 民俗文化多样

项目区地处陕西、河南以及湖北三省交界处，民风民俗形态多样化，具备"豫风楚韵陕味"的民俗特点。多样化的民俗特色能够满足更加广泛的旅游者的旅游需求。在乡村生态旅游开发过程中，必须借助典型的民俗文化资源，才能够凸显区域资源优势，从而更好地吸引旅游者。地处河南西南部的淅川县，具有明显的河南地方文化。同时因为历史上该地长期处于楚文化的影响和发生的范围，县域内拥有大量的有关楚文化的旅游资源，楚文化资源丰富，特色鲜明。淅川县与陕西省接壤，两地之间的民众来往密切，文化交流广泛而深入，因此，该地也具备了显著的陕西民俗文化的特征。龙泉项目区进行乡村生态旅游发展，具备三省特色的民俗文化会成为其重要的旅游发展资源。

7. 美丽乡村行动

项目区的生态旅游开发，适应了目前乡村地区社会经济发展的大趋势。中共十八大之后，通过对生态文明的强化来建设美丽中国，成为各地社会经济发展的重大举措。淅川县作为南水北调中线的核心水源地，发展生态经济和旅游产业顺应了国家社会经济发展的大背景，是和区域发展的产业结构布局战略相一致的重要决策。而项目区所进行的生态旅游开发，本身就是建设美丽中国、美丽乡村的具体实践。国家发改委《关于实施乡村旅游富民工程 推进旅游扶贫工作的通知》要求："按照全面建成小康社会的总体要求，深入贯彻落实习近平总书记等中央领导同志关于扶贫开发工作的一系列重要指示，以增强贫困地区发展的内生动力为根本，以环境改善为基础，以景点景区为依托，以发展乡村旅游为重点，以增加农民就业、提高收入为目标，创新工作体制机制，集中力量解决贫困村乡村旅游发展面临的突出困难，支持重点景区和乡村旅游发展，带动贫困地区群众加快脱贫致富步伐。""各地要紧紧依托当地区位和资源优势，挖掘文化内涵，发挥生态优势，开发形式多样、特色鲜明的乡村旅游产品。鼓励有条件的重点村建成有历史记忆、地域特色、民族特点的特色景观旅游名镇名村，大力发展休闲度假、养生养老和研学旅行。要特别重视生态环境和古建筑、古民居等特色资源保护，加强规划引导，规范乡村旅游开发建设，保持传统乡村风貌，传承优秀民俗文化，着力提升乡村旅游组织化、产业化、规范化发展水平。加强乡村旅游服务体系建设，着力加强重点村商贸物流体系，着力优化刷卡消费环境，着力提升重点村网络通信水平，鼓励开发和销售特色农产品和特色手工艺品。鼓励各地成立乡村旅游经营者协会或联盟，强化行业自律和自我管理。各地旅游部门要制定相关卫生、安全标准和服务规范，开展专项检查，提高贫困村乡村旅游的管理水平和服务质量。"《河南省 2014 年美丽乡村建设试点项目申报指南》要求："各县（市）和享受均衡性转移支付的区所辖的城市规划区外的乡镇政府所在地、中心村及特色村。太行山、伏牛山、大别山和黄河滩区（'三山一滩'）扶贫攻坚区域的扶贫搬迁重点项目可优先纳入试点申报范围。""1. 项目内容符合要求。申报的美丽乡村建设项目应符合《河南省财政厅关于发挥一事一议财政奖补作用 推动美丽乡村建设试点的实施意见》和一事一议财政奖补相关规定的公益事业建设项目内容要求。必须考虑垃圾及污水处理等清洁生态项目内容。涉及新建村镇（社区）项目的要统筹考虑保留村镇的环境综合治理。2. 规划与设计科学合理。试点项目规划建立在本地区域特征和资源禀赋的基础上，与各类规划合理衔接，并充分考虑城镇化发展带来的人口布局变化。项目规划设计完整、成熟，能满足项目评审的需要，并达到项目实施的要求。"根据上述文件的规定，进行美丽乡村建设势在必行。

8. 开发效果多元

生态旅游发展能够通过产业的良性发展来促进地区社会经济的整体进步，特别是可以对特定的动植物、群落及整个生态环境和自然景观加以保护，以达到生态保护的目的。科学的生态旅游发展是促进整体社会、自然环境发展的可靠战略，是被许多国家反复实践证明了的行之有效的方法。特别是对消除产业发展地区的贫苦状况，提高弱势群体的生活水平等是非常有益的。

9. 移民文化普遍

为了让京、津、冀、豫四省市人民喝上甘甜纯净的丹江水，在长达 50 年的岁月里，淅川县先后向青海、湖北及河南省移民 30 多万人。人口迁移是人口变迁的主要方式，也是社会变迁的基本形式。中国的人口迁移是与中国历史同时开始的，中国历史上的人口迁移规模庞大、分布广泛，对中国历史的发展产生了深刻而广泛的影响，举凡中国统一国家的形成和巩固、中华民族多元一体格局的奠定、中国的经济开发与经济重心的转移等，无不深深地打烙上了移民的印记。

（二）项目设计理念

1. 美丽乡村与旅游景区相结合

龙泉项目区的开发建设实质上就是美丽乡村建设背景下的乡村旅游发展过程。美丽乡村建设目前成为全国乡村地区社会发展的主题，也是淅川县社会经济发展中的大事。美丽乡村建设必须因地制宜，结合当地社会经济发展实际来有针对性地实施乡村地区社会经济发展的举措。龙泉项目区所在的龙泉村及白水河村区位特殊，距离县城较近，交通方便。区域内居民居住点分散，乡村景观良好，山水环境质量高，植被覆盖率优良，非常适合发展乡村旅游。通过乡村旅游的开展可以进一步优化乡村整体环境，达到美丽乡村发展的要求。特别是乡村社区居民通过各类形式参与到旅游发展的过程中，能够获得可持续性的产业受益，利用乡村资源获得生活条件的提升，从而达到理想的旅游发展目标，实现对乡村地区真正可持续性的关怀。龙泉项目区通过美丽乡村、美丽景观、幸福生活、美丽环境及美丽旅游的建设，将美丽乡村与旅游景区发展结合起来，实现了社会经济的可持续发展。项目区规划将乡村、农业与文化融为一体，实现景观效益与产业效益的一致性。比如，通过对房屋进行改造，实现对居民住宅的利用；利用栾树、红枫等沿龙泉河打造植物景观带，打造美丽生态环境。

2. 强化生态体验

针对现代都市民众生活远离良好生态环境以及对生态环境体验的需求，项目区产品开发应秉承生态零距离体验的观念，以满足通过生态旅游开发来实现旅游者对纯生态环境进行体验的目的。因此，在旅游开发和项目设计的过程中，一方面将贯彻生态保护的基本理念，另一方面将努力为旅游者提供零距离体验优良生态环境的机会。随着生态旅游发展的泛化，很多地方出现了伪生态旅游产品，旅游开发打着生态旅游的旗号，但其旅游开发和产品设计已经背离了基本的生态旅游要求。龙泉项目区在旅游开发和产品设计过程中将严把生态环境质量关，将最优越的生态环境体验呈现在旅游者面前。目前淅川县旅游开发主要集中在对宗教类景区以及对丹江湖的利用方面，缺乏生态休闲农业深度体验的开发，这也是龙泉生态旅游度假区发展的良好机遇。在淅川县区域范围内生态旅游开发竞争不激烈的情况下，龙泉项目区将抢抓机遇，率先完成高档次的生态旅游开发建设。

3. 实现社区关怀

乡村生态旅游开发的珍贵之处就在于项目开发及产品设计秉承了对区域社区的关怀理念，已从根本上达到生态旅游的可持续发展。这也是国际上生态旅游发展的基本经验。同样地，龙泉生态旅游度假区的建设应将社区民众的利益放在重要位置，从而体现社区生态旅游观念。项目区在开发建设中应体现对民众的关怀，通过一系列优惠措施来鼓励龙泉村社区民众积极参与旅游开发过程。产品设计应对社区类资源进行活化利用，将社区居民的土地、房屋、特产等都纳入产品设计体系中，鼓励社区民众能够在旅游开发公司就业，对民众的经营能力进行培训。通过"公司＋基地＋农户"的形式使社区获利，给予社区民众真正的利益关怀，制定社区民众生活质量提升计划与方案，对获利能力预期进行把握。龙泉项目区旅游开发公司应制定具体的方案，多渠道地鼓励社区民众参与旅游开发过程，通过各种让利活动使民众获得利益；通过各种形式的培训使社区民众提高获利和经营能力；对公司及农户的对接项目进行客观论证，从居民的实际情况出发设计项目；将提升居民生活质量作为公司业绩考核的具体目标。总之，项目区生态旅游发展的基本理念就是，只有让社区民众获利，才能实现真正意义上的可持续旅游发展。

4. 张扬山水情怀

龙泉项目区属于典型的山水型生态旅游开发。项目设计要体现中国传统的山水观，通过生态旅游开发来体现"智者乐水，仁者乐山"的传统山水情怀。寄情山水，悠游行乐，做大自然的赤子，把秀丽山水作为赏心悦目的家园，这对所有人来说都是一种心灵的慰藉。而文人们放志山水，纵意游玩，与自然界的一丘一壑、一草一木亲近交流，既是美的汲取，更是从事一种精神的输出。旅游开发和项目设计将在最大限度地保护当地自然山水环境的基础上进行，并能借山形水势进行恰当开发和利用。

5. 表达天人合一的理念

项目区部分地段生长着大量的竹子，竹林禅修项目区即布局在此。项目区建设中将进一步挖掘竹文化，加强对竹文化的利用。中国人历来喜爱竹子，中国也是世界上研究、培育和利用竹子最早的国家。从竹子在中国历史文化发展和精神文化形成中所产生的巨大作用，竹子与中国诗歌书画和园林建设源远流长的关系，以及竹子与人民生活息息相关中不难看出，中国不愧被誉为"竹子文明的国度"。竹子枝杆挺拔，修长，四季青翠，凌霜傲雪，备受中国人民喜爱，有"梅兰竹菊"四君子之一，"梅松竹"岁寒三友之一等美称。中国古今文人墨客，嗜竹咏竹者众多。通过广植竹林进一步渲染禅修环境和氛围，以达到天人合一的理想自然及人文环境状态。

6. 依托体验农业，发挥地方特色

项目区贯彻体验式农业的理念。体验农业是指利用田园景观、自然生态及环境资源，结合农林渔牧生产经营，经过规划设计与建设，使城里人体验农业及农村生活，实现以休闲、观光、娱乐为目的的农业经营模式。早在20世纪60年代，体验农业就已在美国出现，并且陆续影响到英、法、德、日等经济发达国家。目前，在北京等地，体验农业的兴起势头已势不可当。项目区建设将利用当地适宜的农作物，诸如花生、玉米、蘑菇等，开展深度乡村生态旅游，通过对体验农业的利用，进一步增加农业附加值。

项目设计将进一步强化地方化，体现当地的历史文化特色。通过深入挖掘淅川县、龙泉村及周边地区的历史、文化、典故、传说、习俗、宗教等内容，将产品设计成为富有地方特色的文化体验类项目。在旅游开发中，只有真正实现地方化，才能够持续吸引各类旅游者。

因此，在龙泉项目区生态旅游开发建设中应重视对地方文化的利用。

7. 凸显移民文化特色

因为南水北调中线丹江口水库地区的建设，南阳市及淅川县等地产生了大量的现代移民者，因此，项目区所在地具有浓郁的移民文化特色。通过乡村性生态旅游度假村的开发，可以为当地的移民者提供休闲娱乐的场所。感天动地的移民精神，是社会发展时代性和历史性的表现，55年移民历史，30多万移民人口的大迁移的确形成了可歌可泣的文化景观。中国文化历来重视重土安迁，与一般的旅游者相比，永久性离开自己的家乡，使移民者更具有浓厚的"乡愁"情结。因此，龙泉项目区的生态旅游开发能够满足当地移民者对"乡愁"的体验。惊天动地的移民历史与文化成为整个淅川县最浓烈的文化特征，也是这一地区旅游发展可供挖掘和利用的核心文化资源。龙泉项目区同样可以借助移民文化大做文章，可以成为大移民文化展示保护项目的一部分。通过类似移民先祖祭祀陵园、百家姓宗祠等建设，来表达乡土情怀，特别是实现后移民文化时期的情感关怀。人也是可持续发展的关键，对全社会人的关怀是实现可持续发展的关键。通过张扬移民文化和移民精神来表达时代文化理念，是提升龙泉景区文化品质的关键。[①]

8. 满足多元需求

在项目设计中，可通过空间开放性与私密性的结合来满足不同旅游者的需求。对大众旅游者能够消费的旅游项目设计采用开放性形式，而对部分小众消费者的需求，项目设计应较多地采用私密性的设计风格，以满足旅游者对私密性环境需求的愿望。项目区生态旅游的发展，产品设计方向为满足旅游者的旅游观光、休闲度假、养生保健、自然体验、禅修提升、生态教育以及有机农业的发展。

观光旅游是旅游的一项最基本的活动内容。如观赏异国异地的风景名胜、人文古迹、城市美景及其风土人情等。旅游者通过观光游览可实现改变居住环境、开阔眼界、增长见识、陶冶性情、怡悦心情、

---

① 明新胜：《淅川移民与民俗文化》，中州古籍出版社2014年版。

鉴赏大自然造化之美、享受现代化城市生活的情趣以及满足异地购物等多方面的需求和目的。这种基本的旅游方式在今后一定时期内仍将继续占据重要地位。在不少国家里，"观光"（sight-seeing）一词即游览或旅游的同义词，观光者（sight-seer）即旅游者。而休闲度假是利用假日外出以休闲为主要目的和内容，进行令精神和身体放松的休闲方式。随着中国经济的不断持续发展，人们的旅游观念也发生了重大改变，越来越多的人已经厌倦了走马观花式的观光旅游，转而开始爱上休闲、放松和以娱乐为主的休闲度假旅游。养生保健旅游则是更加注重自身的身心健康。自然体验及生态教育是提倡向自然学习，提倡带领人们到自然或半人工的环境中，借助自然游戏、体验、歌唱、戏剧等方式、方法，提高参与者欣赏自然、与自然和谐相处的意识和能力。禅修则是对宇宙人生真理认识的积极努力。有机农业（Organic Agriculture）是指在生产中完全不用人工合成的肥料、农药、生长调节剂和畜禽饲料添加剂，而采用有机肥满足作物营养需求的种植业，或采用有机饲料满足畜禽营养需求的养殖业。对以上目标的诉求，就成为龙泉项目区生态旅游发展的整体定位。

9. 发挥资源优势，凸显乡村景观及文化

从南阳市旅游整体资源开发来看，旅游发展主要集中在遗址类、历史文化类和自然景观类三个方面，而知名生态旅游开发地较少。项目区凭借优越的自然生态环境所进行的生态旅游开发，在南阳市能够形成旅游差异化开发经营的优势。

项目区通过对河水的开发利用来满足景区水景景观建设的需要。水体对生态旅游地的开发至关重要。通过对水体构景和生态功能的发挥，能够进一步提升生态旅游区的质量。项目区拥有适宜的河流水量，通过对河流水体的利用，可以开发各种秀水景观，进一步体现生态旅游的环境价值。

乡村旅游在中国的发展很快，但随之而来的问题则是乡村景观及文化的失落，乡村城市化成为乡村旅游开发的主要问题。随着城市化进程的加快和区域的蔓延，纯粹的乡村景观风貌及文化已经成为稀缺性的资源，对旅游者能够产生巨大的吸引力。龙泉项目区所在地乡村景观优美，民风淳朴，是地道的伏牛山地区典型的传统乡村区域。项目开发建设中要确保对传统乡村文化及景观的保护性利用。通过建设龙泉乡村原生态博物馆的形式，将乡村地区原始的风貌、风景、风情、风光以及风土最大限度地予以保护和恢复，再现传统乡村地区的景观、生产活动、风俗传承、劳作场景、安居乐业、土地利用、乡土故事、情感纽带、道德情怀、社会规则等文化元素，来表达乡村社会特殊的景观及文化，从而发挥乡村景观及文化遗产的价值。

10. 旅游发展"三步走"

根据旅游市场发展规律以及龙泉项目区的实际情况，项目规划区域发展分为三个时期，分别是农业做活期、餐饮做红期以及文化提升期，从而实现项目区生态养护、社区呵护、文化保护的使命。第一个时期是农业做活期，项目区通过发展乡村旅游中的观光及采摘农业，初步形成龙泉旅游规模。项目区利用景区的有利环境，在以往采摘农业的基础上，重新布局了一系列新型的农业采摘区域，目的就是通过利用种植农田的条件来去的农业活化产业的效果，再加之通过农业发展与美丽乡村建设相结合，使项目区获得比较理想的初步效益，为进一步发展奠定基础。第二个时期为餐饮引爆期，通过深入发展乡村旅游中的餐饮业，吸引更多的旅游者能够选择龙泉景区。农业观光及采摘，具有明显的时段性，其旅游效益也有限，只有通过餐饮业的发展才能够进一步扩大吸引力。针对淅川县餐饮业的现状及周边地区的发展经验，我们认为，通过引进先进的乡村旅游餐饮发展和管理模式，完全可以引爆龙泉项目区的旅游市场。第三个时期是龙泉项目区旅游发展的质量提升期，即通过文化保护和文化复原的形式来使项目区成为体现地方综合性文化的集中展示地，使项目区成为淅川文化的重要演绎地。文化是旅游发展的灵魂，同样也是龙泉项目区旅游发展的重要源泉。项目规划应旨在充分展示地方文化，通过对乡村文化、生态文化、民居文化、餐饮文化、宗教文化等内容的提炼来达到文化提升景区的目标。

11. 做好规划衔接

做好与当地各类相关规划的衔接。项目区所在的位置属于淅川县旅游总体规划中的西北部山地一带的"山水园林城市游憩区"以及"乡村休闲游憩区",规划指出:"突出特色,建设精品基础设施环境、生态环境、人文环境,坚持'快生活,慢旅游'的旅游发展理念,打造个性化的城郊休闲体验项目。""北部毛堂区域以万亩茶园为核心依托,围绕茶文化发展体验型旅游,利用观音峡、龙山等区域资源开发休闲娱乐、乡村旅游产品,打造淅川县休闲娱乐后花园。"由此可见,龙泉项目区的生态旅游开发建设与淅川县整体旅游发展规划是一致的。项目区生态旅游发展规划应与其他相关规划衔接一致。经分析,龙泉项目区的生态旅游度假村发展规划的定位与其他相关系列的规划内容是一致的。符合南阳市国民经济与社会发展以及旅游产业发展的整体布局,与淅川县的各类发展规划的定位相协调,符合南水北调中线环境管理及产业发展的各种办法。特别是项目区发展规划客观地分析了淅川县旅游产业发展以及周边地区社会经济发展的实际情况,根据项目区所在地的自然环境和乡村特色,通过与其他规划衔接以及和周边区域协调一致,来定位项目区的整体发展规划。

(三)设计理念与布局原则

1. 项目设计理念

(1)挖掘和体现乡村景观

通过对"龙泉风""醉美梦""乡愁情"的表达来体现乡村风光、田园风情和自然风景,从而让旅游者品味老家味道—梦里老家、家乡味道—梦里乡愁、童年味道—梦里童年的旅游感知。

体现农耕文化——稻草人、田野农耕博览园,体验农耕种植。农耕文化是指由农民在长期农业生产中所形成的一种风俗文化,以农业服务和农民自身娱乐为中心。农耕文化集儒家文化及各类宗教文化于一体,形成了自己独特的文化内容和特征,但其主体包括语言、戏剧、民歌、风俗及各类祭祀活动等,是中国存在最为广泛的文化类型。

张扬山水情怀——"山水观光,山谷度假,山林养生,山林体验,山地运动,山林野趣";"行走山径,呼吸山林,倾听山水,享受山居，倾听山水，品尝山味，体验山趣"；"峡谷溪流，茶山竹林，原声溪谷，山谷自然山水，乡村经典景致"；"原生、绿色、健康、闲适"；"回归乡村，回归自然，回归生命"；"养生、生态、自然、环保"。

实现游乐康复——康复疗养、运动游乐。

发挥乡村优势——利用清净、淳朴自然、归真的乡村环境及文化元素，如篱笆墙、生态步道、田地、耕牛、土木建筑房屋、喜鹊窝、作坊、叫卖声等，实现对乡村旅游的体验。

（2）通过命名来强化景区文化

为体现"龙泉"这一景区名称的文化主旨，项目规划中根据景区的实际情况，我们对一些地方做了重新的命名，以凸显有关文化内涵。干道命名：主干道命名为飞龙大道，两处支路命名为福泉路和慧泉路，取佛家所讲"福慧双修"之意，同时暗含"龙泉"的景区主题。东侧河道命名：怡心河。对桥的命名：锁龙桥、回龙桥、合龙桥、跃龙桥等。

景观节点命名：黄莲古树（龙泉神树）、竹林烧烤园（野味农家）、怡心河处的竹林（龙泉竹海）、蝴蝶广场（羽化成蝶）、茶园观景平台（禅茶体验/茶香禅韵）、禅修区（竹林精舍）、水岸商务接待（水榭歌台）、村舍（归园田居）、茶园（云顶茶苑）、九龙潭（九龙神滩）、大地景观（锦绣大地）、花带（龙泉花谷）、酒店接待（野奢酒店）、自然体验区（五彩丛林）、黄金梨采摘处（盘龙山）等。通过地名的文化强化作用来达到景区文化聚集的效应。

（3）美丽乡村示范区建设

按照"规划先行、项目带动、整体推进、打造精品"的要求，坚持规划的科学性、建设的时效性、配套的实用性和管理的长效性，不断提升龙泉景区美丽乡村建设的品位。把美丽乡村建设作为统筹城乡区域发展的重要抓手，加强领导，加强保障，加强宣传，加大投入，加快建设，形成整体推进的合力，全力打造美丽乡村建设示范区。

（4）突出传统文化价值

项目区建设将突出中国龙文化、禅文化、茶文化和乡村文化等传统文化主题。以龙泉村地名为契机，将项目区名称定位为"龙泉"，在系列建设过程中体现龙文化。植入现在的禅修理念，与传统佛教文化紧密结合，以达到通过宗教来教化民众和社会服务的目的。彰显茶文化的魅力，使旅游活动与现代生活时尚相结合。立足于乡村环境基础，为旅游者呈现最纯粹的乡村文化生活，实现文化回归以及文化提升。

（5）低碳旅游

低碳旅游就是在旅游活动中，旅游者尽量降低二氧化碳的排放量。即以低能耗、低污染为基础的绿色旅行，倡导在旅行中尽量减少碳足迹与二氧化碳的排放，也是环保旅游的深层次表现。项目区在规划建设中将秉承低碳旅游的原则，做到对环境的保护。通过利用喷灌科技、节水技术、水循环利用等手段，来实现卫生、环保、科技环保展示等理念，并给予旅游者体验与观察低碳旅游技术的平台。

（6）凸显健康理念

龙泉项目区拥有优质的自然环境，山清水秀，民风淳朴，在项目区规划建设过程中，我们将立足于"把健康还给旅游者"的理念，在项目布局、产品设计、线路处理过程中，体现健康理念，使旅游者能够在旅游过程中获得健康回归的体悟。项目区率真淳朴的自然及社会环境非常适合现代忙忙碌碌的人的情感、心理及身体的回归养育的需要。项目区通过无公害有机农业产品、优质的水源、高富氧离子含量的空气、静谧的环境、绿色的植被、禅修的意境、宗教的体验、乡土的情怀、乡愁的怀念等各类项目的设计，通过各类体验性活动的植入，让旅游者能够获得身心健康的体验，实现精神及情感的回归。

（7）强调旅游者活动的参与性

龙泉景区规划在项目设计过程中高度重视旅游者自身的活动参与性。一方面，项目活动规划中按照旅游者活动的规律来对活动和线路进行有效组织，以满足旅游参与与直接体验的需要。另一方面，项目区通过举办各类不定期、时段性的活动，利用活动参与的驱动效应，来对旅游者形成持续的吸引力。前期设计将重视项目的体验参与性，便于各类旅游者直接参与旅游活动，零距离体验各类产品，让乡村旅游观光成为乡村旅游体验；在后期经营中，景区应设计一系列有针对性的节庆活动，通过活动的举办来引爆景区。

（8）演绎文化遗产

项目规划的提升期即是对文化的深度利用，因此，项目区对各类文化遗产的演绎就成为景区质量提升的关键。在项目规划设计中，我们深入挖掘了淅川县及龙泉景区的各类文化遗产资源，将文化资源恰当地运用于景区项目设计中，通过旅游开发所展示的形式来达到对文化遗产保护和弘扬的目的。诸如通过移民文化、乡村文化、宗教文化这些旅游者喜闻乐见的文化活动来满足旅游者的文化消费需要，从而达到通过文化教化来提升旅游者素质的目的。

（9）尊重村民意愿

龙泉项目区在规划过程中，项目组多次深入走访村民家庭，对社区民众的发展愿望进行摸底调查。在整体乡村地区产业转型和美丽乡村建设的大背景下，绝大多数民众都有强烈的发展愿望，对项目区通过乡村生态旅游与美丽乡村建设相结合的产业发展思路以及具体看法非常支持。项目区规划将因地制宜，旨在通过产业发展来保护青山秀水的美丽家园，同时提高社区民众的收入，改善民众生活条件。道禾公司具有良好的社区民众关系，能够为社区百姓着想，尊重民众意愿。道禾公司的发展理念即是与社区民众共荣。由于项目区旅游发展能够遵循社区民众的意愿，尊重为百姓之利益考虑，所以在项目设计规划中能够得到社区民众的支持，这也保证了未来项目区旅游产业的顺利发展。

2. 总体空间布局

按照功能区形象体系设计，考虑龙泉旅游区旅游资源类型结构以及旅游资源聚集区（点）地域组合的现状，来划分其旅游功能区，以便从整体上确定旅游区发展的空间布局与结构关系，确定各类旅游区域及其功能，明确旅游区的开发时序。在保护原生自然生态环境、原生人文生态环境的同时，在对各类旅游资源性质及位置分析的基础上，将规划区空间布局确定为"一轴一心南北两区"的空间格局。

（1）一轴

以南北走向的龙泉河轴线为旅游空间发展主轴。

总体定位：沿河水景，形成景区水景廊道；空间布局依河道走向合理安排。

龙泉河为景区发展提供水源，也是景区构景布局的关键。项目区建设利用龙泉河水源来打造沿河地带的系列景观，做活水文章。同时，项目布局及旅游线路设计沿龙泉河自南向北发展，从而形成项目整体发展和布局的轴线。龙泉河河水是景区重要的水源地，也是景观水景的重要组成部分，同时是旅游线路布局的主要地理依据。项目及产品设计将沿龙泉河南北有序布局。

（2）一心

中部的龙泉旅游核心。

总体定位：龙泉旅游发展核心区域，承载主要旅游开发及旅游活动，成为龙泉景区旅游吸引力核心区，是基础旅游设施集中区，也是旅游者停留的主要空间。

旅游核心区围绕目前的村委会及学校及周边地区进行布局。这里地势较为开阔，沿河可利用土地较多，周边有散点式布局的村庄，位置处于整个项目区的中部，因此，这里适合打造成为龙泉旅游景区的核心部位。项目建设将围绕核心区的综合性需要来开展。核心区建设满足旅游者在项目区的主要旅游活动的需要。特别是满足项目区深度旅游者的特殊旅游需要，因此将主要旅游建设项目布局在核心区。

（3）南北两区

分别是南部的醉美乡村观光区和北部的深度自然体验区。

总体定位：南北两区分别规划为龙泉景区的乡村观光与自然体验区域。

南部醉美乡村观光区依托白水河村的村庄资源，通过环境改造来发展乡村文化的观光性旅游。因为景区南部的白水河村是社区居民居住的集中区域，因此也是美丽乡村建设的核心区域。项目规划在此主要依托目前的村庄及土地条件，通过进一步美化环境和对村庄居民房屋的改造来打造醉美乡村旅游环境。

北部深度自然体验区则是依托龙泉河北端以山地森林为主要资源的自然条件来发展对自然环境的深度体验。由于北部区域属狭长山谷地貌，森林覆盖率高，其他项目布局难度大，因此将这一区域发展为对自然环境进行深度体验的区域。

参考文献

田勇：《旅游非道德行为与旅游道德的塑造》，《桂林旅游高等专科学校学报》1999 年第 2 期。

张广瑞：《全球旅游伦理规范》，《旅游学刊》2000 年第 3 期。

段晓雪、冯学钢：《国外旅游伦理实践导向研究的进展及启示》，《旅游论坛》2010 年第 5 期。

李文明、钟永德：《生态旅游环境教育效果评价指标体系构建初探》，《中南林业科技大学学报》2009 年第 6 期。

孙欢、廖小平：《国内旅游伦理研究之回溯、论阈与展望》，《伦理学研究》2012 年第 5 期。

石群：《〈旅游法〉的伦理努力及实现路径》，《长春大学学报》2014 年第 7 期。

范慧玲、廖小平：《道德认知：旅游伦理实证研究的新视角》，《中南林业科技大学学报》（社会科学版）2014 年第 2 期。

薛保红：《多维动态视域下的旅游伦理道德建设》，《社会科学家》2015 年第 6 期。

李红、路璐：《转型期我国旅游伦理建设对策》，《新东方》2014 年第 6 期。

王中雨：《旅游伦理视域下我国生态农业旅游研究》，《农业经济》2013 年第 5 期。

李严：《生态农业旅游对农村生态伦理的影响研究》，《农业经济》2015 年第 10 期。

亢雄：《旅游消费的伦理维度及其实现路径》，《理论导刊》2014 年
　　第 11 期。

葛绪锋、邓永进：《伦理学视野下民族旅游开发中的文化商品化研
　　究》，《资源开发与市场》2015 年第 12 期。

冯庆旭：《民族旅游的基本伦理问题》，《广西社会科学》2015 年第
　　5 期。

冯庆旭：《民族旅游的伦理文化生态建构——以中华回乡文化园为
　　例》，《回族研究》2015 年第 3 期。

王济远：《文化旅游"审丑"现象伦理思考》，《商业研究》2013 年
　　第 5 期。

谢春江：《乡土情结：旅游伦理构建的一个支点》，《伦理学研究》
　　2014 年第 6 期。

刘於清：《中国古代游记中的环境伦理思想特征探析》，《中南林业科
　　技大学学报》（社会科学版）2015 年第 2 期。

庄晓平：《旅游伦理研究何以重要》，《旅游学刊》2014 年第 12 期。

何建民：《旅游主体行为合理化的伦理机制与引导策略》，《旅游学
　　刊》2014 年第 11 期。

肖洪根：《关于"旅游与伦理"问题的若干思考》，《旅游学刊》
　　2014 年第 11 期。

张世满：《旅游研究应坚守的学术伦理》，《旅游学刊》2014 年第
　　11 期。

王晓华、白凯：《旅游中的道德与利益：二元对立还是一元统一？》，
　　《旅游学刊》2014 年第 11 期。

冯学钢、金川：《旅游规划的道德约束和价值导向》，《旅游学刊》
　　2014 年第 12 期。

孙九霞：《传统文化与现代消费导向下的旅游伦理多元化》，《旅游学
　　刊》2014 年第 12 期。

王宁：《旅游伦理与本真性体验的文化心理差异》，《旅游学刊》2014
　　年第 11 期。

王德刚：《文化自信、利益均衡是确立乡村旅游伦理关系的基础》，

《旅游学刊》2014 年第 11 期。

尤海涛:《乡村旅游利益之殇与本源回归》,《旅游学刊》2014 年第
  11 期。

王健、范清:《关于我国旅游企业不正当竞争行为的伦理与法律思
  考》,《南开管理评论》1999 年第 1 期。

曹新向、丁圣彦、张明亮:《探析自然保护区旅游开发的景观生态调
  控》,《生态经济》2002 年第 12 期。

王子新、王玉成:《旅游影响研究进展》,《旅游学刊》2005 年第
  2 期。

夏赞才:《全球旅游伦理规范的脆弱基础和错误主张》,《伦理学研
  究》2007 年第 6 期。

夏赞才:《孕育中的旅游伦理学——近年来西方国家旅游伦理研究述
  评》,《哲学动态》2005 年第 7 期。

朱永华、王敏:《当前我国旅游经济中的伦理问题探析》,《宜宾学院
  学报》2010 年第 4 期。

石群:《试析旅游伦理原则的建构》,《旅游论坛》2010 年第 3 期。

韩玲:《浅议旅游伦理教育》,《道德与文明》2005 年第 4 期。

王寿鹏:《基于旅游者的旅游价值模型及其应用》,《旅游科学》2011
  年第 6 期。

曹国新:《关于旅游起源的研究》,《广西社会科学》2004 年第 9 期。

罗金华:《基于生态伦理的森林旅游产品开发模式》,《长春师范学院
  学报》(自然科学版)2008 年第 4 期。

王露璐:《经济伦理视野中的企业社会责任及其担当与评价次序》,
  《伦理学研究》2011 年第 3 期。

张鹏:《桂林旅游发展的消费伦理转向与旅游文化竞争力的提升》,
  《重庆社会科学》2008 年第 4 期。

何建民:《旅游主体行为合理化的伦理机制与引导策略》,《旅游学
  刊》2014 年第 11 期。

黎耀奇、傅慧:《旅游企业社会责任:研究述评与展望》,《旅游学
  刊》2014 年第 6 期。

高德胜：《节俭·人性·教育》，《高等教育研究》2010 年第 1 期。

夏赞才：《论旅游道德建设》，《道德与文明》2005 年第 5 期。

屈颖、赵秉琨：《试论旅游市场中利益相关者的旅游伦理建设》，《陕西青年职业学院学报》2007 年第 1 期。

郭赤婴：《从旅游职业道德的角度推进建设旅游伦理学》，《北京第二外国语学院学报》2002 年第 4 期。

蔡君：《对美国 LNT（Leave No Trace）游客教育项目的探讨》，《旅游学刊》2003 年第 10 期。

彭志敏：《论旅游生态伦理价值观教育》，《社会科学家》2005 年第 5 期。

李永生：《新加坡公民教育中的儒家伦理道德教育及其启示》，《当代经理人》2006 年第 3 期。

周永博等：《乡村旅游发展中的社会分化与整合——环境伦理视野下的西部农村实证研究》，《商业经济与管理》2010 年第 2 期。

许涛：《我国旅游可持续发展研究概述》，《干旱区资源与环境》2004 年第 6 期。

刘长生、简玉峰：《环境保护与旅游经济协调发展研究——基于中国四大世界自然与文化遗产旅游目的地的面板数据分析》，《旅游学刊》2010 年第 10 期。

赵全科、张亚利：《旅游资源开发对环境的破坏及治理对策》，《忻州师范学院学报》2004 年第 12 期。

周笑源：《生态旅游市场营销内涵及其产品策略》，《旅游学刊》2004 年第 1 期。

江民锦：《生态伦理观及生态旅游资源的开发取向》，《安徽农业科学》2010 年第 24 期。

郭来喜：《中国生态旅游——可持续旅游的基石》，《地理科学进展》1997 年第 4 期。

张延毅、董观志：《生态旅游及其可持续发展对策》，《经济地理》1997 年第 2 期。

王家骏：《"生态旅游"概念探微》，《江南大学学报》（人文社会科学版）2002 年第 1 期。

卢小丽、武春友等：《基于内容分析法的生态旅游内涵辨析》，《生态学报》2006 年第 4 期。

吴楚材、吴章文、郑群明等：《生态旅游定义辨析》，《中南林业科技大学学报》2009 年第 5 期。

WTO，WTTC，Earth Council：《关于旅游业的 21 世纪议程（四）：实现与环境相适应的可持续发展》，张广瑞译，《旅游学刊》1995 年第 5 期。

孙猛、陈丽军：《生态伦理对旅游者行为规范的实现》，《哈尔滨商业大学学报》（社会科学版）2007 年第 4 期。

李维长：《国际生态旅游发展概况》，《世界林业研究》2002 年第 4 期。

梁慧、张立明：《国外生态旅游实践对发展我国生态旅游的启示》，《北京第二外国语学院学报》2004 年第 1 期。

刘莹、王文军：《我国低碳旅游发展的动力机制与路径选择》，《城市经济》2012 年第 12 期。

周晋：《我国乡村旅游可持续发展的环境伦理思考》，《辽宁行政学院子报》2009 年第 6 期。

魏小安：《中国三农旅游的发展》，《贵州乡村旅游国际论坛》2004 年第 10 期。

何景明、李立华：《关于乡村旅游概念的探讨》，《西南师范大学学报》2002 年第 5 期。

王中雨：《旅游伦理视域下我国生态农业旅游研究》，《农业经济》2013 年第 5 期。

李严：《生态农业旅游对农村生态伦理的影响研究》，《农业经济》2015 年第 10 期。

王德刚：《文化自信、利益均衡是确立乡村旅游伦理关系的基础》，《旅游学刊》2014 年第 11 期。

尤海涛：《乡村旅游利益之殇与本源回归》，《旅游学刊》2014 年第 11 期。

周永博、沙润等：《乡村旅游发展中的社会分化与整合——环境伦理
　　视野下的西部农村实证研究》，《商业经济与管理》2010 年第 2 期。

王德静：《试论旅游业可持续发展思想》，《河南商业高等专科学校学
　　报》2001 年第 4 期。

张西林：《旅游安全事故成因机制初探》，《经济地理》2003 年第
　　4 期。

吴必虎等：《中国大学生对旅游安全的感知评价研究》，《桂林旅游高
　　等专科学校学报》2001 年第 3 期。

李锋、孙根年：《旅游目的地灾害事件的影响机理研究》，《灾害学》
　　2007 年第 3 期。

刘军林、陈小连：《智能旅游灾害预警与灾害救助平台的构建与应用
　　研究》，《经济地理》2011 年第 10 期。

秦志英、龙良碧：《旅游灾害事件成灾模型的建立及解析》，《灾害
　　学》2004 年第 4 期。

张晓平：《“旅游是一种现代朝圣”刍议》，《云南民族大学学报》
　　（哲学社会科学版）2003 年第 4 期。

余汝艺等：《从宗教景区上市透视宗教文化资本化》，《旅游学刊》
　　2014 年第 5 期。

李健：《关于旅游伦理的思考》，《光明日报》2000 年 4 月 11 日（理
　　论周刊）。

陈茂勋：《旅游地学与旅游发展新论》，四川科学技术出版社 2006
　　年版。

于文兰：《国际旅游机构指南》，旅游教育出版社 1996 年版。

科恩：《旅游社会学纵论》，巫宁等译，南开大学出版社 2007 年版。

奥尔多·利奥波德：《沙乡年鉴》，侯文蕙译，吉林人民出版社 1997
　　年版。

赫伯特·马尔库塞：《单向度的人》，刘继译，上海译文出版社 2006
　　年版。

魏小安：《中国休闲经济》，社会科学文献出版社 2005 年版。

艾伦·杜宁：《多少算够——消费社会与地球的未来》，毕聿译，吉

林人民出版社 1997 年版。

R. T. 诺兰：《伦理学与现实生活》，姚新中译，华夏出版社 1988
年版。

凡勃伦：《有闲阶级论》，蔡受百译，中央编译出版社 2012 年版。

《易经》，人民文学出版社 2002 年版。

维克多·特纳：《仪式过程：结构与反结构》，黄剑波、柳博赟译，
中国人民大学出版社 2006 年版。

谢彦君：《基础旅游学》，中国旅游出版社 2004 年版。

阿奇·B. 卡罗尔等：《企业与社会：伦理与利益相关者管理》，黄煜
平等译，机械工业出版社 2004 年版。

齐格蒙特·鲍曼：《全球化：人类的后果》，郭国良、徐建华译，商
务印书馆 2001 年版，第 77 页。

王柯平：《美之旅》，南京出版社 2006 年版，第 18 页。

孙九霞：《传承与变迁——旅游中的族群与文化》，商务印书馆 2012
年版，第 262 页。

曹诗图：《旅游哲学引论》，南开大学出版社 2008 年版。

孔汉思、库舍尔：《全球伦理——世界宗教议会宣言》，何光沪译，
四川人民出版社 1997 年版。

杰弗瑞戈比：《世纪的休闲与休闲服务》，张春波译，云南人民出版
社 2000 年版。

费雷德·波塞尔曼等：《弯路的代价——世界旅游业回眸》，陈烨等
译，中国社会科学出版社 2003 年版。

麦金托什、格波特：《旅游学：要素、实践、基本原理》，薄红译，
上海文化出版社 1985 年版。

亢雄、马耀峰：《国民休闲计划的实践意义》，《光明日报》2009 年 3
月 24 日第 10 版。

杜炜：《导游业务》，高等教育出版社 2002 年版。

巴里·康芒纳：《封闭的循环自然、人与技术》，侯文蕙译，吉林人
民出版社 2000 年版。

霍尔姆斯·罗尔斯顿：《环境伦理学：大自然的价值以及人对大自然

的义务》，杨通进译，中国社会科学出版社 2000 年版。

余谋昌、王耀先：《环境伦理学》，高等教育出版社 2004 年版。

万以诚等：《新文明的路标——人类绿色运动史上的经典文献》，吉林人民出版社 2000 年版。

霍尔姆斯·罗尔斯顿：《哲学走向荒野》，刘耳、叶平译，吉林人民出版社 2001 年版。

余谋昌、王耀先：《环境伦理学》，高等教育出版社 2004 年版。

奥尔多·利奥波德：《沙乡年鉴》，彭俊译，四川文艺出版社 2013 年版。

世界自然保护同盟等编：《保护地球——可持续生存战略》，中国环境科学出版社 1992 年版。

威廉·瑟厄波德：《全球旅游新论》，张广瑞等译，中国旅游出版社 2001 年版。

郭岱宜：《生态旅游 21 世纪旅游新主张》，（台北）扬智文化事业股份有限公司 1999 年版。

邹统钎：《旅游景区开发与管理》，清华大学出版社 2004 年版。

阿尔贝特·施韦泽：《对生命的敬畏：阿尔贝特·施韦泽自述》，陈泽环译，上海人民出版社 2006 年版。

保罗·沃伦·泰勒：《尊重自然：一种环境伦理学理论》，雷毅译，首都师范大学出版社 2010 年版。

张建萍：《旅游环境保护学》，旅游教育出版社 2003 年版。

蒙睿、周鸿：《乡村生态旅游理论与实践》，中国环境科学出版社 2007 年版。

李天元：《中国旅游可持续发展研究》，南开大学出版社 2004 年版。

弗雷德·P. 波塞尔曼等：《弯路的代价——世界旅游业回眸》，陈烨等译，中国社会科学出版社 2003 年版。

明新胜：《淅川移民与民俗文化》，中州古籍出版社 2014 年版。

道格拉斯·福斯特：《旅游经营管理》，余建伟、郭震宇译，云南人民出版社 1990 年版。

Cohen Erie. "Rethinking the Sociology of Tourism." *Annals of Tourism*

Research, 1997 (6): 18 –35.

J. L. Crompton, et al. "Developing and Test a Tourism Impact Scale. " *Journal of Travel Research*, 1998 (37): 120 –130.

Smith. *Hosts and Guests—the Anthropology of Tourism*. Philadelphix University of Pennsylvania Press, 1989.

Stuart Hampshire. *Morality and Conflicts*. Cambridge: Harvard University Press, 1983.

WTO Statement on the Prevention of Organized Sex Tourism, Adopted by the General Assembly of the World Tourism Organization at Its 11th Session, 1995.

UN. Office of the Special Adviser on Gender Issues and Advancement of Women (OSAGI) Gender Mainstreaming Mandates.

UN. Congress on Prevention of Crime and the Treatment of Offenders Press Release New Global Treaty to Combat Sex Slavery of Women and Girls.

Gilbert, D. , Abdullah, J. "Holiday Taking and the Sense of Well-being. " *Annals of Tourism Research*, 2004, (31): 103 –121.

Twynam, D. , Johnston, M. E. "The Use if Sustainable Tourism Practices. " *Annals of Tourism Research*, 2002, 29 (4): 1165 –1168.

Cushnahan, G. J. "The Community Tourism Guide: Exciting Holidays for Responsible Travelers. " *Annals of Tourism Research*, 2001, 28 (4): 1069 –1070.

Gary Vallenand Matt Casado. "Ethical Principles for the Hospitality Curriculum. " *Cornell Hotel and Restaurant Administration Quarterly*, 2000 (4): 44 –51.

Mowforth, M. & Munt. *Tourism and Sustainability: New Toursm in the Third World*. London and New York: Routledge, 1998.

Malloy & Fennell. "Ecotourism and Ethics: Moral Development and Organizational Cultures. " *Journal of Travel Research*, 1998, 36: 47 –57.

Canestrelli, Costa. "Tourist Carrying Capacity: A Fuzzy Approach. " *Annals of Tourism Research*, 1991 (18), 295 –311.

Ceballos, L. H. "The Future of Ecotourism." *Mexico Journal*, 1987, (1): 13 – 14.

Wight, P. A. "North American Eco-tourists Market: Motivations, Reference and Destinations." *Journal of Travel Research*, 35 (1), Summer 1996: 3 – 10.

Ercan Sirakaya, Sasidharan, V., Sonmez, S. "Redefining Ecotourism: The Need for A Supply-side View." *Journal of Travel Research*, 1999, (11): 168 – 180.

Fennell, D. A. "A Content Analysis of Ecotourism Definitions." *Current Issues in Tourism*, 2001, 4 (5): 403 – 421.

WTO. *Sustainable Development of Tourism.* Madrid: World Tourism Organization, 2000.

Godfrey, Tourism and Sustainable Development: Towards a Community Framework, Unpublished PhD dissertation, School of Planning, Oxford Brookes University, 1993.

Inskeep, E., 1991. *Tourism Planning: An Integrated and Sustainable Development Approach.* London: Chapman and Hall.

Eber, Beyond the Green Horizon: Principles of Sustainable Tourism, WWF UK, 1992.

Clarke, T. (1998). "The Stakeholder Cooperation: A Business Philosophy for the Information Age." *Long Range Planning*, 31 (2), 182 – 194.

R. Edward Freeman & David L. Reed (1983). "Stakeholders and Stakeholders: A New Perspective on Corporate Governance." *California Management Review* (Pre-1986), 25: 88 – 106.

Marsh and Henshall. "Planning Better Tourism: The Strategic Importance of Tourist and Interactions." *Tourism Recreation Research*, 1987 (1), pp. 47 – 54.

Ryan C. Equity. "Management, Power Sharing and Sustain Ability: Issue of 'New Tourism'." *Tourism Management*, 2002, 23 (1): 17 – 26.

Stonich, C. "Political Ecology of Tourism." *Annals of Tourism Research*,

1998，25（1）：2554.

Holden，A. "In Need of New Environmental Ethics for Tourism. " *Annals of Tourism Research*, 2003, 30 （1）：94 – 108.

Aas, C. , Ladkin, A. , Fletcher, J. "Stakeholder Collaboration and Heritage Management." *Annals of Tourism Research*, 2005, 32 （1）: 28 – 48.

Shareef, R. Small Island Tourism Economics: A Snapshot of Country Risk Ratings. International Congress on Modelling and Simulation. Australia and New Zealand, The Modelling and Simulation Society of Australia and New Zealand Inc. , 2003.

Mazzocchi, M. and A. Montini. "Earthquake Effects on Tourism in Central Italy," *Annals of Tourism Research*, 2001, 28 （4）: 1031 – 1046.

Lepp, A. and H. Gibson. "Tourist Roles, Perceived Risk and International Tourism." *Annals of Tourism Research*, 2003, 30 （3）: 606 – 624.

Lawton, G. R. "Book Reviews for Tourist Safety and Security: Practical Measures for Destination. " *Tourism Management*, 1997, 18 （6）: 403.

Peterson, J. and B. Hronek. *Risk Management for Park, Recreation and Leisure Services*. Sagamore Publishing, 1992.

O'Gorman, D. Parks Canada's Backcountry Avalanche Risk Review, 2003.

Marie, C. and J. P. Stephen, "Managing Risk in Adventure Tourism Operations in New Zealand: A Review of The Legal Case History and Potential for Litigation. " *Tourism Management*, 2003, 24: 13 – 23.

Prideaux, B. "The Need to Use Disaster Planning Frameworks to Respond to Major Tourism Disasters: Analysis of Australia's Response to Tourism Disasters in 2001. " *Journal of Travel & Tourism Marketing*, 2003, 15 （4）: 281 – 98.

Daye, M. Framing Tourist Risk in UK Press Accounts of Hurricane Ivan Managing Risk and Crisis for Sustainable Tourism Research and Innovation. Kingston, Jamaica, 2005.

Cohen, E. "A Phenomenology of Tourist Experiences. " *Sociology*, 1979, 13 （2）: 197 – 202.

后　记

　　时间过得飞快。从 2013 年 1 月到现在，整整三年多过去了。"逝者如斯夫"，时间的逝去留给了我们太多的无奈。然而，我又是幸运的，因为在这些日子里，我是在对旅游伦理及旅游业可持续发展问题的思考中度过的。

　　中国旅游业发展到今天，已经具有了重要的政治、社会、经济、环境、文化意义。旅游成为国家政治治理的组成部分，越来越成为社会公众生活的必需品，其经济价值正进一步释放，与环境保护和发展的关系越来越密切，成为彰显中国文化特色的重要渠道。尤其令我们重视的是，旅游已经成为广大民众幸福生活的一部分，在民众幸福生活的理想百花园里，旅游无疑成为最靓丽多姿的一朵。

　　我们遗憾地发现，中国旅游业的发展还有很多不尽如人意的地方。如何获得旅游业的可持续发展，成为中国旅游业发展的关键问题。在错综复杂的旅游利益相关者群体中，通过加强旅游伦理道德规范的引导，以期能够为旅游业可持续发展提供新的路径。

　　在本书的写作过程中，得到了很多亲人和朋友的帮助。感谢家人的鼎力支持，因为忙于科研而忽视了家人，我的内心一直充满歉意。感谢单位领导和同事的关心，他们给予了我太多努力的动力。感谢我的好友丁成宝先生及家人对我的帮助，书稿大多数内容是我在丁先生提供的甘肃省临泽县大沙河畔的寓所完成的。那年夏天，祁连山脚下的大沙河凉爽宁静。感谢很多景区给予我考察调研的方便。感谢我的很多学生，我记得在灯火通明的夜晚的实验室，那么多学生帮我输入电子书稿。

该课题的研究和该书的出版，得到了 2014 年陕西省高校哲学社会科学重点研究基地（周秦伦理文化与现代道德价值研究中心）项目"旅游伦理建设与旅游业可持续发展"（14JZ004）以及"2016 年宝鸡文理学院校级重点科研计划项目"（ZK16021）的资助。在此向资助单位表达深切的谢意。

由于本人能力有限，该书一定还存在许多问题。恳请大家提出宝贵意见。